"十二五"职业教育国家规划教材
经全国职业教育教材审定委员会审定

21世纪高等职业教育财经类规划教材
物流管理专业

国际货运代理（第2版）

International Freight Forwarders (2nd Edition)

◎ 陈文汉 主编 ◎ 司爱丽 吴晓萍 杨素娟 副主编 ◎ 陆影 主审

人民邮电出版社
北京

图书在版编目（ＣＩＰ）数据

国际货运代理 / 陈文汉　主编. -- 2版. -- 北京 :
人民邮电出版社, 2014.9（2021.1重印）
21世纪高等职业教育财经类规划教材物流管理专业
ISBN 978-7-115-34477-9

Ⅰ. ①国… Ⅱ. ①陈… Ⅲ. ①国际货运－货运代理－
高等职业教育－教材 Ⅳ. ①F511.41

中国版本图书馆CIP数据核字(2014)第106783号

内 容 提 要

本书详尽地叙述了国际货运代理业务的基本理论和操作实务，分别介绍了国际货运代理概述、国际海运业务概述、国际班轮与集装箱运输业务、国际租船运输业务、海上运输单证业务、国际航空运输业务、国际陆路运输业务、国际多式联运业务、代理报关与代理报检、国际货运代理责任及其事故处理。每章分别列出了与内容紧密联系的网站，每章后设有模拟实训、相关案例和综合练习。

本书可作为高等职业院校物流管理、国际贸易、国际物流专业的专业课程教材，也可作为市场营销、经贸英语等专业选修课教材，同时也可作为国际物流、货运代理职业资格考试的辅导书和参考用书。

◆ 主　　编　陈文汉
副 主 编　司爱丽　吴晓萍　杨素娟
主　　审　陆　影
责任编辑　李育民
责任印制　杨林杰

◆ 人民邮电出版社出版发行　　北京市丰台区成寿寺路 11 号
邮编　100164　　电子邮件　315@ptpress.com.cn
网址　http://www.ptpress.com.cn
涿州市京南印刷厂印刷

◆ 开本：787×1092　1/16
印张：16　　　　2014 年 7 月第 2 版
字数：354 千字　　　　2021 年 1 月河北第 10 次印刷

定价：36.00 元

读者服务热线：(010)81055256　印装质量热线：(010)81055316
反盗版热线：(010)81055315
广告经营许可证：京东市监广登字 20170147 号

第2版前言

国际货运代理人通过向委托人提供各种专业服务，可以使委托人不必在自己不够熟悉的业务领域花费更多的心思和精力，使不便或难以依靠自己力量办理的事宜得到恰当、有效的处理，有助于提高委托人的工作效率。历来国际货运代理人被称为"国际货物运输的设计师"。本书可用作高等职业院校物流管理、国际贸易、国际物流专业的专业课程教材，也可作为市场营销、经贸英语等专业选修课教材，同时也可作为国际物流、货运代理职业资格考试的辅导用书和参考书，还可作为货运代理从业人员的进修学习用书和业务参考书。

本书第1版2011年由人民邮电出版社出版，为适应国际物流业和国际贸易的发展以及我国高等职业教育改革的新形势，结合国际货运代理业务实践和国际物流专业教学现状，根据诸多教师和读者的反馈意见，我们编写第2版。为保证教材的稳定性与特色，对第1版的部分内容和章节进行保留，同时又根据新情况、新问题进行了合并、改写或增删，使得本书理论内容更科学、更先进，业务操作更实用、更反映业务本身的新变化。本书在编写过程中体现以下特点。

1. 结构新颖：本书在介绍基本概念和知识的基础上，以实际业务项目为主线，按照实际工作程序编写教学内容，既有基础知识巩固，又有基本模拟训练，突破了以往职业教育学习型教材的局限性，构建了新型技能型教材的基本模式。

2. 体现实用性：书中的内容、案例和模拟训练，与实际业务完全嫁接，使学生学习和练习后，能具备实际业务的基本操作能力。

3. 内容翔实：本书涉及海运货运代理业务、集装箱货运代理业务、航空货运代理业务、陆路货运代理以及国际多式联运等主要货运代理业务，涉及国际货运代理业务的全部，学生通过对本书的学习，能具备承担全部实际工作的知识和能力。

4. 前沿性强：近年来，国际物流运输管理发展迅速，许多业务管理方式和程序都有变化，本书在编写过程中，不断与海关、检验检疫局及相关企业沟通，掌握了一线资料，保证了教材中的实务内容与当前实际工作相一致。

5. 外延广泛：每章都有与学习内容紧密联系的参考网站，使读者能借助互联网学习更多的理论和实践知识，拓宽视野。

本书由陈文汉任主编，司爱丽、吴晓萍、杨素娟任副主编，陆影任主审。其中，陈文汉编写了第1章、第3章、第4章，司爱丽编写了第2章、第6章、第9章，吴晓萍编写了第7章、第10章、杨素娟编写了第5章、第8章。郑丽佳、刘东玲参与了部分资料的收集与整理工作。本书编写过程中参阅了大量的国内外教材、著作、报刊及各类媒体报道，遗漏未列出的文献，敬请作者谅解，在此表示感谢！

由于国际货运代理理论与业务的发展很快，加之我们学识和教学经验限制，书中难免有错漏与不妥之处，敬请各位指正。主编交流邮箱：cwhan2008@163.com。

作者

2014年5月

目 录

目　录

目 录

第1章

国际货运代理概述

相关网站

（1）http://www.mofcom.gov.cn/　　中华人民共和国商务部

（2）http://egov.mofcom.gov.cn/changjing/wms/dwmyjyz/registration1.html　　商务部在线办事场景服务

对外贸易经营者可以通过商务部政府网站（http://www.mofcom.gov.cn）下载《对外贸易经营者备案登记表》，或到属地备案登记机关领取。

对外贸易经营者应按《对外贸易经营者备案登记表》要求认真填写所有事项的信息，并确保所填写内容完整、准确和真实；同时，应认真阅读《对外贸易经营者备案登记表》背面的条款，并由企业法定代表人或个体工商负责人签字和盖章。

（3）http://www.coscol.com.cn/　　中远航运股份有限公司

（4）http://www.wtobag.com/news/2010/20100821103114 76768.html　　国际货运代理合同范本

案例导读

达飞轮船将上调亚洲至北欧航线集装箱运价

自2013年7月1日起，达飞轮船和现代商船将上调亚洲至北欧航线集装箱运价。达飞轮船表示，本次提价幅度为 775 美元/TEU，适应于干货、特种货、空箱、件杂货和冷藏货物等。现代商船也宣布将在同一天实施提价，涨幅 1 000 美元/TEU、2 000 美元/FEU。尽管亚欧航线运价一路下滑，但马士基航运、地中海航运、赫伯罗特、东方海外、阿拉伯航运都计划下月初提涨该航线运价。

启示：案例中，FEU 是英文 Forty-foot Equivalent Unit 的缩写，是以长度为 40 英尺为国际计量单位的集装箱；TEU 是英文 Twenty-foot Equivalent Unit 的缩写，是以长度为 20 英尺的集装箱为国际计量单位，也称国际标准箱单位。FEU 和 TEU 通常用来表示船舶装载集装箱的能力，也是集装箱和港口吞吐量的重要统计、换算单位。此外还包括航线、干货等术语。

1.1 概 述

1.1.1 主要国际货物运输方式与特点

在国际货物运输中，有海上货物运输、铁路货物运输、公路货物运输、航空货物运输和管道运输等 5 种运输方式。其中，以海上运输和航空运输为主要方式，海上运输方式承担了世界上 80%以上货运量的运输任务，而航空运输则承担了占世界货运价值 1/3 左右货物的运输任务。

1. 海上货物运输

海上货物运输是利用船舶进行货物运输的一种运输方式，其主要优点是运输能力大、成本低；缺点是受自然条件的影响很大，速度较慢、运输距离远、运输时间长、运输的安全性和确定性相对较差。海上货物运输适于承担运输量大、运输距离长、对时间要求不高、运输承担能力相对较低的货物任务。

2. 铁路货物运输

铁路货物运输是以铁路为运输载体的运输方式，其主要优点是准确性和连续性强，运输速度比较快，运输量比较大，运输成本比较低，安全可靠；缺点是初期投资大，需要各业务部门之间较好地协调以保证较强的准确性和连续性。铁路货物运输适于承担大批量、运输距离长的低值产品的运输任务。

3. 公路货物运输

公路货物运输是陆上两种基本运输方式之一，是不可缺少的重要运输方式。其主要优点是机动灵活、快捷方便、应急性强，能深入其他运输工具所不能到达的地方；运距短，单程货多；基础投资少，收效快；适于点多、面广、零星、季节性强的货物运输。同时，公路运输是航空、船舶、铁路衔接运输不可缺少的运输形式，也是实现集装箱在一定距离内“门到门”运输的最好运输方式。其缺点是汽车的载重量小，车辆运输时震动较大，易造成货损事故，费用和成本也比海上运输和铁路运输高。公路运输最适合承担运输路途短、批量小的货物运输任务。

4. 航空货物运输

航空货物运输是指使用飞机、直升机及其他航空器运送人员、货物、邮件的一种运输方式。具有运送速度快、安全准确、手续简便、节省包装费、保险费、利息和储存费用等优点。其缺点是运量小、运价较高。适于承担鲜活易腐和季节性强、市场变化快的商品以及精密仪器、电子产品、成套设备中的精密部分、贵稀金属、手表、摄像器材、纺织品、服装、丝绸、皮革制品、中西药材、工艺品等价值高的商品的运输任务。

5. 管道运输

管道运输是以管道作为运输工具的一种长距离输送液体或气体物资的运输方式。管道运输的优点是运量大、连续、迅速、经济、安全、可靠，投资少、占地少、费用低，可以自动控制，可省去中间环节，缩短运输周期，降低运输损耗；缺点是管道运输专用性强，只能运输石油、天然气及固体料浆（如煤炭等），但是，在其占据的领域内，具有固定可靠的市场；管道运输量与最高运输量间的幅度小。因此，在油田开发初期，采用管道运输困难时，还要以公路、铁路、水陆运输作为过渡。管道运输适于气体货物或液体货物的运输任务。

1.1.2 国际货物运输主要当事人

1. 货主（Cargo Owner）

货主即国际货物运输中的托运人（Shipper）或收货人(Consignee)，是指经营进出口商品业务的国际贸易商，为了履行国际贸易合同必须组织办理进出口商品的运输。

2. 承运人（Carrier）

承运人是指专门经营海上、铁路、公路、航空等客货运输业务的运输企业，如轮船公司、铁路或公路运输公司、航空公司等。其一般拥有大量的运输工具，为社会提供运输服务。

我国《海商法》第四十二条指出："承运人是指本人或者委托他人以本人的名义与托运人订立海上货物运输合同的人"，"实际承运人是指接受承运人委托，从事货物运输或部分运输的人，包括接受转委托从事此项运输的其他人"。由此可见，承运人包括船舶所有人（Shipowner）和以期租（Time Charter）或光租（Bare Charter）的形式承租，进行船舶经营的经营人。

3. 运输代理人（Forwarding Agent or Ship's Agent）

运输代理人有很多种类型，主要有以下 2 种。

（1）货运代理人（Forwarding Agent，Freight Forwarder）。货运代理人是根据委托人的要求，代办货物运输事项的业务机构。有的代表承运人向货主揽取货物，有的代表货主向承运人办理托运，有的兼营两方面的业务。其属于运输中间人，在承运人和托运人之间起着桥梁作用。我国最大的货运代理企业是中国外运集团。

（2）船舶代理人（Ship's Agent, Owner's Agent）。船舶代理人是指接受船舶经营人或船舶所有人的委托，为他们在港船舶办理各项业务和手续的人。船舶代理人在港为委托人揽货，在装卸货港口办理装卸货物手续、保管货物和向收货人交付货物，为船舶补充燃料、淡水和食品以及代办船舶修理、船舶检验、集装箱跟踪管理等。我国的船舶代理人主要有以下企业：中国外轮代理公司、中国船务代理公司及其在各港的下属公司；经交通部批准的其他船舶（务）代理公司。

4. 装卸公司（Stevedore）

装卸公司是接受货主或船舶营运人的委托，在港口为船舶进行货物装卸的业务机构。装卸公司对所在港口经常装卸的货物的包装、性质以及装卸方法都富有经验，对各种类型的船舶也都了解，能参与制订装卸计划，委托人对装卸公司的装卸技术比较信任。

我国的港口装卸公司目前有以下几家：各港口的地方港务公司、口岸港务局下属的及中国外运集团系统的港务（或装卸）公司；货主码头的装卸公司、中外合资、合营的港务公司等。

5. 理货公司（Tally Company，Checker）

理货公司是接受货主或船舶营运人的委托，在船舶装货或卸货时，进行货物的清点、交接、检验货损程度和原因并做出公证等项作业的行业。理货通常是由船公司或货主各自委托各自的代理人，即分别是由站在船公司立场的理货人和站在货主立场的理货人共同进行的。在代表双方的理货人的共同确认下，才能证明货物交接的正确性。这种正确交接的证明有较强的公正性。

上述为国际货物运输主要当事人的 5 种类型。此外，国际货物运输与海关、商检、卫检、动植检、港口当局（海上安全监督局和港务局）、保险公司、银行和外汇管理局、包装、仓储等机构有着较为密切的联系。同时，国际货物运输也要在行政管理机构的协调和领导下，才能和谐运作。

1.2 国际货运代理的定义与业务流程

1.2.1 国际货运代理的定义

国际货物运输代理是指接受进出口货物收货人、发货人或其代理人的委托或授权，以委托人的名义或者以自己的名义，代办各种国际贸易及国际货物运输所需服务的业务，并收取代理费或服务报酬的活动，或作为独立经营人组织并完成货物运输及仓储等业务。因而被认为是国际货物运输的组织者，也被誉为国际贸易的桥梁和国际货物运输的设计师。

1.2.2 国际货运代理的服务对象

国际货运代理的业务范围广泛，通常为接受客户的委托，完成运输的某一环节或与此有关的各个环节的任务。除客户（发货人或收货人）想亲自参与各种运输过程和办理手续，代理人可以直接或通过其分支机构及其雇佣的某个机构为客户提供服务，也可以利用其海外代理提供服务。国际货运代理的业务范围如下。

1. 为发货人服务

代替发货人承担货物运输中的任何一项手续。

（1）以最快最省的运输方式，安排合适的货物包装，选择货物的运输路线。

（2）选择可靠、效率高的承运人，向承运人订舱，负责缔结运输合同。

（3）安排货物短途运输、仓储、称重、检查、拼装。

（4）办理货物保险、报验和通关手续，并把货物交给承运人。

（5）代表托运人/进口商向承运人、仓储保管人及有关当局支付有关费用。

（6）办理有关货物运输的任何外汇交易。

（7）从承运人那里取得提单，并把提单交给发货人。

（8）与承运人、货运代理人在国外的代理联系，监督货物运输进程，并使发货人知道货物去向。

2. 为收货人服务

保持与承运人或其在货物运输目的地的代理人的联系，以便随时查询。及时掌握货物动态和运抵目的地的信息，及时通报收货人。

（1）代表收货人接收、检查运输单据，协助其准备提货文件，办妥相关手续，做好提货、接货准备。

（2）办理货物的报检、报验和通关手续，代为支付有关税金和费用。

（3）办理货物的提取、接收、拆箱、装卸、查验手续，协助收货人进行货物的分拨。

（4）安排仓储和短途运输，支付运费及其他相关费用。

（5）记录货物的残损、短缺、灭失情况，收集有关证据，协助收货人向责任方索赔。

3. 为承运人服务

（1）回复托运人关于陆运车辆班次、海运船期、空运航班、运价等相关事宜的查询。

（2）承揽货物。组织货载，接受托运人的包车、租船、包机、订舱要求，与托运人洽谈、订定车辆、船舶、飞机舱位，签订运输合同。

（3）填写、缮制货物入仓、进站、进港、进场单据，安排货物入仓、进站、进港、进场或装箱。

（4）协助承运人或车站、码头、机场进行车辆、船舶、飞机配载以及装车、装船或装机。

（5）审核车站、码头、场站汇总的货物清单，缮制货物出口运单、提单等单证，并向海关申报集装箱、集装器、货物情况。

（6）向航次租船厂的船舶承租人签发滞期或速遣通知。

（7）向托运人签发运单、提单，收取运费、杂费。

（8）办理货物、集装箱的中转手续。

有时为了适应市场竞争需要，满足某些客户的特殊需求，也以独立经营人身份从事货物的仓储、短途运输，甚至以缔约承运人身份出具运单、提单。集装箱的使用使货代介入了多式联运，充当了主要承运人，并承担组织一个单一合同下，通过多种运输方式的“门到门”的货物运输。

4. 为海关服务

当货运代理作为海关代理办理有关进出口商品的海关手续时，不仅代表他的客户，而且代表海关当局。事实上，在许多国家，货运代理得到了这些当局的许可，办理海关手续，并对海关负责，负责早发定的单证中，申报货物确切的金额、数量、品名，以使政府在这些方面不受损失。

5. 为航空公司服务

货运代理在空运业上充当航空公司的代理。国际航空运输协议以空运货物为目的，而在制定的规则上，货运代理被指定为国际航空协会的代理。在这种关系上，利用航空公司的货运手段为货主服务，并由航空公司付给佣金。同时，作为一个货运代理，通过提供适于空运程度的服务方式，继续为发货人或收货人服务。

6. 为班轮公司服务

货运代理与班轮公司的关系，随业务的不同而不同，近几年来由货运代理提供的拼箱服务，即拼箱货的集运服务已建立了与班轮公司及其他承运人（如铁路）之间的较为密切的联系，然而一些国家却拒绝给货运代理支付佣金。

7. 提供拼箱服务

随着国际贸易中集装运输的增长，开始引进集运和拼箱的服务。在提供这种服务中，货运代理担负起委托人的作用。集运和拼箱的基本含义是：把一个出运地若干发货人发往另一个目的地的若干收货人的小件货物集中起来，作为一个整件运输的货物发往目的地的货代，并通过货运代理单票把货物交给各个收货人。货运代理签发提单，即分提单或其他类似收据交给每票货的发货人；货运代理目的港的代理，凭初始的提单交给收货人。拼箱的收、发货人不直接与承运人联系，对承运人来说，货代是发货人，而货运代理在目的港的代理是收货人。因此，承运人给货运代理签发的是全程提单或货运单。如果发货人或收货人有特殊要求，则货代也可以在出运地和目的地从事提货和交付的服务，提供“门到门”的服务。

8. 提供多式联运服务

在货运代理作用上，集装箱化的一个更深远的影响是介入了多式联运。这是货运代理充当主要承运人并承担了组织一个单一合同下，通过多种运输方式进行“门到门”的货物运输。货运代理可以以当事人的身份，与其他承运人或其他服务提供者分别谈判并签约。但是，这些分拨合同不会影响多时联运合同的执行。也就是说，不会影响发货人的义务和在多式联运过程中，货运代理对货损及灭失所承担的责任。在货运代理作为多时联运经营人时，通常需要提供包括所有运输和分拨过程的一个全面的“一揽子”服务，并对客户承担一个更高水平的责任。

1.2.3 国际货运代理的分类

国际货运委托代理关系至少涉及委托人、代理人、两方当事人，委托代理关系的内容与委托人授予代理人的数量、权限范围、委托代理人办理的事项、代理人的层次以及运输方式等密切相关，这些因素都可以作为划分国际货运代理类型的标准。按照不同的标准，可以对国际货运代理进行不同的分类。

1. 以委托人的性质为标准分类

（1）货主的代理：指接受进出口货物收发货人的委托，为了托运人的利益办理国际货物运输及相关业务，并收取相应报酬的国际货运代理。这种代理按照委托人的不同，可以进一步划分为发货人的代理和收货人的代理 2 种类型。按照货物的流向，则可以进一步划分为进口代理、出口代理、转口代理 3 种类型。

（2）承运人的代理：指接受承运人的委托，为了承运人的利益办理国际货物运输及相关业务，并收取相应报酬的国际货物代理。这种代理按照承运人采取的运输方式的不同，可以进一步划分为水运承运人的代理、空运承运人的代理、陆运承运人的代理、联运承运人的代理 4 种类型。

2. 以委托人委托的代理人数量为标准分类

（1）独家代理：指委托人授予一个代理人在特定的区域或者特定的运输方式或服务类型下，独家代理其从事国际货物运输业务和／或相关业务的国际货运代理。

（2）普通代理：又称多家代理，是指委托人在特定的区域或者特定的运输方式或服务类型下，同时委托多个代理人代理其从事国际货物运输业务和/或相关业务的国际货物代理。

3. 以委托人授以代理人权限范围为标准分类

（1）全权代理：指委托人委托代理人办理某项国际货物运输业务和／或相关业务，并授予其根据委托人的意志灵活处理相关事宜权利的国际货运代理。

（2）一般代理：指委托人委托代理人办理某项具体国际货物运输业务和/或相关业务，要求其根据委托人的意志处理相关事宜的国际货运代理。

4. 以委托人委托办理的事项为标准分类

（1）综合代理：指委托人委托代理人办理某一票或某一批货物的全部国际运输事宜，提供配套的相关服务的国际货运代理。

（2）专项代理：指委托人委托代理人办理某一票或某一批货物的某一项或某几项国际运输事宜，提供规定项目的相关服务的国际货运代理。这种代理按照委托人委托事项的不同，可以进一步划分为订舱代理、仓储代理、交货代理、装卸代理、转运代理、提货代理、报关代理、报检代理等类型。

5. 以代理人的层次为标准分类

（1）总代理：指委托人授权代理人作为在某个特定地区的全权代表，委托其处理委托人在该地区的所有货物运输事宜及相关事宜的国际货运代理。在这种代理形式下，总代理人有权根据委托人的要求或自行在特定的地区选择、指定分代理人。

（2）分代理：指总代理人指定的在总代理区域内的具体区域代理委托人办理货物运输事宜及其他相关事宜的国际货运代理。

这里应当指出的是总代理与独家代理既有联系，又有区别。总代理一定是独家代理，但因独家代理并不一定拥有指定分代理的权力，故不一定也是总代理。

6. 以运输方式为标准分类

（1）水运代理：指提供水上货物运输服务及相关服务的国际货运代理，可以具体划分为海运代理和河运代理两种类型。

（2）空运代理：指提供航空货物运输服务及相关服务的国际货运代理。

（3）陆运代理：指提供公路、铁路、管道运输等货物运输服务及相关服务的国际货运代理。这种代理还可以进一步划分为道路运输代理、铁路运输代理和管道运输代理等类型。

（4）联运代理：指提供联合运输货运服务及相关服务的国际货运代理。这种代理可以进一步划分为海空联运代理、海铁联运代理、空铁联运代理等类型。

1.2.4 国际货运代理流程

一般来说，国际货运代理业务应包括以下流程。

1. 接受货主询价

（1）海运询价。包括：

① 掌握发货港至货主常用运输服务的各大洲、各大航线的港口价格；

② 主要船公司船期信息；

③ 需要时应向询价货主问明一些类别信息，如货名、危险级别等。

（2）陆运询价（人民币费用）。包括：

① 需掌握各大主要城市公里数和拖箱价格；

② 各港区装箱价格；

③ 报关费、商品检验、动植物检验的收费标准。

（3）不能及时提供的，需请顾客留下电话、姓氏等联系要素，以便在尽可能短的时间内回复货主。

2. 接单（接受货主委托）

接受货主委托后（一般为传真件）需明确的重点信息：船期、件数箱型、箱量、毛重、体积、付费条款、货主联系方法、做箱情况（“门到门”还是内装）等。

3. 订舱

（1）缮制委托书（十联单）。制单时应最大程度保证原始托单的数据正确、相符性，以减少后续过程的频繁更改。

（2）加盖公司订舱章订舱。需提供订舱附件的（如船公司价格确认件），应一并备齐方能去订舱。

（3）取得配舱回单，抄取船名、航次、提单号信息。

4. 做箱

（1）"门到门"。填妥装箱计划中的做箱时间、船名、航次、关单号、中转港、目的港、毛重、件数、体积、门点、联系人、电话等要素，先于截关日（船期前两天）1～2 天安排好车班。

（2）内装。填妥装箱计划中的船期船名航次、关单号、中转港、目的港、毛重、件数、体积、进舱编号等要素，先于截关日（船期前两天）1～2 天安排好车班。

（3）取得两种做箱方法所得的装箱单（CLP）。

5. 报关（有时同时、有时先于做箱）

（1）了解经常出口货物报关所需资料：

① 商检；

② 配额；

③ 许可证；

④ 产地证；

⑤ 商标授权、商标品名；

⑥ 出口香港地区货值超过 10 万美元，其他地区超过 50 万美元，核销时需提供结汇水单（复印件）；

⑦ 商会核价章。

（2）填妥船名、航次、提单号、对应装箱单（Packing List）、发票所显示的毛重或净重、件数，包装种类、金额、体积，审核报关单的正确性，做到单证一致。

（3）显示报关单所在货物的"中文品名"，对照海关编码大全，查阅商品编码，审核两者是否相符，按编码确定计量单位，并根据海关所列之监管条件点阅所缺乏报关要件。

（4）备妥报关委托书、报关单、手册、发票、装箱单、核销单、配舱回单（十联单第五联以后）、更改单（需要的话）和其他所需资料，于截关前一天通关。

（5）跟踪场站收据，确保配载上船。

（6）凡是退关改配的，若其中有下个航次，出运仍然需要，诸如许可证、配额、商检、动植检之类的文件资料，退关、改配通知应先于该配置船期一个星期到达，以便（报运部）顺利抽回资料，重新利用。否则会顺延船期，造成麻烦。

6. 提单确认和修改

（1）问明顾客"提单"的发放形式。

① 电放。需要顾客提供正本"电放保函"（留底），后出具公司"保函"到船公司电放。

② 预借（如可行）。需要顾客提供正本"预借保函"（留底），后出具公司"保函"到船公司预借。

③ 倒签（如可行）。需要顾客提供正本"倒签保函"（留底），后出具公司"保函"到船公司倒签。此种情况下，多半是签发 HOUSE B/L。

④ 分单。应等船开以后 3～4 天（候舱单送达海关，以保证退税），再将一票关单拆成多票关单。

⑤ 并单。应等船开以后 3～4 天（候舱单送达海关，以保证退税），再将多票关单合成一票关单。

⑥ 异地放单。须经船公司同意，并取得货主保函和异地接单联系人的电话、传真、公司名、地址等资料方可放单。

（2）依据原始资料，传真于货主确认，并根据回传确立提单正确内容。

7. 签单

（1）查看每张正本提单是否都签全了证章。

（2）是否需要手签。

8. 航次费用结算

（1）海运费。海运费的结算方式有：① 预付（Freight Prepaid）；② 到付（Freight Collect）。

（2）陆运费。包括：① 订舱；② 报关（包括返关之前已经报关的费用）；③ 做箱（内装/“门到门”）；④ 其他应考虑的费用，如冲港费/冲关费、商检、动植检、提货费、快递费、电放、更改等。

9. 提单、发票发放（提单样本）

（1）货主自来取件的，需签收。

（2）通过 EMS 和快递送达的，应在“名址单”上标明诸如“提单号”、“发票号”、“核销单号”、“许可证号”、“配额号”等要素以备日后查证。

10. 应在一个月内督促航次费用的清算并及时返还货主的“核销退税单”

11. 海关退税有问题

海关退税有问题的，需更改并要提供如下资料。

（1）报关数据正确、舱单不正确的：

① 经预录后的〈海关返还的〉报关单复印件；

② 场站收据复印件（十联单的第七联即黄联）；

③ 提单正本复印件 2 张；

④ 装箱单（Packing List）复印件；

⑤ 更正单（三联、正本）。

（2）短装（多报少出）、溢装（少报多出）：

① 船开 5 天（工作日）内没能及时更正的，先交纳罚款金 3 000～5 000 元，货主重新提供的发票、装箱单（Packing List），货主重新提供报关单，提单副本复印件（加盖提单副本确认章）；

② 船开 5 天（工作日）内更改的，提单副本复印件（加盖“提单副本”确认章），正本、正确的报关单，正本、正确的发票、装箱单。

1.3 国际货物运输代理人

国际上从事代理业务的代理人一般都是经营运输多年、精通业务、经验比较丰富，且熟悉各种运输手续和规章制度，并与交通运输部门以及贸易、银行、保险、海关等有着广泛联系和密切关系的，有时委托代理去完成一项运输业务，比自己亲自去处理更为有利。

而运输代理人和委托人之间的代理关系一旦确立，通常货运代理人就充当代理人的角色。在办理代理业务中，代理人是委托人的代表，对委托人负责。按照客户的指示开展业务活动，并按代理项目收取费用。货运代理人在代理权限内实施的法律行为，其后果直接由被代理人承担，只对自己的错误和疏忽负责。但由于代理人超越委托人授权范围行事，而产生的一切后果委托人可不予负责，而由代理人自己负责。因此，有关委托事项范围在代理协议中须详细明确规定，这是代理协议的一个重要组成部分。

1.3.1 运输代理人和委托人的责任和义务

1. 代理人的责任与义务

（1）在委托人授权范围内行事。代理人按照代理协议的规定和委托人的指示负责办理委托事项，如果违反这些准则而造成损失，代理人向委托人负责。

（2）如实汇报一切重要事项。在代理过程中，代理人向委托人提供的情况和资料必须真实。如果有任何隐瞒或提供的材料不实而造成损失，委托人有权向代理人追索并撤销代理协议。

（3）负保密义务。代理人在代理协议有效期间，不得把代理过程中所得到的保密情报和重要资料向第三者泄露。例如，委托人需要大量船位，代理就有义务对外保密，以免造成市场剧烈波动。

（4）如实向委托人报账。代理人有义务对因代理业务而产生的一切费用提供正确的账目并向委托人收账，个别特殊费用的开支应事先征得委托人的同意。

2. 委托人的责任与义务

（1）及时给予代理人明确具体指示。除了代理协议规定的工作以外，委托人要求代理人应做的工作，必须及时给予明确具体的指示，以便代理人凭以执行，特别是在代理人征询某项工作的处理意见时，委托人必须及时答复，如由于指示不及时或不当造成工作上的损失，代理人是没有责任的。例如，船舶突然到港，代理人事先一无所知，也未接到任何必要运输单证，以致无法办理船舶进港手续，致使船期延误，造成损失，对此代理人是没有责任的。

（2）支付代理佣金。支付佣金是委托人的基本义务。委托人必须按事先约定支付代理人佣金，作为对代理人所提供的服务的报酬。

（3）支付费用和补偿。除非代理协议另有规定，否则委托人必须支付代理人由于办理代理工作而产生的有关费用。而代理人的日常业务管理费用，因已有佣金酬劳，不能包括在费用账内向委托人报账。一般的做法是由委托人事先汇付代理人一笔备用金，代理工作结束后由代理人向委托人报账，多退少补。此外，如由于委托人的责任，使代理人造成经济上的损失，一般应由委托人给予补偿。例如，代理人根据货主要求向船公司订妥舱位，由于货主备货不足，造成空舱损失，货主应予补偿。

1.3.2 运输代理人的种类

通过运输代理企业的业务范围，可以明确运输代理企业既可以代理托运人发运、代理收货人接取货物，也可以代理承运人揽货、揽客、配载，安排中转、装卸，办理相关手续等。代理行业名称繁多，类型各异，但归纳起来主要有租船代理、货运代理、船务代理和咨询代理 4 类。

1. 租船代理（Shipbroker）

租船代理又称租船经纪人，是以船舶为商业活动对象而进行船舶租赁业务的人，主要业务活动是在市场上为租船人（Charterer）寻找合适的运输船舶或为船东（Shipowner）寻找货运对象，以中间人身份使租船双方达成租赁交易，从中赚取佣金。因此，根据所代表的委托人身份的不同，又能分为船东代理人（Owner's Agent）和租船代理人（Charterer's Agent）。有些租船代理人还兼办船舶买卖、船舶代理业务。按照惯例，租船代理佣金一般均按租金 1%~2.5%在租船合约中加以规定，并由船东支付。租船代理人主要办理的业务有：

（1）按照委托人（船东或租船人）的指示要求，为委托人提供最合适的对象和最有利的条件并促成租赁交易的成交，这是租船代理最主要的业务。

（2）根据双方洽谈确认的条件制成租船合同（Charter Party），并按委托方的授权代签合同。

（3）向委托人提供航运市场行情、国际航运动态以及有关资料信息等。

（4）为当事人双方斡旋调解纠纷，使纠纷得到公平合理的解决。在执行合同中，往往会发生一些纠纷，租船代理人以中间人身份从中进行调解，对解决纠纷能起到一定作用，这也是考核和衡量一个租船代理是否得力和称职的重要标准之一。

2. 货运代理（Freight Forwarder）

货运代理是接受货主的委托，代表货主办理有关货物报关、交接、仓储、调拨、包装、转运、订舱等的人，与货主的关系是委托和被委托的关系。在办理代理业务中，是以货主的代理人的身份对货主负责并按代理业务项目和提供的劳务向货主收取代理费。

货运代理人的业务范围有大有小，大的兼办多项业务，如办理海陆空货运代理业务，小的则专办一项或两项业务，如空运货运代理、陆运货运代理、海运货运代理。较常见的货运代理主要有：订舱揽货代理、货物装卸代理、货物报关代理、转运代理、理货代理、储存代理、集装箱代理。

3. 船务代理（Shipping Agent）

船务代理是指接受海运承运人（船舶所有人、船舶经营人或承租人）的委托，在授权范围内代办与在港船舶有关的一切业务的人。

船务代理人的代理权与其他代理的代理权的产生一样，通过委托人与代理人签订委托代理协议，在代理人经营的业务范围内，由委托人委托和授权，代理人同意接受，船务代理关系即告建立。

船务代理业务范围很广，主要包括以下几个方面的业务：

（1）船舶进出港业务方面。

① 办理船舶进出港台口各项手续，包括引水、拖轮、靠泊、报关等。

② 办理船舶检验、修理、洗舱、熏舱以及海事处理等。

（2）货运业务方面。

① 安排组织货物装卸、检验、交接、储存、转运、理货等。

② 办理揽货、订舱和代收运费等，编制有关运输单据。

（3）供应方面。

① 代办船用燃料、淡水、物料以及食品供应等。

② 代办绳索垫料等。

（4）其他服务性业务方面。

① 办理船员登岸或出境手续。

② 安排船员医疗、住宿、交通、参观游览等。

4. 咨询代理（Consulting Agent）

咨询代理是专门从事咨询工作，按委托人的需要，以提供有关咨询情报、情况、资料、数据和信息服务而收取一定报酬的人。这类代理人不仅拥有研究人员和机构，而且与世界各贸易运输研究中心有着广泛的联系，所以消息十分灵通，收集信息非常迅速。诸如，设计经营方案，选择合理经济运输方式和路线，核算运输成本，调查有关企业的信誉等，均可根据委托，提供专题报告和资料情报。

以上所述仅仅是从各代理业务的侧重面加以区别，事实上，代理之间的业务范围划分得并不十分清楚，往往互有交叉。例如，不但兼营船务代理也兼营货运代理，有些货运代理还兼营船务代理工作。在西方许多国家里，由于代理行业之间的激烈竞争和相互合并联营，代理行业越来越集中，逐渐向垂直垄断化发展。一些大的集团，通过资本渗透、合并和联营方式，把代理行业置于自己的控制之下，为其获取超额利润服务。

1.3.3 运输代理人的选择与使用

代理人的业务优势使他们在国际货物运输中起着不可取代的作用，特别是在国际贸易竞争激烈、社会分工越来越细的情况下，其地位越来越重要，作用越来越明显。然而，代理人工作的好坏直接关系到委托人的利益和运输任务的能否完成，所以在选择代理时应该非常慎重。即使在建立关系后，仍然要不断地对代理进行考核和督促，以维护委托人的利益。

选择代理人并与之建立关系前，必须对选择对象进行全面的调查研究，可以通过直接接触和侧面进行了解，直接接触可以与代理进行面对面的接触，实地了解代理的情况。侧面了解，可以通过在外机构、当地商会、银行以及咨询公司等，在摸清代理的基本情况后，往往还需要通过使用情况进行考核，认为在各方面符合要求，才能与之建立代理关系。如果是选用长期代理或独家代理，则考核时间需要更长一些。所以一个代理关系的形成、建立和保持是在长期业务合作、互相信任的基础上产生的。

选择代理人时，所要考核的条件很多，但一般需要考虑的主要有3条。

（1）政治背景和合作态度。代理的政治背景和合作态度是建立和保持代理关系的基础。因此，首先必须遵照国家外交外贸方针政策，选择政治可靠、对委托人友好并能合作共事的代理。

（2）业务能力和工作质量。能否按时、按质、按量完成代理业务，在很大程度上取决于代理人的业务能力和工作质量，仅有良好的合作态度而缺乏业务能力的代理是无法承担委托任务的，所以这是选择代理的重要条件和标准。

（3）资信和经营作风。各个国家有各种各样的代理人，其中不乏商业道德败坏，经营作风恶劣的代理人。因此，代理人的资信和经营作风是衡量代理人是否忠实可靠的重要因素。

我国在运输代理上，一贯本着平等互利的原则，处理委托人与代理人之间的关系。在业务上，双方是委托和被委托关系；在政治和经济上，双方是友好合作关系。只有双方摆正这种关系，才能巩固和发展双方业务，加强友好合作。保持代理关系相对稳定，能够调动代理人的积极性，对工作有利。但对个别不符合要求或不称职的以及作风不够正派的代理，绝不能将就，应坚决更换。

1.4　国际货运代理企业与国际货运代理行业协会

1.4.1　国际货运代理企业的基本概念

1. 国际货运代理企业的定义

国际货运代理企业是指接受进出口货物收货人、发货人的委托，以委托人的名义或者以自己的名义，为委托人办理国际货物运输及相关业务并收取服务报酬的法人企业。

国际货物运输代理企业除了应当具备《中华人民共和国民法通则》(以下简称《民法通则》)、《中华人民共和国公司法》(以下简称《公司法》) 等法律、法规规定的企业法人条件外，还必须具备接受运输关系当事人的委托，以委托人的名义或者以自己的名义，为委托人办理国际货物运输及相关业务的条件。

2. 我国国际货运代理企业的成立背景与经营特点

(1) 以对外贸易运输企业为背景的国际货运代理企业：主要指中国外运集团及其分公司、子公司，控股、合资公司。特点是以一业为主，多种经营，业务网络发达，综合市场竞争力较强。

(2) 以实际承运人企业为背景的国际货运代理企业：主要指由公路、铁路、海上、航空运输部门或企业投资或控股的国际货运代理企业，如中国铁路对外服务总公司、中国外轮代理总公司等。特点是专业化经营，与实际承运人关系密切，运价优势明显，运输信息灵通。

(3) 以外贸、工贸公司为背景的国际货运代理企业：主要指由各专业外贸公司或大型工贸公司投资或控股的国际货运代理企业，如五矿国际货运公司、中粮国际仓储运输公司等。特点是货源相对稳定，处理货物、单据经验丰富，对某些类型货物的运输代理竞争优势较强，但多数规模不大，服务功能不够全面，服务网络不够发达。

(4) 仓储、包装企业为背景的国际货运代理企业：主要指由仓储、包装企业投资、控股的国际货运代理企业或扩大了经营范围而成的国际货运代理企业，如中储国际货运代理公司。这类货运公司凭借其仓储、包装方面的优势揽取货源，对特种物品的运输代理经验丰富，但多数规模较小，服务网点较少，综合服务能力不强。

(5) 以港口、航道、机场企业为背景的国际货运代理企业：主要指由港口、航道、机场企业投资、控股的国际货运代理企业，如上海集装箱码头有限公司货运公司、天津振华国际货运有限公司。特点是与港口、机场企业关系密切，港口、场站作业经验丰富，对集装货物的运输代理具有竞争优势，人员素质、管理水平较高，但服务内容较为单一，缺乏服务网络。

(6) 以境外国际运输或运输代理企业为背景的国际货运代理企业：主要指由境外国际运输、运输代理企业以合资、合作方式在中国境内设立的外商投资国际货运代理企业，如深圳联储运有限公司。特点是国际业务网络较为发达，信息化程度、人员素质、管理水平高，服务质量较好。

(7) 其他背景的货运代理企业：主要指其他投资或控股的国际货运代理企业。这类国际货运代理企业投资主体多样，经营规模、经营范围不一，人员素质、管理水平、服务质量参差不齐。

1.4.2 国际货运代理企业的设立

1. 申请人资格

根据修改后的《中华人民共和国国际货物运输代理业管理规定实施细则（试行）》（以下简称《实施细则》），申请设立国际货运代理企业可由企业法人、自然人或其他经济组织组成。与进出口贸易或国际货物运输有关，并拥有稳定货源的企业法人应当为大股东，且应在国际货运代理企业中控股。企业法人以外的股东不得在国际货运代理企业中控股。

国际货运代理企业应当依法取得中华人民共和国企业法人资格。企业组织形式为有限责任公司。禁止具有行政垄断职能的单位申请投资经营国际货运代理业务。承运人及其他可能对国际货运代理行业构成不公平竞争的企业不得申请经营国际货运代理业务。

2. 设立国际货物运输代理企业的条件

（1）有与其从事的国际货物运输代理业务相适应的专业人员，至少要有5名从事国际货运代理业务3年以上的业务人员，其资格由业务人员原所在企业证明，或者取得商务部颁发的国际货物运输代理资格证书。

（2）有固定的营业场所。以自有房屋、场地作为经营场所的，应当提供产权证明。以租赁房屋、场地作为经营场所的，应当提供租赁期限在1年以上的租赁契约。

（3）有必要的营业设施。

（4）有稳定的进出口货源市场。

3. 有与经营的业务项目相适应的注册资金

国际货物运输代理企业的注册资本最低限额应当符合下列要求。

（1）经营海上国际货物运输代理业务的，注册资本最低限额为500万元人民币。

（2）经营航空国际货物运输代理业务的，注册资本最低限额为300万元人民币。

（3）经营陆路国际货物运输代理业务或者国际快递业务的，注册资本最低限额为200万元人民币。

经营上述两项以上业务的，注册资本最低限额为其中最高一项的限额。

国际货物运输代理企业每申请设立一个从事国际货物运输代理业务的分支机构，应当相应增加注册资本50万元人民币。如果企业注册资本已超过上述最低限额，则超过部分可以作为设立分支机构的增加资本。申请设立的国际货运代理企业业务经营范围包括国际多式联运业务的，除应当具备上述条件外，还应当具备下列条件。

（1）从事与《实施细则》第三十二条规定的经营范围有关的业务3年以上。

（2）具有相应的国内、国外代理网络。

（3）拥有在商务部登记备案的国际货运代理提单。

4. 国际货物运输代理企业的登记注册

（1）注册登记。2004年以前，国际货运代理企业的成立必须先经过商务部的经营资格审批，在获得商务部签发的《中华人民共和国国际货运代理企业批准证书》后才能向工商、海关部门办理注册登记手续。2004 年发布的《国务院关于第三批取消和调整行政审批项目的决定》取消了国际货运代理业务经营资格审批。2005年2月1日，商务部、国家工商行政管理总局发布了《关于国际货物运输代理企业登记和管理有关问题的通知》，根据该通知，企业申请从事国际货物运输代理业务，商务主管部门不用对其进行资格审批，申请人可直接向所在地工商行政管理部门办理登记注册。

同时，工商行政管理部门在登记注册时，要严格执行《中华人民共和国国际货物运输代理业管理规定》第八条关于经营海上、航空、陆路国际货运代理业务最低注册资本限额的规定。

设立国际货物运输代理企业应当提交的文件：

① 申请书（包括投资者名称、申请资格说明、申请的业务项目）；

② 可行性研究报告（包括基本情况、资格说明、现有条件、市场分析、业务预测、组建方案、经济预算及发展预算等）；

③ 各方投资者的企业法人营业执照（影印件）；

④ 董事会、股东或股东大会决议；

⑤ 企业章程（或草案）；

⑥ 主要业务人员情况（包括学历、所学专业、业务简历、资格证书）；

⑦ 资信证明（会计师事务所出具的各方投资者的验资报告）；

⑧ 投资者出资协议；

⑨ 法定代表人简历；

⑩ 国际货运代理提单（运单）样式；

⑪ 工商行政管理部门出具的企业名称预先核准函（影印件）；

⑫ 国际货运代理企业申请表；

⑬ 交易条款。

以上文件除各方投资者的企业法人营业执照（影印件）、交易条款项外，均须提交正本，并加盖公章。

（2）备案。2005 年 4 月 1 日施行的《国际货运代理企业备案（暂行）办法》规定，凡经国家工商行政管理部门依法注册登记的国际货物运输代理企业及其分支机构应当申请商务部或商务部委托的机构办理备案。商务部是全国国际货代企业备案工作的主管部门，商务部委托符合条件的地方商务主管部门（以下简称“备案机关”）负责办理本地区国际货代企业备案手续。国际货运代理企业备案工作实行全国联网和属地化管理。国际货运代理企业在本地区备案机关办理备案，而备案机关联结着商务部的国际货运代理企业信息管理系统。

国际货代企业备案程序如下。

① 领取《国际货运代理企业备案表》（以下简称《备案表》）。

② 填写《备案表》。国际货代企业应按《备案表》要求认真填写所有事项的信息，并确保所填写内容完整、准确和真实；同时认真阅读《备案表》背面的条款，并由法定代表人签字、盖章。

③ 向备案机关提交以下备案材料。

a. 按本条第二款要求填写《备案表》，《备案表》见表 1.1、表 1.2；

b. 营业执照复印件；

c. 组织机构代码证书复印件。

④ 备案机关自收到上述材料之日起 5 日内办理备案手续，在《备案表》上加盖备案印章。备案机关在完成备案手续的同时，完整准确地记录和保存国际货代企业的备案信息材料，依法建立备案档案。

表 1.1　　国际货运代理企业备案表（法人企业适用）（填写样本）

备案表编号：（新备案企业不用填）

企业中文名称	（公司中文名称）		企业经营代码：（新备案企业不用填）
企业英文名称	（公司英文名称）		
住　所	（营业执照的住所）		
经营场所（中文）	（可与住所一致，也可填写实际经营地址）		
经营场所（英文）	（以上一项的英文地址）		
工商登记注册日期	（公司成立日期）	工商登记注册号	（营业执照注册号）
企业类型	（见注）	组织机构代码	（不用写“-”）
注册资金	（单位为万元）	联系电话	020-（电话号码）
联系传真	020-（传真号码）	邮政编码	（经营地邮政编码）
企业网址	www.	企业电子邮箱	@
法定代表人姓名	（营业执照上的）	有效证件号	（身份证号）

业务类型范围

运输方式	海运□　空运□　陆运□
货物类型	一般货物□　国际展品□　过境运输□　私人物品□
服务项目	揽货□　托运□　定舱□　仓储中转□　集装箱拼装拆箱□ 结算运杂费□　报关□　报验□　保险□　相关短途运输□　运输咨询□
特殊项目	是否为多式联运　是□　否□　是否办理国际快递　是□　否□ 信件和具有信件性质的物品除外□　私人信函及县级以上党政军公文除外□

备注：（外商投资企业应在此栏填上“注册资金是××万美元，或××万港元”。）	

注：企业类型：内资企业-私营企业；内资企业-国有企业；内资企业-集体企业；

外资企业-外商独资企业；外资企业-中外合资企业；外资企业-中外合作企业。

（公司盖章）

法定代表人签名：

年　月　日

⑤ 国际货代企业应另加盖备案印章的《备案表》在 30 日内到有关部门办理开展国际货代业务所需的有关手续。从事有关业务，依照有关法律、行政法规的规定，需经有关主管机关注册的，还应当申请有关主管机关注册。

《备案表》上的任何信息发生变更时，国际货代企业应按照上述有关程序，在 30 日内办理《备案表》的变更手续，若逾期未办理变更手续，其《备案表》自动失效。备案机关收到国际货代企业提交的书面材料后，将即时办理变更手续。

国际货运代理企业已在工商行政管理部门办理注销手续或被吊销营业执照的，自营业执照注销或被吊销之日起，《备案表》自动失效。备案机关应当在国际货代企业撤销备案后将有关情况及时通报海关、检验检疫、外汇、税务等部门。

表 1.2　　　　中华人民共和国国际货运代理企业业务备案表（三）

企业名称		经营代码	
年末职工人数		取得国际货代资格证书人数	
货运车辆（辆/吨）		集装箱卡车（标准箱）	
自有仓库（平方米）		保税、监管库（平方米）	
铁路专用线（条）		物流计算机信息管理系统（套）	
海关注册登记证书号		商检报检单位登记号	
年度经营情况			
运输方式	全年出口		
	散货（吨）	集装箱货物（标准箱）	营业额（万元人民币）
海运			
陆运			
空运			
快件		件	
运输方式	全年进口		
	散货（吨）	集装箱货物（标准箱）	营业额（万元人民币）
海运			
陆运			
空运			
快件		件	
仓储营业额	（万元人民币）	其他营业额	（万元人民币）
年营业总额	其中美元（万元）：	人民币（万元）：	
年净利润总额（万元人民币）		缴纳税金（万元人民币）	
（企业公章） 年　月　日		（法定代表人签名）	

注：表中年营业总额是指企业向委托方收取的全部费用总和（不扣除向承运人等最终支付的费用），不是缴纳营业税的依据。

5. 外商投资国际货代企业的设立

设立外商投资国际货代企业注册资本最低限额100万美元。

外商投资国际货运代理企业的设立仍需商务主管部门的审批。其中，设立经营国际快递业务的国际货运代理企业由商务部负责审批和管理；经营其他业务的国际货运代理企业由省级商务主管部门负责审批和管理。

设立外商投资国际货运代理企业应按国家现行的有关外商投资企业的法律、法规所规定的程序，向省级商务主管部门呈报修订后的《外商投资国际货物运输代理企业管理办法》（以下简称《管理办法》）规定的文件。

省级商务主管部门自收到全部申报文件30日内，做出同意或不同意的决定，经审查批准的，颁发《外商投资企业批准证书》；不予批准的，书面说明理由。根据《管理办法》第三条及其他外商投资法律法规，超过省级商务主管部门审批权限的，省级商务主管部门在对报送文件进行初审后，自收到全部申请文件之日起15日内上报商务部。

商务部应自收到全部申报文件60日内，做出同意或不同意的决定，经审查批准的，颁发《外商投资企业批准证书》；不予批准的，书面说明理由。

1.4.3 国际货运代理行业协会

1. 国际货运代理协会联合会

国际货运代理协会联合会的英文名称为“International Federation of Freight Forwarders Associations”。法文名称为“Fédération Internationale des Associations de Transitaires et Assimilés”，“FIATA”是其法文缩写，并被用做该组织标志。该组织是一个非营利性的世界性国际货运代理行业组织，代表了由大约40 000家货运代理企业，800万～1 000万从业人员组成的国际货运代理行业，具有广泛的国际影响。

为了保障和提高货运代理行业的全球利益，1926年5月31日16个国家的货运代理协会根据《瑞士民法典》第60条在奥地利的维也纳成立了国际货运代理协会联合会。该会总部设在瑞士的苏伊士，并在欧洲、美洲、亚洲和太平洋、非洲和中东4个区域设立了地区办事处，任命有地区主席。其中，亚洲和太平洋地区秘书处设在印度孟买。在中国，国际货运代理协会联合会拥有中国国际货运代理协会和中国台湾、中国香港的货运代理协会3个一般会员。

国际货运代理协会联合会的会员分为以下几类：一般会员、团体会员、联系会员、名誉会员。国际货运代理协会联合会的最高权力机构是会员代表大会，会员代表大会下设主席团，主席团每年至少召开两次会议，还有主席团扩大会议。另外，主席团还下设若干研究机构、常设委员会和临时工作组。主席团下设的研究机构有航空货运研究机构、海关事务研究机构、多式联运研究机构。常设委员会有危险货物咨询委员会、信息技术咨询委员会、法律事务咨询委员会、公共关系咨询委员会、职业培训咨询委员会等。

FIATA起草的重要文件和单据主要有《国际货运代理示范法》、《国际货运代理标准交易条件》、FIATA运送指示、FIATA货运代理运输凭证、FIATA货运代理收货凭证、FIATA托运人危险品运输证明、FIATA仓库收据、FIATA可转让联运提单、FIATA发货人联运重量证明。

2. 中国国际货运代理协会

中国国际货运代理协会（以下简称CIFA）是国际货运代理行业的全国性中介组织，于2000年9月6日在北京成立，是我国各省、直辖市、自治区的国际货运代理行业组织、国际货运代理企业、与货运代理相关的企事业单位自愿参加的社会团体，亦吸纳在中国货代、运输、物流行业有较高影响的个人。目前，CIFA拥有会员近600家，其中理事81家，常务理事27家。

CIFA的业务指导部门是商务部。作为联系政府与会员之间的纽带和桥梁，CIFA的宗旨是：协助政府部门加强对我国国际货代行业的管理；维护国际货代业的经营秩序；推动会员企业间的横向交流与合作；依法维护本行业利益；保护会员企业的合法权益；促进对外贸易和国际货代业的发展。

CIFA以民间形式代表中国货代业参与国际经贸运输事务并开展国际商务往来，于2001年年初被FIATA接纳为国家会员。

1.5 国际货运代理合同

1.5.1 委托代理合同的订立

1. 委托代理合同的概念

委托代理合同又称委托合同、代理合同，是指当事人双方约定一方委托另一方处理事务，另一方同意为其处理事务的协议。与此相应，国际货物运输委托代理合同是指国际货运代理企业接受货物收货人、发货人、承运人或其代理人的委托，以委托人的名义或自己的名义办理国际货物运输业务及其他相关业务，并收取服务报酬的合同。

2. 委托代理合同的订立程序

与其他合同的订立一样，委托代理合同的订立也要经过要约和承诺 2 个基本阶段。但实践中，委托代理合同关系的建立远非仅仅经过要约、承诺 2 个阶段。一般来说，至少需要经过以下几个阶段。

（1）提出委托、代理意向。建立委托代理关系需要由一方当事人首先提出建立这种关系的意向。实践中，有时由进出口货物的收发货人向国际货运代理企业提出委托办理某项业务的意向，向国际货运代理企业进行询价。有时则由国际货运代理企业主动向进出口货物的收发货人揽取业务，介绍自己能够提供的服务项目以及各项服务的价格，法律上称之为要约邀请。

（2）调查、了解对方资信状况。委托代理关系的双方全部具备签订国际货物运输委托代理合同的主体资格，是保证所签国际货物运输委托代理合同合法、有效的前提条件，双方具有较好的商业信誉和履行合同的能力，是合同得以正常履行的必要条件。

实践中，作为委托人的进出口货物收货人或发货人，应当注意了解其拟委托的单位是否在工商行政管理部门注册登记并已备案，是否有其拟委托的业务经营范围，拟委托的单位是否具有对外开展经营活动、签订合同的主体资格，是否具有完成其拟委托业务的经验和能力。

作为受托人的国际货运代理企业，也要注意了解委托人是否具备经营资质，是否拥有进出口经营权，其所委托的业务是否属于其经营范围，调查委托人是否具有履行委托人义务的能力，如按时提供需要运输的货物及相关单证，以及支付相关运费、杂费和代理费用等。

（3）表达订立委托代理合同。委托代理关系的一方明确向对方表达订立委托代理合同的愿望，正式向对方提出订立委托代理合同的建议及合同条件，法律上称之为要约。

所谓要约是指希望订立合同的人向其他人发出的希望订立合同的意思表示，包括订立合同的建议和合同条件等内容。发出要约的人称要约人，接受要约的人称受要约人，简称受约人。

国际货运代理企业散发商业广告，发送价目表；货主发布招标公告，向国际货运代理企业询问价格等行为是希望他人向自己发出要约的意思表示，属于要约邀请，不是要约。只有具备某些订立合同的基本条件，表明发布人意欲订立合同，愿意受其约束的意思，内容符合要约构成条件的广告，才可以视为要约。

（4）审核、评估对方的合同条件。对于委托人来讲，通常要对国际货运代理企业提出的运输方式、运输路线、运输时间、操作方法、收费标准等进行评估，以便决定是否将有关业务委托给该国际货运代理企业。对于国际货运代理企业来讲，则要对委托人提出的运输方式、运输时间、价格条件、结算方式等要求进行评估，以便确定自己是否能够完成委托事项，能否按照委托人提出的条件接受委托。

（5）回复对方当事人。委托人或国际货运代理企业审核、评估对方提出的合同条件后，应当及时回复对方当事人。回复的内容可以分为拒绝接受、同意接受和提出新的谈判条件 3 种情况。其中，拒绝对方提出的合同条件意味着放弃建立委托代理关系。同意接受对方提出的合同条件构成法律上的承诺，需要与对方签订合同。提出新的谈判条件构成法律上的反要约，需要等待对方的回复。

所谓承诺，是指受要约人接受要约的全部条件，同意订立合同的意思表示。

承诺应当以通知的方式作出，口头或书面明确告知要约人同意要约的内容。如果要约人在要约中对承诺的方式作出了具体要求，承诺还必须按要约规定的方式作出。否则，承诺不发生效力。如果按照交易习惯或要约规定，可以从受要约人的行为中判断出其承诺的意图，也可以通过从事某种行为的方式作出承诺。而且，这种行为可以是积极的行为，也可以是消极的不行为。例如，托运人按照一定的条件委托国际货运代理企业订舱，国际货运代理企业向托运人告知订舱结果就属于用行为表示承诺。

（6）签订委托代理合同。从法律上来讲，自承诺生效时起，合同成立。承诺生效的地点即为合同成立的地点。但是，实践中双方就合同条款达成一致后，往往需要签订书面合同。

为了确保合同的有效性，在签订书面合同时，代表双方在合同上签字的人应当是该单位的法定代表人或其委托的代理人，并加盖各自单位公章或合同专用章。

除非双方特别约定，双方法定代表人或其委托代理人在委托代理合同上签字并不是合同生效的必要条件。从法律上来讲，只要合同上加盖了双方当事人的公章或合同专用章，不管双方法定代表人或其他委托代理人是否在委托代理合同上签字，不管代表双方在合同上签字的人是否拥有签订合同的权利，该合同对双方都有约束力。

实践中，在相互比较了解，彼此有过业务往来的进出口货物收发货人和国际货运代理企业之间订立委托代理合同时，往往简化上述程序，通过委托人出具委托书或托运单，国际货运代理企业予以确认或以接受方式达成协议，并不签订完整的书面合同书。

1.5.2 委托代理合同的主要条款

委托代理合同的主要条款是委托代理合同的基本内容，是委托人和受托人权利、义务的具体体现，是检验双方当事人履行合同情况的标准，也是仲裁机构或法院解决委托代理合同争议的依据。一般来讲，国际货物运输委托代理合同应当包括如下主要条款。

1. 合同当事人条款

委托代理合同的当事人条款应当尽量详尽、具体，委托人、受托人的姓名（自然人）、名称（法人或其他社会组织）、国籍、住址、主营业所、法定代表人、电话、传真、邮政编码等都应有所体现。必要时，还应载明委托、受托人的注册地址、开户银行、银行账号、授予权代理人姓名、性别、职务、联系方式等。对于国际货运代理合同而言，还可以要求注明国内企业的《企业法人营业执照》号码，外国企业的公司注册证书、商业登记证书号码，以便核实当事人身份和经营资质，避免、减少无效合同的发生。

2. 委托事项条款

委托人委托受托人办理的事务是委托代理合同的客体，委托事项的内容是委托代理合同客体的具体表现。在该条款中，应当明确委托人委托受托人办理的具体事项、委托权限范围、委托期限等内容。对于国际货物运输委托代理合同来讲，应当注意规定委托运输的货物名称、规格、数量、重量、体积、包装、发运货人姓名或名称、地址、电话、传真等内容。必要时，还可以规定通知人的姓名或名称、地址、传真。对于危险、鲜活、超限等特殊货物和容易发生自然损耗的货物，还应当在合同中相应地注明货物的性质、运输、保管条件、外形尺寸、重心、吊装位置、损耗要求等，或者列入合同附件加以规定。在难以准确确定全部内容的情况下，也应当明确双方确定上述内容的原则、方式、方法、程序，以免发生不必要的争议。

3. 当事人的权利、义务条款

委托人和受托人的权利、义务是委托代理合同的核心内容，决定着双方当事人权利的行使、义务的履行和违约责任的承担。由于国际货物运输委托代理合同属于双务、有偿合同，委托人的权利、义务基本上分别与受托人的义务、权利相互对应。

4. 处理委托事务的费用和委托报酬条款

处理委托事务的费用是指为了办理委托事务而支出的金钱或耗费的物质。对于国际货物运输委托代理合同而言，主要是指国际货运代理企业为了完成货主委托的进出口货物运输事务及相关事务而支出、垫付的杂费、仓储费、包装费、关税、增值税、报关费、报检费等，有时还包括通信费、差旅费用。

委托报酬是委托人就受托人提供的代理服务而支付的酬劳，可以由双方根据委托事项难易、复杂程度、需用投入的人力、物力、时间等协商确定，也可以根据国家有关规定和受托人的收费标准、市场价格水平确定。

上述费用、报酬均应明确支付时间、支付地点、支付方式、支付工具等内容。分批、分期支付的，还应当明确每次支付的时间、地点。由于国际货物运输委托代理合同的特殊性，有关费用、报酬往往涉及用外币计价、支付问题，在这种情况下，还应当明确计价、支付的币种适用的货币兑换率等。

实践中，有的国际货物运输委托代理合同采用包干费用的称谓，笼统约定处理委托事务的费用和委托报酬。这种做法虽然有时会对确定国际货运代理企业的法律地位产生麻烦，但是现行有关法律、法规并不禁止。在这种情况下，处理委托事务费用和委托报酬条款往往合并在一起。也有的国际货物运输委托代理合同明确区分处理委托事务的费用和委托报酬，并将前者称为代垫费用，将后者称为代理费用。在这种情况下，采用两个独立条款分别规定处理委托事务的费用和委托报酬更为妥当。

5. 合同履行期限、地点、方式条款

委托处理合同的履行期限是当事人各自履行自己义务的时间界限；履行地点是双方约定履行各自义务的地方；履行方式是双方各自履行合同约定义务的方法，都是判断合同履行情况的因素，同样应当予以明确。

6. 违约责任条款

违约责任是合同当事人在不履行或不适当履行合同规定的义务情况下，依照有关法律、法规和合同约定应当承担的法律后果。就国际货物运输委托代理合同而言，各方当事人可以约定

承担违约责任的条件、各种违约情形对应的法律责任，也可以约定违约金、赔偿金的数量或计算方式。

由国际货运代理业务本身的特点所决定，实践中双方当事人往往还会在国际货物运输委托代理合同中约定不可抗力条款及其他免责或责任限制条款。这样的条款有时与违约责任条款放在一起规定，有时分别规定。

7. 合同的变更、终止条款

关于合同的变更，一般应当明确提出修改、补充合同的一方向对方提出建议的时间、对方答复的时间、形式，规定经双方协商一致修改生效。关于合同的终止，一般是规定合同终止的情形，特别是解除合同的情形，并区分单方解除合同和协商解除合同等情况。

8. 适用法律条款

国际货物运输委托代理合同具有一定的涉外因素，有时合同的一方当事人是外国公司或个人，有时合同需要在境外履行。根据我国有关法律规定，具有涉外因素的国际货物运输委托代理合同的当事人可以在合同中规定适用于合同的效力、合同解释及解决合同争议的法律。关于合同所适用的法律，可以是中国法律，也可以是与该合同有某种联系的其他国家或地区的法律。

9. 合同争议解决条款

合同争议解决条款是关于合同争议的解决方式、解决机构、解决地点等的规定。关于合同争议的解决方式通常有协商、调解、仲裁和诉讼4种方式。一般规定发生合同争议首先由当事人协商解决，协商不成再提请仲裁或诉诸法院。应当指出的是，仲裁和诉讼两种解决争议方式不能同时使用，只能选择一种。如果选择仲裁，建议明确仲裁机构的名称、仲裁庭的组成、仲裁点、适用的仲裁规则等内容。如果选择诉讼，一般仅需明确由哪个国家或地区有管辖权的法院解决争议即可。

10. 合同的语言文字和效力条款

如果委托代理合同具有涉外因素，特别是有一方当事人为外国自然人、法人或其他经济组织，需要在境外履行时，可以考虑约定合同使用的文字。可以使用中文，也可以使用外文，还可以兼用中文、外文。如果兼用中文、外文，应当明确每种文字文本的法律效力。如果不同文字文本有不一致之外，以何种文本为准。

11. 合同的签订时间、地点及生效条款

该条款主要规定合同签订的时间、地点、开始生效时间及有效期限等。

12. 当事人协商一致的其他条款

这类条款由当事人根据实际情况协商议定。如合同的通知、转让、不可分割性条款，合同的正本、副本数量、存放处所条款，合同的附件及其效力条款等。

实践中，为了明确国际货运代理企业和委托人的权利、义务关系，节约谈判国际货物运输委托代理合同条款的时间，简化签订国际货物运输代理合同的手续，双方可以参照中国国际货运代理协会制定的《中国国际货运代理协会标准交易条件》起草国际货物运输委托代理合同的主要内容，或者在双方就委托事项、办理委托事项的费用、委托报酬、双方履行合同的时间、地点、方式等协商一致的基础上，明确约定双方权利、义务关系受《中国国际货运代理协会标准交易条款》约束。

1.5.3 委托代理合同的履行

1. 委托代理合同的履行原则

根据《合同法》第六十条的规定，委托代理合同的当事人应当遵循诚实信用原则，严格按照合同约定全面履行自己的义务，并应根据合同的性质、目的和交易习惯履行合同本身没有规定的通知、协助和保密义务。

2. 委托代理合同的履行顺序

在委托代理合同没有规定委托人、受托人履行各自义务顺序的情况下，双方应当同时履行合同规定的义务。一方在对方履行义务之前有权拒绝其履行要求。一方在对方履行义务不符合约定时，有权拒绝对方提出的与对方履行义务不符合约定的部分相对应的履行要求。例如，国际货物运输委托代理合同约定委托人在将货物交国际货运代理企业安排运输时，应向国际货运代理企业预付约定的代理费，委托人应当在交付货物的同时支付约定的全部代理费。国际货运代理企业在委托人支付代理费以前，有权拒绝安排运输。

在委托代理合同规定了委托人、受托人履行各自义务顺序的情况下，应当先履行义务的一方没有履行义务时，后履行义务的一方有权拒绝应当先履行义务的一方提出的履行要求。应当先履行义务的一方履行义务不符合约定时，后履行义务的一方有权拒绝应当先履行义务的一方提出的与其履行义务不符合约定的部分相对应的履行要求。例如，国际货物运输委托代理约定委托人应在国际货运代理企业代其向承运人提取货物以前，向国际货运代理企业支付全部代垫运费和约定的代理费，如果委托人没有支付全部代垫运费和约定的代理费，国际货运代理企业可以拒绝代其提取货物。再如，国际货物运输代理约定国际货运代理企业应当在委托人支付全部代垫运费和约定的代理费以后，向委托人交会与出运的货物相应的提单、出口退税核销单，在委托人仅仅支付了部分代垫运费和代理费情况下，国际货运代理企业有权拒绝向委托人交付与委托人尚未支付运费、代理费的那部分货物相对应的提单、出口退税核销单。

在当前，多数国际货运代理企业深受应收账款的困扰，又无法律依据留置于委托人的货物、单据情况下，在国际货物运输委托代理合同中约定委托人先向国际货运代理企业支付代垫运费和代理费，国际货运代理企业再向委托人交会货物、单据，如果委托人拒绝支付或不按约定的金额支付代垫运费和代理费，国际货运代理企业就拒绝向其交付货物、单据，不失为一种合法的迫使委托人付款的方法。

根据《合同法》第六十八条、第六十九条的规定，即使委托代理合同中规定了双方当事人履行义务的先后顺序，约定先履行合同义务的一方在有确切证据证明对方有下列情形之一时，仍然有权中止履行自己的义务：

（1）经营状况严重恶化；

（2）转移财产、抽逃资金，以逃避债务；

（3）丧失商业信誉；

（4）有丧失或者可能丧失履行债务能力的其他情形。

约定先履行合同义务的一方在行使这项权利时，不仅要准确把握上述概念，而且应当取得证明对方存在上述情况的证据，否则，将要承担违约责任。同时，还应当及时通知对方，并在对方提供担保的情况下，恢复履行自己的合同义务。如果约定先履行合同义务的一方中止履行合同后，对方在合理的期限内没有恢复履行能力，也未提供适当的担保，中止履行的一方还可以解除合同。

实践中，国际货运代理企业迫于市场竞争情况，在与委托人签订委托代理合同时，往往约定国际货运代理企业办完委托事项以后，委托人再向国际货运代理企业支付代垫运费、杂费和代理费。在这种情况下，国际货运代理企业如果有确切的证据证明委托人存在上述情形，为了维护自身合法权益，避免遭受经济损失，可以依法中止履行自己的义务，并及时通知委托人。为了维持与委托人的业务关系，避免已经完成的部分代理事项前功尽弃，也可以要求委托人提供可靠的支付代垫运费、杂费和代理费担保，并在委托人提供适当担保的情况下恢复履行自己的义务。如果委托人在合理的期限内没有恢复支付能力，也未提供可靠的担保，国际货运代理企业还可以单方面通知委托人解除委托代理合同。

3. 有关第三人的委托代理合同的履行

所谓有关第三人的委托代理合同是指委托人和受托人约定向第三人履行合同义务或由第三人履行合同义的委托代理合同。与此相应，有关第三人的委托代理合同的履行分两种情况。

（1）当事人约定由债务人向第三人履行债务。根据《合同法》第六十四条的规定，当事人约定由债务人向第三人履行债务的，债务人未向第三人履行债务或者履行债务不符合规定，应当向债权人承担违约责任。合同当事人约定由债务人向第三人履行债务，并未改变当事人合同主体地位和权利、义务关系，只是合同履行方式的变化，将本应向债权人履行的债务，通过合同约定向与债权人存在某种关系的第三人履行。因此，在债务人违约情况下，只能向债权人，而不是第三人承担违约责任。

例如，国际货物代理企业接受 FOB 价格条件国际货物买卖合同买方的委托，向承运人订舱，安排运输，支付运费、杂费，双方在国际货物运输委托代理合同中约定委托人向国际货运代理企业在委托人所在国的代理人支付代垫的运费、杂费和代理费就属于这种情况。当作为委托人的国际货物买卖合同买方拒绝向国际货运代理企业的代理人支付运费、杂费和代理费或者支付的时间、金额不符合国际货物运输委托代理合同规定时，国际货运代理企业有权要求委托人承担违约责任，直接向国际货运代理企业支付该合同约定的运费、杂费和代理费，承担迟延支付期间的违约金或赔偿金。

（2）当事人约定第三人向债权人履行债务。《合同法》第六十五条规定，当事人约定由第三人向债权人履行债务的，第三人不履行债务或者履行债务不符合规定，债务人应当向债权人承担违约责任。合同基于当事人之间的信任而订立，通常应由双方当事人亲自履行合同，但是法律也允许当事人约定由第三人来替代其中一方向另一方履行义务，承认第三人向债权人履行具有与债务人向债权人履行相同的法律效果。不过，这种约定同样没有改变合同当事人的地位和权利、义务关系，在第三人没有履行债务或履行债务不符合约定的情况下，债务人仍然要向债权人承担违约责任。

例如，国际货运代理企业接受国际货物买卖合同卖方的委托，向承运人订舱，安排运输，双方在国际货物运输代理合同中约定由作为收货人的买方向国际货运代理企业支付代垫的运费、杂费和代理费，就属于这种情况。当作为收货人的国际货物买卖合同买方拒绝向国际代理企业支付运费、杂费和代理费或者支付的时间、金额不符合国际货物运输代理合同规定时，国际货运代理企业有权要求委托人承担违约责任，直接向国际货运代理企业支付该合同约定的运费、杂费和代理费，承担迟延支付期间的违约金或赔偿金。

4. 委托代理合同的变更和转让

委托代理合同的变更是指委托人和受托人在合同成立后，尚未履行前或履行过程中，根据实际情况的变化经过协商一致补充、修改合同的内容。委托代理合同的转让则是指委托人和受托人经过协商一致，将委托代理合同规定的权利和义务全部或部分转让给第三人。

根据《合同法》的规定，当事人协商一致，可以变更合同。当事人对合同变更的内容约定不明确的，推定没有变更。除非按照合同的性质、当事人约定或法律规定不得转让的情况下，合同的债权人可以将合同的全部或部分权利转让给第三人，但是应当以适当方式通知债务人。未经通知，该转让行为对债务人不发生效力。合同的债务人也可以将合同的义务全部或部分转让给第三人，但是应当征得债权人同意。合同当事人一方经过对方同意，还可以将自己在合同中的权利和义务一并转让给第三人。委托代理合同基于委托人对受托人的了解和信任而订立，具有很强的人身属性，合同订立以后，双方可以经过协商一致，达成修改和完善该合同的协议，但是很少发生转让合同权利、转让合同义务的情况，一并转让合同权利和义务的情况更为少见。

5. 委托代理合同的终止

委托代理合同的终止，又称委托代理合同权利、义务的终止，是指依法生效的委托代理合同，因具备法律规定的情形和当事人约定的情形，而使当事人之间的权利、义务关系归于消灭。本书所称委托代理合同的终止包括委托代理合同的解除。根据《民法通则》和《合同法》的有关规定，除非当事人另有约定或者根据委托事务的性质不宜终止的，在有下列情形之一时，委托代理合同终止：

（1）委托代理期间届满或代理事务完成；

（2）委托代理合同解除；

（3）委托人或受托人死亡；

（4）委托人或受托人丧失民事行为能力；

（5）作为委托人或受托人的法人终止。

委托代理合同的解除是指委托代理合同有效成立后，在具备法律或合同规定的解除条件时，因当事人一方或双方的意思表示而使合同关系归于消灭。根据《合同法》的有关规定，当事人双方协商一致，可以解除委托代理合同。有下列情形之一，当事人还可以单方解除合同：

（1）合同约定的解除条件成立；

（2）因不可抗力致使不能实现合同的目的；

（3）在履行期限届满之前，当事人一方明确表示或以自己的行为表明不履行主要债务；

（4）当事人一方迟延履行主要债务，经催告后在合理期限内仍未履行；

（5）当事人一方迟延履行债务或者有其他违约行为致使不能实现合同目的；

（6）法律规定的其他情形。

由于委托代理合同关系建立在委托人和受托人的信任关系基础上， 如果一方对另一方失去信任或信任有所动摇，维持合同关系对双方均无益处。《合同法》除了规定上述适用于任何合同解除的情形以外，还在第四百一十条特别规定“委托人或受托人可以随时解除委托合同。因解除合同给对方造成损失的，除了因为可归责于该当事人的事由以外，应当赔偿损失”。但是，主张解除合同的一方当事人必须以明示要求解除合同的方式向对方当事人发出通知，且该通知在到达对方当事人时生效。

委托人或受托人死亡、丧失民事行为能力或破产以后，原则上委托代理合同自然终止。只有委托人与受托人事先约定，这些情况下受托人继续处理委托事务或根据委托事务的性质不宜终止的，委托代理合同继续有效。同时，在委托人的继承人或法定代理人接手委托事务之后，仍然享有解除合同的权利。这里所称的根据其性质不宜终止委托事务的情况，主要是指委托事务已经进行到了关键阶段，如果终止办理，将会给委托人或受托人造成损失，或者如果终止办理，将会导致延误时机，造成委托事务永远不能完成的情况。

模拟实训

实训主题：国际货运代理合同的签订。

实训地点：教室。

实训目的：运用所学知识，分析委托代理合同的相关问题。

【背景材料】

2012 年 5 月 31 日，马某以美泰公司市场部经理的身份委托长运公司向地中海公司订舱，马某提交给长运公司的托运单是伟宏公司的格式托运单，并盖有伟宏公司的章。托运单上记载：托运人是伟宏公司，目的港是阿尔及尔，其上注明了海运费金额，发票抬头为美泰公司。马某向长运公司办理货物运输代理业务时出示的名片记载，马某是伟宏公司指定的代理美泰公司业务的市场部经理。

该批货物装船后已运抵目的港并交收货人。长运公司在向地中海公司支付了该批货物的运费后，向美泰公司及马某发出了催款信函，但美泰公司和马某均拒付，美泰公司拒绝的理由是马某不是美泰公司的员工，美泰公司也没有委托长运公司进行运输，美泰公司与本案没有任何关系。马某拒付的理由是本人是伟宏公司的工作人员，其行为的法律后果应由伟宏公司承担。经查确认，伟宏公司是在香港登记注册的公司，在内地没有经营权，马某是该公司的董事。马某也承认其不是美泰公司的职员，只是为了伟宏公司在内地经营的便利，才在名片上印有美泰公司的名称。

【过程设计】

（1）指导教师布置学生课前预习阅读案例。

（2）将全班同学平均分成小组，按每组 5～6 人进行讨论，各组根据背景材料进行讨论。

（3）指导教师对小组讨论过程和发言内容进行评价总结，并讲解本案例的分析结论。

（4）根据“阅读资料”分析长运公司与谁存在委托代理关系，是伟宏公司还是美泰公司？

（5）根据“阅读资料”，讨论马某是否应该承担付款责任？如果托运单上没有伟宏公司的签章，其结果如何？

综合练习

一、单项选择题

1. 申请设立的国际货运代理企业业务经营范围包括国际多式联运业务的，应当拥有在（　　）登记备案的国际货运代理提单。

A. 商务部　　　　B. 海关

C. 铁道部　　D. 海事部门30个工作日

2.《国际货运代理企业业务备案表》记录的任何信息发生变更，应当在（　　）内向备案机关办理变更手续。

A. 15日　　B. 15个工作日　　C. 30日　　D. 45日

3. 下列哪个属于我国国际货运代理企业备案工作的原则？（　　）

A. 区域联网　　B. 按规模大小分别管理

C. 属地化管理　　D. 分级管理

4. 设立经营（　　）业务的外商投资国际货运代理企业由商务部负责审批和管理。

A. 国际快递　　B. 海上货运代理　　C. 铁路货运代理　　D. 航空货运代理

二、名词解释

1. 承运人；2. 国际货运代理；3. 独家代理；4. 普通代理；5. 全权代理；6. 承运人代理；7. 综合代理；8. 国际货运代理企业。

三、简答题

1. 简述国际货运代理的分类。
2. 国际货运代理人的责任有哪些？
3. 我国国际货运代理企业注册与备案须办理哪些手续？
4. 运输代理人和委托人各自应承担什么责任和义务？
5. 简述合同的主要条款和内容。
6. 在哪些情况下，委托合同可终止？

第2章

国际海上货物运输概述

相关网站

（1）http://news.sol.com.cn/trade.asp 航运在线
（2）www.chinacosco.com 中国远洋控股股份有限公司
（3）www.portshanghai.com.cn 上海国际港务（集团）股份有限公司
（4）www.cimc.com 中国国际海运集装箱（集团）股份有限公司
（5）http://www.szyilixiang.com/深圳逸利翔物流有限公司

案例导读

远东中国面粉厂有限公司海上货物运输货损赔偿纠纷案

2008 年 1 月 11 日，远东中国面粉厂有限公司（原告）委托香港某公司在美国购买了 5 250 吨小麦，价值 1 163 358 美元，交由利比里亚美姿船务有限公司（被告）所有、香港东昌船运有限公司（被告）经营的“宏大”轮承运。同年 3 月 9 日，原告收到这批货物的两份提单，其上面的首要条款均载明：提单的有效性依照《1936 年美国海上货物运输法》，并受其约束。“宏大”轮是一艘利比里亚籍散装货轮，船级为挪威船级社 + ／ A ／。该轮 2 月 12 日在美国华盛顿州温哥华特区港口装载原告的小麦，分别装于第一舱、第三舱。14 日装毕后，开往加拿大温哥华港，于第四舱加载其他货物。17 日，该轮从温哥华港启航，按大圆航法走高纬度航线。开航前，船长收到一份远航建议书，提及在“宏大”轮预定的航线附近很有可能会遇到恶劣天气。2 月 21 日至 3 月 8 日，该轮在预定航线上遇到了大风浪，风力 7～11 级。3 月 9 日驶出风浪区，11 日驶抵中国蛇口港。经有关船检、商检部门对“宏大”轮的货舱及货物进行检验证实：该轮货舱舱盖严重锈蚀并有裂缝，舱盖板水密橡胶衬垫老化、损坏、脱开、变质及通风筒损坏。开舱时，发现在裂缝、舱盖边缘、舱盖板接缝下以及通风筒下的货物水湿、发霉、发热、结团、变质，因而原告对被告提起货损的诉讼。

经广州海事法院经审理，最终结果认定如下。

（1）本案属于涉外海上货物运输合同纠纷，提单的签发地在美国，装货港、起运港在美国，提单上载有适用美国法的条款，而货物到达港在中国，船舶扣押地也在中国，船籍国是利比里亚，案件中有许多涉外因素，作为运输合同证明的提单上载明了提单受《1936 年美国海上货物运输法》的约束。依照民法通则第一百四十五条第一款的规定，本案可以适用美国法。

（2）依照《1936 年美国海上货物运输法》第三条、第四条规定，承运人应在开航前和开航时恪尽职守，以便使船舶适航，否则承运人应对因船舶不适航所引起或造成的灭失或损害负责。

（3）《1936 年美国海上货物运输法》第四条第五款规定，承运人只负责实际发生的损失。美国法关于“实际损失”的赔偿范围，是以货物到达港的市场价格减去受损货物残值，加上处理受损货物而发生的合理费用，以及这些费用在诉讼期间产生的利息。最终认定本案的实际损失共计 100 万美元。

启示：国际贸易中，海洋运输是主要的运输方式。与其他运输方式相比，海运有其优越性，但同时也存在很大的风险。因此，选择信誉较好的船运公司、适航的运输船舶、相对安全的海运航线，签订有效的运输合同等，将会最大限度地降低海运给货主造成的损失。

2.1　国际海运概述

国际海运是国际货物海上运输的简称，由于海上运输占整个国际货物运输总量三分之一以上，这就决定了国际海上运输在国际运输中占有极其重要的地位。

2.1.1　国际海运的发展

国际贸易的产生促进了国际海运的发展。世界贸易与经济中，海运一直是最有效、最安全和最环保的远距离运输大宗货物的运输服务手段，承担着将近 2/3 以上的世界贸易运输量；没有国际海运，各大洲之间的贸易往来是不可能实现的。如果没有船舶和航运业，全球化的经济将是无本之木，海上航运是全球化经济的关键之关键。随着国际经济一体化的发展，更促进了国际海运形成新的模式，规模化、系统化以及供应链一体化成为国际海运的新的发展趋势。

中国进出口货运总量的近 90%都是利用海上运输。随着中国经济的快速发展，中国已经成为世界上最重要的海运大国之一。进入 21 世纪，中国海运事业保持快速增长势头。据 2012 年中国海洋经济统计公报，尽管受国际需求放缓及航运价格下跌等因素影响，海洋交通运输业增长总体放缓，但我国海洋交通运输业全年实现增加值 4 802 亿元，比上年增长 6.5%。[1]2012 年我国亿吨以上

1 资料来源：http://www.mlr.gov.cn/zwgk/tjxx/201303/t20130325_1195339.htm.

港口由 2000 年的 3 个发展为 29 个。[1]2012 年上海港货物吞吐量 7.36 亿吨，同比增长 1.1%；集装箱吞吐量 3 252.9 万标准箱，同比增长 2.5%，全港货物吞吐量和集装箱吞吐量继续保持世界第一。[2]

2.1.2 国际海运的优缺点

1. 国际海运的优点

（1）运量大。国际货物运输是在全世界范围内进行的商品交换，地理位置和地理条件决定了海上货物运输是国际货物运输的主要手段。国际贸易总运量的 75%以上是利用海上运输来完成的，有的国家对外贸易运输中海运占总运量的 90%以上。主要原因是船舶已向大型化发展，如 50 万吨～70 万吨的油轮，16 万吨～17 万吨的散装船，以及集装箱船的大型化，船舶的载运能力远远大于火车、汽车和飞机，是运输能力最大的运输工具。

（2）通过能力大。海上运输利用天然航道四通八达，不像火车、汽车要受轨道和道路的限制，因而其通过能力要超过其他各种运输方式。如果因政治、经济、军事等条件的变化，还可随时改变航向驶往有利于装卸的目的港。

（3）运费低廉。船舶的航道天然构成，船舶运量大，港口设备一般均为政府修建，船舶经久耐用且节省燃料，所以货物的单位运输成本相对低廉。据统计，同样的货物，海运运费是铁路运费的 1/5，公路运费的 1/10，航空运费的 1/30，这就为低值大宗货物的运输提供了有利的竞争条件。

（4）对货物的适应性强。由于以上特点使海运基本上适应各种货物的运输。如石油井台、火车、机车车辆等超重大货物，其他运输方式是无法装运的，利用船舶一般都可以装运。

2. 国际海运的缺点

（1）航行速度较慢。由于船舶体积大，在水中航行阻力较大，技术上的原因使海运动力系统有限，不能像铁路那样用电气化，使得货物的运输速度比其他运输方式慢。

（2）海运风险较大。由于船舶海上航行受自然条件和季节性影响较大，海洋环境复杂，气象多变，随时都有遇上狂风、巨浪、暴风、雷电、海啸等人力难以抗拒的海洋自然灾害袭击的可能，遇险的可能性比陆地、沿海要大。同时，海上运输还存在着社会风险，如战争、罢工、贸易禁运等因素的影响。

2.2 国际海运组织

由于国际海运运输量大，涉及很多国家的相关当事人的利益。因此，为了适应国际海上运输的发展，协调各当事人的利益，成立一系列与其相关的国际组织。

1. 国际海事组织

国际海事组织（International Maritime Organization，IMO）是联合国处理海上安全事务和发展海运技术方面的专门咨询机构之一，总部设在伦敦。该组织前身是 1959 年 1 月成立的 “政府间海事协商组织”（IMCO），1982 年 5 月 22 日，该组织更名为“国际海事组织”。

（1）所有联合国成员均可成为国际海事组织的会员。在 1993 年 11 月召开的国际海事组织第 18 届大会上，通过了对 IMO 组织公约的修正案，将理事由过去的 3 类 24 个（1959 年）、32 个（1979 年）增至 40 个，包括：A 类 10 个在国际航运服务方面有最大利害关系的国家；B 类 10 个

1 资料来源：http://news.dg.soufun.com/2013-12-12/11663643.htm.

2 资料来源：http://info.jctrans.com/news/hyxw/20131151750267.shtml.

在国际海上贸易方面有最大利害关系的国家；C 类 20 个在航运方面有特别利害关系的国家和／或世界各主要地理区域的代表性国家。各类理事国的权利相当，可连选连任。截至 2006 年 10 月，国际海事组织有 167 个成员。

（2）中国于 1973 年 3 月 1 日正式参加国际海事组织，1975 年当选为理事国，并曾当选多届第二类理事国。1999 年第 21 届大会上，中国当选 2000～2001 年第一类理事国。

（3）国际海事组织的宗旨："在与从事国际贸易的各种航运技术事宜的政府规定和惯例方面，为各国政府提供合作机会，并在与海上安全、航行效率和防止及控制船舶造成对海洋污染有关的问题上，鼓励和便利各国普遍采用最高可行的标准。"国际海事组织还负责处理与这些宗旨有关的行政和法律事宜。

（4）国际海事组织设大会和理事会，下设海上安全委员会，海上环境保护委员会，法律委员会，便利委员会和技术合作委员会 5 个委员会；还设有协助海上安全委员会，海上环境保护委员会的散装液体和气体分委会，危险品、固体货物和集装箱运输分委会，消防分委会，无线电和搜寻与救助分委会，航行安全分委会，船舶设计和设备分委会，稳性、载重线和渔船安全分委会，培训和值班标准分委会及船籍国履约分委会 9 个分委会。大会为最高权力机构，每两年召开一次会议，理事会每年召开两次会议。

2. 波罗的海国际海事协会

波罗的海国际海事协会（Baltic and International Council，BIMCO），成立于 1905 年，总部设在丹麦哥本哈根，原名波罗的海和白海公会，后来因其成员变成世界性的，于 1927 年改名 BIMCO。

（1）波罗的海国际海事协会是世界上最大的航运组织，会员遍布 120 多个国家，有船东、经纪人及保险协会 3 种正式会员和包括船级社、船厂等在内的副会员。现有约 1 000 家船东会员，控制了世界 61％的船舶运力。

（2）波罗的海国际海事协会的宗旨：联合船东和航运机构，在适当的时候采取一致行为促进航运业的发展，把不同的意见和违反工作惯例的情况通知本组织成员。

（3）波罗的海国际海事协会的服务范围非常广泛，包括预防和解决争端；向本组织成员提供全世界港口和海运条件方面的免费情报服务、免费咨询服务、专题讲座及短期培训；出版多种协会刊物，提供加入该组织的成员名单和航运市场信息，介绍海运业的发展趋势和一些海事案的判决等。

波罗的海国际海事协会与其他的海运组织联系密切，许多成员也是国际海事组织的成员。波罗的海国际海事协会是联合国经济及社会理事会和国际气象组织的咨询机构，与联合国和发展会议观察员及国际商社等有合作关系。

3. 班轮公会与联营体

班轮公会与联营体是由国际海运企业成立的具有经营协作性质的国际组织，主要有班轮公会、协商协议、联营体、战略联盟等形式。班轮公会（Liner Conference）与联营体（Consortium or Consortia）是有代表性的、具有经营协作性质的航运企业间国际组织。

（1）班轮公会。

班轮公会，又称班轮航运公会、运价协会、水脚公会，是指在同一航线上或相关航线上经营班轮运输的两家以上运输企业，为了避免相互之间的激烈竞争，通过制定统一的费率或最低费率以及在经营活动方面签订协议而组成的联合经营组织。世界上第一个班轮公会于 1875 年诞生在英国至加尔各答航线上，然后发展遍及全世界，到 20 世纪 70 年代初，全世界共有 360 多家班轮公会。

班轮公会成立的目的确定了两个方面的主要业务：一是属于限制和调节班轮公会内部会员相

互间竞争的业务活动；二是为了防止或对付来自公会外部的竞争，以达到垄断航线货载目的的业务活动。限制或调节班轮公会内部相互竞争的主要业务有：协定费率、统一安排营运、统筹分配收入、统一经营等。防止或对付来自公会外部竞争的措施有：延期回扣制、合同费率制、联运协定、派出“战斗船”等。

进入20世纪70年代以后，班轮公会遭遇到来自几方面的强有力挑战。首先，托运人的力量日益壮大，托运人协会在班轮市场中日益发挥更加重要的作用，极大地限制了公会政策的实施范围；其次，许多国家纷纷制定了对公会不利的法律政策，如1983年生效的《联合国班轮公会行动守则》规定不得派战斗船，美国1984年《航运法》规定公会失去了定价权；最后，班轮集装箱化使服务质量差别缩小，船公司单独介入航线的运输并提供高附加值的服务已经成为可能，进而产生了班轮公会的强大竞争对手。据统计，20世纪80年代中期公会还能控制东西向干线的80%～90%货运量，到20世纪80年代末骤降为50%左右。种种迹象显示削弱班轮市场垄断性的力量在增强，旧的班轮公会政策体制正面临着前所未有的挑战。

当班轮运输市场上存在强大的独立承运人时，在某一航线或某一区域范围内班轮公会与独立承运人之间就可能达成有关运力或运价的稳定协议。20世纪80年代末期至90年代初期，世界各主干航线上先后达成了一些公会成员与独立承运人之间的各种稳定协议，如1988年的越太平洋航线协商协定（Trans—Pacific Discussion Agreement，TPDA）、1989年的越太平洋航线稳定协议（Trans—Pacific Stabilization Agreement，TSA）、1991年的西向越太平洋航线稳定协议（TAA，1994年改为TACA）、1992年的欧亚贸易协定（Europe—Asia Trade Agreement，EATA）等。除了上述干线达成的协议外，在支线运输上，公会内外的船公司也纷纷携起手来，签署有关协商协定。

（2）联营体。

20世纪70年代，由于国际班轮运输市场上以班轮公会为主要组织形式的体制已越来越难以适应市场新的需要，一些船公司开始组织或加入联营行列，出现了公会内部成员公司组成的非独立法人的联营体。联营体是两个或两个以上主要通过集装箱方式提供国际班轮货物运输服务的船公司之间的协议，该协议可以是关于一条或数条航线的贸易，协议的主要目的是在提供海运服务时共同经营、相互合作、提高服务质量，主要方式是利用除固定价格以外的技术、经营、商业安排等使各自的经营合理化。

1995年，随着欧亚航线几大主要联营体的期满解散，各大班轮公司迅速开始新一轮组合，并将这种联营行动从欧亚航线推广到亚洲／北美航线、欧洲／北美航线，航运联营体由此进入一个新的阶段，即战略联盟。战略联盟的目的和出发点是在一些公司间建立起基于全球范围内的合作协议，不统一运价，而是通过舱位互租、共同派船、码头经营、内陆运输、集装箱互换、船舶共有、信息系统共同开发、设备共享等各种方式致力于集装箱运输合理运作的技术、经营或商业性协定。

2.3 国际海运的经营方式

2.3.1 班轮运输

班轮运输（Liner Shipping）又称定期船运输，是指班轮公司船舶在固定的航线上和既定的港口间，按照事先公布的船期表（Liner Schedule）以及事先公布的费率计收运费，从事客货运输业务的船舶营运方式。

1. 班轮运输的分类

（1）按班轮是否严格执行船期表，分为正规班轮运输和非正规班轮运输。正规班轮运输又称定期定港班轮运输，是以固定的船舶，严格按照船期表靠离港日期组织运行的。非正规班轮运输又称定线不定期班轮运输，是指虽有船期表，但船舶到离港口的时间有一定的伸缩性，也有固定的始发港和终到港，但其余港口视货源情况决定是否停靠，事先不能编制一定期间的船期表。

（2）按班轮的运输形式不同，分为集装箱船运输和杂货船运输。由于集装箱船的运输具有速度快、装卸方便、装卸效率高等特点，而成为真正的定期定港班轮运输。而杂货船运输由于受货物种类和到港的影响，成为定线不定期班轮运输。

2. 班轮运输的特点

班轮运输的特点可归纳为“四固定”、“一负责”、“责任风险见提单”。

（1）“四固定”，即固定船期、固定航线、固定停靠港口和相对固定的费率。

（2）“一负责”，即班轮运费中已包括装卸费用，货物由承运人负责配载装卸；承运人和托运人双方不规定装卸时间，不计算滞期费和速遣费。

- 滞期费：租船人未能按合同时间完成装卸作业，则许可装卸时间截止后到实际装卸完毕的时间，称为船舶滞期，由租船人向船东支付一定的罚金，称为滞期费（Demurrage）。
- 速遣费：租船人在规定的时间内提前完成了装卸，缩短了船舶的使用周期，使船东获得一定的船期利益，船东应给租船人一定金额的奖励，称为速遣费（Dispatch Money）。

（3）“责任风险见提单”，是指承运人和托运人双方的权利、义务、责任、风险以班轮公司签发的提单为依据，以提单背面条款为约束。

（4）杂货班轮运输中，通常在装/卸港的码头或仓库进行货物交接（另有约定除外）；集装箱班轮中，通常在装/卸货港的堆场进行货物交接（另有约定除外）；而拼箱货交接通常在装/卸货港的货运站进行。

班轮运输特别有利于一般杂货和小额贸易货物运输。在国际贸易中，除大宗商品利用租船运输外，零星成交、批次多、到港分散的货物，只要班轮有航班和舱位，不论数量多少，也不论直达或转船，班轮公司一般都愿意接受运输。

2.3.2 租船运输

1. 租船运输的概念

租船运输（Charter Transport）又称不定期船运输，是指租船人向船东租赁船舶用以运输货物，并按商定的运价计收运费的一种运输方式。与班轮运输不同，租船运输没有预定的船期表、航线和港口，船期、航线及港口均按租船人和船东双方签订的租船合同规定的条款行事。

相对于班轮运输，租船运输具有以下的特点。

（1）属不定期船，没有固定的航线、停靠港和船期，一切由租船双方在装运前协商确定。

（2）无固定的运价，租船运价受租船市场供求关系的制约，随市场行情的变化而变化，船多货少时运价就低；反之则高。

（3）船舶的租赁一般以提供整船或部分舱位为主，根据租船合同而定，承租人可将舱位或整船再租给第三人。

（4）租船人和船东之间的权利、义务、责任以双方签订的租船合同为准。租船运输中的提单不是独立文件，对租船人和船舶所有人而言，仅相当于货物收据。

租船运输主要适用于低值大宗货物的运输，如粮食、矿砂、石油、木材等，而且一般都是整船运输。

2. 租船运输的方式

当前在国际租船业务中，使用较广泛的租船方式有以下3种。

（1）定程租船（Voyage Charter），又称航次租船或程租，是指以航次为基础的租船方式，由船舶所有人负责提供一艘船舶在指定的港口间进行一个航次或几个航次，完成指定货物的运输任务。定程租船有以下特点：

① 船舶的经营管理由船方负责；

② 规定一定的航线和装运的货物种类、名称、数量以及装卸港口；

③ 船方除对船舶航线、驾驶、管理负责外，还应对货物运输负责；

④ 多数情况下，运费按所运货物数量计算；

⑤ 规定一定的装卸期限或装卸率，计算滞期费、速遣费；

⑥ 船租双方的责任、义务，以定程租船合同为准。

（2）定期租船（Time Charter），又称期租船或期租，是指由船舶所有人将特定的船舶，按照租船合同的约定，在规定的期限内租给租船人使用的一种租船方式。期租船有以下特点：

① 租赁期间，船舶的经营管理由租船人负责；

② 不规定船舶航线和装卸港口，只规定船舶航行区域；

③ 除特别规定外，可以装运各种合法货物；

④ 租赁期间，船东负责船舶的维护、修理和机器的正常运转；

⑤ 不安装牌子期限和装卸率，不计滞期费、速遣费；

⑥ 租金按租期每月每吨若干金额计算；

⑦ 双方的权利、义务，以期租船合同为准。

（3）光船租船（Bare Boat Charter），又称船壳租船，是定期租船的一种。其实质是一种财产租赁方式，船东不具有承揽运输的责任。在租期内，船东只提供一艘空船给租船人使用，由租方自行配备船员，负责船舶的经营管理和航行各项事宜。船东在租期内，除收取租金外，对船舶和经营不再承担任何责任和费用。

光船租船方式在租船市场上较少采用。然而，一些不愿经营船舶运输业务，或者缺乏经营管理经验的船舶所有人会将自己的船舶以光船租船的方式出租。虽然出租利润不高，但船舶所有人可以取得固定的租金收入。

2.4 海运地理与航线

2.4.1 海洋、运河

1. 世界主要海洋

（1）太平洋：是世界上面积最大、深度最深、岛屿和边缘海最多的海洋，位于亚洲、大洋洲、南美洲、北美洲和南极洲之间。

（2）大西洋：位于欧洲、非洲、南北美洲和南极洲之间，是国际贸易运输繁忙、航线最密、港口最多的大洋。

（3）印度洋：位于亚洲、大洋洲、非洲和南极洲之间。

（4）北冰洋：位于地球的北极附近，因过于寒冷、冰山出没、安全性差、沿岸人口少、港口少、贸易不活跃。

2. 主要的国际运河

（1）苏伊士运河：位于埃及东北部，沟通了地中海和红海，从而连接了大西洋和印度洋，最大通过能力为 25 万吨，是远东通往欧洲的重要通道。

（2）巴拿马运河：斜贯巴拿马共和国中部，沟通太平洋和大西洋，最大通过能力为 6.2 万吨，是远东通往北美东和拉美东的重要通道。

（3）基尔运河：也叫"北海—波罗的海运河"，是世界闻名的第三大通航运河，沟通了波罗的海和北海，是波罗的海通往大西洋最短的通道。基尔运河平均每 8 分钟过一艘船，号称世界上最繁忙的运河。

2.4.2 海运航线

1. 海运航线的分类

（1）根据航线上船舶航行的远近划分为远洋航线、近洋航线和沿海航线。

① 远洋航线（Ocean Going Shipping Line），是指使用船舶或其他水运工具跨越大洋的运输航线。

② 近洋航线（Near-Sea Shipping Line），是本国各港口至临近国家港口间的海上运输航线的通称。

③ 沿海航线（Coastal Shipping Line），是指本国沿海各港口间的海上运输路线。

（2）根据船舶运营形式划分为定期船舶线和不定期船舶线。

（3）根据航行的海域不同划分为太平洋航线、大西洋航线和印度洋航线。

2. 世界主要的海运航线

（1）太平洋航线：连接太平洋西岸的亚洲、大洋洲与东岸的美洲之间的航线。具体有：远东—北美西海岸各港航线；远东—加勒比海、北美东海岸各港航线；远东—南美西海岸航线；远东—东南亚航线；远东—澳、新航线；澳、新—北美东西海岸航线。

（2）大西洋航线：连接大西洋东岸的欧洲、非洲与西岸的美洲之间的航线。具体有：西北欧—北美东海岸各港航线；西北欧、北美东岸—加勒比海各港航线；西北欧、北美东岸—地中海、苏伊士运河去东方航线；西北欧、地中海—南美东海岸航线；西北欧、北美大西洋岸—好望角、东方航线。

（3）印度洋航线：横贯印度洋东西的航线，进出印度洋北部国家各港的航线，进出波斯湾沿岸国家的航线。

3. 集装箱运输的主要航线

共有 3 条主要集装箱航线。

（1）远东—北美航线［也称为（泛）太平洋航线］。

远东—北美西岸航线主要由远东—加利福尼亚航线和远东—西雅图、温哥华航线组成。涉及的国家和地区有亚洲的中国、韩国、日本和中国香港以及北美的美国和加拿大西部地区。涉及的港口主要有亚洲的新加坡、中国香港、上海、高雄、釜山、东京、神户、横滨等港口和北美西岸的长滩、洛杉矶、旧金山、西雅图和温哥华等港口。

（2）远东—欧洲、地中海航线（也称为欧地线）。

欧洲的主要港口：荷兰的鹿特丹港，德国的汉堡港、不来梅港，比利时的安特卫普港和英国的伦敦港、费利克斯托港、利物浦港。

地中海地区主要涉及的港口有位于西班牙南部的阿尔赫西拉斯、意大利的焦亚陶罗和位于地中海中央、马耳他岛南端的马儿萨什洛克港。

（3）北美—欧洲、地中海航线（也称为跨大西洋航线）。

北美洲东岸的主要港口有：加拿大的多伦多、渥太华、蒙特利尔、魁北克；美国的波士顿、纽约、芝加哥、底特律、费城、华盛顿、休斯敦等。

4. 国际主要海运航线

（1）北太平洋航线：连接远东和北美西岸。

（2）巴拿马运河航线：连接远东和北美东岸。

（3）苏伊士运河航线：连接远东和欧洲。

（4）好望角航线：连接远东和非洲、欧洲。

（5）大西洋航线：连接欧洲和北美东岸。

（6）南太平洋航线：连接澳大利亚、新西兰和北美西岸。

（7）加勒比海航线：连接拉美和北美东岸。

（8）南美航线：连接欧洲和拉美。

（9）基尔运河航线：连接欧洲的北海和波罗的海。

5. 中国主要国际海运航线

中国主要国际海运航线可分为近洋航线和远洋航线。

（1）近洋航线，指至亚洲、大洋洲的航线，共14条。由北向南，依次是：①俄罗斯线（也叫俄远东线）；②朝、韩线；③日本线；④港澳线；⑤越南线；⑥新马线；⑦菲律宾线；⑧北加里曼丹线（也称北婆罗洲线，到马来西亚沙捞越、沙巴地区、文莱等地区）；⑨印度尼西亚线；⑩暹罗湾线（也称柬埔寨、泰国线）；⑪孟加拉湾线（到缅甸、孟加拉、印度东海岸）；⑫斯里兰卡线；⑬波斯湾线（也称阿拉伯湾线、中东线，到巴基斯坦、伊朗、伊拉克、科威特、沙特阿拉伯、印度西海岸等地区）；⑭澳大利亚、新西兰线（简称澳新线，到澳大利亚、新西兰、巴布亚新几内亚等大洋洲的国家和地区）。

（2）远洋航线，至欧洲、非洲、美洲的航线，共12条。

往西的有：①红海线；②地中海线，到南欧、西亚、北非地区；③罗马尼亚航线；④阿尔巴尼亚航线；⑤西北欧线（到西北及东欧大西洋沿岸地区）；⑥东非、南非线；⑦西非线。

往东的有：①加拿大东岸线；②美国东岸线；③加拿大西岸线；④美国西岸线；⑤中南美线。

2.4.3 海运港口

1. 港口的分类

港口种类繁多，有狭义和广义之分。狭义的港口是指在河、海等岸边设有码头、便于船只停泊、旅客上下和货物装卸的地方。根据停靠船舶的种类分为渔港、油港、军港、商港等。广义上的港口指物质流过程中的集散处，比如渔港、商港、空港、数码港、太空港和国际陆港。其中商港分类如下。

（1）按位置可划分为海湾港、河口港和内河港。前两种主要用于国际运输，第 3 种主要用于国内运输。

（2）按功能可划分为存储港、转运港和经停港。绝大多数港口都具有第一种功能。

（3）按开发工程划分为天然港和人工港，绝大多数港口都是天然港，少部分是人工港。比如天津港是世界最大的人工港。

（4）按潮汐影响大小划分：开敞港和潮差港。多数港口属于第一种，欧洲有少数不大的港口是第二种。

（5）按国家政策划分：国内港、国际港和自由港。

2. 世界港口集装箱吞吐量

表示港口大小的指标是吞吐量，表示港口综合吞吐量的单位是吨，表示港口集装箱吞吐量的单位是 TEU。2011 年，中国在集装箱吞吐量方面领先全球。上海港以 3 173 万标箱的成绩，连续两年位居榜首；新加坡以接近 3 000 万标箱的数据位居次席。远东地区集装箱港口竞争十分激烈，除上海外，中国香港、深圳和韩国的釜山均在 1 500 万标箱以上。[1]

3. 中国主要港口吞吐量

（1）沿海主要港口综合吞吐量（亿吨）排名前 10 位（2012 年）：上海（7.36）、天津（4.76）（见图 2.1）、苏州（4.28）、青岛（4）、大连（3.74）、唐山（3.658）、广州（3.158）、营口（3.011）、宁波—舟山（2.91）、秦皇岛（2.633）。

（2）主要港口集装箱吞吐量（万 TEU）排名（2012 年 1—12 月）：上海港（3 252.90）（见图 2.2）、深圳港（2 294.13）、宁波—舟山港（1 683.00）、广州港（1 474.36）、青岛港（1 450.00）、天津港（1 230.00）、大连港（806.40）、厦门港（720.17）、连云港港（502.00）、营口港（485.10）。[2]

图 2.1 天津港

图 2.2 上海港

1 资料来源：http://news.xinhuanet.com/fortune/2012-03/01/c_111590678.htm.

2 资料来源：http://news.sol.com.cn/html/2013-02-18/A91E584FF1FD338A4.shtml.

2.5 海上货运船舶

2.5.1 船舶构造

图 2.3 远洋货轮

一般船舶是由船壳、船体骨架、甲板、船舱和上层建筑所组成的，如图 2.3 所示。船壳又称船壳板，船的外壳包括船侧板和船底板。船体的几何形状是由船壳板的形状决定的。船体承受的纵向弯曲力、水压力、波浪冲击力等各种外力首先作用在船壳板上。

船体骨架是由龙骨、旁龙骨、肋骨、龙筋、舭龙骨、船首柱和船尾柱构成的，共同组成了船舶骨架。其中，龙骨是在船体的基底中央连接船首柱和船尾柱的一个纵向构件，主要承受船体的纵向弯曲力矩。旁龙骨是在龙骨两侧的纵向构件，承受部分纵向弯曲力矩，并且提高船体承受外力的强度。肋骨是船体内的横向构件，承受横向水压力，保持船体的几何形状。龙筋是船体两侧的纵向构件，和肋骨一起形成网状结构，以便固定船侧板，并能增大船体的结构强度。有些船体还装有舭龙骨，是装在船侧和船底交界的一种纵向构件。能减弱船舶在波浪中航行时的摇摆现象。船首柱和船尾柱分别安装在船体的首端和尾部，下面骨连接，能增强船体承受波浪冲击力和水压力，还能承受纵向碰撞和螺旋桨工作时的震动。

甲板位于内底板以上的平面结构，用于封盖船内空间，并将其水平分隔成层。甲板是船梁上的钢板，将船体分隔成上、中、下层。甲板对保证船体强度及不沉性有重要作用，而且提供了布置各种舱室、安置武器装备和机械设备的面积。甲板数量多少视船舶的大小，取决于舰艇的类型、使命和主尺度。通常小型舰艇有 1～3 层；中型舰艇有 3～5 层；大型舰艇有 5～10 层。

船舱是指甲板以下的各种用途空间，包括船首舱、船尾舱、客舱、货舱、机舱、锅炉舱和各种专门用途船舱。

上层建筑是指主甲板上面的建筑，上层建筑位于上甲板围成、主要用于布置各种用途的舱室，如工作舱室、生活舱室、贮藏舱室、仪器设备舱室等，供船员工作起居及存放船具。上层建筑部分有首楼、桥楼、尾楼、甲板室及各种围壁建筑。

2.5.2 货船种类

海上货运舰艇的种类繁多，按照其用途不同可划分为以下几种。

（1）干货船：以运载干燥货物为主，也可装运桶装液货的货船，包括杂货船、散货船、多用途船三大类。杂货船是以运载成包、成捆、成桶等件杂货为主，也可装运某些散装货的干货船。散货船是专运散装货的干货船，如运输谷物、矿砂、煤炭等大宗散货等。多用途船是可运载集装箱、木材、矿砂、谷物或其他杂货等各种货物的干货船。

（2）液货船：用于运载散装液态货物的货船的统称，可运输石油、水、植物油、酒、氨水以及其他化学液体和液化气体，主要包括原油船、成品油船、液体化学品船、液化石油气船、液化天然气船等。所装货物有的易燃、易爆，有的在船舶破损后对环境污染大，有的化学品毒性极强。因此，对于此类船舶首先考虑的是运输的安全可靠性。根据所运输液体货物的易燃程度不同，以及液体货物的毒性和对环境的威胁，各国航运界制定有相应的公约和规范，并据此对船舶进行不同的结构设计。

（3）冷藏船：运送保鲜蔬菜和易腐货物的货船，大多以定期班轮方式营运，航速可达每小时 20～22 千米。为防止运输货物被压坏，常常设置多层甲板，且具有良好的阻热和保湿功能。依冷藏形式的不同，冷藏船又分为冷藏舱船和冷藏集装箱船。前者的货舱做成冷藏舱，舱壁有良好的隔热功能，货物以托盘或篓筐形式置于舱内。后者的货物装于集装箱中，集装箱有 2 种，一种为内藏式冷藏箱，自带冷冻机；另一种为离合式冷藏箱，不带冷冻机，通过船上冷冻机将低温冷空气注入集装箱内。

（4）集装箱船：是为提高运输效率发展起来的一种专门运输集装箱的货船。船型消瘦，单层连续甲板，尾机型，功率大，航速快，稳性要求高；货舱开口大（可占船宽的 70%～80%），尺寸规格化，平均吨位大，如图 2.4 所示。

图 2.4　集装箱船

（5）滚装船：一种运载装货车辆或以滚动方式在水平方向装卸的货船。滚装船一改传统的垂直装卸工艺为水平装卸工艺，通过“滚上”或“滚下”来提升装卸速度，降低船舶在港停留时间。其主要结构特点是型深较高，上甲板纵通全船，平整、无脊弧和梁拱，无货舱口，内设多层甲板及甲板间坡道或升降装置，外设装卸跳板。上层建筑和机舱设在船尾，烟囱设在两舷。主甲板以下为双层壳体，对稳性、抗沉性、消防通风、耐波性和操纵性也给予专门考虑。在我国沿海的岛屿、陆岛之间及长江两岸，滚装船使用较普遍，但多为汽车渡船兼顾旅客运输。

（6）载驳船：俗称子母船，是一种专用于运载能浮于水面的特殊集装箱的运输船舶，其驳船收放方式分为吊运和浮移 2 种。载驳船具有船舶停港时间短，装卸速度快且不受港口水深限制和码头拥挤影响，有利于江海联运等优点。但是，这些优点要在货源组织、运输计划、驳船集散、子母船配套及空驳回收诸方面进行严密的组织管理才能显示出来，否则将会有停航之虞。

（7）驳船：本身无动力或只设简单的推进装置，依靠拖船或推船带动或由载驳船运输的平底船。

2.5.3　船舶吨位

船舶的吨位是表示船舶重量的一种计量单位，以 1 000 千克为 1 吨，或以 2 240 磅为 1 长吨[1]，或以 2 000 磅为 1 短吨[2]。目前国际上多采用公制作为计量单位。

1. 船舶的重量吨位（Weight Tonnage）

可分为排水量吨位和载重吨位 2 种。

（1）排水量吨位（Displacement Tonnage），是船舶在水中所排开水的吨数，也是船舶自身重

1 长吨。是实行英制国家所采用的计量单位。即英吨。我国是按照公吨。1 长吨=1.01605 公吨=1016.046kg=2240 磅=1.12 短吨。

2 短吨。在美国较为常用，即美吨。1 短吨=0.90718474 公吨=907.18474 公斤。

量的吨数。排水量吨位又可分为轻排水量、重排水量和实际排水量3种。

① 轻排水量（Light Displacement），又称空船排水量，是船舶本身加上船员和必要的给养物品三者重量的总和，是船舶最小限度的重量。

② 重排水量（Full Load Displacement），又称满载排水量，是船舶载客、载货后吃水达到最高载重线时的重量，即船舶最大限度的重量。

③ 实际排水量（Actual Displacement），是船舶每个航次载货后实际的排水量。

排水量的计算公式是

排水量（长吨）=长×宽×吃水×方模系数（fg^3）/35（海水）或36（淡水）（ft[1]）

排水量（公吨）=长×宽×吃水×方模系数（fg^3）/0.9756（海水）或1（淡水）（m^3）

排水量吨位可以用来计算船舶的载重吨。在造船时，依据排水量吨位可知该船的重量。在统计军舰的大小和舰队时，一般以轻排水量为准。军舰通过巴拿马运河，以实际排水量作为征税的依据。

（2）载重吨位（D.W.T.），表示船舶在营运中能够使用的载重能力。载重吨位可分为总载重吨和净载重吨。

① 总载重吨（Gross Dead Weight Tonnage），是指船舶根据载重线标记规定所能装载的最大限度的重量，包括船舶所载运的货物、船上所需的燃料、淡水和其他储备物料重量的总和。

总载重吨=满载排水量−空船排水量

② 净载重吨（Dead Weight Cargo Tonnage，缩写D.W.C.T.），是指船舶所能装运货物的最大限度重量，又称载货重吨，即从船舶的总载重量中减去船舶航行期间需要储备的燃料、淡水及其他储备物品的重量所得的差数。

船舶载重吨位可用于对货物的统计，作为期租船月租金计算的依据，表示船舶的载运能力，也可用作新船造价及旧船售价的计算单位。

2. 船舶的容积吨位（Registered Tonnage）

船舶的容积吨位是表示船舶容积的单位，又称注册吨，是各海运国家为船舶注册而规定的一种以吨为计算和丈量的单位，以100立方英尺或2.83立方米为1注册吨。容积吨又可分为容积总吨和容积净吨2种。

（1）容积总吨（GRT），又称注册总吨，是指船舱内及甲板上所有关闭的场所的内部空间（或体积）的总和，是以100立方英尺或2.83立方米为1吨折合所得的商数。

容积总吨的用途很广，可以用于国家对商船队的统计，表明船舶的大小，用于船舶登记，用于政府确定对航运业的补贴或造舰津贴，用于计算保险费用、造船费用以及船舶的赔偿等。

（2）容积净吨（NRT），又称注册净吨，是指从容积总吨中扣除那些不供营业用的空间所剩余的吨位，也就是船舶可以用来装载货物的容积折合成的吨数。

容积净吨主要用于船舶的报关、结关，作为船舶向港口交纳的各种税收和费用的依据，作为船舶通过运河时交纳运河费的依据。

2.5.4 船舶载重线与船级

1. 船舶载重线（Ship's Load Line）

船舶载重线指船舶满载时的最大吃水线，是绘制在船舷左右两侧船舶中央的标志，指明船舶

1 ft，英制长度单位英尺的缩写。1ft=12in（英寸）。1英尺=0.3048米。

入水部分的限度。船级社或船舶检验局根据船舶的用材结构、船型、适航性和抗沉性等因素，以及船舶航行的区域及季节变化等制定船舶载重线标志，其作用是为了保障航行的船舶、船上承载的财产和人身安全。船舶载重线已得到各国政府的承认，违反者将受到法律的制裁。

载重线标志包括：甲板线、载重线圆盘和与圆盘有关的各条载重线，含义如下。

（1）TF（Tropical Fresh Water Load Line）表示热带淡水载重线，即船舶航行于热带地区淡水中总载重量不得超过此线。

（2）F（Fresh Water Load Line）表示淡水载重线，即船舶在淡水中行驶时，总载重量不得超过此线。

（3）T（Tropical Load Line）表示热带海水载重线，即船舶在热带地区航行时，总载重量不得超过此线。

（4）S（Summer Load Line）表示夏季海水载重线，即船舶在夏季航行时，总载重量不得超过此线。

（5）W（Winter Load Line）表示冬季海水载重线，即船舶在冬季航行时，总载重量不得超过此线。

（6）WNA（Winter North Atlantic Load Line）表示北大西洋冬季载重线，指船长为100.5米以下的船舶，在冬季月份航行经过北大西洋（北纬36度以北）时，总载重量不得超过此线。

（7）标有L的为木材载重线。

我国船舶检验局对上述各条载重线，分别以汉语拼音首字母为符号。即以“RQ”、“Q”、“R”、“X”、“D”和“BDD”代替“TF”、“F”、“T”、“S”、“W”和“WNA”。

在租船业务中，期租船的租金习惯上按船舶的夏季载重线时的载重吨来计算。

2. 船级

船级是表示船舶技术状态的一种指标。在国际航运界，凡注册总吨在100吨以上的海运船舶，必须在某船级社或船舶检验机构监督之下进行监造。在船舶开始建造之前，船舶各部分的规格须经船级社或船舶检验机构批准。每艘船建造完毕，由船级社或船舶检验局对船体、船上机器设备、吃水标志等项目和性能进行鉴定，发给船级证书。证书有效期一般为4年，期满后需重新予以鉴定。

世界上比较著名的船级社有：英国劳埃德船级社、德国劳埃德船级社、挪威船级社、法国船级局、日本海事协会、美国航运局、中国船级社。

船舶入级可保证船舶航行安全，有利于国家对船舶进行技术监督，便于租船人和托运人选择适当的船只，以满足进出口货物运输的需要，便于保险公司决定船、货的保险费用。

2.5.5 船籍与船旗

船籍指船舶的国籍。商船的所有人向本国或外国有关管理船舶的行政部门办理所有权登记，取得本国或登记国国籍后才能取得船舶的国籍。

船旗是指商船在航行中悬挂其所属国的国旗。船旗是船舶国籍的标志。按国际法规定，商船是船旗国浮动的领土，无论在公海或在他国海域航行，均需悬挂船籍国国旗。船舶有义务遵守船籍国法律的规定并享受船籍国法律的保护。

方便旗船是指在外国登记、悬挂外国国旗并在国际市场上进行营运的船舶。

按照各国法律对船舶登记条件的不同规定，目前船舶登记制度可以分为开放式、半开放式和封闭式3种。其中，采用船舶开放登记制度的国家，对前往登记的船舶限制较少。因此，称这些船舶所取得的国籍为“方便旗籍”，所悬挂的国旗为“方便旗”，这些船舶为“方便旗船”。通常采用开放登记制度的国家是一些经济不发达的小国，以船舶登记费和年吨税作为主要外汇收入例如巴拿马、利比里亚、洪都拉斯、塞浦路斯、巴哈马、缅甸、柬埔寨等。

方便旗船是在一定历史条件下，国际经济、政治、各国航运立法等因素的综合性产物，其存在和发展有其积极的一面。但这些方便船籍国由于缺乏经济和技术实力，无法对方便旗船进行有效管辖与管制，给世界航运经济带来了一系列负面影响，导致了国际航运市场的不公平竞争。

针对这种情况，出现了“第二船籍制度”，就是在不改变原有船籍登记制度的前提下，面向本国船东，新设与方便旗制度类似的船籍登记制度，这是国际航运界应对方便旗船籍制度冲击的产物。

2.6 海运货物

2.6.1 海运货物的分类

1. 按货物装运形态划分

（1）件杂货：按计件形式装运和交接的货物。

（2）散装货：按计量形式装运和交接的货物。

2. 按货物性质划分

（1）普通货物（General Cargo）。

① 清洁货物（Clean Cargo）：也称精细货物，指清洁、干燥货物，如茶叶、纺织品、粮食等。

② 液体货物（Liquid Cargo）：指盛装于桶、瓶、坛内的流质或半流质货物，如油类、酒类、普通饮料等。

③ 粗劣货物（Rough Cargo）：指具有油污、水湿、扬尘和散发异味等特性货物。

（2）特殊货物（Special Cargo）。

① 危险货物（Dangerous Cargo）：指具有易燃、爆炸、毒害、腐蚀和放射性危害的货物。

② 冷藏货物（Reefer Cargo）：冷藏货物是指在常温条件下易腐烂变质和其他需按指定的某种低温条件运输的货物。如易腐性货物（Perishable Cargo）中的需处于冷冻状态运输的鱼、鸡、肉等，处于低温状态运输的水果、蔬菜等。另外，如需处于低温状态下运输的药品等。

③ 贵重货物（Valuable Cargo）：贵重货物是指价值昂贵的货物，如金、银等贵重金属、货币、高价商品、精密仪器等。

④ 活的动植物（Livestock and Plants）：活的动植物是指具有正常生命活动，在运输中需要特别照顾的动物和植物，如牛、马、猪、羊等家畜以及其他兽类、鸟类、家禽、鱼类等活的动物；树木等植物。

⑤ 长、大、笨重货物（Bulky and Lengthy Cargo, Heavy Cargo）：长大、笨重货物是指单件货物体积过大或过长，重量超过一定界限的货物。按照港口规定和运价本规定，通常将单件重量为 5 吨以上的货物称为重件货物；将长度超过 9 米的货物视为长大件货物。

2.6.2　货物的计量和积载

1. 货物的计量

包括货物的丈量和衡重。

（1）货物的丈量又称量尺，是指测量货物的外形尺寸和计算体积。货物的量尺体积是指货物外形最大处的长、宽、高之乘积。

（2）货物的衡量是指衡定货物的重量。货物的重量可分为毛重、净重、皮重，货物衡重应以毛重计算。

2. 货物的积载因数

货物的积载因数（Stowage Factor，S/F），是指每一吨货物在正常堆装时实际所占的容积（包括货件之间正常空隙及必要的衬隔和铺垫所占的空间），单位为立方米 / 吨。

不包括亏舱的货物积载因数 = 货物体积 / 货物重量

包括亏舱的货物积载因数 = 装载所用包装容积 / 所装载货物重量

= （货堆体积+装载无法利用的空间）/ 货堆重量

模拟实训

实训主题：国际海洋货物运输。

实训地点：教室。

实训目的：掌握国际海洋货物运输的发展变化趋势。

【背景材料】

北海航线阿芙拉型油轮收益一夜跳涨4 000美元

受益于鹿特丹港出现油轮卸船延误，加之北海—西北欧航线原油需求增长等利好因素，2013年8月20日该航线阿芙拉型油轮日平均收益比前一天飙升4 000美元/天。据波罗的海交易所数据显示，目前苏格兰设德兰群岛的萨洛姆湾港（Sullom Voe）至德国威廉港的日平均收益为19 000美元/天，与19日相比涨幅达25%。

目前该航线的运价水平足以双倍覆盖运营阿芙拉油轮的费用，达到了今年4月中旬以来的最高水平。

举例来说，日本明治航运公司“Eagle Sapporo”号（2008年建造，110448载重吨）就是此次价格飞涨的受益者之一。该运力是意大利能源公司埃尼集团（Eni）预定并运送8万吨原油从提兹港至伊明赫姆。日平均收益为W105，相当于超过20000美元/天。

同时，波罗的海至西北欧航线近期运力短缺再加上燃油需求不断提升，共同推动了该航线的运价水平从上周的5 700美元/天跳涨至18 600美元/天。

【过程设计】

（1）指导教师布置学生课前预习该背景材料。

（2）实训时，学生可以分小组讨论，指导教师进行评价总结，并讲解本案例的结论。

【讨论问题】

（1）目前国际航运价格的变动趋势如何？

（2）影响国际航运价格因素有哪些？

（3）收集国内至少三家国际海运企业的经营业绩情况，并对其进行评价。

综合练习

一、单项选择题

1. 世界上第一个班轮公会（　　）年诞生在英国至加尔各答航线上。

A. 1840　　B. 1875　　C. 1875　　D. 1949

2. 目前世界上最大的航运组织是（　　）。

A. 班轮公会　　B. 波罗的海国际海事协会

C. 联营体　　D. 海员工会

3. 我国正式加入的国际海事组织是（　　）。

A. 1973年3月1日　　B. 1949年10月1日

C. 1973年10月1日　　D. 1949年3月1日

二、名词解释

1. 班轮运输；2. 租船运输；3. 海运航线；4. 远洋航线；5. 船舶载重线。

三、简答题

1. 什么是班轮运输？班轮运输有什么特点？
2. 什么是租船运输？租船运输有哪几种形式？
3. 国际主要的大洋航线有哪些？与远东地区有关的有几条？
4. 什么是船舶国籍？什么叫方便旗船？
5. 海运货物有哪些分类？运输中有什么要求？

第3章

国际班轮与集装箱运输业务

相关网站

（1）http://www.chineseshipping.com.cn/　中华航运网

（2）http://www.02156.cn/　中国物流企业网

（3）http://www.chineseshipping.com.cn/bl/blzcd.asp?bltype=1&blzcd=%C9%CF%BA%A3&bljnw=0　国际班轮运输业务经营者名单（截至2012年7月12日）

（4）http://www.maerskline.com/appmanager/　马士基（中国）航运有限公司

案例导读

港口拥挤附加费该谁负担

2013年4月，我国某出口公司同伊拉克某公司签订销售合同一份，价格条件为CFR巴士拉。由于合同中既未规定港口拥挤附加费由买方承担，报价时也未把港口拥挤附加费因素考虑在内，交货时，巴士拉港口空前拥挤，船舶候泊时间长达65天，港口拥挤附加费增加至基本运费的300%，致使运费在货价中所占比重高达95%。这一笔交易，使该公司蒙受损失50多万元。

启示：在国际货物运输中，班轮公司承运人所收运费包括基本运费和附加费用两部分。基本运费按班轮运价表中某一计费标准，通过基本费率和计费吨计算得出，而附加费用名目繁多，承运人会根据实际情况具体额外计收。因此，国际货物买卖中负责运输的一方，在与承运人签订运输合同，尤其是对外报价时，这些因素都需考虑在内，以免带来意外损失。

3.1 国际班轮运输

3.1.1 杂货班轮货运代理业务

1. 出口代运业务

出口代运业务是指国际货运代理为客户办理货物经海运出口，从发货人手中揽取货物，接收货物到将货物交付承运人承运这一过程所需要通过的环节，所需要办理的手续及必备的单证等业务流程。

杂货班轮代运业务通常从货代接受货主委托与船公司揽货开始。

（1）托运订舱。订舱是指托运人或其代理人向承运人或其代理机构申请货物运输，承运人对这种申请给予承诺的行为。

出口企业委托货运代理公司向承运人或其代理人办理出口货物运输业务时，需要向其提供订舱委托书，委托其代为订舱。货代接受了出口公司的订舱委托后应缮制《海运出口货物托运单》（十联），在截单期前送交承运人或其代理，船公司或其代理审核货名、重量、尺码、卸货港等内容后，认为可以接受，即在托运单上填写船名、航次、提单号，留其需要的各联并在装货单上盖章，连同其余各联退回货运代理。此时，订舱手续即告完成，运输合同业已成立。

（2）办理保险。出口企业订妥舱位后，在货物集港之前，应及时向保险公司办理货物海洋运输保险事宜。我国海洋货物运输保险的险别分为基本险和附加险两类。基本险又可分为平安险、水渍险和一切险 3 种。附加险分为一般附加险和特殊附加险。投保时，必须选择一种基本险，然后根据货物运输的实际需要再选择一种或几种附加险。由于一切险中已经包含了一般附加险，因此，选择投保一切险，就无需再投保一般附加险。

（3）货物集港。杂货出口货物，在订妥舱位后，必须在船舶截港期以前交付货物。当船舶到港装货计划确定后，按照港区港务公司（或装卸公司）进货通知并在规定的期限内，由托运人办妥集运手续，将出口货物及时运至港区集中，等待装船。

（4）代理报关。当货物集中港区后，兼营报关业务的货代必须办理出口报关手续，填写《出口货物报关单》，连同其他需要的文件向海关申报，经海关查验放行后，货物方可装运出口。

（5）货物装船。托运人将其托运的货物送至码头承运船舶的船边并进行交接，然后将货物装到船上。装船可采有 2 种方式：直接装船或集中装船。无论采取哪种形式装船，船公司与托运人之间的责任界限和装船费用的负担仍然以船边货物挂上吊钩为界。

（6）装船通知。货物装船后，卖方应立即向收货人发装船通知，以便对方准备付款、赎单、办理进口报关和接货手续。对于由买方自办保险的合同，卖方及时发出装运通知尤为重要。其内容一般有订单或合同号、信用证号、货物名称、数量、总值、唛头、装运口岸、装运日期、船名及预计开航日期等。

（7）换取（签发）提单与收费放单。装船完毕后，货运代理从理货长处取得经大副签注后的收货单，到船公司或其代理处交付预付运费，用收货单换取已装船提单，交给货主。

（8）退证、退关。货代在办结海关手续后，应将经海关签注的出口货物报关单、出口收汇核销单（退税专用联）及时退给出口企业，以便其办理出口收汇核销和出口退税。对于已申报出口的货物，在海关查验放行后，因故未能装入出境运输工作，出口申报人应申请办理退关手续，经海关核准并撤销出口申报后，凭海关签注的单证提货，运出海关监管场所。

（9）结算费用。包括海运运费、国内陆运费、报关报验费、提货费、转运费等费用。

2. 进口代运业务

进口代运业务是指国际货运代理为客户办理货物经海运进口，将货物交至收货人手中这一过程所需要通过的环节，所需要办理的手续及必备的单证等业务过程。

以FOB术语成交的进口贸易合同，货物运输由买方办理，在合同规定交货期前一定时期内，卖方应将预计装运日期通知买方，买方接到通知后，委托货代办理各项运输事宜。

（1）接受委托办理订舱。进口公司一般在交货期前一个月向货运代理公司提出订舱申请，附带贸易合同，并填制《进口订舱联系单》。货代接单后，综合考虑各种情况，确定可以安排后，接受进口商的委托，并向船公司订舱。船公司安排好船位后，将船名、船期通知货代，货代应及时将情况通知委托人，以便向卖方发出装船通知，促使卖方做好船货衔接，按期备货、装船。

（2）代理保险。进口货物在国外装船后，卖方应按合同规定，向买方发出装船通知。合同规定需要由买方办理保险的，买方可以通过预约保险或逐笔保险的方式对货物进行投保。

（3）船舶到港。船公司卸货港代理人接到船舶抵港申报后，通知收货人船舶到港日期，收货人到开证行付清货款取回提单。而后向船公司代理人付清应付费用，并凭正本提单换取船代签发的提货单。另外，船公司卸货港代理人会根据装货港代理人寄来的货运单证，编制进口载货清单及有关船舶进口报关和卸货所需单证，约定装卸公司、理货公司，联系安排泊位，做好接船及卸货准备工作。船舶抵港后，船公司在卸货港的代理人随即向海关办理船舶进口手续，船舶靠泊后开始卸货。

（4）报检、报关。凡属法定商品到货后，货代或收货人应凭“入境货物报检单”向口岸检验检疫机构报检。经商检机构签发“入境货物通关单”后，才可办理报关。所有进出境的货物和运输工具必须接受海关的监管。进口货物的申报期限为自装运货物的运输工具申报进境之日起14日内。海关接受申报后，海关将依法定程序进行相应的查验、征税、放行等。未按规定期限申报的，海关将按规定征收滞报金。超过3个月仍未向海关申报的，货物由海关依法进行提取变卖处理。对属于不宜长期保存的货物，海关可以根据实际情况提前处理。

（5）货物卸船及交接。承运的货物从卸货港船上卸下，交与收货人并与其办理货物的交接手续。收货人或其代理人提货时，必须持海关放行的提货单提货。特殊货物的，收货人办妥进口手续后在船边接受货物；普通货物可采用“集中卸船，仓库交付”的方式。

（6）代运交货。为使货物能及时提离港口，货代可接受进货单位的委托，代办进口货物到港后的国内转运业务。委托人应及时备齐所有单证送交货代。货代在货物卸船后3日内填制“海运进口货物到货通知”，并寄给委托人。从港口发往内地时，另以“提货通知”通知委托人提货。

（7）费用结算。包括货运代理代表货方向船舶所有人、内陆承运人或其代理支付运费及杂费，以及货运代理与货方之间的费用结算。

3.1.2 班轮运费

1. 班轮运费概述

班轮运费是指在班轮运输过程中，承运人为完成货物运输而向托运人收取的报酬。而计算班轮运费的费率（单价），则称为班轮运价。由于班轮运输货物票数多、件数杂、分属不同货主。因此，在班轮运输过程中，必然要求班轮公司针对不同货物一定方法事先制定出不同的班轮运价，并以运价表的形式对外公布。

运价表可以从其制定者角度划分为班轮公会运价表、班轮公司运价表、货方运价表、双边运价表；从形式角度划分为单项费率运价表和等级运价表。运价表的内容主要包括以下几方面。

（1）说明及有关规定，主要是该运价表的适用范围、计价货币、计价单位及其他有关规定；

（2）港口规定及条款，主要是将一些国家或地区的港口规定列入运价表中；

（3）货物分级表，列明各种货物所属的运价等级和计费标准；

（4）航线费率表，列明不同的航线及不同等级货物的基本运费率；

（5）附加费率表，列明各种附加费及其计收标准；

（6）冷藏货费率表及活牲畜费率表，列明各种冷藏货物和活牲畜的计费标准及费率。

2. 班轮运费的计算

班轮运费由基本运费和附加费两部分组成。基本运费是对任何一种托运货物计收的运费，是班轮运费的主体，是按照某一计费标准，通过基本费率和计费吨计算得出。附加费是班轮公司在基本运费之外加收的费用。

（1）计费标准。

① 按货物的毛重计收（重量吨），在运价表中以“W”（Weight）表示。一般以1公吨为计算单位，吨以下取2位小数。但也有按长吨或短吨计算的。

② 按货物的体积计收（体积吨），在运价表中以“M”（Measurement）表示。一般以1立方米为计算单位。但也有按40立方英尺为1尺码计算的。

③ 按货物的毛重或体积计收运费，计收时取其数量较高者，在运价表中以“W/M”表示。按惯例凡1重量吨货物的体积超过1立方米或40立方英尺者即按体积收费；1重量吨货物体积不足1立方米或40立方英尺的，按毛重计收。

④ 按货物的价格计收运费，即从价运费，在运价表中“AV”（拉丁文ad valorem）表示。通常按商品FOB货价的百分比计算运费，按从价计算运费的，一般都属于高值货物。

⑤ 按货物重量、体积或价值三者中最高的一种计收，在运价表中以“W/M or AV”表示；也有按货物重量或体积计收，然后再加收一定百分比的从价运费，在运价表中以“W/M plus AV”表示。

⑥ 按货物的件数计收，如汽车、火车头按辆（Per Unit），活牲畜如牛、羊等按头（Per Head）计费。

⑦ 大宗低值货物按议价计收运费（Open Rate），由承托运双方临时议定的价格收取运费。一般多用于低价货物，如粮食、豆类、煤炭、矿砂等。

⑧ 起码费率（Minimum Rate），是指按每一提单上所列的重量或体积所计算出的运费，尚未达到运价表中规定的最低运费额时，则按最低运费计收。最低运费是按提单计收的，因而对应这票货的提单称为起码提单。

此外，在同一包装、同一票货物或同一提单内出现混装情况时，班轮公司的收费原则是就高不就低，具体收取办法如下。

① 不同商品混装在同一包装内时，全部运费一般按其中收费较高者收取；

② 同一票货物，如包装不同，其计费标准和等级也不同，如托运人未按不同包装分别列明毛重和体积，则全票货物均按收费较高者计收运费；

③ 同一提单内有两种以上的货物时，如托运人未分别列明不同货物的毛重和体积，则全部货物均按收费较高者计收运费。

（2）常见附加费。附加费通常是由于客观情况发生变化，班轮公司为抵补运输中额外增加的费用开支或在遭受一定损失时而收取的费用。其名目繁多，包括超重附加费（Over Weight Surcharge）、超长附加费（Over Length Surcharge）、燃油附加费（Bunker Adjustment Factor or Bunker Surcharge）、港口附加费（Port Surcharge）、港口拥挤附加费（Port Congestion Surcharge）、直航附加费（Direct Additional）、绕航附加费（Deviation Surcharge）和转船附加费（Transshipment Surcharge）、选卸港附加费（Additional for Optional Destination），等等。

附加费通常均按班轮运价表基本运费的一定百分比计收，或以每运费吨若干金额计收。由于有些附加费在运费中占有较大比重且变动频繁，故在对外报价时应充分考虑这一因素，才能将价格规定得合理。

（3）计算方法。班轮运费由基本运费和附加费组成，根据附加费计费方式的不同，计算公式为：

$$班轮运费=等级运费\times 基本费率+附加费$$

$$班轮运费=等级运费\times 计费吨\times（1+附加费率）$$

班轮运费计算步骤如下。

① 先根据货物的英文名称在货物分级表中查出该商品所属等级和计收运费的标准；

② 根据货物所属等级和计费标准，在航线费率表中查出商品的基本运费率；

③ 查出该货物本身所经航线和港口的有关附加费率；

④ 计算该货物每一运费吨的单位运费，即货物的基本费率和有关附加费率之和；

⑤ 计算总运费金额。

【例 3.1】以 CFR 价格条件出口加拿大温哥华罐头水果汁一批，重量为 8 吨，尺码为 10 立方米，求该批货物总运价。

解：（1）先确认水果汁的英文为“Fruit Juice”。

（2）从运价表“货物分级表”中查找相应的货名。并查到该货物运价等级为 8 级，计费标准为 M。

（3）再查中国—加拿大航线等级费率表得 8 级货物相应的基本费率为每吨 220 元。

（4）另查得燃油附加费为 20%。

（5）计算：班轮运费=等级运费×计费吨×（1+附加费率）=220×10×（1+20%）=2 640（元）。

3. 班轮运费支付

（1）运费的支付方式。

① 运费预付（Freight Prepaid, Advance Freight）。在货物装船后，货主取得提单前应付清运费。实务中，为使货主尽早获取提单办理结汇，通常是先签发提单，然后进行运费的计算复核，要求货主在船舶开航后若干天内付清运费。

② 到付运费（Collect Freight, Freight Payable at Destination）。一般要求收货人必须在目的港提取货物之前交清。如果是中转货物需在中转港支付运费，则托运人必须在有关单据上注明付款

人名称和地址。

提单中一般规定，预付运费按签发提单当天的汇率计算，到付运费按到达目的港当天的汇率计算。为保证承运人及时如数收取运费，提单中还设有留置权条款，对于不按时支付运费的货主，承运人可以留置货物，甚至经批准实行拍卖，以补偿应收运费。

（2）运费的支付币种。运费的支付一般要求用自由外汇。因此，汇率变动对实际的运费收入有较大影响。对于不同的航线和货主，运费支付的货币是不同的。目前最常见的有美元（USD）、港币（HKS）和外汇人民币。国内货主委托运输的直达货物运费以外汇人民币结算；香港中转货物运费以港币结算；到美国及其他国家或地区的货物多以美元结算运费。集装箱运费原则上全部按美元结算。

4. 集装箱海运运费

集装箱海运运费的计算办法与普通班轮运费的计算方法一样，也是根据运价表规定的费率和计算办法计算运费，并同样有基本运费和附加费之分。集装箱货物运价体系基本上分为两大类：一是件杂货运费，即以每运费吨为单位的“散货价”；二是以每个集装箱为计费单位的“包箱价”。在国际集装箱运输中，由于集装箱货物既可以交集装箱货运站装箱，也可以由货主自行装箱整箱托运，因而在计算运费方式上也有所不同。

（1）拼箱货海运运费的计算。各船公司对集装箱运输的拼箱货运费的计算，基本上是依据件杂货运费的计算标准，按所托运货物的实际运费吨计费。另外，在拼箱货海运运费中还要加收与集装箱有关的费用，如拼箱服务费等。由于拼箱货涉及不同的收货人，因而拼箱货不能接受货主提出的有关选港或变更目的港的要求，所以，在拼箱货海运运费中没有选港附加费和变更目的港附加费。

（2）整箱货海运运费的计算。对于整箱托运的集装箱货物运费的计收：一种方法是同拼箱货一样，按实际运费吨计费；另一种方法，也是目前采用较为普遍的方法是根据集装箱的类型，按箱计收运费。常见的包箱费率有以下3种形式。

① FAK包箱费率（Freight for All Kinds）。即对每一集装箱不细分箱内货物，不计货量（在重量限额之内）统一收取的运价。

② FCS包箱费率（Freight for Class）。按不同货物等级制定的包箱费率，集装箱普通货物的等级划分与杂货运输分法一样，仍是1～20级。但是集装箱货物的费率级差远远小于杂货费率级差，一般低级的集装箱收费高于传统运输，高价货集装箱低于传统运输；同一等级的货物，重货集装箱运价高于体积货运价。

③ FCB包箱费率（Freight for Class 或 Basis），按不同货物等级或货物类别以及计算标准制订的费率。与普通班轮一样，集装箱海运运费除计收基本运费外，也要加收各种附加费。通常包括货物附加费、变更目的港附加费、选卸港附加费、服务附加费等。

（3）最低运费。在集装箱运输中，拼箱货物的最低运费计收办法与班轮杂货运输中最低运费的计算办法基本相同，但整箱货物的最低运费的计收办法却与之不同。对于由货方自行装箱，且非实行包箱运费的整箱货，船公司通常不是规定一个最低运费金额，而是规定一个最低运费吨。

【例3.2】根据远东水脚公会的规定，一个20英尺干货集装箱的最低运费吨为17.5/21.5/21.5（重量吨/体积吨/计费吨）。假设一个20英尺干货箱内装运五金8吨/7立方米和电器5吨/10立方米，费率分别为USD25W/M，USD30W/M。按箱内加权平均费率和最高费率两种方法计算实装货物全部运费与亏箱费。

解：计算结果见表 3.1。通过计算可以看出，第 1 种计算方法对货方较为有利。至于运价表采取何种计算方式，货方应事先向承运人咨询。

表 3.1 最低运费计算

箱内货物种类	重量吨	体积吨	费率	运费计算	
				计费吨	运费/美元
五金	8	7	30	8	30×8=240
电器	5	10	25	10	25×10=250
合计	13	17		18	490
最低运费吨	17.5	21.5		21.5	
亏箱吨	4.5	4.5		3.5	

亏箱费计算：按加权平均费率计算，亏箱费=3.5×（490/18）=95.278（美元）

按箱内最高费率计算，亏箱费=3.5×30=105（美元）

（4）最高运费。是针对集装箱货物所设置的，目的在于鼓励托运人采用集装箱装运货物，并能最大限度地利用集装箱的内容积。一般由货主自行装箱，且计费方法是按货物等级或不同计费标准的条件下采用。不适用于货主使用自有箱，或由承运人货运站装箱，或计费方式采用包箱费率的情况，同样不适用于班轮杂货运输。

当托运人集装箱中所装货物体积吨超过承运人所规定的最高运费吨时，承运人仅按最高运费吨计收运费，超过最高运费吨部分免收运费。最高运费的计算仅适用于按体积吨计算运费的商品，不适用于按重量吨计算运费的商品。

3.2 国际集装箱运输业务

3.2.1 国际集装箱运输概述

集装箱（Container）是集合包装容器中最主要的形式，又称“货柜”、“货箱”，原义是一种容器，具有一定的强度、刚度和规格，专供周转使用并便于机械操作和运输的大型货物容器。因其外形像一个箱子，又可以集装成组货物，故称“集装箱”。使用集装箱转运货物，可直接在发货人的仓库装货，运到收货人的仓库卸货，中途更换车、船时，无须将货物从箱内取出换装。国际标准化组织根据集装箱在装卸、堆放和运输过程中的安全需要，规定了作为一种运输工具的货物集装箱的基本条件：

① 能长期反复使用，具有足够的强度；

② 途中中转不用移动箱内的货物，可以直接换装；

③ 可以进行快速装卸，并可以从一种运输工具直接方便地换装到另一种运输工具；

④ 便于货物的装满与卸空；

⑤ 具有一立方米（即 35.32 立方英米）以上的内容积。

1. 国际集装箱运输的特点

以集装箱为媒介的运输与传统的货物运输相比较，具有如下优点。

（1）装卸效率高，车船周转更快。集装箱由专门的机械设备装卸，大大提高了装卸的速度和效率，同样数量的货物装卸耗时仅为传统装卸方式的 1／20～1／18，而且手续也简便了许多，车船周转效率也因此提高，船方的收益也相应增加。

（2）更加安全可靠。在运输过程中，使用机械装卸、搬运，可以从一种运输工具直接方便地换装到另一种运输工具，而无须接触或移动箱内的货物，集装箱坚固耐用，集装箱门需要用专门的设备方可打开，因此可防风防雨，防盗防抢，提高货运质量，减少货损货差。

（3）节省包装费用，降低运输成本。集装箱本身就是货箱、货柜，其内的货物可以不用怎么包装，为货主节省了成本，提高了收益。同时集装箱又可以重复使用。

（4）促进了多式联运的发展，实现了“门到门”运输。以集装箱为媒介，将货物从内陆发货人的工厂或仓库装箱后，经由陆海空不同运输方式，可一直运至内陆收货人的工厂或仓库。中途无须倒载，也无须开箱检验。实现了“门到门”运输，也促进了国际多式联运的形成和发展。

由于上述特点，大大有利于解决传统运输中存在的问题，如货物装卸操作重复劳动多，劳动强度大，装卸效率低，货损货差多，包装要求高，运输手段繁琐，运输工具周转迟缓，货运时间长等。因而，集装箱运输日益成为国际货物运输的主要运输方式，各国也下大力气改造或修建更多的集装箱港口，不断扩大集装箱的吞吐量。

2. 国际集装箱的类型

（1）按用途或者所装货物种类不同分类。

① 杂货集装箱（Dry Container）。又称通用集装箱，其使用范围极广，用于装卸除液体货、需要调节温度货物及特种货物以外的一般杂货，包括日用百货、食品、机械、仪器、医药及各种贵重物品等，是利用最多的标准集装箱。国际标准化组织建议使用的 13 种集装箱均为此类集装箱。这种集装箱常用的有 20 英尺和 40 英尺 2 种，其结构特点是封闭式，一般在一端或侧面设有箱门。

② 冷藏集装箱（Refrigerated Container）。这种集装箱含有冷冻机，用以装载冷冻货物或冷藏货物，其温度可以在+26℃～−28℃之间调节，在整个运输过程中，启动冷冻机可以保持指定的温度。

③ 散货集装箱（Solid Bulk Container）。是用以装载大豆、大米、麦芽、面粉、饲料以及水泥、化学制品等各种散装的粉粒状货物的集装箱。使用这种集装箱可以节约包装费用，提高装卸效率。

④ 开顶集装箱（Open Top Container）。也称敞顶集装箱，这是一种没有刚性箱顶的集装箱，但有可折式顶梁支撑的帆布、塑料布或涂塑布制成的顶棚，其他构件与干货集装箱类似。开顶集装箱适用于装载较高的大型货物和需吊装的重货，如玻璃板、钢制品、机械等，可以使用起重机从顶部装卸。为了使货物在运输中不发生移动，一般在箱内底板两侧各埋入几个索环，用以穿过绳索捆绑箱内货物。

⑤ 框架集装箱（Flat Rack Container）。用以装载不适于装在干货集装箱或开顶集装箱的长大件、超重件、轻泡货、重型机械、钢管、裸装机床和设备的集装箱。这种集装箱没有箱顶和箱壁，箱端壁也可以卸下，只留箱底和四角柱来承受货载。这种集装箱既可以从上面也可以从侧面用铲

车进行装卸。

⑥ 罐装集装箱（Tank Container）。是适用于酒类、油类、化学品等液体货物，并为装载这类货物具有特殊结构和设备的集装箱。

⑦ 动物集装箱（Pen Container）。是一种专供装运牲畜的集装箱。为了实现良好的通风，箱壁用金属丝网制造，侧壁下方设有清扫口和排水口，并设有喂食、除粪装置。

⑧ 通风集装箱（Ventilated Container）。通风集装箱一般在侧壁或端壁上设有通风孔，适用于装载不需要冷冻而需通风、防止汗湿的货物，如水果、蔬菜等。如将通风孔关闭，可作为杂货集装箱使用。

⑨ 汽车集装箱（Car Container）。是专为装运小型轿车而设计制造的集装箱。其结构特点是无侧壁，仅设有框架和箱底，可装载一层或两层的小轿车。

⑩ 兽皮集装箱。专运生皮等有带汁渗漏性质的货物。

⑪ 挂衣集装箱。专供挂运成衣。

⑫ 台架式及平台式集装箱（Platform Based Container）。

台架式集装箱是没有箱顶和侧壁，甚至有的连端壁也去掉而只有底板和4个角柱的集装箱。台架式集装箱有很多类型。为了保持其纵向强度，箱底较厚。箱底的强度比普通集装箱大，而其内部高度则比一般集装箱低。在下侧梁和角柱上设有系环，可把装载的货物系紧，台架式集装箱没有水密性，怕水湿的货物不能装运，适合装载形状不一的货物。台架式集装箱可分为敞侧台架式、全骨架台架式、有完整固定端壁的台架式、无端仅有固定角柱和底板的台架式集装箱等5种。

平台式集装箱是只有底板而无上部结构的一种集装箱。该集装箱装卸作业方便，适于装载长、重大件。超过一个集装箱能装货物的最大重量和尺寸的，可以把两个集装箱连接起来使用，甚至可加倍装载一个集装箱所能装载的重量或长度的平台集装箱。

其他的如子母箱、柱式集装箱、多层合成集装箱、抽屉式集装箱等。

（2）按制造材料分类。有钢集装箱、铝合金集装箱、玻璃钢集装箱、不锈钢集装箱、木集装箱、薄壳式集装箱等6种，以第一种为最常用。

（3）按结构分类。有折叠式集装箱（由于货流在某些运输线上的不平衡产生的）、固定式集装箱等两种。

（4）按总重分类。有30吨集装箱、20吨集装箱、10吨集装箱、5吨集装箱、2.5吨集装箱等5种。

（5）按集装箱的规格尺寸分类。按照国际标准化组织集装箱技术委员会（104 International Organization for Standardization—Technical Committee No.104，ISO／TC）所制定的各项国际标准，以及我国的集装箱国家标准（GB1413—78）《货物集装箱外部尺寸和额定重量》；1998年最新修订国家标准（GB1413—1998）可将集装箱按照其外部尺寸和总重量分成若干型号。

ISO体系中的ICC型箱，是钢制普通货物集装箱中有代表性的一种箱型，在集装箱统计中所使用的TUE单位，就是以TUE作为基础的换算单位。

总之，集装箱种类繁多，可以适合运输各种货物的需要，这也是集装箱的优点之一。

3. 国际集装箱的标志

为了便于海关及其他相关方面对国际间流通的集装箱进行监督和管理，每一个集装箱均须在适当和明显的部位涂刷以下永久性标志。

（1）箱主代码是表示集装箱所有人的代号，箱主代号用4个拉丁字母表示，前3位由箱主自己规定，第4个字母规定用U（U为国际标准中海运集装箱的代号）。如“COSU”表示此集装箱为中国远洋运输公司所有。国际流通中使用的集装箱箱主代码应向国际集装箱公司登记，登记时不得与登记在先的箱主有重复。

（2）序号和核对数字是集装箱的箱号，用6位阿拉伯数字表示，如数字不足6位时，在数字前补“0”补足6位。

（3）国名代码：用三个字母表示，用以说明集装箱的登记国，如“RCX”即表示登记国为中华人民共和国。

（4）规格尺寸和箱型代码：规格尺寸用两位阿拉伯数字表示，用以说明集装箱的尺寸情况，如“20”即为20ft长、8ft高的集装箱。箱型代码用两位阿拉伯数字表示，用以说明集装箱的类型，如“30”即为冷冻集装箱。

（5）最大总重量和箱重：最大总重量用MAX GR／SS:××××（kg）表示，是集装箱的自重与最大载货量之和，它是一个常数，任何类型的集装箱装载货物后，都不能超过这个重量。集装箱的自重用TARE×××（kg）表示，是指集装箱的空箱重量。

例如：COSCO0012342

RCX2030

MAX GR／SS:2234（kg） TARE382（kg）依照相关标志规定反映了如下集装箱的情况。

① COSCO——箱主代号，表示是中国远洋运输公司；

② 001234——顺序号、箱号；

③ 2——核对数；

④ RCX——国籍代码，表示中国；

⑤ 20——尺寸代号，表示20英尺长，8英尺高；

⑥ 30——类型代号，表示冷冻集装箱；

⑦ GR／SS:2234（kg）——最大总重量2 234（kg）；

⑧ TARE382（kg）——空箱重量382（kg）。

3.2.2 国际集装箱货物运载方法

1. 国际集装箱的选择与检查

（1）集装箱合格标准。符合ISO标准：四柱、六面、八角完好；箱子各焊接点牢固；箱子内部清洁、干燥；五味无尘，不漏水、不漏光；有检验合格证书。

（2）集装箱的检查。集装箱在装载货物之前，必须经过严格检查。有缺陷的集装箱，轻则导致货损，重则在运输、装卸过程中造成箱毁人亡。所以，对集装箱的检查是货物安全运输的基本条件之一。发货人、承运人、收货人以及其他关系人在相互交接时，除对箱子进行检查外，应以设备交接单等书面形式确认箱子交接时的状态。通常，对集装箱的检查应做到：

① 外部检查。外部检查是对箱子的内侧进行六面察看，外部是否有损失、变形、破口等异样情况；如有，即做出修理部位的标志。

② 内部检查。内部检查是对箱子的内侧进行六面察看，是否漏水、漏光，有无污点、水迹等。

③ 箱门检查。检查箱门是否完好，门的四周是否水密，门锁是否完整，箱门能否重复开启。

④ 清洁检查。清洁检查是指箱子内有无残留物、污染物、锈蚀异味、水湿；如不符合要求，应予以清扫、甚至更换。

⑤ 附属件的检查。附属件的检查是指对集装箱的加固、连接部分，如板架式集装箱的支柱，平板集装箱和敞棚集装箱上部延伸结构的检查。

（3）集装箱的选择。目前，国际集装箱标准有三个系列，共15种。这15种集装箱中，采用何种规格为宜，应根据航线上和所经运输路线的具体货源条件和港口来定，因为，这对集装箱运输能否顺利完成有重大的关系。

在集装箱货物运输中，为了船、货、箱的安全，必须根据货物的性质、种类、包装、体积、容积、重量、形状以及运输要求，来选择适当的集装箱；否则，不仅不能承运某些货物，而且也会因选用不当而导致货损。首先要考虑货物是否装得下，其次再考虑在经济上是否合理，与货物所要求的运输条件是否符合。

集装箱货物对集装箱的选用可作以下考虑。

① 清洁货物和污秽货物：可选用杂货集装箱、通风集装箱、开顶集装箱、冷藏集装箱。

② 贵重货物和易碎货物：可选用杂货集装箱。

③ 冷藏货物和易腐货物：可选用冷藏集装箱、通风集装箱、隔热集装箱。

④ 动物和植物：选择牲畜（动物）集装箱、通风集装箱。

⑤ 笨重货物：选择开顶集装箱、框架集装箱、平台集装箱。

⑥ 危险货物：可选择杂货集装箱、框架集装箱、冷藏集装箱。

另外，在货运量较少的航线上，选用集装箱的规格不宜太大。当然，还得视货物的密度，如在进出口货物中轻泡货较多，则用规格较大的集装箱为宜。

另外，在决定选用何种规格的集装箱时，还应考虑到与国外船公司、货主的合作问题。因为，在进行集装箱货物的国际多式联运中，很有可能与国外船公司进行箱子交换、互用。因此，最好选用国际上广泛使用的集装箱型号。

开展集装箱的国际多式联运，应以实行“门到门”运输为原则。因此，在选用集装箱运输时，必须注意到内陆运输的条件。为了适应公路和铁路运输条件，使货运量小、运输条件差的国家和地区也能实现“门到门”运输，可采用“子母箱”运输方法。子母箱运输方法是指子箱的尺寸应与母箱的尺寸紧密配合。在海上运输时可采用大型国际标准箱，而在内陆运输时，则采用小型集装箱运输，等这些国家和地区的集装箱发展成熟和货运量增大后，再逐步完善大型集装箱的“门到门”运输。

此外，有些航线经常会发生由于两港之间货源的不平衡，从而造成大量集装箱的回空运输，这不仅会降低集装箱运输的经济效益，严重时会影响集装箱运输的发展。为了解决空箱回运的问题，有些国家的船公司在货源不平衡的航线上使用折叠式集装箱。这种集装箱折叠后，其体积仅为固定式集装箱的1／4，也就是说，4个集装箱折叠后，重叠在一起为一个固定的国际标准集装箱的体积。这种方法可大大降低空箱回运时的舱容损失。

2. 国际集装箱装箱的一般要求

（1）集装箱装箱注意事项。装箱人员在装箱前应按规定认真检查箱体，发现集装箱不适合装运货物时，应拒绝装箱，并立即通知集装箱所有人。集装箱所有人有责任继续提供适合货物装运的集装箱。具体装箱时应注意以下事项：

① 集装箱货运站装箱时，不能随到随装，必须根据集装箱预配清单和实现编制的装箱计划进行装箱；

② 备妥必要的合格的隔垫物料及捆扎加固材料；

③ 注意货盘的叉槽放置方向不能弄错；

④ 装箱时必须考虑方便拆箱卸货；

⑤ 货物重心分布必须平衡，积载后的重心应尽量接近箱子的中心，以免装卸过程中发生倾斜与翻倒；

⑥ 硬包装的货物，装箱时应该用垫料，以免冲压其他货物或碰坏箱子内壁；

⑦ 袋装货最好不要与箱装货同装一箱，不能避免时须要用垫板；

⑧ 带有凸出、隆起或四边不规则包装的货，如没有适当垫料，不能与其他货装在一起；

⑨ 湿货包括桶装或罐装液体货物，应当用垫料，并装在底层；

⑩ 不同种类的包装，必须保持分隔积载，例如，木夹板包装货与袋装货或纤维板箱装货物之间，如果没有保护性的隔垫，就不能装在一起；

⑪ 海关监管或可能被验查的货物必须分出来并装在箱门口；

⑫ 在任何情况下，都不能把货物直接固定在集装箱内部任何一个平面上，因为把集装箱钻孔会破坏箱的水密性；

⑬ 不要用不同包装的货物填塞集装箱的空位，除非这两种包装的货物，是完全适合拼装的；

⑭ 包装损坏的货物，即使损坏的表面是微小的，也不能装入箱内，必须在装箱前将坏包装修好后才能装入箱内；

⑮ 货物装完后，必须检查，要求做到没有一件货物处于松动状态，以防集装箱发生纵向或横向倾斜时，造成货损。

集装箱装箱完毕后，应使用合适的方法进行固定、绑扎，并关闭箱门；如对货物加固材料是木材，且目的地是澳大利亚、新西兰等国家，则应在箱体外表明显地方贴上有关部门出具的木材经过检疫处理的证明。

（2）一般货物装箱的要求。

① 将不同杂货混装在同一箱内时，应根据货物的性质、重量、外包装的强度、货物的特性等情况综合考虑；

② 货物在箱子内的重量分布应均衡；

③ 在进行货物堆码时，则应根据货物的包装强度决定货物的堆码层数；

④ 货物与货物之间，也应加隔板或隔垫材料，避免货物相互擦伤、沾湿、污损；

⑤ 货物的装载要严密整齐，货物之间不应留有空隙，这样不仅可充分利用箱内容积，也可防止货物相互碰撞而造成损坏；

⑥ 在目的地掏箱时，对靠箱门附近的货物采取系固措施，避免发生货物倒塌造成货物损坏和人身伤亡的事故；

⑦ 应使用清洁、干燥的垫料（胶合板、草席、缓冲器材、隔垫板），如使用潮湿的垫料，就容易发生货损事故；

⑧ 应根据货物的不同种类、性质、包装，选用不同规格的集装箱，选用的箱子符合国际标准，经过严格的检查，并具有检验部门发给的合格证书。

（3）纸箱货装箱要求。纸箱是集装箱货物中最常见的一种包装，一般用于包装比较精细和质轻的货物。

纸箱货的装箱操作应注意的以下问题。

① 如集装箱内装的是统一尺寸的大型纸箱，会产生空隙。当空隙为 10cm 左右时，一般不需要对货物进行固定，但当空隙很大时，就需要按货物具体情况加以固定；

② 如果不同尺寸的纸箱混装，应就纸箱大小合理搭配，做到紧密堆装；

③ 拼箱的纸箱货之间应进行隔离。隔离时可使用纸、网、胶合板、电镀板等材料，也可以用粉笔、带子等作记号；

④ 纸箱货不足以装满一个集装箱时，应注意纸箱的堆垛高度，以满足使集装箱底面占满的要求；

⑤ 装箱时要从箱里往外装，或从两侧往中间装；

⑥ 在横向产生 250～300cm 的空隙时，可以利用上层货物的重量把下层货物压住，最上层货物一定要塞满或加以固定；

⑦ 如所装的纸箱很重，在集装箱的中间层需要适当地加以衬垫；

⑧ 箱门一端留有较大的空隙时，需要利用方形木条来固定货物；

⑨ 装载小型纸箱货时，为了防止塌货，可采用纵横交叉的堆装法。

（4）木箱货的装箱操作。木箱的种类繁多，尺寸和重量各异。木箱装载和固定时应注意的问题如下。

① 装载比较重的小型木箱时，可采用骑缝装载法，使上层的木箱压在下层两木箱的接缝上，最上一层必须加以固定或塞紧；

② 装载小型木箱时，如木箱门端留有较大的空隙，则必须利用木板和木条加以固定或撑紧；

③ 重心较低的重、大木箱只能装一层且不能充分利用箱底面积时，应装在集装箱的中央，底部横向必须用方形木条加以固定；

④ 对于重心高的木箱，仅靠底部固定是不够的，还必须在上面用木条撑紧；

⑤ 装载特别重的大型木箱时，经常会形成集中负荷或偏心负荷，必须有专用的固定设施，不让货物与集装箱前后端接触；

⑥ 装载框箱时，通常是使用钢带拉紧，或用具有弹性的尼龙带或布带来代替钢带。

（5）货板货装箱要求。货板上通常装载纸箱货和袋装货。纸箱货在上下层之间可用粘贴法固定。袋装货装板后要求袋子的尺寸与货板的尺寸一致，对于比较滑的袋装货也要用粘贴法固定。货板在装载和固定时应注意的问题如下。

① 货板的尺寸如在集装箱内横向只能装一块时，则货物必须放在集装箱的中央，并用纵向垫木等加以固定；

② 装载两层以上的货物时，无论空隙在横向或纵向时，底部都应用挡木固定，而上层货板货还需要用跨挡木条塞紧；

③ 货板数为奇数时，则应把最后一块货板放在中央，并用绳索通过系环拉紧；

④ 板货装载框架集装箱时，必须使用集装箱前后、左右的重量平衡。装货后应用带子把货物拉紧，货物装完后集装箱上应加罩帆布或塑料薄膜；

⑤ 袋装的货板货应根据袋包的尺寸，将不同尺寸的货板搭配起来，以充分利用集装箱的容积。

（6）捆包货的装箱操作。捆包货包括纸浆、板纸、羊毛、棉花、面布、其他棉织品、纺织品、纤维制品以及废旧物料等。其平均每件重量和容积常比纸箱货和小型木箱货大。一般捆包货都月杂货集装箱装载。捆包货在装载和固定时应注意的问题如下。

① 捆包货一般可横向装载或竖向装载，可充分利用集装箱箱容；

② 捆包货装载时一般都要用厚木板等进行衬垫；

③ 用粗布包装的捆包货，一般比较稳定而不需要加以固定。

（7）袋装货的装箱操作。袋包装的种类有麻袋、布袋、塑料袋，主要装载的货物有粮食、咖啡、可可、废料、水泥、粉状化学药品等。通常袋包装材料的抗潮、抗湿能力较弱，故装箱完毕后，最好在货顶部铺设塑料等防水遮盖物。袋装货在装载和固定时应注意以下问题：

① 袋装货一般容易倒塌和滑动，可用粘贴剂粘固，或在袋装货中间插入衬垫板和防滑粗纸；

② 袋包一般在中间呈凸形，常用堆装方法有砌墙法和交叉法；

③ 为防止袋装货堆装过高而塌货的危险，需要用系绑用具加以固定。

3. 特殊货物的装箱要求

对一些特殊货物和特种集装箱进行货物装载时，除需遵守一般货物的集装箱装载要求外，还有一些特殊的要求。

（1）冷藏（冻）货装载要求。冷冻、冷藏货大致分为冷冻货和低温冷藏货 2 种。冷冻货是指货物在冻结状态下进行运输的货物，运输温度的范围一般为-10℃～-20℃。低温货是指货物在还未冻结货货物表面有一层薄薄的冻结层的状态下进行运输的货物，一般允许的温度调节范围为16℃～-1℃。货物要求低温运输的目的，主要是为了保持货物的鲜度。有时为了要维持货物通气和防止箱内产生水滴而需要在箱内进行通风。

使用冷冻、冷藏集装箱装载冷藏货应做到如下几方面。

① 集装箱具有集装箱所有人出具的集装箱合格证书或文件；

② 集装箱冷藏设备启动、运输、停止装置处于正常状态；

③ 集装箱通风孔处于所要求的状态，泄水管保持通畅；

④ 集装箱装箱前要经商检机构检验合格，并能达到规定的温度，货物要达到规定的装箱温度；

⑤ 货物装箱时，不能堵塞冷气通道，天棚部分应留有空隙；

⑥ 装载期间，冷藏装置停止运转；

⑦ 冷冻货物最好不要混载，必须混载时，只有运输温度相同的货物才能装在一起，并要避免有恶臭、污染的货物混载；

⑧ 货物装箱前，箱体应根据使用规定的温度进行预冷，货物装箱时的温度应达到规定的装箱温度；

⑨ 温度要求不同或气味不同的冷藏货物绝不能配入一箱；

⑩ 运往一些宗教国家的集装箱货，不能把猪肉与家禽、牛羊肉配装在同一箱内；

⑪ 装货高度不能超过箱中的货物积载线；

⑫ 装完货关门后，应立即使通风孔处于要求的位置，并按货主对温度的要求及操作控制好箱内温度；

⑬ 装载完毕，尽快使制冷设备工作，以尽快达到运输要求的温度。

（2）危险货物装载要求。使用集装箱装载货物应按危险货物运输规则所列的性能作为配载的依据，各种性能不同的危险货物，不能同配一箱，箱内不能放一般普通货物，具体应做到以下几点：

① 要有《集装箱装运危险货物证明书》；

② 集装箱清洁、干燥，适合装货；

③ 货物符合《国际危险品运输规则》的包装要求，有正确的标记、标志，并经国家规定的有关部门检验认可；装载危险品货物的集装箱，至少应有4幅尺度不小于250mm×250mm的危险品类别标志牌贴在箱体外部4个侧面的明显位置上；

④ 每票货物应有危险货物申报单；

⑤ 不得与危险货物性质不相容的货物同装一箱；

⑥ 与普通货物混装时，危险货物不得装在普通货物的下面，并应装于箱门附近；

⑦ 包件装箱正确，衬垫、加固合理；

⑧ 装载后，应按《国际危险品运输规则》的要求在集装箱外部每侧贴危险货物类别标志；

⑨ 装箱前应对货物及应办的手续、单证进行审查。凡不符合《国际危险品运输规则》规定的包装要求或未经商检、港监等部门认可或已发生货损的危险货物，一律不得装箱；

⑩ 危险货物一般应使用封闭箱运输；

⑪ 箱内装载的危险货物任何部分不得多出箱容，装箱完毕后应立即关门封锁；

⑫ 当危险货物仅占箱内部分容积时，应把危险品装载在箱门附近，以便于处理；

⑬ 装载危险货物的集装箱卸完后，应采取措施使集装箱不具备危险性并去掉危险品标志。

（3）超尺度、超重货物的装载。

① 超高货物。一般干货箱箱门有效高度是有一定范围的（20ft箱为2 135～2 154mm；40ft箱为2 265～2 284mm）。如货物超过这一范围，则为超高货。超高货物必须选择开顶箱或板架箱装载。超高货物装载集装箱时，应充分考虑运输全程中给内陆运输（铁路、公路）车站、码头、装卸机械、船舶装载带来的问题。内陆运输线对通过高度都有一定的限制（各国规定不甚一致），运输时集装箱连同运输车辆的总高度一般不能超过这一限制。一般来讲，装有超高货物的集装箱连同货物的总高度在（2 591+21）mm之内时，则需向有关部门提出申请，待批准并采取一定措施后方可运输，否则装载是没有意义的。

装载超高货物时，对于在陆上运输通过桥洞，或对车站和码头的装卸作业以及船舶装载将带来许多问题，必须引起特别关注。

② 超宽货物。舱内集装箱与集装箱之间的横向间隙通常是120～200mm，其间距的大小要根据不同的船舶而定。如果所装的超宽货物不超过上述范围，一般可以与普通集装箱一样装在舱内。超过尺度而不能装载时，可直接装在舱口盖上，或者用几个框架集装箱，拆去侧立柱，横向并列起来，确保层面面积。其装载方法与散件货相同。因此，能否装载是受集装箱和舱口的尺寸、舱盖的强度决定的。

超宽货物一般应采用板架箱、平台箱运输。集装箱运输允许货物横向突出（箱子）的尺度要受到集装箱船舶结构（箱格）的限制。陆上运输线路（特别是铁路）所允许的宽度限制，受到使用装卸机械种类的限制（如跨运车对每边超宽量大于10cm以上的集装箱无法作业），超宽货物装载时应给予充分考虑。

③ 超长货物。超长货不能装在舱内，因为每一箱格都有横向构件，所以如必须装运时，只好装在甲板上，但甲板上有拉紧集装箱的交叉拉杆，因此限制了装载位置。超长货装在框架集装箱上时，其超长量限制在1ft左右。超长货物一般应采用板架箱装载，装载时应事先征得船公司的同意。

④ 超重货物。集装箱标准（ISO）对集装箱（包括货物）总重量是有明显限制的，20ft箱为20.32t（20长吨）或24.00t，40ft箱为30.48t（30长吨），所有的运输工具和装卸机械都是根据这一总重量设计的。货物装入集装箱后，总重量不能超过上述规定值，超重是绝对不允许的。

配重件时，应当注意使集装箱保持平衡，同时考虑箱容的充分利用，尽可能搭配适当的轻货。装载时必须考虑集装箱底层的最大负荷量，可通过垫板来配置最大负荷量。要对照集装箱规范，绝对不能超过集装箱底层每平方英尺（或每平方米）的最大负荷量。

虽然集装箱一般设计最大载重，但还必须考虑内陆运输及通过公路桥梁的载重限度。例如，澳大利亚各州的公路，其超重量既有若干不同，有些州规定公路上通行的集装箱，其最大总重为20长吨，超过了这一重量的集装箱，必须要用13吨的串联轴来运输。因此，实际上超过20长吨的40ft集装箱，如果不采用特殊的底盘车，就不能在该州进行公路运输。美国有的州也有这种公路限制。

总之，装箱船舶需装载超长、超宽、超高、超重等非标准集装箱，应在订舱前由托运人或承运人向港口提出申请，经确认后方可装运。

（4）其他货物的装载。

① 液体货物。液体货物采用集装箱运输有2种情况：一是装入其他容器（如桶）后再装入集装箱运输，在这种情况下货物装载应注意的事项与一般货物或危险货物类似；二是散装液体货物，一般需用罐式箱运输。在这种情况下货物散装前应检查罐式集装箱本身的结构、性能和箱内能否满足货物运输要求，应具备必要的排空设备、管道及阀门，其安全阀应处于有效状态。装载时要注意货物的比重（密度）应和集装箱允许载重量与容量比值一致或接近。在装载时如需要加温，则应考虑装货卸货地点要有所需的热源（蒸汽源或电源）。

② 动、植物、食品。运输该类货物的集装箱一般有密闭和非密闭式（通风）两类。装载这类货物时应注意，货物应根据进口国要求，经过检疫并得到进口国许可。一般要求托运人（或其代理人）事先向港监、商检、卫检、动植物检疫等管理部门申请并出具合格证明后方可装箱。需做动植物检疫的货物不能同普通货物装在同一箱内，以免熏蒸时造成货损。

3.2.3 集装箱货物交接

1. 装箱方式

托运人开始将出口托运的货物运抵集装箱中转站准备装箱。当出口方的出口货物数量不足装满整个集装箱时，由船公司的集装箱货运站办理拼箱业务，将托运人交付的货物与其他托运人交付的不足整箱货物装到同一只集装箱里。

根据集装箱货物数量和方式，可把装箱方式分为整箱和拼箱2种。

（1）整箱（Full Container Load，FCL），是指货方自行将货物装满整箱以后，以箱为单位托运的集装箱。这种情况在货主有足够货源装载一个或数个整箱时通常采用，除有些大的货主自己备有集装箱外，一般都是向承运人或集装箱租赁公司租用一定的集装箱。空箱运到工厂或仓库后，在海关人员的监管下，货主把货装入箱内、加锁、铅封后交承运人并取得站场收据，最后凭收据换取提单或运单。

（2）拼箱（Less Than Container，LCL），是承运人（或代理人）接受货主托运的数量不足整箱的小票货运后，根据货类性质和目的地进行分类整理，把去同一目的地的货，集中到一定数量拼装入箱。由于一个箱内有不同货主的货拼装在一起所以叫拼箱。这种情况在货主托运数量不足装满整箱时采用。拼箱货的分类、整理、集中、装箱（拆箱）、交货等工作均在承运人码头集装箱货运站或内陆集装箱转运站进行。

2. 适于集装箱运输的货物

将货物装载于集装箱中进行运输，在技术上是否可能和经济上是否合理，按其适应程度可分为以下几类。

（1）最适宜货物（Prime Suitable Containerizable Cargo）。属于这一类的货物一般都是价值较高，海运运价也比较高的货物，且易于破损和被盗的货物。如酒类、医药用品、收音机、纺织品、服装、打字机、照相机、电视剧、光学仪器、各种小型电器及小五金等都属于这类货物。

（2）适宜货物（Suitable Containerzable Cargo）。属于这一类的货物，其本身价值并不高，海运运价也比最适宜货物低一些。这类货物破损和被盗的可能性较小。如电线、电缆、铅丝、纸浆、袋装面粉、咖啡、生皮、炭精以及各种轻工产品等易成为赔偿对象的货物。

（3）临界货物（Marginal Containerizable Cargo）。这类货物虽然在技术上将其装入集装箱是可能的，但是因为本身的价值和海运运价都较低，受损和被盗的可能性也很小，将其装入集装箱进行运输，经济效益并不显著，而且其形状、重量和包装也难以实现集装箱化。属于这类货物如钢锭、生铁、原木等。

（4）适宜货物（Unsuitable Containerizable Cargo）。属于这类货物有的是因货物的物理性质而不能装入集装箱内；有的是在大量运输时，使用专用船（如使用散货专用船运输大批量散货；使用滚装船运输大批量的卡车，以及矿山、工程车辆等）运输反而能提高运输效率的货物。如废钢铁、长 40 英尺以上的桥梁、铁塔、大型发动机等钢铁结构物，都属于这一类货物。

货运代理人根据货物的数量、性质和视箱情况，航线、船期、运价、箱位和集装箱类型等，以及运输条件和信用证要求决定是否可以接受订舱委托，若不能接受或某些要求无法满足，应及时作出反应，以免耽误船期，承担不必要的法律责任。根据与船公司的协议或经与船公司或其代理人联系，取得订舱口头确认，可以满足货主的委托要求，即可办理委托代理手续，建立委托代理关系。

3. 整箱货与拼箱货

（1）整箱货（Full Container Load，LCL）。货方负责装箱计数（SLAC），填写装箱单，并加封标志，通常只有一个发货人和一个收货人。承运人承担在箱体完好和标志完整的状况下接受并在相同的状况下交付货物的责任（由班轮公司负责）。

整箱货发货人或其货运代理人办理货物出口报关手续，在海关派员监装下自行负责装箱，送船公司货运代理集装箱货运站铅封和海关关封。发货人或其货运代理人缮制装箱单和场站收据，在装箱单上标明装卸货港口、提单号、集装箱号、铅封号、重量、件数、尺码等。

整箱货也可由发货方自行装箱直接送到集装箱堆场（CY），整箱货到达目的地后送至堆场内，收货人提取。

（2）拼箱货（Less Than Container Load，LCL）。拼箱货指承运人的集装箱货运站（CFS）负责装箱和计数，并加封的集装箱货物。通常每一票货物的数量较少，因此拼箱货的集装箱内的货物会涉及多个发货人和多个收货人（由拼箱集运公司负责）。

拼箱货装箱是由货运代理人将接收有多个发货人运往不同收货人，而不足以整箱的零星货物集中起来交给集装箱货运站，货运站根据集装箱预配清单核对货主填写的场站收据，并负责接货。请海关派人监装，拼装整箱装箱、施封、并制作装箱单。其具体程序是：货主或其代理人将不足整箱的货物连同事先缮制的场站收据和送交的货物，接受货物后，在场站收据上签收。如果接收货物时，发现货物外表状况有异状，则应在场站收据上按货物的实际情况作出批注。集装箱货运站将拼箱货物装箱前，须由货主或其代理人办理货物出口报关手续，并在海关派人监督下将货物装箱，同时还应从里到外地按货物装箱的顺序编制装箱单。

拼箱货物注意以下事项。

① 需要满足的一些基本条件：应为同一目的的港口，货物的性质不相互抵触，可以将其放在一起等。注意，冷藏货物和危险品不存在拼箱业务。

② 拼箱货报关单打印时与要注意柜量的打法：PART OF1 × 40ST 或 1 × 20ST。

③ 拼箱货报关时也分票来报，若有任何一方报关未通过，则此货柜不能正常运载。如有任何一票有验货也要通知相应的其他报关行，以做好验货及通知新的铅封的准备。

例如：在福州，拼箱货是在马尾新港230仓库堆场装货，客人需在结关时间前将货送至拼箱公司指定的货运站。每票货物报关放行后才能装入箱内，否则不能装入；若退载，要按海运费金额收取亏舱费。

4. 集装箱货物交接地点与方式

（1）集装箱的交接地点。

① 集装箱堆场（container，CY），是交接和保管空箱和重箱的场所，也是集装箱换装运输工具的场所。

② 集装箱货运站（container freight station，CFS），是拼箱货交接和保管的场所，也是拼箱货装箱和拆箱的场所。

③ 门（door），指发货人或收货人的工厂或仓库。

④ 船边或者吊钩（ship's rail or hook / tackle）。

（2）集装箱的交接方式。

① 按装箱方式不同将交接方式分为 4 种：FCL\FCL 或 CY\CY（整装整拆）、FCL\LCL 或 CY\CFS（整装拼拆）、LCL\FCL 或 CFS\CY（拼装整拆）、LCL\LCL 或 CFS\CFS（拼装拼拆）。

② 按交接地点将交接方式分为 16 种：

门对门（Door to Door）、门对场（Door to CY）、门对站（Door to CFS）、门对钩（Door to Tackle）；

场对门（CY to Door）、场对场（CY to CY）、场对站（CY to CFS）、场对钩（CY to Tackle）、站到门（CFS to Door）；

站到场（CFS to CY）、站到站（CFS to CFS）、站到钩（CFS to Tackle）；

钩到门（Tackle to Tackle）、钩到场（Tackle to CY）、钩到站（Tackle to CFS）、钩到钩（Tackle to Tackle）。

其中，交接的主要方式是：

- CY to CY，这是班轮公司通常采用的交接方式；
- CFS to CFS，这是集拼经营人通常采用的交接方式。

③ 交接方式之间的对应关系。

- “门到门”——这种运输方式的特征是，在整个运输过程中，完全是集装箱运输，无货物运输，故最适宜于整箱交，整箱接。
- 门到场站——这种运输方式的特征是，由门到场站为集装箱运输，由场站到门货物运输，故适宜于整箱交、拆箱接。
- 场站到门——这种运输方式的特征是，由门至场站是货物运输，由场站至门是集装箱运输，故适宜于拼箱交、整箱接。
- 场站到场站——这种运输方式的特征是，除中间一段为集装箱运输外，两端的内陆运输均为货物运输，故适宜于拼箱交、拼箱接。

模拟实训

实训主题：计算班轮运费。

实训地点：教室。

实训目的：掌握班轮运费计算步骤。

【背景材料】

某轮从青岛港装载 100 箱光学仪器经鹿特丹转运到利物浦。每箱体积为 20 cm×530 cm×540 cm。每箱重量为 25 千克。其他有关资料见表 3.2、表 3.3、表 3.4。试计算该货物的运费。

表 3.2　　**货物分级表（节录）**

SCALE OF COMMODITY CLASSIFICATION

货　名	COMMODITY	计 费 标 准	等　级
木炭	Charcoal	W/M	1
稻种	Paddy for Sowing	W/M	2
燕麦	Oat	W/M	3
大米	Rice	W/M	4
未列名粮谷	Cereals , N.O.E	W/M	4
花岗石	Granite	W/M	7
人参	Ginseng	Ad .Val	
…	…	…	…
海蜇皮	Jelly Fish	W/M	10
光学仪器	Instruments , Optical	W/M	13
飞机及零件	Air crafts & Spare parts	W/M	13
麝香	Musk	Ad .Val or W/M	20

表 3.3　　中国/欧洲、地中海航线等级费率表

<table>
<tr><td rowspan="4">中远集团第一号运价表
COSCO GROUP TARIFF NO.1</td><td>Page</td><td>181</td></tr>
<tr><td>Rev：</td><td></td></tr>
<tr><td>Efft .Date</td><td></td></tr>
<tr><td>Corr .No</td><td></td></tr>
<tr><td colspan="3">中国—欧洲地中海航线
CHINA—EUROPE & MEDITERRANEAN SERVICE</td></tr>
<tr><td colspan="3">中国基本港：广州、上海、青岛、新港、大连
China Base Ports：Guangzhou，Shanghai，Qingdao，Xingang，Dalian
欧洲基本港：安特卫普、鹿特丹、汉堡、亚力山大、热那亚
Europe Base Ports：Antwerp，Rotterdam，Hamburg，Alexandria，Genoa</td></tr>
<tr><td colspan="2">等级费率表
Scale of Rates</td><td>IN USD
(F/T)</td></tr>
</table>

等级 CLASS	费率 Rates	
	西行 Westbound	东行 Eastbound
1	63.00	33.00
2	66.00	34.00
3	70.00	36.00
4	76.00	39.00
5	80.00	42.00
…	…	…
11	101.00	62.00
12	108.00	67.00
13	115.00	73.00
14	120.00	80.00
15	126.00	85.00
…	…	…
16	128.00	93.00
17	130.00	94.00
18	140.00	100.00
19	151.00	114.00
20	173.00	130.00
Ad. Val	2%	2%

注：装在杂货船上的散油，出口至热那亚港加收港口附加费 USD5.00F/T

表 3.4　　中国/欧洲、地中海航线附加费率表

中远集团第一号运价表 COSCO GROUP TARIFF NO.1	Page	184
	Rev:	
	Efft .Date	
	Corr .No	
中国—欧洲地中海航线 CHINA—EUROPE & MEDITERRANEAN SERVICE		
中国基本港：广州、上海、青岛、新港、大连 China Base Ports: Guangzhou，Shanghai，Qingdao，Xingang，Dalian 欧洲基本港：安特卫普、鹿特丹、汉堡、亚力山大、热那亚 Europe Base Ports：Antwerp，Rotterdam，Hamburg，Alexandria，Genoa		
等级费率表 Scale of Rates		IN USD (F/T)

港口 Port	直航附加费 Direct Additional	转船附加费 Transhipment Additional (on basic rate)
Immingham*	2.70	80%
Iskenderun*	6.90	80%
Istanbul*	6.10	120%
Izmir*	6.10	80%
Karlshamn		116.00 VIA HAMBURG
Kilingholme		34.00 VIA ROTTERDAM
Kotka	9.55	93.00 VIA HAMBURG
Landakrona		48.00 VIA HAMBURG
Las palmas	8.00	95%
Latakia*		100%
Leghorn	Do Add	100%
Le Havre		140.00 VIA ROTTERDAM
Lisbon		73.00 VIA HAMBURG
		156.00 VIA ROTTERDAM
Liverpool*	35%	64.00 VIA ROTTERDAM
London*	35%	48.00 VIA ROTTERDAM
Malmo	3.45	48.00 VIA HAMBURG
		109.00 VIA ROTTERDAM
Malta	No Add	95%
Marseilles*		128.00 VIA ROTTERDAM

注：*装在杂货船上的散油，出口至热那亚港加收港口附加费 USD5.00F/T

*利物浦港口附加费 USD7.00F/T，卸货附加费 USD28.00F/T

*伦敦、伊明翰港口附加费 USD7.00F/T

*伊斯基德伦、伊兹梅尔港口附加费 USD7.00F/T

*拉塔基亚港口拥挤附加费 10%，1992 年 10 月 22 日生效

*伊斯坦布尔港口附加费 USD7.00F/T，拥挤附加费 10%，1992 年 10 月 22 日生效

【过程设计】

（1）指导教师布置学生课后复习班轮运费计算过程。

（2）将全班同学平均分成小组，按每组 5～6 人进行实践。

（3）指导教师对小组计算结果进行评价总结，并讲解本案例的结论。

【实训问题】

（1）根据资料，利物浦港口是该航线的基本港还是非基本港？
（2）根据资料，光学仪器属于几级货物，计算标准是什么？
（3）根据资料，光学仪器所属等级货物的基本费率是多少？
（4）根据资料，利物浦港口有哪些附加费？
（5）该案例运费计算结果是多少？

综合练习

一、单项选择题

1. 杂货班轮运输中的收货单由（　　）签署。
   A. 托运人　　B. 收货人　　C. 船长　　D. 大副
2. 下列描述有误的是（　　）。
   A. 载货清单是海关对进口船舶所载货物进出国境进行监督管理的单证
   B. 出口货物的发货人除海关特准的外应当在装货的24小时以前，向海关申报
   C. 班轮运输中，收货人应先提货，后报关
   D. 班轮运输中，托运人应先凭提单报关，后装运
3. 在集装箱班轮运输中，FAK是指（　　）。
   A. 不同等级费率　　B. 均一费率
   C. 重量/尺码选择费率　　D. 选择航线费率

二、名词解释

1. 代理运输；2. 班轮运价；3. 班轮运费；4. 集装箱运费。

三、简答题

1. 出口代运业务有哪些流程？
2. 进口代运业务有哪些流程？
3. 班轮运价包含哪些内容，怎样计算班轮运费？

第4章

国际租船业务

相关网站

（1）http://chart.sinotrans-csc.com/　中国租船有限公司
（2）http://www.csoa.cn/　中国船东网
（3）http://www.cnshipping.com/　中国海运（集团）总公司
（4）http://www.cansi.org.cn/　中国船舶工业行业协会

案例导读

"××"轮航次租船合同运费争议仲裁案

承租人与出租人于2001年3月28日签订了一份航次租船合同（下称"0328"号合同），租用"××"轮自日本袖浦港和船桥港运输大约1 000公吨的废旧电机至中国海门港。该轮在第二装港装货完毕后，由于船舶机械故障无法关舱，在取得被申请人的同意后，该轮开着舱盖驶往海门港。在海门卸货时双方就货物短量及被申请人因此而遭受的损失问题产生争议。2001年5月28日，出租人与承租人再次签订了与0328号合同条款类似的航次租船合同（下称"0358"号合同），承租人在支付0358号合同下运费时扣减了人民币4万元，扣款的理由为履行0328号合同时发生了货物短量。出租人遂就0358号合同下承租人欠付的运费人民币4万元提请仲裁。双方的主要争议如下。

1. 关于扣减运费

出租人认为，承租人在履行 0528 合同下支付运费的义务时，并未提及 0328 航次的货物短量，只是请求暂扣运费 4 万元。之后，承租人以收货人索赔为由，不予支付。承租人认为，扣减 4 万元是经出租人同意，由于 0328 航次货物短少损失达 10 万多元。因此，暂扣 4 万元是合理的。

2. 关于0328合同下货物短少

出租人提出，在 0328 号合同卸货后，承租人主张货物短量，只是说实际收货人先声称货物短少 50 吨，之后又称短少 37 吨。根据“××”轮船东的报告称，货物卸到码头后用汽车运出港口时过地磅称重，但由于至少 7 个大件货物是用铲车运出港口，且没有过地磅称重。因此，承租人提供的理货数量不准确。此外，由于装港采用水尺计重，卸港采用过地磅计重，两者必然存在误差。承租人提出，根据中国外轮理货公司的理货报告，实际收货人称货物短少 50.99 吨。本案承租人扣减 0528 合同下运费，作为对收货人的补偿是合理的。根据该航次货物的商业发票，50.99 吨货物短少的损失约为人民币 7.9 万元。对于该损失，被申请人没有在仲裁规则规定的期限内提起反请求，或者另案提出仲裁请求。被申请人在开庭时再次确认其并不打算就货物短量损失向申请人提出任何请求，但是主张以此作为抗辩理由，冲抵申请人的运费请求。

启示：本案是一起航次租船合同运费争议。仲裁庭最终做出被申请人应在收到本裁决书之日起 30 日内支付申请人人民币 40 000 元，逾期将按年利率 7%计息；被申请人关于以货物短量的损失冲抵上述运费请求的主张不能成立的裁决。本案例案情特殊，仲裁庭在厘清相关法律问题、充分分析证据的基础上，灵活运用法律，处理得当，值得借鉴。类似这些问题在国际租船业务中是经常会碰到的。

4.1 租船运输

4.1.1 租船运输概述

1. 租船运输定义

租船运输是相对于班轮运输的另一种海上运输经营方式，其没有固定的船舶班期，也没有固定的航线和挂靠港，而是按照资源的要求和货主/承租人对货物运输的要求，安排船舶航行计划，组织货物运输。因此，租船运输又被称为不定期船运输。对于批量较大、货物价值相对较低的大宗散货而言，货主往往采用租船运输的方式。

由于租船运输涉及的航线往往都是不固定的，因此在租船运输过程中，货物所有人是在一个世界性的大市场中寻找适当的船舶，而船舶所有人也同样是在全球范围内承揽货物，这样洽谈租船业务的双方有可能相隔万里，而他们能够签订一个租船合同，可能首先是由货物所有人通过某一中介人将运输需求公开，船舶所有人通过其他中介人将其欲出租的船舶信息公布。双方然后在这些中介人的帮助下，彼此选择适当的交易对象，就租船业务涉及的运输条件及相应的条款进行商定。许多情况下，这种业务谈判时参考某一个通用的范本进行的，当双方就相关的问题共同认可时，船舶所有人与货物所有人只见通常要签订包括租期、挂靠港、租金或者是运费及双方的责任与义务在内的租船合同。一旦船舶所有人与货物所有人签订了租船合同，那么双方就要受到该合同的约束，而这份租船合同不仅是双方履行义务和享有权利的来源，同时是双方处理合同执行过程中所出现问题的依据。

2. 租船运输特点

区别于班轮运输，租船运输具有以下特点。

（1）按照船舶出租人与承租人双方签订的租船合同安排船舶航线，组织运输；没有相对于定期班轮运输的船期表和航线。

（2）适合于大宗散货运输，货物的特点是批量大、附加值低、包装相对简单。因此，租船运输的运价（或租金率）相对班轮运输而言较低。

（3）舱位的租赁一般以提供整船或部分舱位为主，只要是根据租约来定。另外，承租人一般可以将舱位或整船再租与第三人。

（4）船舶营运中的风险以及有关费用的负担责任根据租船合同的规定。

（5）租船运输中的提单的性质不完全与班轮运输中的提单的性质相同，一般不是一个独立的文件，对于承租人和船舶出租人而言，仅相当于货物收据。这种提单要受租船契约约束，银行不愿意接受这种提单，除非信用证另有规定。但承租人将提单转让于第三人时，提单起着权利凭证作用；而在第三人与船舶出租人之间，提单这时则是货物运输合同的证明。

（6）承租人与船舶出租人之间的权利和义务是通过租船合同来确定的。

（7）租船运输中，船舶港口使用费、装卸费及船期延误，按租船合同规定由船舶出租人和承租人分担、划分及计算，而班轮运输中船舶的一切正常营运支出均有船方负担。

4.1.2 租船业务的分类

在租船实务中，由于承租人所要运输的货物可能是一次性的、单项的，也可能是长期的、往返的。此外，承租人有时并不是要运输自己的货物，而且租进一条船舶，进行揽货运输，这样就带来了在租船市场上租进运输方式的多样性。

1. 航次租船

（1）航次租船定义。航次租船又称“航程租船”或“程租船”或“程租”，是指由船舶出租人向承租人提供船舶或船舶的部分舱位，在指定的港口之间进行单项或往返的一个航次或几个航次用以运输指定货物的租船运输方式。船舶出租人主要负责船舶的航行，承租人只负责货物的部分管理工作。

航次租船是租船市场上最活跃、最为普遍的一种租船方式，对运价水平的波动最为敏感。在国际现货市场上成交的绝大多数货物（主要有液体散货和干散两大类），通常都是通过航次租船方式运输的。在航次租船的情况下，船长由船舶出租人（船东）任命，船舶由作为船舶出租人的代理人的船长管理，船舶的营运调度仍由船舶出租人负责，船舶仍归船舶出租人占有和支配。在这种意义上，航次租船合同与班轮运输合同一样，都是以承揽货物运输为目的的运输合同。

（2）航次租船方式。航次租船中，根据承租人对货物运输的要求，而采取不同的航次数来约定航次租船合同。航次租船方式可分为下列几种方式。

① 单航次租船。单航次租船是指船舶出租人和承租人双方约定，提供船舶完成一个单程航次货物运输的租船方式。船舶出租人负责将制指定的货物从起运港运往目的港，货物运抵目的港卸船交付货物后，船舶出租人的运输合同义务即告完成。

② 往返航次租船。往返航次租船指船舶出租人和承租人双方约定，提供船舶完成一个往返

航次的租船方式。但是，返航航次的出发港及到达港并不一定与往返港相同。也就是说，同一船舶在完成一个单航次后，会根据货物运输需要在原卸货港或其附近港口装货，返回原装货港或其附近港口。卸货后，往返航次租船结束，船舶出租人的合同义务完成。

③ 连续单航次租船。连续单航次租船指船舶出租人与承租人约定，提供船舶连续完成几个单航次的租船运输方式。被租船船舶在相同两港之间连续完成2个或2个以上的单航次运输后，航次租船合同结束，船舶出租人的合同义务完成。

④ 连续往返航次租船。连续往返航次租船指船舶出租人和承租人的约定，提供船舶连续完成几个往返航次的租船运输方式。被租船舶在相同两港之间连续完成两个以上往返航次运输后，航次租船合同结束，船舶租船合同结束，船舶出租人的义务完成。

（3）航次租船的4个阶段。

① 预备航次阶段：预备航次，是指为完成上趟航次租船合同的货物运输，船舶前往装卸港准备装卸的航次。

② 装货阶段：装货阶段是指船舶抵达、停靠装货港后，待泊和装货的整个阶段。

③ 航行阶段：航行阶段是指船舶装货离港后，抵达卸货前的整个阶段。

④ 卸货阶段：卸货阶段是指船舶抵达、停靠卸货港后，待泊和卸货的整个阶段。

2. 定期租船

（1）定期租船的概念。定期租船又称“期租船”或“期租”，是指由船舶出租人向承租人提供约定的由出租人配备船员的船舶，由承租人在约定的时间内按照约定的用途使用，并支付租金的一种租船方式。这种租船方式以约定的使用期限为船舶租期，而不以完成航次次数多少来计算。

（2）定期租船的特点。

① 船舶出租人负责配备船员，并负担其工资和伙食。

② 承租人在船舶运营方面拥有对船长、船员指挥权，有权要求船舶出租人予以撤换。

③ 承租人负责船舶的运营调度，并负担船舶运营中的可变费用，包括燃料费、港口使费、引水费、货物装卸费、运河通行费租船合同规定的其他费用等。

④ 船舶出租人负担船舶营运的固定费用。包括船舶资本的有关费用、船用物料费、润滑油费、船舶保险费、船舶维修保养费等。

⑤ 船舶租用以整船出租，租金按船舶的载重吨、租期及商定的租金率计收。

⑥ 租约中往往订有有关交船和还船及停租的规定。

此外，期租情况下，租金率在租期内一般比较稳定，货载的运输不受或较少受运输市场价格波动的影响。船舶出租人为避免租期内因部分费用上涨而使其盈利减少或发生亏损，而在较长期的定期租船合同中加入“自动递增条款”，使得在规定的费用上涨时，按合同预定的相应比例提高租金。定期租船方式下，被租船完全处于承租人的使用和控制下。所以，除因船舶不能处于适航状态外，其他情况所造成的营运风险一般由承租人承担。

案例 4.1

2002年7月，杭州某海运公司A与福建某外贸集团B签订了一份定期租船合同，合同中约定：A海运公司将“清风”号货轮租给B外贸集团从事运输经营，并负责配备船员29名；租期自2002年8月1日起至2004年3月31日止；月租金15万元人民币；海运公司A除承担“清风”号轮船员工工资、劳保福利及常规修理费外，其他一切在经营中发生的费用都由承租方B负担；在租期内出租人A负责维修保养，承租方应保证维修时间；在租赁期间，承租方对该轮享有经营、使用权，出租人应提供完好船舶，负责船员管理并按承租人的要求进行作业，在各方面给予配合；“清风”号轮在租赁期间若发生海损事故，均按船舶保险条款处理，在生产中发生的商务事故和海损事故引起的货物损失由承租方代办，按货物保险条款处理；因承租方指挥不当、违章经营而造成的事故、经济损失由承租方承担；如遇不可抗力的原因发生的事故，凡涉及该货轮财产损失，按船舶保险条款处理。

履行船舶租赁合同期间，“清风”号货轮在满载货物的运输途中，与宁波某航运公司的某轮船发生碰撞，造成“清风”号货轮沉没，货物全损。在该航次中，承租人未给予出租人任何驾驶方面的指示。事故发生后，经相关部门认定碰撞双方均为严格遵守《1972 年国际海上避碰规则》，应平均承担责任和相关损失，A 海运公司为此要支付赔偿金 24.281 777 万美元及594.750 万日元。

A 海运公司认为，上述赔偿责任应有承租人 B 外贸集团承担，因此提起诉讼，认为“清风”轮在租赁期间由 B 外贸集团负责生产经营，并享有相应收益，其仅收取少量租金，故承租人 B 外贸集团应承担海损事故造成的赔偿责任。要求判令被告赔偿其 242.817 77 万美元、594.750 万日元及利息。

分析：根据租船合同的约定，B 外贸集团对“清风”轮在生产经营中发生的商务事故和海损事故中引起的货物损失只是“代办”，而非由其承担，且该条款明确约定按货物保险条款处理；外贸集团只对由于其指挥不当，违章经营而造成的事故、经济损失承担责任。而本案中的事故货损完全是由于“清风”轮在航行过程中未严格遵守相关法规，船员驾驶过失造成，在船舶驾驶方面，A 海运公司犯有管船过错，导致船舶发生碰撞及船载货全损，B 外贸集团在这个过程中作为租船人未给于船员任何方面的不当指示。因此，造成碰撞事故的后果应由船东来承担。

3. 光船租船

（1）光船租船的概念。光船租船又称船壳租船，是指船舶出租人和承租人提供不配备船员的船舶，在约定的时间内由承租人占有、使用和营运，并向出租人支付租金的一种租船方式。在租期内，船舶出租人只提供一艘空船给承租人使用，船舶的配备船员、营运管理、供应，以及一切固定或变动的营运费用都有承租人负担。船舶出租人在租船期间内除了收取租金外，对船舶和其经营不再承担任何责任和费用。

（2）光船租船的特点。

① 船舶出租人提供一艘适航空船，不负责船舶的运输。

② 承租人配备全部船员，并负有指挥责任。

③ 承租人以承运人身份负责船舶的经营及营运调度工作，并承租在租期内的时间损失，包括船期延误、修理等。

④ 承租人负责除船舶的资本费用外的全部固定及变动成本。

⑤ 以整船出租，租金按船舶的载重吨、租期及商定的租金率计算。

⑥ 船舶的占有权从船舶交予承租人使用时起，转移至承租人。

4. 包运租船

（1）包运租船的概念。包运租船是指船舶出租人向承租人提供一定吨位的运力，在确定的港口之间，按事先约定的时间、航次周期和每航次较为均等的运量，完成合同规定的全部货运量的租船方式。包运租船方式签订的租船合同称为“包运租船合同”，或称“运量合同”。

这种租船方式是在连续单航次租船的运营方式的基础上发展而来的，和连续单航次程租船相比，一方面包运租船不要求一艘固定的船舶完成运输，船舶出租人在指定船舶上享有较大的自由；另一方面包运租船不要求船舶一个接一个航次完成运输，而是规定一个较长的时间，只要满足包运租船合同对于航次的要求，在这段时间内，船舶出租人可以灵活的安排运输，对于两个航次之间的时间，船舶出租人完全有权自由地安排一些额外的运输。

（2）包运租船方式的特点。

① 包运租船合同中一般不确定某一船舶，仅规定租用船舶的船级、船龄和其技术规范等。

② 租船的长短取决于运输货物的总运量及船舶的航次周期所需的时间。

③ 货物主要是运量较大的干散货或液体散装货物。承租人通常是货物量较大的工矿企业、贸易机构、生产加工集团或大型国际石油公司。

④ 航次中所生产的航行时间延误风险由船舶出租人承担，而对于船舶在港内装、卸货物期间所产生的延误，与航次租船相同，一般是通过合同中的“滞期条款”来处理，通常是由承租人承担船舶在港的时间损失。

⑤ 运费按照船舶实际装运货物的数量及约定的运费费率计收，通常采用航次结算。

⑥ 装卸费用的负担责任划分一般与航次租船方式相同。

5. 航次期租

目前，国际航运实践中还经常使用着一种介于航次租船和定期租船之间的租船方式，即“航次期租”，又称为日租船。航次期租是指由船舶出租人向承租人提供船舶，在指定的港口之间，以完成航次运输为目的，按实际租用天数和日租金率计算租金的租船运输经营方式。航次租期的特点是没有明确的租期期限，而只确定了特定的航次。

航次期租结合了期租和航次租船的特点，从而形成其独具特色的租船方式。其基本概念可从下面两方面理解：一方面，租期的计算以船舶所完成的本航次任务为基础，类似于航次租船，一般是从船舶抵达第一装港的引水锚地时起租，直至该船于最后一个卸港卸完货后，并由引航员引至引水锚地，引航员离船为止。当然具体交还船的时间及地点，可由当事双方在租约中订明；另一方面，尽管租期的计算类似于航次租船，但是船东收到的不是航次租船中的运费，而是类似于期租方式中的租金，一般为 15 天预付一期租金。航次期租对于承租人来说既可以避免期租过程中的风险，诸如缺少长期、固定的货源等，又可以保护商业机密，由于装、卸港代理均由租船人指派，故船东基本上无法了解该货详细情况，而且在租船装载能力许可的条件下，可以尽可能地多装货，以获取更大的利润。对于船东来说，采用 TCT 的租船方式，最大的益处是减少风险，这主要是指船舶港口作业及等泊等的时间风险，所有的这些风险都由租船人承担。

上述 5 种租船方式的区别主要体现在租船出租人和承租人对船舶的支配权、占有权的不同，从船舶出租人对船舶的支配、占有程度的强弱来看。5 种租船方式的排序为：包运租船、航次租船、航次期租、定期租船、光船租船。

4.1.3 国际租船市场

1. 租船经纪人

（1）租船经纪人的概念。航运市场中存在着大批专门从事船舶的租赁、订舱、买卖、保险等中介业务的航运经纪人。其中专门从事租船订舱等经纪业务的经纪人，称为租船经纪人。他们熟悉租船市场行情，精通租船业务，同时由于他们掌握市场动态，作为当事双方的桥梁与纽带，在为委托人提供市场信息、资信调查及其他信息咨询服务、促成合同的顺利签订、减少委托人事务上的繁琐手续，以及为当事双方斡旋调解纠纷等方面所起到的积极作用已得到了各方面的认同。由于租船经纪人对于租船市场的信息掌握全面、及时，具有租船业务的特殊知识和谈判技能，船舶出租人或承租人通过租船经纪人开展业务的做法已十分普遍。租船经纪业与船舶代理业、货运代理业已成为我国航运市场中不可缺少的重要组成部分。

（2）租船经纪人的身份。传统上认为经纪人为商业领域内从事居间活动的居间人。在我国虽没有明确的法律规定，现在也无统一的认识，但在租船市场上，租船经纪人包括以下几种。

① 船舶出租人经纪人：指根据船舶出租人的授权和指示，代表船舶出租人利益在租船市场上从事船舶出租或承揽资源的人。

② 船舶承租人经纪人：指根据承租人的授权和指示，代表承租人利益在租船市场上为承租人洽租合适船舶的人。

③ 双方当事人经纪人：指以中间人身份尽力促成船舶出租人和承租人双方达成船舶租赁交易，从中赚取佣金的人。

船舶出租人或承租人指定了租船经纪人后，就处于“本人”的地位，拥有对租船经纪人进行任何有关租船业务指示的权利。对于这些指示，租船经纪人，不管是代理人还是中间人，都必须如实照办，不得损害委托人的任何利益。

（3）租船经纪人进行租船业务洽谈的方式。租船经纪人进行租船业务洽谈的方式有3种情况。

① 由船舶出租人和承租人各自指定一个租船经纪人，由其代表各自委托人的利益进行洽谈。这时，双方租船经纪人处于代理人的地位，完全在“本人”的同意后，代表其“本人”在租船合同上签字。

② 船舶出租人和承租人共同指定一个租船经纪人进行洽谈。这时，租船经纪人就是居间人。这种情况下，船舶出租人和承租人一般在居间人在场的条件下进行面谈，而双方不再是“本人”，而是“决定当事人”。租船经纪人不再代表任何一方的利益，而是利用自己的知识，协调洽谈双方的意见，促成谈判达成合约。

③ 船舶出租人和承租人的一方与另一方指定的租船经纪人进行租船业务洽谈。这时，一方的租船经纪人完全在其“本人”的授意下，代表其利益进行谈判，并在征得“本人”同意后，代表其“本人”在租船合同上签字。

当租船经纪人以代理人的身份出现，且代表其“本人”在租船合同上签字时，必须在合同上注明其代理人身份，实际的合同当事人仍然是船舶出租人或承租人。租船经纪人超出授权范围或在没有得到授权的情况下采取的决定，其后果应由租船经纪人承担。因此，在“本人”的授权范围内从事租船业务洽谈经纪人的工作原则。相应的授权文件也就成为区分责任的依据。同时，租船经纪人对“本人”还具有忠实的义务，不得向“本人”提供错误虚假信息，也不得向任何第三方泄露“本人”的业务机密。

（4）租船经纪人的佣金。在通过租船经纪人成功地签订了租船合同时，通常由船舶出租人向租船经纪人支付“经纪人佣金”。佣金的多少在国际市场上没有统一的标准，一般在运费或租金的1%～4%。航次租船下，一个经纪人的佣金通常为1.25%，有2个经纪人时的佣金通常为2.5%。在签订租船合同后，船舶出租人按照租船合同中的佣金条款规定的时间支付经纪人的佣金。

① 如果合同规定“佣金在签订合同时支付（On Signing The Contract）”，则租船经纪人无论

合同的执行情况如何，均可获得佣金。

② 如果合同规定“佣金在货物装运时支付（On Shipment Of Cargo）”，则当合同于货物装运前被解除时，租船经纪人不能获得佣金。

③ 如果合同规定“佣金在赚取运费时支付（On Freight Earned）”，则租船经纪人只能在租船合同得以履行，且船舶出租人获得运费后，方可获得佣金。

当租船业务洽谈达成协议后，因为一方当事人的过错，导致租船合同不能履行的，为了保护租船经纪人的利益，应当在合同中载明如何处理租船经纪人的佣金问题。1994年金康合同范本规定，在这种情况下由过错方支付原定佣金的1/3。

但租船业务洽谈没有达成协议时，尽管我国《合同法》第四百二十六条规定，租船经纪人“未促成合同成立不得要求支付报酬，但可以要求委托人支付所支出的必要费用，”但是租船实务的惯例是按照“无效果，无报酬”的原则，租船经纪人一般不能取得佣金。而且经纪人与承租双方往往是有长期业务往来关系的，大家也不应该仅局于一次生意，而应该从长期的角度出发来考虑双方的利益。

2. 租船市场的形成及概念

（1）租船市场的形成。货主要在众多的船公司中选择一家合适的出租人，或者船舶出租人要想在某个特定的时期内给自己的船舶寻找到合适的货物，需要有一个专门的市场可以为这样两类人提供服务。因此，世界上形成了很多专门的租船市场，在其中又活跃着成千上万个租船经纪人，使得相隔万水千山的船舶所有人和货主都可以及时地找到合适的对象，迅速并满意地完成租船业务。

（2）租船市场的概念。租船市场是需求船舶的承租人和提供船舶运力的出租人协商洽谈租船业务订立租船合同的主要场所。这只是狭义租船市场或是有形租船市场的定义，而广义的租船市场是指需求船舶的承租人和提供船舶运力的出租人的交易关系，交易的对象是作为租赁对象的船舶的运力。通常设立在世界上货主和船东汇集，外贸和运输繁荣发达的地方。世界上各种租船场所有专门在城市内设集中场所当面洽谈的，也有不设专门集中场所、由分散在城市内各个经纪人凭借互联网、电传、传真等一系列通信设施进行洽谈的。

3. 租船市场的作用

租船市场对迅速成交船舶出租人和承租人双方的租船业务发挥了重要的作用，归纳起来，主要有以下4个作用。

（1）专门为船舶所有人和货主提供各种租船业务机会，使双方无须亲自进行谈判，通过租船经纪人接触、洽谈，办理签约等租船业务。

（2）租船市场能快速迅捷并且高效地为船舶所有人和货主成交租船业务。租船市场上有分布在全球的大量的船舶所有人和货主，以及业务水平较高的租船经纪人，从而形成了一个世界性的网络。在这个网络中，快速的通信工具得以使用，进一步节省了大量的时间，可以保证快捷高速地为承租双方提供服务。

（3）调节世界航运的平衡。由于国际贸易的不平衡带来了货流的不平性，有了这样的租船市场就可以最大化的调整这个不平衡的市场。

（4）为船舶所有人和货主提供大量的租船市场信息、资料等行情动态。

4. 主要租船市场

目前世界上主要的租船市场有以下几种。

（1）英国伦敦租船市场：英国伦敦的波罗的海商业航运交易所是公认的世界上历史最悠久、租船业务最多的散杂货租船市场。波罗的海商业航运交易所的主要业务包括租船、船舶买卖、粮食和油料作物种子交易及航空租机交易。

（2）美国纽约租船市场：美国纽约租船市场是仅次于伦敦租船市场的世界第二租船市场。纽约租船市场上的主顾是谷物、铁矿石、煤炭进出口商和希腊及挪威的船东。交易的船舶主要是油船、散装粮船和其他干散货船。

（3）北欧租船市场：北欧租船市场包括挪威的奥斯陆、瑞典的斯德哥尔摩、德国的汉堡、荷兰的鹿特丹等专业化船舶租船市场，以租赁特殊的高技术船舶为主，如冷藏船、液化石油气船、滚装船等。在租船方式上以长期期租为主。

（4）亚洲租船市场：亚洲租船市场包括日本东京、中国的香港、上海和东南亚的新加坡等租船市场，成交的主要是短程近洋运输船舶的租赁。

4.2 租船业务流程

4.2.1 租船程序

租船合同的签订通常情况下是通过租船经纪人进行的。一项租船业务从发出询价到缔结租船合同的全过程称为租船程序。通常情况下，租船程序大致经过租船询价、租船要约、租船还价、租船承诺、签订租船合同几个阶段。租船程序的整个过程实际上是船舶出租人和承租人通过经纪人或直接就各自的交易条件向对方进行说明、说服、协商的谈判过程。租船谈判要求当事人具有很强的专业知识，应关注全球政治、经济的变化，对航运市场的变化应非常的敏感，在谈判中要有预见性。对航运业务的操作过程应相当地清楚和了解，应掌握各种典型船舶的规模及特点，应对各种合同范本的所有条款有深刻的理解。

1. 租船询价

租船询价又称租船询盘。询盘的目的和作用是让对方知道发盘人的意向和需求的概况，通常是指承租人根据自己对货物运输的需要或对船舶的特殊要求通过租船经纪人向租船市场发出。当然，询价也可以由船舶出租人或承租人直接发出。

2. 租船要约

租船邀约又称租船报价或租船发盘，承租人或船舶出租人围绕租船询价中的内容，就租船涉及的主要条件答复询价方即为租船要约。当租船出租人从租船经纪人那里得到承租人的询价后，经过成本估算或者比较其他的询价条件，通过租船经纪人向承租人提出自己所能提供的船舶情况和运费率或租金率。

由于要约对于要约人有约束力，实务中往往在租船要约中附带某些保留条件，从而使得租船要约报价按不同的约束力分为绝对发盘和条件发盘两种情形。绝对发盘是指具有绝对成交的意图，主要条款明文肯定、完整而无保留，具有法律效力。发盘方不能撤回或更改发盘中的任何条件。绝对发盘时，发盘人一般都规定对方接受并答复的期限。发盘人在期限内不得再向第三方做出相同内容发盘；接收方要在期限内结束前给予明确答复，否则无效。绝对发盘的发出意味着租船业务洽谈进入决定时刻。如果接受发盘方认可发盘中的条件，并在限期内予以同意的答复时该租船业务即告成交。如果接受发盘方不接受发盘中的条件，或明确表示不接受发盘中的条件或在期限内不予答复，该项租船业务即告失败。条件发盘是指发盘放在发盘中其内容附带某些“保留条件”，所列各项条件仅供双方进行磋商，接受发盘方可对发盘中的条件提出更改建议的发盘方式。由于租船要约对于租船要约人有约束力，为了避免这些约束及在谈判中掌握主动，租船要约人在实务中往往在租船要约中附带保留某些条件，在保留条件未成就前条件发盘不构成一项具有约束力的合同，对租船业务谈判双方不具备限制力。

3. 租船还价

租船又称还盘，是接受发盘的一方对发盘中的一些条件提出修改或提出自己的新条件，并向发盘人提出的过程。还价意味着询价人对报价人的拒绝和新的报价开始，我国合同法是将还盘认定为一种新要约的行为。因此，报价人对还价人的还价可能全部接受，也可能部分还价，对不同意部分提出再还价或新报价。这种对还价条件作出答复或再次作出新的报价称为返还价或返还盘。

在一笔租船交易中，经过多次的还价与返还价，如果双方对租船合同条款的意见一致，一方可以以报实盘的方式要求对方作出是否成交的决定。报实盘时，要举例租船合同中的必要条款，将双方已经同意的条款和尚未最后确定的条件在实盘中加以确定。同时还要在实盘中规定有效期限，要求对方答复是否接受实盘，并在规定的有效期限内作出答复。若在有效期限内未做出答复，所报告盘即告失效。同样，在有效期限内，报盘的一方对报出的实盘是不能撤销或修改的，也不能向其他第三方报实盘。

4. 租船承诺

租船承诺又称受盘或接受订租，即为明确接受或确认对方所报的各项租船条件。原则上，接受订租是租船程序的最后阶段，一项租船业务即告成交，至此租船合同成立。

5. 签订租确认书

租船业务中通常的做法是在达成租船承诺后，当事人之间还要签署一份“订租确认书”。双方签认的订租确认书实质是一份供双方履行的简式的租船合同，订租确认书经当事人双方签署后，各保存一份备查。正式租船合同是在合同主要条款被双方接受后开始拟制的。受盘后，双方共同承诺的实盘中的条款已产生约束双方的效力。按照国际惯例，在条件允许的情况下，双方应签署一份“确认备忘录（Fixture Note）”或称“订租确认书”，作为简式的租船合同。

订租确认书一般包括以下主要内容：订租确认书签订日期；船名，或可代替船舶；签订双方的名称和地址；货物名称和数量；装卸港名称及受载期；装卸费用负担责任；运费或租金率、支持方法；有关费用的分担（港口使用费、税收等）；所采用标准租船合同的名称；其他约定特殊事项；双方当事人或其代表的签字。

订租确认书实务范例

1. 航次租船 FIXTURE NOTE

It is mutually agreed between Messrs （船舶所有人的名称及详细地址）as Owners and Messrs（承租人的名称及详细地址）as charter that:

Cargo 20 000MT wheat in bags 5% more or less at Owner’s option (Owners to declare quantity to be shipped 2 days before vessel arriving at loading port).

Loading at one safe port Shanghai.

Discharging at one safe port Auckland.

Lay days and Canceling Date:15th to 30th March 2007.

Freight rate USD18.00 per Metric Ton F.I.O.S,CQD both ends.

100% Freight prepaid by T/T to Owner's account in US Dollar at Shanghai after completion of loading before.

Any dues/taxes on vessel, on freight to be for Owners' account. Any dues/taxes on cargo to be for Charterers' account.

If charterers fail to ship as agreed quantity, they are liable to pay the dead freight at the freight rate as agreed.

Otherwise details as per 1994 GENCON C/P.

For and on behalf of　　　　　　　　　For and on behalf of

(Owners)　　　　　　　　　　　　　(Charterers)

2. 航次期租（TCT）FIXTURE NOTE

It is this day mutually agreed through friendly consultation between Shipowner and Charterer on chartering of M/V "ABC" with terms and conditions as following:

Delivery place: port of Qingdao , China.

Delivery time: around 12/15 July, 2006.Begin with the moment that the outward document completed or pilot onboard the vessel whichever occurred last, whether on Sunday, Holiday or not, hen in day or night.

Redelivery place: port of Kobe,Japan.

Redelivery time:when dropped outward pilot at the place of clause 3.

Daily hire:US $ 9,000 per day or pro rata including crew's overtime.

Hire payment:first 15 days hire will be paid in advance before delivery of the vessel,the rest to be paid within 3 banking days after redelivery the vessel.

Cargo to be loaded: bagged rice.

Stevedores damage to vessel: charterers to be fully responsible for damage to the cessel caused by stevedores or others employees by the charterers.

Agents:charterers to appoint agents at both ends and pay agency fee.

Commission: 2.5 percent total.

Other terms and conditions to be subject to NYPE.

For and on behalf of　　　　　　　　　For and on behalf of

(Owners)　　　　　　　　　　　　　(Charterers)

4.2.2 租船合同的履行

船舶出租人和承租人签订租船合同，并不意味着租船业务的结束，仅仅是租船业务的前期工作，还有大量的具体工作需要承租双方去做。从租船方式不同和当事人不同的角度上看，租船合同具体履行操作也不同，以下阐述航次租船合同下船舶出租人的具体操作程序。

1. 航次租船合同下船舶出租人的具体操作程序

（1）下达航行指示。船舶出租人向指定的船舶的船长发布航行指示，告知船长本航次的任务、装卸港口名称，所装货的有关资料，其中最重要的是关于该航次的NOR（Notice of Readiness）递交，B/L签发的，要求船长每天报告船舶动态，并递交船舶抵港离港报告。

（2）委托代理。航次租船合同下，通常是由船舶出租人委托船舶代理人代办船舶进出港口的各种事宜。船舶代理人受船舶出租人的委托，为船舶出租人代办船舶挂靠港口所需各种业务，诸如办理清关、安排拖轮、引航员及装卸货物等事宜。船舶出租人告知船舶代理人船舶来港的具体事宜包括船名、船籍、船舶规范、船舶吃水、吨税执照的期限、来港和去港的名称、货物的种类、重量和性质、包装、捆扎、装卸费用的负担及租船合同主要条款等以便代理人安排货物的装卸作业；如需要的话，船舶出租人还告知船舶代理人有关船舶的扫舱、洗舱、油料、淡水、垫料、伙食、航次修理、检疫等事宜以便代理人以安排提供服务工作等。另外，船舶出租人将船舶备用金提前汇至代理人处，以便支付船舶在港所发生的各项费用。

（3）船舶抵达装港。从船舶离开上一卸港时起，每天与船舶代理人保持联系，询问港口泊位情况、气情况等，以便通知船长合理安排航速，以保证船舶直靠，保证NOR按租约规定递交。船舶到港后装港代理人和船长发抵港报告，密切联系装港代理人及船长，关注装货情况，若在装货过程中出现任何问题，如吊杆等出现问题，应及时解决，使装货最快完成。船舶装完货后收集各种装货单证，NOR,M/R,SOF(Statement of Facts),M/F,B/L等，审核B/L，注意签发提单的方式，是由代理人签提单还是由船长签提单，若提单的运费是依据C/P支付，则和M/R核对无误方可放提单，注意签单时间大副收据的批注，若提单的运费为预付则需收到运费之后才能释放提单。要求承租人支付运费，按C/P运费费率计算，总运费扣除佣金，要求承租人在合同规定的期限内支付。计算装货港的LAYTIME、速谴费、滞期费。

（4）船舶抵达卸货港。在船舶抵达卸货港之前，船舶出租人同样要委托卸货港代理人办理船舶到港的具体事宜。与代理人保持联系，询问港口泊位情况、天气情况等，以便通知船长合理安排航速，以保证船舶直靠，保证NOR按租约规定递交。船舶到港后船长或代理人按合同规定递交装卸准备就绪通知书，密切联系和关注卸货情况，敦促代理人尽快与港方联系早日卸完货物。船舶代理人记录船舶在港的动态并及时汇报给委托人。货物的交付要符合法律规定及航运惯例。

（5）收尾工作。船舶卸货交付货物后，船舶出租人的运输任务基本结束，剩下的是一些收尾工作。如与代理人结算港口费用，与船舶承租人结算运费，速遣、滞期费等。还有可能要处理运输过程中的合同纠纷，如货损货差问题。

2. 租船合同履行注意事项

（1）严格按照租船合同的规定履行。租船合同是一种运输合同，本质上是船舶出租人与承租人双方自愿接受法律约束的协议，双方有义务遵守。签订了租船合同，从而意味着双方当事人必须按照租船合同规定的内容履约，而任何一方未按照租船合同履行自己的义务而出现纠纷，双方也需按照租船合同的约定进行处理。

在航次租船合同下，作为船舶出租人应当履行自己的职责包括：提供租船合同所指定的适航船舶，在规定的时间内抵达装卸港装货，按照规定签发提单，不得进行不合理的绕航，照管所运输的货物，将货物运至指定的卸货港，按照租船合同或提单上规定将货物交给收货人等。作为船船承租人应当履行自己的职责包括：支付运费、滞期费和亏仓费（如果发生的话），提供指定的货物等。

（2）及时与各有关方进行沟通。一项租船业务的履行，除了双方当事人按照合同履行各自的义务外，还涉及各有关方面的协助和配合，如收发货人、船长、代理人、港方、理货公司等。租船合同签订后，并不意味着从此可高枕无忧，坐等运费到账。在履约阶段中可能会产生许多令人意想不到的事情，如果不妥善加以解决，将后患无穷。所以要随时跟踪船舶动态，了解装卸进度，运费收支情况，以及提单签发，货物交付等具体事宜。一旦产生争议，应和各有关方保持密切联系，紧急磋商，并积极设法予以解决，不可懈怠。

（3）做好各种记录。为了划分和明确双方当事人的责任，弄清争议的真相，对租船业务履行具体环节中做好记录是十分必要的。例如，货损货差的记录，船舶在港事实记录，**NOR** 递交记录等。记录有相关人员如实、准确地记录合同履行及争议的情况，要求真实、全面地反映事实的本来面貌。

（4）及时结清各种费用。租船业务涉及许多费用，例如，船舶代理费、运费、佣金、装卸费用、港口使用费、滞期费和速遣费、亏仓费、税收等。及时支付和结清各种费用，对于顺利履行合同起着至关重要的作用。双方当事人应当按照合同的有关规定，履行支付费用的义务。

4.3 租船合同

4.3.1 租船合同范本

1. 租船合同范本的概念

通过租船方式实现租船双方当事人的商业目的，表现为通过船舶出租人和承租人签订租船合同来实现双方的商业目的，且每一笔交易均需签订租船合同。租船合同的签订是一项非常细致和严密的工作。为了各自的利益，在谈判和订立合同时，必然要对租船合同的条款逐一推敲，不利于迅速成交。为了简化签订租船合同的手续，加快签约的进程和节省为签订租船合同而发生的费用，也为了能通过在合同中列入一些对自己有力的条款，以维护自己一方的利益，在国际航运市场上，一些航运垄断集团、大的船公司或货物垄断组织，先后编制了供租船双方选用，作为洽谈合同条款基础的租船合同范本。租船合同范本中罗列了事先拟就的主要条款。为了便于商定租船合同的双方通过函电对范本中所列条款进行删减、修改和补充，每一租船合同范本都为范本的名称规定了代码，为每一条款编了代号，并在每一行文字前（或后）编了航次的顺序号。这样在洽谈租船合同的过程中，只需在函电中列明所选的范本的代码，指明对第几款第几行的内容增加、删除、更改的意见，就能较快地拟就双方所同意的条款。

虽然采用租船合同范本可以极大地方便租船合同条款的拟订，但是由于这些范本多数是由代表某一方利益的航运组织或货主组织单方面制定的，许多条款多可能对某一方有利，这是在选用租船合同范本时不能不考虑的问题。

2. 租船合同范本的分类

租船合同范本根据是否得到公认和是否得到广泛采用而分为标准租船合同格式、非标准租船合同格式和厂商租船格式。标准租船合同格式是指由英国航运公会、波罗的海国际航运工会、组约土产交易所和日本海运集会所等公共机构所制定或认可，并被公认和广泛采用的合同格式。非标准租船合同是指不属于标准租船合同范围，但其格式有一定的规律，并常被采用的合同格式。厂商租船合同则是一些大宗货物为租赁船舶的特殊合同格式。

租船合同范本根据租船货运经营方式不同又可分为航次租船合同范本，定期租船合同范本，光船租船合同范本。

3. 主要租船合同范本

目前国际航运市场中，采用的有比较影响的标准租船合同格式主要有。

（1）航次租船合同格式。

① 统一杂货租船合同。统一杂货租船合同（Uniform General Charter），简称“金康”（GENCON），是国际上标准的航次租船合作范本。1922 年由国际著名船舶所有人组织波罗的海国际航运协会（BIMCO）制定并公布，分别于 1976 年、1994 年进行修订。金康合同范本是 20 世纪 20 年代适应当时国际贸易急骤发展，货物种类大量增加的需要而制定的。是一个不分货种和航线，适用范围比较广泛的航次租船合同格式。目前，我国航次租船实务中大多使用金康合同范本。

② 北美谷物航次租船合同。北美谷物航次租船合同（North American Grain Charter Party），简称“NORGRAIN”，由美国船舶经纪人和代理人协会（Association of Ship Brokers & Agents，ASBA）于 1973 年制定，1989 年修订。波罗的海国际海事协会、英国船舶经纪人和代理人协会联盟推荐使用。该范本适用于由北美至世界各地的谷物运输。

③ 其他航次租船合同。航次租船业务中使用的租船合同范本还包括威尔士煤炭租船合同（Chamber of Shipping Walsh Coal Charter Party）、（矿石）7 租船合同（C<Core>7 Mediterranean Iron Ore）、油船航次租船合同 1976（INTERTANKVOY，1976）等。

（2）定期租船合同范本。

① 纽约土产交易所定期租船合同。纽约土产交易所定期租船合同，简称“土产格式”（NYPE），是美国纽约土产交易所（New York Produce Exchange）制定的定期租船合同标准格式。该格式最初是美国纽约土产交易所于 1913 年制定的，并先后于 1921 年、1931 年、1946 年、1981 年和 1993 年对其进行修改。“土产格式”是目前使用最为广泛的定期租船标准合同。

② 波尔蒂姆统一定期租船合同。波尔蒂姆统一定期租船合同，简称“波尔蒂姆”（BALTIME），是由波罗的海国际海事协会（BIMCO）1909 年制定的，并先后于 1939 年、1974 年和 2001 年对其进行修改。

③ 中租期租船合同。中租期租船合同（SINOTIME 1980）是由中国租船公司于 1980 年制定，专门用于中国租船公司从国外期租船使用的定期租船合同标准格式。

（3）光船租船合同范本。目前，国际租船实务中关于光船租船合同范本只有一种，即波罗的海国际航运协会制定的标准光船租船合同，简称“BARECON”。该范本于 1974 年制定，1989 年修改分成光船租船 A 式合同和光船租船 B 式合同，2001 年重新修订为“BARECON2001”。

4.3.2 航次租船合同

一、船舶概况

船舶概况是航次租船合同中十分重要的内容，对于顺利履行合同起着重要作用。

1. 船名

船名（Name of Vessel）是航次租船合同中十分重要的一项内容。目前，对于一般具体船舶的确定，通常有 3 种办法可供当事人选择。

（1）指定船舶（Named Vessel）。所谓指定船舶，就是在航次租船合同中明确地记述一艘特定的船舶。如："M/V Gloria"。一旦在合同中确定了船舶，就必须由该艘船舶执行合同规定的航次运输任务，船舶出租人无权擅自以其他船舶替代。如果原来指定的船舶由于意外事故沉没而不能履行合同，则合同受阻，合同自此解除，双方均不承担责任，即使承租人因种种原因急需船舶，而要求船舶出租人另派其他船舶，船舶出租人也没有义务为承租人提供合同以外的船舶，除非合同另有约定。

（2）代替船舶（Substituted Vessel）。在实践中，为能顺利履行合同以及避免因原指定船舶发生意外事故而导致合同解除，通常在指定船名的情况下，在航次租船合同中加入"代替船条款"，如"M/V Gloria or substitute at owner's option"，赋予船舶出租人"选择权"。船舶出租人在指定代替船时，必须在船级、船型、载重吨、位置等方面与原定船舶相符，否则，承租人有权取消合同，并要求损失赔偿。替代船一经选定，需在合理时间内通知承租人。这种替代船一经指定，就不能再做更改，即不能进行二次替代，即选择权只能行使一次。而且，替代船舶一经指定，船舶出租人的选择权得到了行使，就如同合同中订明的船舶一样，如由于某种意外原因不能履行合同，同样可以带来合同受阻的法律后果。

（3）船舶待指定（Vessel To Be Named）。在缔结航次租船合同时，关于船舶的指定，通常以"指定船舶"为主。当因某些原因致使无法在航次租船合同中确定船舶时，经双方当事人约定在开始履行航次租船合同前的适当时间内，由船舶出租人指定具体船舶，并将船名通知承租人，这就是所谓的"船舶待指定"。这也是船舶出租人的一种"选择船舶的权利"。为防止船舶出租人利用这种权利任意地选择和派遣不符合承租人的运输任务所要求的船舶，双方当事人在合同中一般明确约定"待指定船舶"的具体技术条件、性能及规范。如果船舶出租人日后指定的船舶不符合租船合同的要求，承租人有权拒绝接受，并因船舶出租人违约而解除合同和要求赔偿。在这种情况下，航次租船合同中不再订立"代替船条款"。这是因为法律所承认的给予船舶出租人的选择只有一次。只要船舶出租人在开始执行合同时指定了船舶并将船名通知承租人，则被认为该船舶出租人已行使了"选择船舶的权利"。

2. 船籍（Nationality of Vessel）

船籍是指船舶所属的国籍，是通过船旗来表现的。出于政治和船货安全的需要，以及货物保险费率的不同，在租船合同中承租人通常指定船籍，或者声明不得悬挂某国国旗。除非合同另有规定，船舶不得在合同履行期间擅自变更船舶国籍，更换船旗，否则对于承租人构成违约行为。

3. 船级（Classification of Vessel）

船级是船舶检验机关认定的船舶技术状态的指标，其主要目的是为了保证船舶的适航性能。租船合同中的船级是指双方在订立合同时，船舶应实际达到的技术状态指标，并不意味着船舶出租人有义务在整个合同履行期间保持这一船级。除合同中另有约定，否则，即使在合同履行期内丧失船级，也不视为违约。

4. 船舶载重吨（Deadweight Tonnage of Vessel）

载重吨又称载货能力，分为总载重吨和净载重吨。总载重吨包括船舶所载运货物、船上所需的燃料、淡水和其他储备物料重量的总和。净载重吨表明船舶实际装载货物的能力。合同中载明的数字通常是指实际可装载的最大货物数量，不包括船舶燃料、物料、淡水、备用品、船舶常数等。

由于在洽谈租船业务或缔结航次租船合同时，船舶所有人对航次中所需的燃料、物料、备品、淡水、食品等的消耗难以估计准确，所以对本航次实际可以装载货物的数量难以定出确切的数字。因此，通常航次租船合同中只规定一个装载货物的大概数字和可增减的百分比。记为"大约×××吨货物，×%的增减数量（about ××× tons of deadweight of cargo ×% more or less,at the master's or owner's option）"。可增减的百分比由双方当事人根据不同的种类的货物在合同中予以确定。在具体货物之前，船长根据本船的实际货物能力及港口吃水限制等，在该百分比范围内选择船舶能够装载货物的实际数量，并以书面的形式向承租人进行"宣载（Declaration Of Cargo）"。宣载书一般包括船舶名称、船舶的载重吨、货物载重量、货舱舱容、燃料数量、淡水数量、船舶常数、船长签名、宣载日期等。在英、美、法国家，认为数量增减条款是中间性条款。

如果船长未在船舶正式开始装货之前进行"宣载"，则被自动放弃了合同中"数量增减条款"所赋予船舶所有人的货物数量选择权。对此，如果届时承租人提供装船的货物实际数量没达到满舱满载（Full and Complete）的要求，但已达到合同中约定的船舶载货能力的下限，船舶所有人不能向承租人主张亏舱损失赔偿，只能按货物装船的实际数量计收运费。

如果宣载后，货主不能提供船长在"宣载书"中要求的数量，除非合同另有明文规定或属于承租人免责范围，承租人必须承担亏舱损失。如果船长的"宣载"不在航次租船合同中规定的装载货物的数字范围内，船东应承担由此给货主造成的损失，例如，短装损失、额外的仓储费等。

5. 船舶容积

船舶容积包括船舶的货舱容积和船舶的容积吨位。

船舶的货舱容积是指船舶货舱内实际能够装货物的空间，一般分为散装舱容（容积）与包装舱容（容积）2种。散装容积是指货舱内实际能够装载散装货物的空间，是由两舷外板内侧、两横隔舱壁和舱底板所包围的理论容积，扣除肋骨、横梁、支柱等所占容积计算出来的。包装容积是指舱内实际能够装载包装或成件货物的空间，是由两舷肋骨护板内侧、两横隔舱壁、舱底板和横梁下端所包围的理论容积，扣除空间内的支柱等所占容积计算出来的，一般要比散装容积小。

船舶的容积吨位是表示船舶容积的单位，又称登记吨或注册吨，是指船舶为登记注册的需要，按照有关的丈量公约或规范所规定的丈量方法和计算公式确定的船舶容积吨位，一个"吨位"等于2.83立方米的丈量容积，又称1个容积吨。根据不同的用途分为总吨位、净吨位和运河吨位。

6. 船舶位置（Vessel's Present Position）

船舶位置是指订立合同时船舶所处的位置或状态。因其直接影响船舶能否按期抵达预定的装货港，而承租人也要按照有关船舶位置或状态的说明、在船舶到港前备货和安排货物装运的准备，所以，必须在租船合同中正确地记载船舶的位置。

二、装卸港口和装卸费用

装卸港口是指航次租船合同中规定的船舶抵达装载货物的港口并将货物运至指定的卸货的港口。租船合同中对装卸港口都作出明确的规定。

1. 装卸港口或地点的规定方法

在航次租船运输中，装卸港通常由承租人指定或选择，航次租船合同中也将具体港口名称予以记载。目前国际上约定装卸港的方法有以下几种。

（1）明确指定具体的装货港和卸货港。这种方法是在合同中只记载装卸港和卸货港的港口名称，而没有明确该港的具体泊位。装卸作业的具体泊位按该港的习惯决定。单航次租船运输时，往往采用这种规定的方法。

（2）规定某个特定的装卸泊位或地点。这种方法是在租船合同中除指定港名外，还要指明港内的装卸泊位或地点；如注明某港某泊位，这是承租人为了装卸方便而在租船合同中做出的规定。

（3）由承租人选择装货港和卸货港。这种方法通常在合同中注明2个或2个以上装货港，或卸货港名，或某个区域，并规定承租人在其范围内选择其中的1个或2个。这个范围必须是在一条连续的海岸线上。对于卸货港而言，这种选择权，必须在规定的时间内行使，否则，应为承租人未及时“宣港”，而给出租人造成的延误损失，承租人应负责赔偿。

此外，当卸货港是2个或2个以上时，承租人应将在第一卸货港卸下的货物情况准确告知船长，否则，出租人为保持船舶在适航平衡状态下驶往第二卸货港而支付的倒舱、起卸和重装货物的费用，由承租人偿付。

2. 安全港口和安全泊位

在航次租船合同中，装货港和卸货港通常是由承租人进行指定或选择的，为了保证船舶进出港口和在港内装卸作业的安全，承租人所指定的港口或泊位都必须是能使船舶安全进出并进行装卸货物的“安全港”和“安全泊位”。

具体地说，“安全港”和“安全泊位”可从以下几方面理解。

（1）自然条件方面的安全，是指该港口应具有能够使船舶避免恶劣天气等自然现象的危险的必要设施。

（2）港口设施方面的安全，是指港口应能提供夜间照明、拖轮、引航员及必要的锚地和调头区域等。

（3）航海方面的安全，是指港口应设置能使船舶安全进出港口所需要的导航灯标等，港口的航道水深及桥梁的高度等都应符合安全航道的要求。

（4）装卸货物方面的安全，是指能保证船舶在港装卸作业期间，使船舶始终处于安全浮泊状态。

（5）政治局势方面的安全，是指港口没有战争或战争危险、暴动或骚乱等危及船舶安全的政治因素。

如果在租船合同中明确规定了装卸港口或泊位，除非合同另有约定，否则承租人没有保证港口安全性的义务。而这意味着港口和泊位的安全风险和责任在船舶出租人这一方。如果在订立租船合同时，承租人选定了某一港口，但没有列明具体泊位，则该港口的安全风险由船舶出租人负责，而泊位的风险和责任由承租人承担。当然由于某一事件造成一个港内所有泊位的不安全性，依然是作为港口风险处理，由船舶出租人承担风险。如果在订立租船合同的同时，承租人并没有列明某一个具体的港口，而是写作“pore A or port B or port C”等选择性的条款，也是由船舶出租人承担安全港口和泊位的风险和责任。而如果承租人的选择并不是在几个列明的港口中选择，而是在一个较大范围内，例如，“one port between Singapore and Kobe”，这时风险分摊应是船舶出租人负责列明的港口或泊位。如果在租船合同中，装卸港口或泊位是由承租人选择或待指定，则承租人一般有保证港口或泊位安全的义务。

3. 附近港口

在航次租船合同中订有“附近港口条款”时，这条款包括两方面的含义：当原定港口变得不安全时，承租人应当指定临近的港口；若承租人不指定或不重新指定时，出租人有权将货物卸于这种邻近地点。当港口不安全仅仅是因为暂时的障碍造成时，船东不能依此条款将货物卸掉，必须等待障碍消除，当然以合理等待时间为准。如果航次因此而延长，则承租人应按比例支付额外的运费；但航次因此而缩短，承租人仍应支付原合同规定的运费。

4. 港口或泊位靠港顺序的选择

在订立合同时，对于港口数量，往往可以约定由租船人进行选择，那么，在租船人行使自己的选择时，就无须考虑船舶出租人的利益，如船舶到中国港口装货，在新加坡承租人宣港为大连、黄埔、上海、承租人无义务缩短航程，可按自己需要调度船舶的靠港顺序，诸如靠港顺序为大连、黄埔、上海。而且，一旦承租人由于未能备妥货物，其甚至可以通过该条款解除合同而不承担责任，即承租人在一个范围内进行选择港口时，完全有权选择最远的一个港口，如果船舶是在解约日之后才能赶到，承租人也有权取消合同，甚至索赔损失，而即使是船舶可以在解约日前到达该范围内的港口也不例外。为了保护船舶出租人的利益，通常在合同中加上一条按照港口地理位置顺序挂靠的规定。

5. 装卸费用条款

装卸费用是指将货物从岸边（或驳船）装入舱内和将货物从船舱内卸至岸边（或驳船）的费用。如果租船合同中没有作出约定，则由船舶出租人负担，但关于装卸费用及风险如何分担的问题，一般依据合同条款的具体约定。

航次租船合同下，装卸费用是由出租人还是由承租人负责取决于合同的约定，常见的约定方法有以下几种。

（1）班轮条款（Liner Terms）：根据这一条款，承租人把货物交到船边船舶的钓钩下，船方负责把货物装进舱内，并整理好；卸货时，船方负责人把货物从舱内卸到船边，由承租人或收货人提货，所以，责任和费用的划分以船边为界，是船舶出租人负责雇用装卸工人，并负责货物的装卸费用的条款。

（2）舱内收货条款（Free In，FI）：根据这一条款，在装货港由承租人负担装货费用。如果船舶出租人仅就装货费不负责，其他费用如卸货港的卸货费用等仍由船舶出租人承担的话，可用“FILO（Free In，Liner Out）”条款，这是 FI 条款的变形。

（3）舱内交货条款（Free Out，FO）：简称为 FO 条款，或船舶出租人不负担卸货费条款。根据这一条款，在卸货港由承租人负责卸货费。如果船舶出租人不负责卸货费，其他费用仍承担的话，可用“LIFO（Liner In，Free Out）”条款，这是 FO 条款的变形。

（4）舱内收交货条款（Free In and Out，FIO）：简称为 FIO 条款，或称船舶出租人不负担装卸费条款。根据这一条款，在装、卸两港由承租人雇用装卸工人，并负责装卸费用。

（5）舱内收交货和堆舱、平舱条款（Free In and Out，Stowed and Trimmed，FIOST）：船舶出租人不负担有关装卸的所有费用，装卸费、平仓费和堆舱费全部由承租人负担。

（6）总装卸费，或总装货费，或总卸货费条款（Gross Load and Discharge，or Gross Load，or Gross Discharge）：船舶出租人负责与装卸，或装货，或卸货有关的全部费用。这种条款是指船舶出租人除了要负担装卸费以外，还要承担货物积载、平舱等费用。该条款在实践中很少使用。

（7）限额条款（Scale Load and Discharge）：船舶出租人负责一定限额的装卸费，超出部分由承租人自行负担。

三、货物与运费

1. 货物条款

货物的航次运输需求是由承租人提出的，所以，承租人享有货物选择权。但另一方面，承租人提供货物也必须满足合同的一定要求，受到合同的一定限制。

（1）货物的种类。货物的种类与运输费、舱容或吨位的利用以及船舶的能力等密切相关。承租人未完成某特定货物的运输，以航次租船的形式，签订租船合同。在租船合同中记载的特定货物被称为“契约货物”。而其他任何货物均为“非契约货物”。船舶抵达装货港后，承租人只能提供“契约货物”，而不能提供其他货物，否则，船长有权拒绝装船，船舶出租人还可因承租人的违约行为而要求赔偿损失。

在很多情况下，承租人为了贸易上的便利，经常在合同中规定若干种货物，或规定某一类货物作为“契约货物”，由承租人选择。此时，除非合同中另有明确规定，在规定的货物种类中只要有货物可以装船，即使承租人并未打算运输该种货物，承租人仍有提供货物的义务。

如果承租人在船舶出租人不知情的情况下，提供“非契约货物”装船，一旦由于装运此类货物致使船舶发生损坏，或造成其他事件（如海关扣船），承租人必须承担一切赔偿责任，任何抗辩或企图免责的理由均无效。

（2）货物的数量。在航次租船运输的情况下，如果在租船合同中规定了货物数量，那么承租人所提供的货物的数量必须达到船舶的货物装载能力，即重货按照满载（考虑载重吨）的要求，轻货按照满舱（考虑船舶的载货容积）的要求，同时，船舶出租人也有义务尽可能提供载货空间。如果租船合同中规定了承租人有义务对船舶提供“满载货物”，同时又规定“或多或少一定百分比（more or less ×%）”，或者规定至少多××吨，至少××吨，那么这两种情况下，应该由船长进行“宣载”，即根据本航次所需要的物料、油水等因素，由船长在装港宣布可以装载的货物数量。船长行使宣载的选择权必须在合同中订明的范围之内，如果超过，则承租人并无义务提供货物；如果不足，则是船舶出租人违反合同规定，通常船舶出租人须支付短装货物损失费用。另一方面，如果承租人不能提供船方所要求的“满载货物”，同样也会被认为是违约行为。当船舶已开始预备航次或抵达装货港时，承租人因某种原因（免责原因除外）不能提供货物，船舶出租人有权解除合同，并要求承租人按全额运费赔偿所造成的整船亏舱损失。如果船舶能够承揽装运其他货物而取得运费，在计算承租人承担的亏舱损失赔偿时，应扣除装运其他货物所取得的这部分运费；如承租人不能提供部分数量货物，造成船舶部分亏舱，对此，船舶出租人不能解除合同，但有权要求承租人承担亏舱损失赔偿，支付“亏舱费”。亏舱费实际上就是“未装船货物的运费”。在具体计算这种部分亏舱费时，应减去船舶出租人方面节省的费用，如船舶出租人可能承担的货物装船费、税金、港口使用费等。

2. 运费条款

通常情况下，航次租船的运费是按所装运货物的数量计收的，这种方法较有利于船舶出租人，此时须在租船合同中表明运费率（Rate of Freight）。但在承租人实力较强时，租约中也可能会规定按照卸货数量计收，甚至按照装货数量、卸货数量从小计收。此外还存在一种包干运输的形式，这种方法按包干运费（Lump Sum）支付。包干运输是指按提供的船舶，商订一笔整船运费，不论实际装货多少，一律照付。但出租方必须保证船舶的载重量和装货容积。

按运费的支付时间分，运费的支付方法有预付和到付两种。在实际租船业务中，预付运费已形成习惯的做法。合同当事人在洽订租船合同时必须对此作出约定，并在合同中写明两方面的内容，即何种支付方式以及何时赚取。

四、装卸时间、滞期费与速谴费

1. 装卸时间条款

（1）装卸时间的含义（Laytime）。装卸时间是指“合同当事人双方约定的船舶出租人使用船舶并且保证船舶适于装卸货物，无须在运费之外支付附加费的时间”，也可以说是承租人和船舶出租人约定的，承租人保证将合同货物在装卸港全部装完和/或在卸货港全部卸完的时间。

（2）装卸时间的规定方法。

① 不规定装卸日数：在英美法中，如果租船合同中未提及装卸时间，那么其法律地位就同按装卸港口习惯尽快装卸（CQD），即船舶出租人不得向承租人收取任何滞期费，除非承租人在装卸过程中有过失并因该过失导致了船期的延误，相反，承租人也不得向船舶出租人要求任何的速谴费。

② 订明装卸时间：订明装卸时间是指租船合同中的规定允许承租人装或卸货物的具体时间。例如，合同规定装货时间为 5 个晴天工作日，卸货时间为 4 个晴天工作日；或者规定装卸时间共为 9 个晴天工作日。

③ 规定一定的装卸定额：租船合同中有时并没有具体的时间，仅规定一定的装卸定额，装卸时间是根据所装货物的具体数量除以一定的装卸率得出的。租船实务中规定一定的装卸定额的方法有 3 种形式。

- 每天装卸多少吨。在规定每天装卸多少吨的情况下，装卸时间的计算则是根据船舶具体装卸货物的数量除以装卸率得出的。例如，合同规定每个晴天工作日装货 5 000 吨，船舶供装载 30 000 吨货物，则装卸时间等于 6 天（30 000/5 000=6 天）。
- 每天每舱装卸多少吨。每天每舱装卸多少吨是指用船舶具体装卸货物的数量除以每舱日装卸率乘以船舶舱口数的积而得出装卸天数。例如，合同规定“每日每舱装卸 400 公吨”，船舶共装载 10 000 吨货物，分别装于 5 个舱内，则装卸时间等于 5 天［10 000/（400 × 5）= 5 天］。
- 每天每工作舱装卸多少吨。每天每工作舱装卸多少吨是指以船舶最大货舱载货量除以每舱日装卸率乘以该舱口数的积而得出装卸时间。例如，合同规定“每日每舱装货 400 公吨”，船舶共装载 10 000 吨货物，分别装于 5 个舱内，其中最大货舱装载 2 400 吨货物，则装卸时间等于 6 天（2 400/400=6 天）。

（3）对装卸时间中“日”的理解。在租船合同中，针对装卸时间往往是用天数来表示的，随着各种各样租船合同的订立，对于天数的表述也是多种多样的。航次租船合同中需要以一个具有一定含义的概念来表示和计算装卸时间。

① 日。根据 1993 年航次租船合同装卸时间解释规则，“日”是指从午夜零点至午夜 24 点连续 24 小时的时间。不足一天按比例计算。

② 连续日。根据《1993 年航次租船合同装卸时间解释规则》，连续日是指一天紧接着一天的日数。不论是由于天气原因不能装卸货物，还是因为节假日不能装卸货物，装卸时间都连续计算，不作任何扣减。

③ 工作日。工作日是指在港口当地，按照港口当地的习惯，进行正常装卸作业的日子。根

据《1993 年航次租船合同装卸时间解释规则》，合同中没有明确从装卸时间中扣除的日期均应为工作日，不论是星期六、星期日还是节假日，只要合同中没有明确扣除的话，都不能扣除。节假日主要指公共节日，不包括星期六或者星期日。而根据 1980 年租船合同装卸时间定义，除了节假日，合同中没有明确从装卸时间中扣除的日期应作为工作日，不论是星期六还是星期日都不能给予扣除，除非合同有明文规定。由于对工作日解释和规定不同，需要在合同中明确适用 1993 年航次租船合同装卸时间解释规则还是 1980 年租船合同装卸时间定义。

④ 晴天工作日：晴天工作日是在工作日的含义基础上将影响船舶装卸的不良天气排斥在外的表示方法。即除去天气不良影响船舶装卸任何时间之外的连续 24 小时晴天工作日。

关于晴天工作日还有不同的表述，如 24 小时晴天工作日和连续 24 小时晴天工作日。对于前者，根据英国判例法，24 小时晴天工作日是指不管港口规定的时间是多少个小时，也不论工作小时数是跨及几天时间，以累计 24 小时为一个晴天工作日，例如：港口当地实行 8 小时工作制，那么三个工作日才可算作一个 24 小时晴天工作日。对于后者，则不管港口规定的正常时间是几个小时，均按 24 小时计算。这种表示方法与晴天工作日的表述基本相同，但有一个比较小的差别，即在 24 小时连续晴天工作日的条件下，对任何时间当中发生的坏天气，不论是否发生在作业时间，均要进行实扣实销；而在晴天工作日中，如果坏天气不是发生在工作时间；那么不得进行扣减，但如果发生在工作时间，那么需要按照工作时间与 24 小时的比例进行扣减。

根据《1993 年航次租船合同装卸时间解释规则》，晴天工作日、24 小时晴天工作日和连续 24 小时晴天工作日 3 个术语的含义是一致的，即除去天气不良影响船舶装卸任何时间之外的连续 24 小时晴天工作日。

另外，为了明确星期日、节假日排除在晴天工作日之外，避免争执，租船实务中通常又把晴天工作日之后加上不同的表述：如晴天工作日，周日和节假日除外（WWD Sunday and Holiday Excepted）；晴天工作日，周日和节假日除外，除非已使用（WWD Sunday and Holiday Excepted，Unless Used）；晴天工作日，周日和节假日除外，即使已使用（WWD Sunday and Holiday Excepted，Even if Used）；晴天工作日，周日和节假日除外，除非已使用，但仅按照实际时间使用时间计算（WWD Sunday and Holiday Excepted，Unless Used,But Only Time Actually Used to Count）。

（4）装卸时间的起算、中断和终止。

① 装卸时间。对于装卸时间的起算，需要船舶满足以下 3 个条件：船舶抵达租船合同规定的装卸地点；船舶已经备妥可装卸货物；在第一装港或在第一卸港，船长要递交装卸准备就绪通知书（NOP）。当然，真正起算还可能要经过一个通知时间（Notice Time）。

② 装卸时间的终止。在英美法普通法下，装卸时间是在装卸作业完成的一刻结束的，即将船舶在港内等待开航的时间从装卸时间当中予以扣减。当然在租船合同中如果有其他的约定，则要按照租船合同的规定。

2. 滞期费

滞期费是指"因不是出租人的责任所造成的，超过装卸时间的船舶迟延而托付给出租人的约定金额。滞期不适用装卸时间的除外规定"。如果承租人所用的实际装卸时间超过了合同规定的允许使用时间，超过部分的时间为"滞期时间"，承租人必须向船舶出租人支付"滞期费"，以补偿船舶出租人因船舶发生滞期而遭受的损失。滞期费等于滞期时间和约定的滞期费率的乘积。

滞期时间（或节省时间）=使用的装卸时间−允许的装卸时间

滞期费=滞期时间×滞期费率

合同中如果没有明确约定采用哪一种术语计算滞期费的时间，则通常解释是按照普通法下"滞期时间连续计算"的方法计算。但是如果合同双方同意按"滞期时间非连续计算"的话，则必须在合同中订明，否则只能按"一旦滞期，永远滞期"的方式连续计算。航次租船合同中，租船人装卸货物超过规定的装卸时间，船舶进入滞期后，直至全部装（卸）作业完毕时的期间，即使遇有星期日，法定节假日，以及因不良天气不能从事正常装（卸）作业时间，也应计入滞期时间内。

3. 速遣费

承租人所用的实际装卸时间少于合同规定的允许使用时间，节省部分时间即为速遣时间。对此，承租人有权向船舶出租人主张速遣费。根据国际航运惯例，速遣费率通常是滞期费费率的一半（DHD），除非合同另有明确规定。

速遣费=节省时间×速遣费率

4. 装卸时间的分别计算与合并计算

上面谈的是对装货港或卸货港时间的单独计算方法，同一航次中通常涉及装货港和卸货港2个装卸时间，同时还存在一个是分别计算还是合并计算的问题。合并计算与分别计算的结果是不同的。

（1）装卸时间的分别计算。根据普通法的原则，装卸时间应当分别计算。采用分别计算方法时，应分别计算各港的装卸时间。滞期费或速遣费也分别计算，然后进行金额的相加或冲抵。

例如，合同规定：WWD SHEX 装货2天，卸货4天，滞期费率USD4 000/天，DHD。根据事实记录编制装卸港的装卸时间表，见表4.1。

表4.1　　装卸时间表（一）

装货港		起止时间及说明	允许的时间	节省/滞期时间
日期	星期		日　时　分	日　时　分
1/6	六	装卸时间从12：00开始	- -　12　- -	
2/6	日		- -　- -　- -	
3/6	一	装货于12：00结束	1　- -　- -	- -　12　- -
4/6	二	装卸时间于12：00届满	- -　12　- -	- -　12　- -
合计：			2　- -　- -	1　- -　- -
卸货港		起止时间及说明	允许的时间	节省/滞期时间
日期	星期		日　时　分	日　时　分
11/6	二	卸货于12：00开始	- -　12　- -	
12/6	三	卸货	1　- -　- -	
13/6	四	卸货	1　- -　- -	
14/6	五	卸货	1　- -　- -	
15/6	六	装卸时间于12：00届满	- -　12　- -	- -　12　- -
16/6	日	（一旦滞期，永远滞期）		1　- -　- -
17/6	一			1　- -　- -
18/6	二			1　- -　- -
19/6	三	卸货于12：00结束		- -　12　- -
合计：			4　- -　- -	4　- -　- -

根据表 4.1，装货港节省时间：1 天，产生速遣费：USD2 000/天 × 1 天=USD2 000.

卸货港产生滞期时间：4 天，产生滞期费：USD4 000/天 × 4 天=USD16 000.

本次航次承租人应付滞期费：USD16 000-USD2 000= USD14 000.

（2）装卸时间平均计算（Laytime Averaged）。装卸时间平均计算是指分别计算装货时间和卸货时间，然后用一个作业中节省的时间去冲抵另一个作业中起用的时间。

使用这种方法计算对承租人比较有利，因为速遣时间和滞期时间的含金量是不一样的（速遣费是滞期费的一半）。上例中，按此方法，用装货港节省的 1 天去冲减卸货港滞期时间，总滞期时间就为 3 天，滞期费就变为 12 000 美元。

（3）调剂使用装卸时间（Reversible Laytime）。调剂使用装卸时间是指承租人有权选择将允许的装货时间和卸货时间加在一起计算，如同规定了两港作业的总时间。

在采用此方法时，上例的计算方法见表 4.2。

表 4.2 装卸时间表（二）

装、卸货港		起止时间及说明	允许的时间	节省/滞期时间
日期	星期		日 时 分	日 时 分
1/6	六	装货于 12:00 开始	- - 12 - -	
2/6	日	休息	- - - - - -	
3/6	一	装货于 12:00 结束	- - 12 - -	
11/6	二	卸货于 12:00 开始	- - 12 - -	
12/6	三	卸货	1 - - - -	
13/6	四	卸货	1 - - - -	
14/6	五	卸货	1 - - - -	
15/6	六	卸货	1 - - - -	
16/6	日	休息	- - - - - -	
17/6	一	装卸时间于 12:00 届满	- - 12 - -	- - 12 - -
18/6	二	卸货		1 - - - -
19/6	三	卸货于 12:00 结束		- - 12 - -
合计:			6 - - - -	2 - - - -

装卸两港共产生滞期费：USD4 000/天 × 2 天=USD8 000。

五、航次租船合同其他条款

1. 责任终止与货物留置条款

在一般的租船合同，都会约定承租人的责任终止条款和船舶出租人的留置权条款（Cesserand Lien Clause），是指承租人在货物装船支付预付运费、亏舱费以及装港的滞期费之后，就可以免除进一步履行租船合同的责任，而对于到付运费、滞期费以及共同海损分摊费和其他在运输途中船舶出租人为了货物而花费的特殊费用，船舶出租人有权对其运输的货物进行留置，从而使收货人对这些费用予以清偿。

2. 受载期与解约日的含义

受载期（Laydays）是船舶在租船合同规定的日期内到达约定的装货港，并做好装货准备的最后一天。如果受载期以“某月某日至某月某日”的形式表示，解约日往往就是这段时间的最后一天；如果受载期是以具体的规定某一天的形式表示的，解约日通常会定在这一天之后的 10～20 天中的某一天。航次租船合同中将该条款用“LAYCAN”来表示。

3. 提单条款

提单是现代国际贸易中不可或缺的单据。为了配合贸易的需要，航次租船合同中一般也都规定船东或船长有签发提单的义务。

按照国际航运的习惯做法，尽管船舶出租人和承租人订有租约，但在货物装船之后，租船人仍需要船舶出租人签发提单。航次租船合同项下的提单的持有人是谁，是影响该提单法律作用的重要因素。如果提单的持有人是承租人，那么提单在船舶出租人和承租人之间的作用仅相当于承运货物的收据，无论提单有无背面条款如何规定，船舶出租人之间的权利义务关系一切以租船合同为准。如果提单持有人是其他任何第三方善意取得者，那么船东与提单持有人之间的权利义务关系就以提单的规定为准。

4. 绕航条款

在我国，由于《海商法》第四十九条“承运人应当按照约定的或习惯的或者地理上的航线将货物运往卸货港。船舶在海上为救助或者企图救助人命或财产而发生的绕航或者其他合理绕航，不属于违反前款规定的行为”的规定强制适用航次租船合同的出租人，所以金康合同的绕航条款与我国海商法的规定相抵触的部分无效。船舶出租人只能在海上为救助或者企图救助人命或者财产而绕航或者其他合理绕航。

5. 法律与仲裁条款

航次租船合同通常都订有法律和仲裁条款，以便在发生争议时，解决应该适用什么法律，采取什么途径的问题。由于仲裁具有协议管辖、一裁终局、专家断案、灵活、简便、快捷以及节省费用等特点，深受当事人的欢迎。所以租船实务中，几乎都在租船合同中列明用仲裁方式解决合同纠纷问题。在此条款中在明确解决争议所适用的法律，规定仲裁地点、机构和仲裁规则。

案例 4.2

2001 年 3 月 23 日，“A 轮船”与“B 矿产”签订航租协议约定，“A 轮船”所属金汇轮（满载吃水 9.51 米，载重吨 20 722 吨）为“B 矿产公司”运输 19 000 吨河沙从蓬莱新港至上海港，运费每吨 27.5 元；两港装卸时间共用 3 天，自船抵装港卸港锚地满 12 小时起算；滞期费每天 25 000 元，“A 轮船公司”负责一次装卸港靠泊费用。协议还约定，货量不足 19 000 吨按 19 000 吨计费；在蓬莱新港航道及泊位水深安全情况下，如果因船方原因不能装载 19 000 吨的，则按实际载货量计费：“B 矿产公司”提供装卸港各一个安全泊位等条款。同年 3 月 24 日 15:00 时，该轮抵装货港 3 号泊位，3 月 25 日 03:00 时开始计算装卸时间，至 3 月 28 日 03:00 时装卸两港时间用完并开始滞期。该轮至 3 月 29 日 12:00 时装货完毕，滞期 33 小时。因码头从航道和泊位安全考虑，限制金汇轮受载 16 426 吨，亏舱损失 70 785 元。3 月 29 日，“B 矿产公司”委托理货公司对该轮受载货物作出水尺计重，港航交接亦于当天完成。该轮航海日志记载，完货时间为 3 月 29 日 12:00 时。装货期间，货主向港方保证垫付靠泊费用后，该轮于 3 月 29 日 12:20 时离港。3 月 31 日 09:30 时，该轮抵达长江口锚地。因港监从 3 月 29 日 06:30 时至 4 月 2 日 15:00 时实行航行管制，该轮抛锚等泊 53.5 小时，扣除 12 小时卸货准备时间，滞期 41.5 小时。该轮 4 月 4 日 15:00 时靠泊卸货，至 4 月 5 日 22:40 时卸毕，又滞期 31.5 小时。综上，金汇轮滞期计 106 小时（4.41 天），产生滞期费计 110 250 元。经计算，“B 矿产公司”应付运费为 522 500 元，应付滞期费 110 250 元，两项合计 632 750 元。扣除“B 矿产公司”已付款 463 176 元，“B 矿产公司”欠付亏舱、滞期费计 169 574 元。“A 轮船公司”遂向上海海事法院起诉请求判令“B 矿产公司”赔偿亏舱、滞期损失人民币 194 635 元。

分析：本案主要涉及安全港口的保证义务、装卸和滞期时间的计算以及航管时间是否应纳入滞期时间等问题。

（1）安全港口的保证义务。本案航租协议分别约定了载货量和安全港口、安全泊位的条款，前一条款是制式条款，对承租人提供货物数量责任的约定，载货量一旦确定，承租人应提供相等数量的货物，否则构成亏舱；后一条款是安全港口条款，是承租人负有提供安全航道和泊位的义务，保证船舶能安全装载 19 000 吨货物后仍保持船舶在浮泊状态的责任约定，可视为特约条款。安全航道和泊位不仅要求港口的政治安全（如战争、罢工等），而且还要求港口或泊位有足够的水深、宽度和良好的气象、系泊及装卸等方面的安全设施。本案中“A 轮船公司”在受载期内提供适航船舶。“B 矿产公司”已取得指定金汇轮驶往合同约定的装货港的权利，则其依约负有提供装货港安全航道和泊位的绝对的、连续的保证义务。现由于装货港考虑航道水深而限制该轮吃水，因此受航道水深限制不能满足金汇轮满载吃水而造成亏舱，“B 矿产公司”应负赔偿责任。

（2）装卸和滞期时间的计算。本案航租协议约定装卸两港共用 3 天，自船抵锚地 12 小时起算。该共用条款是航次租约中常见的可调剂使用的装卸货时间。可调剂时间用完后，就开始计算滞期。计算滞期时间应适用“一旦滞期，永远滞期”的航运惯例，其含义为：船舶一旦进入滞期，除船舶的航行时间外，装卸时间的除外情况（如节假日、雨日）便不再扣除，即承租人丧失了装卸时间中止等条款的保护。该航运惯例与《合同法》一百一十七条的立法精神一致。金汇轮从 3 月 28 日 03:00 进入滞期，根据“一旦滞期，永远滞期”的航运惯例，应毫无例外地计算滞期损失。

（3）对航行管制时间应计入滞期。该轮 3 月 28 日 03:00 起进入滞期。有一种观点认为，航管时间应依公平原则不计滞期。我们认为航管时间应计入滞期。首先，航租协议约定船舶抵装卸港锚地 12 小时后计算装卸时间，合同又无约定可引起装卸时间中断的除外条款，可以认定双方当事人对船舶抵达锚地视为“到达”装卸货港，经 12 小时后，装卸时间开始计算。因此，航管时间应作为装卸时间计算，该风险仍由承租人承担。其次，从本案承租人违约事实看，金汇轮 3 月 28 日 03:00 在装货港进入滞期，承租人已违约，船舶抵达长江口锚地扣除 12 小时的卸货准备时间后，滞期时间应连续计算，即使发生不可抗力亦应计算滞期。《合同法》第一百一十七条规定“当事人迟延履行后发生不可抗力的，不能免除责任。”最后，《合同法》公平原则的立法本意和法理基础是以利益均衡为标准确立合同缔约方的权利义务，对合同内容显失公平或利用合同进行欺诈的，该条款起到风险责任重新分配的调整作用。适用该条款的前提是缔约双方对损害后果均无过错。涉案合同事先经双方当事人自愿协商，合同的等值性明确，并无任何一方利用合同进行欺诈的证据。“B 矿产公司”违约在先，对履约方“A 轮船公司”而言，不能在一方已违约的层面上适用公平原则。

4.3.3 定期租船合同

定期租船运输是通过签订定期租船合同（Time Charter Party）来实现的。一般定期租船标准合同的主要内容包括以下内容。

1. 船舶概况（Description of Vessel）

定期租船运输方式下，承租人负责指挥、调度和管理船舶。因此，船东有义务向承租人提供符合合同要求的船舶。定期租船合同中，有关船名、船籍、船舶吨位、船舶所处的位置等涉及船舶的有关事项，基本上与航次租船合同相同。所不同的是航速与燃料消耗两项。

（1）船速。在定期租船实务中，对船舶航速在时间上的要求有：船舶在交给承租人使用之前的几个航次或交船当时，必须达到合同规定的大约航速。如果不能达到合同所规定的航速，船东承担违约责任。船舶从交船之后的整个租船期内，航速减慢而不能达到合同规定的大约航速，船东不承担违约责任。但是，如果合同中明确："在整个租船期内约×节的航速航行（about × knots throughout the duration of the charter）"，则船舶必须始终保持合同所要求的航速，否则，船东应承担违约责任。另外，如果租期内船舶航速的减慢是由于船东对船舶没有合理保养（Reasonable Maintenance）或尽速航行（Due Dispatch）所致，承租人同样有权提出损害赔偿。

（2）燃油消耗。对于船舶航行所需的燃油消耗，虽然合同也有明确规定，但因整个租期内由租船人负责安排船舶的燃料，所以在双方当事人之间同样会发生争执。当船舶每天都核实际消耗量超过了合同规定的数量，直接会给租船人造成经济损失，租船人可能因此而要求船舶所有人赔偿。然而，船舶的燃料是租船人安排的，如果燃料品质低劣，势必导致船舶实际消耗量的增加，船舶所有人以此为理由进行抗辩通常奏效。因此，最好在合同中订立一项"燃料品质条款"，明确规定燃料的品质。如果船舶在使用高品质燃料的情况下，实际消耗量超过合同规定的数量，船舶所有人必须承担赔偿责任。相反，如果事实证明，船舶燃料消耗量的增加是由于租船人安排不符合"燃料品质条款"所规定的燃料，船舶所有人不承担赔偿责任。

（3）船舶载重。在整个租期内，租船人利用所租船舶从事运输。无论租船人承运自己的货物，还是承运他人的货物或将船舶转租给第三方，租船人经济利益直接与船舶的载重量有关。如果船舶的实际载重量小于合同中船舶所有人提供的载重量，致使租船人的经济利益遭受损失，船舶所有人必须承担违约责任，赔偿租船人因船舶重量不符合合同规定而遭受的一切损失，任何企图抗辩或解释均无效。

2. 租期（Charter Period）

租期又称租船期间，是承租人租用船舶的期限，有的以日历月表示，有的以日历年（天）表示。定期租船的租期由交船时开始到还船时结束，即交船和还船之间的时间构成租期。由于海上运输的特点，租期届满之日与承租人使用船舶的最后航次之日很难吻合，合同中通常都规定一个宽限期。

（1）交船。船舶所有人按合同规定，将指定的船舶交给承租人使用的行为称"交船"。在实际交船之前，船东应事先通知承租人预期交船日期及确切交船日期，以便让承租人做好接船准备和安排船舶货运任务。如果船舶所有人没有在合同约定的时间内进行交船，租船人有权取消合同并提出赔偿。关于交船地点，主要根据合同来确定，一般规定为某一具体港口或者到达引航站或引航员登轮的地点。因此要求双方对于交船港口的情况应有大致的了解，以免承担时间损失。

（2）还船。租船人在合同约定的租用届满时，将船舶还给船舶所有人的行为称为"还船"。合同中队租期通常只确定一个大约期限，因此，租船人可以"在合同约定的租期届满前或后进行还船"，主要取决于租船人使用船舶最后一个航次的结束时间。在"不足期还船"的情况下，如果提前还船的时间远远早于合同的租期满时间，租船人必须赔偿给船舶所有人因此所遭受的损失。在“超期还船”的情况下，普遍认为，如果船舶所从事的最后一个航次超过了正常航次，租船人可继续使用船舶以完成航次。但是，对任何超期时间的租金计算，在市场租金率高于合同的租金率时，按当时的市场租金率计算租金；如果当时市场租金率低于合同的租金率，则按合同租金率计算租金。

作为还船条件之一，租船人还船时，船舶必须处于交船时相同的良好状态下还给船舶所有人，正常损耗除外。因此，如果船舶有损坏，租船人应在还船之前将其修复。否则，租船人不但要负责船舶的修理费用，而且必须赔偿船舶所有人在修船期间遭受的所有经济损失。

3. 租金支付

已经在合同中确定租金，整个租期内基本不变。但是，近几年来在定期租船合同中出现一项“按比例调整条款”，目的就是保证船舶所有人能有稳定的租金收入。该条款通常规定：“如果船舶所有人应负担的各项费用在合同缔结后逐渐增加，所增加的部分应由租船人负责。”有的合同规定：“所增加的费用应在双方当事人之间按适当的比例进行分摊。”

4. 撤船

（1）撤船的条件。在租船人未按期准时预付足额的租金时，船舶所有人可在事先不给租船人任何警告的情况下，从租船人那里撤船。从通知租船人撤船时起，合同终止。船舶所有人在行使撤船选择权时，必须注意以下 3 种情况。

① 如果撤船时船舶正在装货港装货，应先将已装船的货物卸下后才能撤回船舶，卸货费用应由租船人承担。

② 如果撤船时船舶正在航行途中且船上装有货物，船舶所有人应指示船舶开往附近的港口，而不能任意将货物卸在其他港口以致损害善意的第三方（收货人）利益。

③ 如果撤船时船舶正在卸货港卸货，必须等船舶卸完货后方可撤船。

（2）撤船的法律后果。出租人通过撤船来减少损失，也使期租合同归于终止。关于撤船后，出租人是否有权向承租人索赔，我国《海商法》第一百四十条规定：承租人应当按照合同约定支付租金，承租人未按照合同约定支付租金的，出租人有权解除合同，并有权要求赔偿因此遭受的损失。虽然条文中并看不出撤船的字样，但有权解除合同的含义与撤船是一致的。而且，《海商法》明确了出租人因撤船而产生损失的索赔权限。

（3）船舶所有人在下列情况下丧失“撤船选择权”。

① 船舶所有人曾经接受租船人迟付的租金，被认为船舶所有人自愿放弃了“撤船选择权”。

② 在租船人迟付的租金到达之前，船舶所有人并没有行使撤船选择权，相反，一直等待，其行为表明自愿放弃该项“撤船选择权”。

5. 停租

停租是指在租期内，不是由于承租人的原因，承租人具有因船舶不能按约定使用而停付租金的行为。对于可以停租的事项，一定要在合同中清楚订明。常见的停租事项包括：船舶入干坞；人员或物料的不足；船体、机器或设备的损坏或故障；船货产生的海损事故而引起的延误等。

不同的合同对停租的规定不同。概括而言，发生下列情况导致船舶不能有效地供租船人使用，租船人可以停租：

① 船上人员或物料不足影响船舶正常航行；

② 船上发生火灾到避难港修理；

③ 船舶搁浅；

④ 船舶或货物因海损事故所引起的误延；

⑤ 船舶进坞检修或油漆船底；

⑥ 船舶主机故障或导航仪器失灵造成船舶停航；

⑦ 合同中明确规定的任何其他停租原因。

凡对合同没有规定的停租原因，租船人必须继续履行支付租金的义务。在实际中，如果租船人准备停租，必须事先向船舶所有人发出“停租声明”。由于租金一般都是预付的，因此，对停租期间的租金应从下次支付的租金中予以扣除。

6. 转租条款

合同中一般规定，承租人可将船舶转租给第三者，但原承租人始终负有履行原期租合同的义务。另外，承租人转租船舶时，应及时通知出租人有关转租事宜，但转租之前不必征得出租人的书面同意，除非合同另有约定，我国《海商法》第一百三十七条也有类似的规定。

以上仅是对定期租船合同的一些重要条款的规定，在具体租船合同中还有许多其他的内容。在具体进行租船活动时，要根据货运需要做出相应的规定。

案例 4.3

2002 年 1 月 10 日，A 船公司与 B 贸易公司签订了一份船舶期租合同。合同约定：“租赁船舶 Y 船，租期为 2002 年 1 月 11 日至 2002 年 3 月 4 日，交还船地均为上海港”；又约定：“最后一个月的费用在租期满一个月的前五天支付。如果 B 贸易公司未履行支付租金，A 公司有权撤船”。与此同时，B 贸易公司将涉案船舶转租给 C 海洋石油工程公司。2002 年 1 月 11 日，B 公司发出“开工通知”指定该轮开往深圳赤湾港，交 C 海洋石油工程公司接管。2002 年 1 月 31 日，B 贸易公司支付了第一个月的租金。2002 年 2 月 21 日，由于最后一期租金支付上的纠纷，A 公司发出了“撤船通知”，待 C 海洋石油工程公司出具保函后，A 船公司开始同意继续履行合同。2002 年 3 月 4 日，Y 轮完成航次任务返回上海港。之后，A 船公司向法院提出诉讼，要求 B 贸易公司支付所欠 2002 年 2 月 11 日至 3 月 4 日的最后一期租金及人民币 79.2 万元及利息。

法院评判：本案中，租期合同下的租金纠纷。实际交船时间为 C 海洋石油工程公司接管船舶之日（2002 年 1 月 16 日），因而租期从 2002 年 1 月 16 日起至 2002 年 3 月 4 日止，进而推算出计入最后一期租金的时间是 2002 年 2 月 16 日至 3 月 4 日，共 17 天。关于“最后一期的费用在租期满一个月的前 5 天支付”的理解，法院将之解释为最后一期的费用自起租日起，租满一个月的前 5 天支付，即从 2002 年 2 月 11 日为最后一期租金的支付日。法院最终判决：被告 B 贸易公司向原告 A 船公司支付所欠租金人民币 61.2 万元及其自 2002 年 2 月 11 日至实际支付之日止年利率为 6%的利息。

模拟实训

实训主题：航次租船合同履行纠纷案。

实训地点：教室。

实训目的：运用所学知识，分析航次租船合同问题。

【背景材料】

原告：A 公司

被告：B 公司

1994 年 10 月 18 日，A 公司与 B 公司签订了一份金康格式的航次租船合同，约定：由 B 公司租用 A 公司“SEVERN”轮运输水泥原料，载货量为 13 500～14 000 吨，或多或少由 A 公司选择。如果 B 公司未能提供约定数量的货物，B 公司应按运费率支付 A 公司亏舱费。装货港为中国日照港一个安全泊位，卸货港为孟加拉国吉大港 1～2 个安全泊位。运费为每吨 20 美元，经纪人佣金 5%，扣除佣金后的运费应于收到提单后 7 个银行工作日内支付。如果装卸准备就绪通知书在上午递交，则装卸时间从 13:00 开始起算；如果装卸准备就绪通知书在下午办公时间内递交，则装卸时间从下一个工作日 06:00 开始起算；装货效率为每连续 24 小时晴天工作日 4 000 吨，星期日和政府公布的节假日除外，除非已使用；卸货效率为每连续 24 小时晴天工作日 1 500 吨，星期五和政府公布的节假日除外，即时使用；等候泊位的时间依情况计算为装货和卸货时间；船舶首次开舱和关舱所用的时间不计入装卸时间。如发生滞期，B 公司须在装港和卸港按每日 3 500 美元或按比例支付滞期费。速遣费由 A 公司岸滞期费的一半向 B 公司支付。装卸时间分别计算，一旦滞期永远滞期。滞期费和速遣费应在真实准确交货和收到船东的装卸时间事实记录后 20 天内支付。合同载明，“SEVERN”轮有 4 个起重吊机。

10 月 20 日 20:30，“SEVERN”轮抵达中国日照港岚山锚地。21 日 08:00 装卸，准备就绪通知书被收到和接受。12:15 船舶办妥联检手续。21 日，船长向 B 公司出具载货声明，确认船舶该航次能载货 13 800 吨。同日 15:08，“SEVERN”轮开始装货。23 日为星期日，16:45 至 18:00 因休息而暂停装货。24 日 02:00 装货平舱完毕，共载货 13 553.20 吨。11 月 8 日，B 公司支付 A 公司运费 257 471.07 美元。8 日 15:36，“SEVERN”轮抵达孟加拉国吉大港，递交装卸准备就绪通知书，9 日 20:30 开始卸货，24 日 06:15 卸货完毕。其中，9 日 16:06 至 20:30 为停靠泊位和首次开舱时间，10 日 01:15 至 09:00 因雨而暂停卸货，11 日和 18 日为星期五，21 日 07:30 至 08:45 因工人罢工影响卸货。“SEVERN”轮在卸货期间，因船上吊机绞车发生故障，分别在不同时间内造成一个舱或几个舱暂停卸货。按船上 4 个吊机，每影响一个货舱卸货按四分之一计算影响卸货的时间，吊机绞车故障影响卸货时间为 36 小时 31.25 分钟。1995 年 7 月 10 日，A 公司讲本航次运输的装卸时间事实记录及损失清单传真给 B 公司，向 B 公司收取亏舱费、滞期费、及欠付的运费共计 11 538.30 美元。B 公司没有支付。

A 公司想海事法院提出诉讼，请求法院判令 B 公司支付运费、亏舱费和滞期费 10 538.30 美元，以及自 1995 年 7 月 30 日起至 1996 年 3 月 18 日止按年利率 10%计算的利息。B 公司辩称：船舶实际载货量在合同约定的范围内，没有造成亏舱。船舶没有联检，A 公司递交的装卸准备就绪通知书无效，装卸时间应当从实际开始装卸起算。扣除合同约定的除外时间，船舶没有滞期。

【过程设计】

（1）指导教师布置学生课前预习阅读案例。

（2）将全班同学平均分成小组，按每组 5～6 人进行讨论。各组选择一例资料进行讨论。

（3）指导教师对小组讨论过程和发言内容进行评价总结，并讲解本案例的分析结论。（先评定小组成绩，在小组成绩中每一个人参与讨论占小组成绩的 40%，代表发言内容占小组成绩的 60%。

（4）B 公司是否亏舱，如果亏舱需要支付多少亏舱费？

（5）B 公司是否滞期，如果滞期需要支付多少滞期费？

综合练习

一、选择题

1. 统一杂货租船合同（Uniform General Charter），简称“金康（GENCON）”是（　　）。
   A. 航次租船合同　　B. 定期租船合同
   C. 光船租船合同　　D. 包运租船合同
2. 买方以 FOB 条件购买矿石一批，不愿承担装船费，那么应选择价格条件（　　）。
   A. FOB 班轮条件　　B. FOB 并平舱
   C. FOB 并理舱　　D. FOB 吊钩下交货
3. 航次租船由谁负责船舶营运管理（　　）。
   A. 买方　　B. 卖方　　C. 船东　　D. 租船人
4. 航次租船方式可以分为（　　）形式。
   A. 单航次租船　　B. 往返航次租船　　C. 航次期租　　D. 连续单航次租船

二、名词解释

1. 航次租船；2. 定期租船；3. 光船租船；4. 包运租船；5. 航次期租；6. 滞期费；7. 速遣费。

三、问答题

1. 租船运输有哪些特点？
2. 租船有哪些具体程序？
3. 装卸港口或地点有哪些具体规定？
4. 装卸时间是如何规定的？
5. 根据资料，通过计算回答问题。

四、应用题

已知某轮航次出租，航次租船合同规定：

① 装货时间和卸货时间分别 3 个和 4 个“良好天气工作日，星期日、节假日除外”（WWD SHEX）；

② 如果在 12:00 以前递交装卸准备就绪通知书，装卸时间从 13:00 起算；如果在 18:00 以前递交，装卸时间则从次日 8:00 算；

③ 滞期费每天 800 美元；速遣费每天 400 美元。

装货港和卸货港港口的规定：星期日和节假日前一日 18:00 以后及次日 08:00 以前的时间不工作。租船合同规定该时间不计入装卸时间。

该轮在装货港和卸货港的装卸时间事实记录资料分别见表 4.3 和表 4.4。

表 4.3　　装货港装卸事实记录

日　期	星　期	时　间		说　明
		开始时间	终止时间	
5/3	二	16:00		船舶抵港
5/3	二	16:40		递交装卸准备就绪通知书
5/3	二	16:40		接受装卸准备就绪通知书
6/3	三	08:00		装卸时间起算
6/3	三	08:00	24:00	装货开始
7/3	四	00:00	04:00	因雨停工
7/3	四	04:00	24:00	装货
8/3	五	00:00	24:00	装货
9/3	六	00:00	18:00	装货
9/3	六	18:00	24:00	停工
10/6	日	00:00	24:00	停工
11/3	一	00:00	08:00	停工
11/3	一	08:00	24:00	装货
12/3	二	00:00	12:00	装货完毕

表 4.4　　卸货港装卸事实记录

日　期	星　期	时　间		说　明
		开始时间	终止时间	
20/3	三	08:00		船舶抵港
20/3	三	10:00		递交装卸准备就绪通知书
20/3	三	10:00		接受装卸准备就绪通知书
20/3	三	13:00		装卸时间起算
20/3	三	13:00	24:00	卸货
21/3	四	00:00	06:00	卸货
21/3	四	06:00	08:00	起货机故障停工
21/3	四	08:00	24:00	卸货
22/3	五	00:00	11:00	卸货完毕

问题：(1) 按“滞期时间连续计算”(Demurrage Runs Continuously，or Once on Demurrage，Always On Demurrage) 分别计算两港滞期费和速遣费各为多少。

(2) 按“滞期时间连续计算”和“Laytime Averaged”计算滞期费/速遣费。

(3) 按“滞期时间连续计算”和“Reversible Laytime”计算滞期费/速遣费。

第5章

海上运输单证业务

相关网站

（1）http://tradedoc.mofcom.gov.cn/main.action　贸易单证指南
（2）http://www.csscinfo.com.cn/　中国海事网
（3）http://www.snet.com.cn/　中国航贸网
（4）http://www.sctcn.com/　蛇口集装箱码头有限公司

案例导读

无正本提单放货案

2013年1月5日，卖方厦门A公司通过传真与买方波兰B公司签订了出口童鞋的合同，价格条件为FOB厦门，总价款30 000美元，付款方式为电汇。3月5日，B公司传真A公司，指定“ASTG的香港公司”负责一切运输事务。此后，益通公司作为“ASTG的香港公司”的厦门代理与A公司联系，并代理A公司办理了拉货、排载、报关等手续。3月16日，该票货物装上法国CMA公司经营的某货物轮，厦门外代代法国CMA公司签发了CMA提单，提单记载的托运人为A公司，收货人为ASTG汉堡公司。货物发运后，益通公司经理黄某将一份抬头为ASTG集装箱有限公司的ASTG提单交给A公司。该提单记载的托运人为A公司，收货人凭B公司的指示，装运港厦门，目的港汉堡，提单签发处写有“ASTG中国公司代表承运人ASTG集装箱有限公司签发”的字样，下有黄某的签名。黄某称，该提单在其填写前为空白提单，提单签发处已事先印有上述字样。3月17日，A公司将一张盖章的空白便笺传真给黄某，黄某遂以A公司的名义写了一份要求法国CMA公司将该批货物电放给ASTG汉堡公司、后果由原告负责的电放保函，传真给法国CMA公司厦门办事处。货物运抵汉堡后，法国CMA公司凭该电放保函将货物放给ASTG汉堡公司，ASTG汉堡公司在未收回ASTG正本提单的情况下，于4月20日将提单项下货物交付给波兰B公司，波兰B公司提取货物后，未向厦门A公司付款。A公司向厦门海事法院提起诉讼。

启示：本案的诉讼标的值虽不大，但法律关系错综复杂，涉及数家公司、多种法律关系，存在着国际货代和船东分别签发的两套提单，以及由出口方出具的电放保函，这种情况下，只有熟悉提单、电放的作用与效力，才能减小风险，保障出口方的利益。

5.1　海运提单概述

5.1.1　海运提单的定义

海运提单（Bill of Loading, B/L），简称提单，是货物承运人（或其代理人）应托运人的要求，在收到货物归其掌管后签发给托运人的一种单据。提单是国际海运与国际贸易的重要业务单证及法律文件。在国际贸易中，不仅是卖方交付货物的证明，也是买方获得货物的凭证，而且在口岸管理、索赔理赔、银行结算、保险等领域都涉及提单。我国《海商法》第七十一条规定：“提单是指用以证明海上运输合同和货物已经由承运人接收或者装船，以及承运人保证据以交付货物的单证。提单中载明的向记名人交付货物，或者按照指示人的指示交付货物，或者向提单持有人交付货物的条款，构成承运人据以交付货物的保证。”

5.1.2　海运提单的性质和特点

1. 海运提单的性质

海运提单既是承运人（或其代理人）签发的，证明已收到特定货物，允诺将货物运至特定的目的地，并交付给收货人的凭证，也是收货人在目的港据以向承运人（或其代理人）提取货物的凭证。因此，海运提单的性质可以概括为以下3个方面。

（1）提单是承运人或其代理人签发的货物收据，证明承运人已收到或接管货物；对于将货物交给承运人运输的托运人，提单具有货物收据的功能。不仅对于已装船货物，承运人负有签发提单的义务，而且根据托运人的要求，即使货物尚未装船，只要货物已在承运人掌管之下，承运人也有签发“收货待运提单”的义务。提单一经承运人签发，即表明承运人已将货物装上船舶或已确认接管。

（2）提单是一种货物所有权的凭证。提单是承运人保证凭以交付货物和可以转让的物权凭证。对于合法取得提单的持有人，提单具有物权凭证的功能。提单的合法持有人有权在目的港以提单相交换来提取货物，而承运人只要出于善意，凭提单发货，即使持有人不是真正的货主，承运人也无责任。除在提单中指明，提单可以不经承运人的同意而转让给第三者，提单的转移意味着物权的转移，连续背书可以连续转让。提单的合法受让人或提单持有人就是提单上所记载货物的合法持有人。

（3）提单是承运人与托运人间订立的运输契约的证明。提单条款规定了承、托双方的权利和义务、责任与豁免，是处理纠纷的法律依据。提单上印有条款规定了承运人与托运人之间的权利、义务，而且提单也是法律承认的处理有关货物运输的依据，因而提单常被人们认为就是运输合同。但是，从严格的法律意义上说，提单不具有作为经济合同的基本条件。因为提单不是承、托双方意见一致的产物，约束、限制双方的权利和义务、责任和免责的条款是由承运人单方面拟定的，而且提单履行在前，签发在后。即在签发提单之前，承运人就开始进行接受托运人托运货物和将货物装船的有关运输工作。因此，与其说提单本身是运输合同，不如说提单是运输合同的证明更为合适。

2. 海运提单的特点

提单既是物权凭证又是债权凭证，在国际贸易中也起到了贸易单证的作用，是一种有价证券。提单是一种要式证券，提单上的记载项必须依据法律规定而填写。提单是文义证券，所代表的权利以提单上记载的内容为准。提单是准流通证券，可以通过交付或者背书交付转让。提单是设权证券，通过签发提单可以设立原本不存在的权利。提单是缴还证券，提单上权利的实现必须以缴还提单为要件。

5.1.3 有关提单的国际公约

提单是由各船公司根据本国有关法规自行制定的，其格式、内容和词句并不完全相同，一旦发生争议或涉及诉讼，就会产生提单的法律效力和适用法规的问题。因此，国际上为统一各国有关提单的法规，先后签署了 3 个有关提单的国际公约。

（1）《海牙规则》（Hague Rules）。《海牙规则》全称是《统一提单若干法律规定的国际公约》（International Convention for the Unification of Certain Rules of Law Relating to Bill of Lading），1924 年 8 月 25 日由 26 个国家在布鲁塞尔签订，1931 年 6 月 2 日生效。公约草案是 1921 年在海牙通过，因此定名为《海牙规定》，是最重要的和目前仍被普遍使用的国际公约。我国于 1981 年承认该公约。

（2）《维斯比规则》（Visby Rules）。《维期比规则》是在对《海牙规则》中明显不合理或不明确的条款作局部的修订和补充的基础上产生的。因此，《维斯比规则》也被称为《海牙—维斯比规则》（Hague-Visby Rules），它的全称是《关于修订统一提单若干法律规定的国际公约的议定书》，或简称为《1968 年布鲁塞尔议定书》（The 1968 Brussels Protocol），1968 年 2 月 23 日在布鲁塞尔通过，1977 年 6 月生效。

（3）《汉堡规则》（Hamburg Rules）。《汉堡规则》全称是《联合国海上货物运输公约》（United Nations Convention of the Carriage of Goods by Sea）。1976 年由联合国贸易法律委员会草拟，1978 年经联合国在汉堡主持召开有 71 个国家参加的全权代表会议上审议通过。《汉堡规则》全面修改了《海牙规则》，于 1992 年生效。但因签字国为埃及、尼日利亚等非主要航运货运国，因此，目前《汉堡规则》对国际海运业影响不是很大。

5.1.4 海运提单的格式、内容和填写规范

1. 海运提单的格式

每个船公司都有自己的提单格式。中国远洋运输（集团）总公司提单式样见表 5.1。

表 5.1　　　　　　　　　　　　提单样本

BILL OF LADING

<table>
<tr><td colspan="2">1) SHIPPER</td><td rowspan="5">10) B/L NO.
CARRIER:

COSCO
中国远洋运输（集团）总公司
CHINA OCEAN SHIPPING (GROUP)CO.

ORIGINAL</td></tr>
<tr><td colspan="2">2) CONSIGNEE</td></tr>
<tr><td colspan="2">3) NOTIFY PARTY</td></tr>
<tr><td>4) PACE OF RECEIPT</td><td>5) OCEAN VESSEL</td></tr>
<tr><td>6) VOYAGE NO.</td><td>7) PORT OF LOADING</td></tr>
<tr><td>8) PORT OF DISCHARGE</td><td>9) PLACE OF DELIVERY</td><td>COMBINED TRANSPORT BILL OF LADING</td></tr>
</table>

<table>
<tr><td>11) MARKS</td><td>12) NOS & KINDS OF PKGS</td><td>13) DESCRIPTION OF GOODS</td><td>14) G.W.(kg)</td><td>15) MEAS(m^3)</td></tr>
<tr><td></td><td></td><td></td><td></td><td></td></tr>
<tr><td colspan="5">16) CONTRACT NO.</td></tr>
<tr><td colspan="5">17) TOTAL NUMBER OF CONTAINERS OR PACKAGES (IN WORDS)</td></tr>
</table>

<table>
<tr><td>18) FREIGHT & CHARGES</td><td>19) REVENUE TONS</td><td>20) RATE</td><td>21) PER</td><td>22) PREPAID</td><td>23) COLLCET</td></tr>
<tr><td>24) PREPAID AT</td><td colspan="2">25) PAYABLE AT</td><td colspan="3">26) PLACE AND DATE OF ISSUE</td></tr>
<tr><td>27) TOTAL PREPAID</td><td colspan="2">28) NUMBER OF ORIGINAL B(S)L</td><td colspan="3" rowspan="3">29) SIGNATURE</td></tr>
<tr><td colspan="3">LOADING ON BOARD THE VESSEL</td></tr>
<tr><td>30) DATE</td><td colspan="2">31) BY</td></tr>
</table>

2. 提单的正面内容

通常，提单正面记载了有关货物和货物运输的事项。这些事项有的是有关提单的国内立法或国际公约规定的，作为运输合同必须记载的事项，如果漏记或错记，就可能影响提单的证明效力；有的则属于为了满足运输业务需要而由承运人自行决定，或经承运人与托运人协议，认定应该在提单正面记载的事项。前者称为必要记载事项，后者称为任意记载事项。

（1）记载事项。各国关于提单的法规都对提单的必要记载事项做出规定，虽然有简有繁，但是，从提单的法律效力和业务需要考虑，各国对提单的必要记载事项规定是基本相同的。我国海商法第七十三条第一款规定，提单内容，包括下列各项。

① 关于货物的描述：货物的品名、标志、包数或者件数、重量或者体积，以及运输危险货物时对危险性质的说明；

② 关于当事人：托运人和收货人的名称、承运人的名称和主营业所；

③ 关于运输事项：船舶名称和国籍、装货港和在装货港接受货物的日期、卸货港和运输路线、多式联运提单增列接受货物地点和交付货物地点；

④ 关于提单的签发：提单的签发日期、地点和份数；承运人、船长或者其代理人的签字；

⑤ 关于运费和其他应付给承运人的费用的记载。

在以上各项中，除了在内陆签发多式联运提单时的船舶名称、签发海运提单时的接受货物地点和交付货物地点，以及关于运费的支付等三项可以缺少外，其他都是不可缺少的。一般地，关于提单的签发和其他应付给承运人的费用等几项记载由承运人填写，其他都由托运人。除上述各必要记载的事项外，如承运人与托运人协议，同意将货物装于舱面，或约定承运人在目的港交付货物的日期，或同意提高承运人的责任限额，或同意扩大承运人的责任，或同意放弃承运人的某些免责，或其他有关法律规定的事项等，都应在提单正面载明。

提单的正面内容还可有一些以打印、手写或印章形式记载的事项。一些是属于承运人因业务需要而记载于提单正面的事项，如航次序号，船长姓名，运费支付的时间、地点、汇率、提单编号及通知人等。一些是属于区分承运人与托运人之间的责任而记载的事项，如关于数量争议的批注；一些是属于为减轻或免除承运人责任而加注的内容，如为了扩大或强调提单上已印妥的免责事项，对于一些易于受损的特种货物，承运人在提单上加盖的以对此种损坏免责为内容的印章等。

（2）提单正面的条款。提单正面条款是指以印刷的形式，将以承运人免责和托运人做出的承诺为内容的契约文句，列记于提单的正面。常见的有以下条款。

① 装船(或收货)条款。如："Shipped in board the vessel named above in apparent good order and condition (unless otherwise indicated) the goods or packages specified herein and to be discharged at the above mentioned port of discharge or as near there to as the vessel may safely get and be always afloat."［上列外表状况良好的货物或包装（除另有说明者外）已装在上述指名船只，并应在上列卸货港或该船能安全到达并保持浮泊的附近地点卸货］。

② 内容不知悉条款。如："The weight, measure, marks, numbers, quality, contents and value, being particulars furnished by the Shipper, are not checked by the Carrier on loading."（重量、尺码、标志、号数、品质、内容和价值是托运人所提供的，承运人在装船时并未核对）。

③ 承认接受条款。如："The Shipper, Consignee and the Holder of this Bill of Lading hereby expressly accept and agree to all printed, written or stamped provisions, exceptions and conditions of this Bill of Lading, including those on the back hereof."（托运人、收货人和本提单持有人兹明白表示接受并同意本提单和其背面所载一切印刷、书写或打印的规定、免责事项条件）。

④ 签署条款。如："In witness whereof, the Carrier or his Agents has signed Bills of Lading all of this tenor and date, one of which being accomplished, the others to stand void. Shippers are requested to note particularly the exceptions and conditions of this Bill of Lading with reference to the validity of the insurance upon their goods.（为证明以上各项，承运人或其代理人已签署各份内容和日期一样的正本提单，其中一份如果已完成提货手续，其余各份均告失效。要求发货人特别注意本提单中关于该货保险效力的免责事项和条件）。

3. 提单的背面内容

提单的背面印有各种条款，一般分为两类：一类属于强制性条款，其内容不能违背有关国家的海商法规、国际公约或港口惯例的规定，违反或不符合这些规定的条款是无效的。另一类是任意性条款，即上述法规、公约和惯例没有明确规定，允许承运人自行拟订的条款。所有这些条款都是表明承运人与托运人以及其他关系人之间承运货物的权利、义务、责任与免责的条款，是解决他们之间争议的依据。各船公司的提单背面条款繁简不一，有些竟达三四十条，但内容大同小异，现将主要条款内容介绍如下。

（1）定义（Definition）。各船公司的提单中，一般都订有定义条款，对作为运输合同当事人一方的“货方”（Merchant）的含义和范围做出规定，将“货方”定义为“包括托运人、受货人、收货人、提单持有人和货物所有人”。

（2）首要条款（Paramount Clause）。说明提单所适用的法律依据，即如果发生纠纷时，应按哪一国家的法律和法庭裁决。这一条款一般印刷在提单条款的上方，通常列为第一条。

（3）承运人责任条款（Carrier's Responsibility Clause）：说明签发本提单的承运人对货物运输应承担的责任和义务。由于提单的首要条款都规定了提单所适用的法规，而不论有关提单的国际公约或各国的海商法都规定了承运人的责任，凡是列有首要条款或类似首要条款的提单都不再以明示条款将承运人的责任列记于提单条款中。如果首要条款规定海牙规则适用于本提单，那么，海牙规则所规定的承运人责任，也就是签发本提单的承运人对货物运输应承担的责任和义务。

（4）承运人责任期间条款（Carrier's Period of Responsibility Clause）。各船公司的提单条款中都列有承运人对货物运输承担责任的开始和终止时间的条款。根据海牙规则，承运人从装船开始到卸船为止的期间对货物负责，也即通常所称的“钩至钩”（Tackle to Tackle）责任，具体指货物从挂上船上吊机的吊钩到卸货时下吊钩为止。但这种规定与普通班轮运输现行的“仓库收货、集中装船”和“集中卸货、仓库交付”的货物交接做法不相适应，一些船公司为了争揽货载，也常将责任期间向两端延伸，并将延伸了的责任期间列记于提单条款之中。因此，针对这种情况以及集装箱运输出现之后的实际情况，汉堡规则将承运人的责任期间扩大至“包括在装货港、在运输途中以及在卸货港、货物在承运人掌管下的全部时间”。这与海牙规则比较起来，无疑是延长了承运人的责任期间，加重了承运人的责任。

（5）免责条款（Exception Clause）。由于提单的首要条款都规定了提单所适用的法规，而不论有关提单的国际公约或各国的海商法都规定了承运人的免责事项，所以不论提单条款中是否列有免责事项条款的规定，承运人都能按照提单适用法规享受免责权利。譬如海牙规则有17项免责事项，如地震、海啸、雷击等天灾、战争、武装冲突和海盗袭击，检疫或司法扣押、罢工停工、触礁搁浅、在海上救助或者企图救助人命或者财产，因托运人过失如包装不良、货物的自然特性或者固有缺陷如容积或重量的“正常损耗”等免责事项。

（6）索赔条款（Claim Clause），包括损失赔偿责任限制（Limit of liability），即指已明确承运人对货物的灭失和损坏负有赔偿责任应支付赔偿金时，承运人对每件或每单位货物支付的最高赔偿金额；索赔通知（Notice of Claim），亦称为货物灭失或损害通知（Notice of loss damage）；诉讼时效（Time Bar），即指对索赔案件提起诉讼的最终期限等。

（7）包装与唛头（标志）条款（Packing and Mark Clause）。要求在起运之前，托运人对货物加以妥善包装、货物唛头必须确定明显，并将目的港清楚地标明在货物外表，在交货时仍要保持清楚。

（8）运费条款（Freight clause），预付运费应在起运时连同其他费用一并支付。如装运易腐货物、低值货物、动植物、舱面货等，其运费和其他费用必须在起运时全部付清。到付费用在目的港连同其他费用一起支付。另外，承运人有权对货物的数量、重量、体积和内容等进行查对，如发现实际情况与提单所列情况不符，而且所付运费低于应付运费，承运人有权收取罚金，由此而引起的一切费用和损失应由托运人负担。

（9）留置权条款（Lien Clause）。如果货方未交付运费、空舱费、滞期费、共同海损分摊的费用及其他一切与货物有关的费用，承运人有权扣押或出售货物以抵付欠款，如仍不足以抵付全部欠款，承运人仍有权向货方收回差额。

（10）转运或转船条款（Transshipment Clause）。如果需要，承运人有权将货物转船或改用其他运输方式或间接运至目的地。由此引起的费用由承运人负担，但风险由货方负担。承运人的责任只限于其本身经营船舶所完成的运输。

（11）卸货和交货条款（Discharging and Delivery Clause）。船到卸货港后，收货人应及时提货，否则承运人有权将货物卸到岸上或卸在其他适当场所，一切费用和风险应由货方承担。

（12）动植物和舱面货条款（Animals, Plants and on Deck Cargo Clause）。根据海牙规则，这些货物不包括在“货物”的范围之内，因此承运人对这些货物的灭失或损坏不负赔偿责任。但是只有对运输合同载明并且实际装舱面（甲板上）的“舱面货”，承运人才可免责。

（13）危险品条款（Dangerous Cargo Clause）。危险品的装运必须由托运人在装船时声明，如果不声明则可标明，承运人有权将该货卸下、抛弃或消灭而不予赔偿。

除了以上介绍的提单正背面的内容外，需要时承运人还可以在提单上加注一些内容，也就是批注。

4. 提单填写规范

为发挥提单效力，保障提单关系人利益，提单的填写需遵守一定的规范，见表5.2。

表5.2 提单填写规范

项目顺序号	应填写内容	要 点 提 示
1. 托运人（Shipper）	发货人全称和地址	A. 信用证项下通常为受益人，如果信用证没有特别规定，亦可以受益人以外的第三者为托运人 B. 托收项下为合同买方
2. 收货人（Consignee）	提单“抬头人”	A. 信用证项下根据信用证规定填写，三种填写情况：记名收货人、凭指示、记名指示 B. 托收项下填写“to order”或“to order of shipper”，要避免做成以买方为抬头人的提单，防止物权过早转移
3. 被通知人（Notify Party）	承运人在货物到港后通知的对象	A. 信用证项下根据信用证规定填写 B. 若信用证未作规定，为确保单证一致，此栏可留空。但是提交给船公司的副本必须详细记载申请人全称、地址及电话等 C. 托收项下此栏留空
4. 收货地点（Place of Receipt）	收货的港口名称或地点	
5. 船名（Vessel）	按托运单上的船名、航次填写	A. 如需转船，需列明以符号“/”间隔、顺序列出各程船名 B. 如为预定船只，装船时发生变化，应在单据上作相应修改或待装船时填写该栏
6. 航次（Voyage No.）		
7. 装运港（Port of Loading）	货物实际装船港口名称	

续表

项目顺序号	应填写内容	要 点 提 示
8. 卸货港（Port of Discharge）	货物实际卸下的港口名称，一般为目的港	A. 明确具体，并与信用证描述一致，如有同名港口，需注明国家、地区、或州城市；如经转船，应在卸货港名称后加注转船港名称 B. 如信用证规定目的港为选择港，则应是同一航线上的，同一航次挂靠的基本港
9. 交货地点（Place of Delivery）	填写最终目的地名称	
10. 提单号码（B/L NO.）	按托运单上的号码填写	必须注明，否则提单无效
11. 唛头（Marks）		A. 唛头要与信用证、合同的规定形式完全一致 B. 如合同和信用证中没有唛头规定时，卖方可以自行选择一个合适的唛头，也可以不制作唛头，此时，在该栏填注"No Marks(N/M)
12. 包装件数和种类（Nos. & Kinds of PKGS.）	按照发票的有关栏目填写	A. 散装货物，此栏目填写"IN BULK" B. 提单内不能加注关于包装状况的描述 C. 包装的数量应该大小写都有
13. 货描（Shipper's description of Goods）		A. 信用证下，应严格与信用证的货物描述一致 B. 托收项下，可参照合同的规定结合实际情况进行填写
14. 毛重（G.W）/kg	货物的毛重总数	A. 货物毛重以公吨或千克表示，公吨以下保留小数点后三位，千克以下四舍五入处理 B. 如果为裸装货，应在净重前加注 N.W C. 与发票、装箱单、托运单上的数据一致
15. 尺码吨（MEAS）/m^3	货物的体积总数	与托运单一致
16. 合同号（Contract No.）		
17. 总的集装箱数或件数（大写）（Total Number of Containers or Packages）(In Words)		A. 整箱货物可以只填写集装箱数量，同时提单内要加注"shipper's load & count." B. 如用托盘装运，本栏目填写托盘数量，同时在括号内加注货物的包装件数
18. 运费（Freight & Charges）	运费支付情况	
19. 计费吨（Revenue Tons）		
20. 费率（Rate）		与托运单一致
21. 每（Per）		
22. 预付（Prepaid）		与托运单一致
23. 到付（Collect）		同上
24. 预付地点（Prepaid At）	装运港名称	
25. 运费到付地点（Payable At）		要与合同规定一致：如 CIF、CFR 条件下，为装运港名称和地址，FOB、FAS 条件下，为卸货港名称和地址
26. 签单地点和日期（Place and Date of Issue）	签单地点是装货港地点	A. 签发日期为装运完毕日期，应不晚于信用证或合同规定最迟装运日期 B. 如转船，填写一程船装货港地点

续表

项目顺序号	应填写内容	要 点 提 示
27. 预付总金额（Total Prepaid）		
28. 正本提单数 [Number of Original (s)/L]		A. 信用证和合同规定相符 B. 承运人一般签发提单正本二至三份，签发的分数应用英文大写注明
29. 署名（Signature）		
30. 装船日期（Date）	承运人接管货物的时间	签单日期为装运完毕日期，不得晚于信用证或合同规定的最迟装运日期
31. 承运人（By）		

5.1.5 海运提单的分类

1. 根据货物是否已经装船划分

（1）已装船提单（On Board B/L）。已装船提单是指货物已装上船，由承运人或其代理人根据大副收据签发给托运人的提单，确认其已将货物装在船上。这种提单除注明一般事项外，还须注明装载货物的船舶名称和实际装船完毕的日期。该日期应符合装运时间。由于已装船提单对收货人及时收到货物有保障，所以在国际货物买卖合同中一般都要求卖方提供已装船提单。

（2）收货待运提单（Received for Shipment B/L）。收货待运提单又称备运提单、待装提单、待运提单。是承运人确认货物已交，由其保管并存储在承运人所控制的仓库或场地，但还未装船，应托运人的要求而签发的提单。由于这种提单未载明所装船名和装船时间，在跟单信用证支付方式下，银行一般都不愿接受这种提单，除非是集装箱运输方式。

案例 5.1

船公司在 2013 年 5 月 18 签发了一张备运提单，但 6 月 3 日在该提单上又加注“6 月 3 日装船，船名为：珍珠号”，并签名。假设信用证规定该批货物应于 6 月 10 日前装船，并应提交“已装船清洁提单”，问：上述提单是否符合信用证规定？

分析：上述提单符合信用证规定。理由：在装船以后，由承运人或其指定的代理人在备运提单上注明船名及装船日期并签名证实，备运提单也就成为已装船提单。

2. 根据提单上有无不良批注划分

（1）清洁提单（Clean B/L）。清洁提单是指货物在装船时表面状况良好，船方未加任何有关货物残损、包装不牢或其他妨碍结汇的批注的提单。清洁提单是提单转让时必须具备的条件。信用证方式下，银行只接受清洁提单。

（2）不清洁提单（Unclean B/L or Foul B/L）。不清洁提单是指货物存在残损、渗漏、包装不牢、标志不清等现象，船方为明确责任，在提单上对此类情形加以批注的提单。通常，银行拒绝以不清洁提单办理结汇。

案例 5.2

2013 年 2 月，依据 FOB 条件，黑大地绿色有限责任公司与莱纳利尔公司签订了一份出售 10 万吨大豆的合同。2013 年 4 月 1 日，黑大地绿色有限责任公司按时将大豆运到港口，按时装船，承运人马里亚纳运输公司签发了清洁提单。2013 年 5 月 2 日，货物到达目的港，莱纳利尔公司发现 90%的货物严重破包，造成重大损失。承运人马里亚纳运输公司称，破包是由于包装不坚固所造成，主张按照“因包装不坚固所发生的货损，承运人不承担赔偿责任”的规定，免除责任。双方协商无效，遂根据合同约定提起仲裁。仲裁庭经审理，认为承运人马里亚纳运输公司在运输途中，没有尽到妥善、谨慎管理货物的义务，应当承担赔偿责任。

分析：本案涉及清洁提单的问题。争议的焦点在于承运人马里亚纳运输公司是否可以在签发了清洁提单的情况下，主张“因包装不坚固发生货损，承运人不承担赔偿责任”是否能免除责任。

清洁提单是指承运人没有对货物的表面状况，或者其他方面，加以批注的提单。实践中不要求托运人在交运货物的时候，提供货物表面的情况，承运人自己一定要在装货的时候，对货物进行检查，然后根据货物的具体情况决定，是否在提单上附加批注。收货人提货时，如果出示的是清洁提单，承运人就要把表面状况良好的货物交给收货人，如果发现货物表面受损，而且是由于承运人的责任所致，收货人可以要求承运人赔偿。

不清洁提单指附有不良批注的提单，如“包装不固”、“破包”、“沾有油污”。这种提单表明，货物是在表明状况不良的条件下装船的，在卸货时，如果由此造成损失，则可以减免承运人的责任。

3. 根据提单抬头（收货人）的不同填写方式划分

（1）记名提单（Straight B/L）。记名提单是指在提单收货人栏内列明特定的收货人名称及其地址等的提单。该种提单只能由指定的收货人提货，不能背书转让。根据一些国家惯例，记名提单的收货人可以不凭正本提单提货，此时该提单就失去了物权凭证的作用。一般仅在运输贵重货物、展品和外援物资时采用。

（2）不记名提单（Blank B/L or Open B/L or Bearer B/L）。不记名提单是指在提单收货人栏内无需列任何特定收货人，只写明“货交提单持有人”，或不填写任何内容的提单。谁持有提单，谁就可凭此单提货，不需要背书即可转让。船方交货是凭单不凭人，提取货物极为简便。

（3）指示提单（Order B/L）。指示提单是指在提单收货人栏中只填写“凭指示（To Order）”或“凭某人指示（To Order Of）”字样的提单。指示提单有四种抬头，即：凭银行指示，凭收货人指示，凭发货人指示和不记名指示。指示提单是一种可转让提单，通过背书方式可以转让，而不需提单签发人同意。因此，这种提单为买方所欢迎。

4. 根据提单内容繁简不同划分

（1）全式提单（Long Term B/L）。全式提单是指既有提单正面条款，又有提单背面条款的提单，该种提单对承托双方的权利、义务和责任有明确的规定，在实际业务中运用较广。

（2）简式提单（Short Term B/L）。简式提单是指仅有提单正面条款，没有背面条款的提单，一般均印有“各项条款及例外条款以本公司正式全式提单内所印就的条款为准”。在法律上，简式提单与全式提单一般具有同等效力。

5. 根据运费支付方式不同划分

（1）运费预付提单（Freight Prepaid B/L）。运费预付提单是指货物装船后立即支付运费的提单。

（2）运费到付提单（Freight to be Collected B/L）。运费到付提单是指货物到达目的港后，收货人提取货物前支付运费的提单。收货人付清运费前，船方有货物留置权。

6. 根据提单的使用效力不同划分

（1）正本提单（Original B/L）。正本提单是指提单上有“正本（original）”字样，有承运人、船长或其代理人签字盖章并注明签发日期的提单。该类提单是提货的依据，议付的凭证。全套正本海运提单可以是一式若干份，根据合同或信用证要求来定，其中一份提货后，其余各份均告失效。

（2）副本提单（Non-negotiable or Copy B/L）。副本提单是指提单上标有“Copy”或“Not original”字样，没有承运人、船长或其代理人签字盖章，只供内部流转、业务参考和企业确认之用。副本提单非物权凭证。

7. 根据运输方式的不同划分

（1）直达提单（Direct B/L）。直达提单是指货物从装运港装船后，中途不转船而直接抵达目的港卸货，提单中卸货港一栏只填写最终目的港。凡合同和信用证规定不准转船者，必须使用这种直达提单。

（2）转船提单（Transshipment B/L）。转船提单是指货物从装运港装船后，不直接驶往目的港，需中途换装其他船舶将货物运至目的港卸货，在提单上要注明“转船”或“在”某某港转船“字样。往往由第一承运人签发。

（3）联运提单（Through B/L）。联运提单是指货物须经两段或两段以上运输才能运达目的港，而其中第一程为海运时（如海海、海陆、海空联运）时，由承运人所签发的包括全程运输的提单。

8. 根据提单的签发日期划分

（1）倒签提单（Anti-dated B/L）。倒签提单是指由于货物实际装船日期迟于信用证规定的装运日期，为了能够安全结汇，承运人应托运人的请求签发的提单日期早于货物实际装船日期的提单。

（2）顺签提单（Post-date B/L）。顺签提单是指由于货物实际装船日期早于信用证规定的装运日期，为不影响合同的履行，在货物装船完毕后，承运人或其代理人应托运人的要求而签发的提单日期晚于货物实际装船完结日期的提单。

（3）预借提单（Advanced B/L）。预借提单是指信用证规定的最迟装运期已届临，或信用证即将到期，而货物尚未装船或尚未装船完毕时，承运人预先签发的借给托运人的提单。

（4）过期提单（Stale B/L）。过期提单是指在信用证项下，错过规定的交单日期或者晚于货物到达目的港的提单。前者是指卖方超过提单签发日期后 21 天才交单议付的提单。此类提单银行拒绝接受。后者是指由于航线较短或银行转递提单较慢，以致船舶到达目的港时，收货人尚未收到的提单。

案例 5.3

我国某出口公司先后与伦敦 B 公司和瑞士 S 公司签订两个出售农产品合同，共计 3 500 长吨，价值 8.275 万英镑。装运期为当年 12 月至次年 1 月。但由于原定的装货船舶出故障，只能改装另一艘外轮，致使货物至次年 2 月 11 日才装船完毕。在我公司的请求下，外轮代理公司将提单的日期改为 1 月 31 日，货物到达鹿特丹后，买方对装货日期提出异议，要求我公司提供 1 月份装船证明。我公司坚持提单是正常的，无须提供证明。结果买方聘请律师上货船查阅船长的航行日志，证明提单日期是伪造的，立即凭律师拍摄的证据，向当地法院控告并由法院发出通知扣留该船，经过 4 个月的协商，最后，我方赔款 2.09 万英镑，买方才肯撤回上诉而结案。

分析：倒签提单是一种违法行为，一旦识破，产生的后果就是严重的。但是在国际贸易中，倒签提单的情况还是相当普通的。尤其是在延期时间不多的情况下，还是有许多出口商会铤而走险的。如果倒签的日期较长，容易引起买方怀疑，最终可以通过查阅船长的航行日志或者班轮时刻表等途径加以识破。

9. 根据提单签发人的不同划分

（1）船公司提单。船公司提单是指为自己船只承运的货物签发的提单。

（2）货代提单。货代提单是指货运代理公司承揽货物后再委托其他船公司运输货物而签发的提单。

10. 根据船舶营运方式的不同划分

班轮提单（Liner B/L）和租船提单（Charter Party B/L）。

5.2 海运提单的业务

5.2.1 提单的签发

提单的签发包括提单的签发人、签发地点和日期、签发份数、签发对象。

1. 提单签发人

提单的签发人是承运人、船长或者承运人的代理人。《海商法》第七十二条规定："货物由承运人接收或者装船后，应托运人的要求，承运人应当签发提单。提单可以由承运人授权的人签发。提单由载货船舶的船长签发的，视为代表承运人签发"。各国法律都规定，船长是承运人的当然代理人，无需经承运人的特别授权便可签发提单。但如果提单是承运人的代理人签发，则代理人必须经承运人的合法授权委托。

承运人A本人签发，提单显示：A　as　carrier

代理人B代签，提单显示：B　as　agent　for　A　as　carrier

载货船船长C签发，提单显示：captain　C　as　master

2. 提单签发的地点和日期

提单的签发地点通常是装货港，有时是船公司所在地或者其他地点。

提单的签发日期是货物由承运人接收或者装船的日期的证明。在国际货物买卖和信用证结算中，除提单载明货物装船日期外，通常提单的签发日期是货物装船完毕的日期。因此，影响到买卖合同的履行与托运人的结汇。货物由承运人接收或者装船后，经托运人要求，承运人或其代理人、船长有义务及时签发已装船提单。

提单签发的日期是货物实际装船完毕的日期，并且与大副签署的收货单签发的日期相一致。承运人接收货物以前签发的提单称为"预借提单"；提单上记载日期早于实际装船完毕的日期，称为"倒签提单"。这两种提单都是违法行为，但行为的性质是违约还是侵权存在争议。定性不同，适用法律、处理后果不同。

3. 提单的签发份数

提单的签发份数视托运人的要求而定，通常正本提单一式三份，每一份具有同等的法律效力。在提单的正面都注明全套正本提单的份数，经其中一份完成提货手续，提单交付货物的义务即告终止。如两个或两个以上提单持有人同时要求提取同一票货物，承运人应将货物交给有权提货的人。倘若不能确定谁有权提货，应暂不交付，待通过司法途径确定有权提货的人，再行交货。

副本提单的份数视需要而定。虽然没有法律效力，不能据以提货，但却是装运港、中转港及目的港的代理人和载货船舶不可缺少的补充货运文件，可以补充舱单上不足的内容和项目。

4. 提单签发的对象

我国《海商法》规定托运人有权要求签发提单，因此提单应该签发给托运人。

托运人有两种，即与承运人签订运输合同的人以及将货物实际交给承运人的人。当这两者不同时，应该将提单交给哪个托运人可能引起争议。由于法律只规定签发给托运人，应认为是承运人签发给两种托运人都不违背义务。实务中，一般用大副收据换取提单，但当持有大副收据的人和托运人不同时，提单应签发给托运人而不是持有大副收据的人。

案例 5.4 大副收据持有人和托运人，提单应签发给谁？

在英国一案例 Nippon Yusen v. Ramjiban Serowjee 中，买卖合同的出口商签订了运输合同并交付运费，但出口商的供应商由于直接交付货物取得了大副收据。供应商和出口商约定凭大副收据支付货款，但出口商并有支付，而是凭保函从承运人处取得了提单。供应商凭大副收据起诉承运人。法院判供应商败诉。

分析：和提单不同，大副收据不是物权凭证，也不可以转让。持有大副收据并不能赋予交付货物的一方以任何权利。承运人有权把提单签发给托运人。大副收据是换发提单的证明之一，但不是唯一或最终证明。如果有其他证明证明有权得到提单的其他人，则大副收据的效力就结束了。

5.2.2 提单的更正和补发

1. 提单的更正

（1）提单签署前的更正。实务中，提单通常是在托运人办妥托运手续后，货物装船前，在缮制有关货运单证的同时缮制的，在货物装船后，这种事先缮制的提单就可能由于下列原因需要更正：

① 事先缮制的提单与实际装载情况不符；

② 货物装船后，发现托运人申报材料错误；

③ 信用证要求的条件有所变更；

④ 由于其他原因，托运人提出更正提单内容的要求。

在上述情况下，承运人或代理人通常都会同意托运人提出的更正要求。

（2）提单签署后的更正。货物已装船，提单已签署，托运人提出更正提单的要求。这时，承运人或其代理人考虑各方面的关系，在不妨碍其他提单利害关系人的利益，不影响承运人的交货条件的前提下，征得有关方面的同意，可以更改并收回原来签署的提单。因更改提单内容而引起的损失和费用，则应由提出更改要求的托运人负担。如果提出提单更改时船舶已开航，则应立即电告船长作相应的更改。

2. 提单的补发

如果提单遗失，则托运人要求补发时应视不同情况予以处理。

（1）正本提单结汇后，在寄送途中遗失。这种情况一旦发生，收货人可在目的港凭副本提单和书面担保提取货物，并依照一定的法定程序声明提单作废，而无需另行补发提单。

（2）提单在结汇前遗失。这时由托运人提供书面担保，经承运人或其代理人同意后初签新提单并另行编号。同时，将有关情况转告承运人在目的港的代理，并声明原提单作废，以免发生意外纠纷。

5.2.3 提单的背书转让

提单的背书转让是指转让人在指示提单的背面写明或不写明受让人，并签名的转让手续。按照背书的方法，背书分为记名背书、指示背书和空白背书 3 种。

1. 记名背书

记名背书也称完全背书，是指背书人（转让人）在提单背面写明被背书人（受让人）的姓名，并由背书人签名的转让形式。凡做成记名背书的提单，只能由指定的被背书人提货，不能再行转让或流通。经过记名背书的指示提单与记名提单相似。

2. 指示背书

指示背书是指背书人（转让人）在提单背面注明“凭某某指示”字样，由背书人签名的背书形式。经过指示背书的指示提单可以继续进行背书，但背书必须连续。

3. 空白背书

空白背书是指在提单背面不记载任何受让人，只由背书人自己签名的转让形式。经过空白背书的提单和不记名提单相似，不需要连续背书，只凭交付就可转让。

【例题 5.1】若指示提单的抬头为“To order of ABC Co.”，则 ABC Co. 是第一背书人（转让人）。在其背书时写明“To delivery to DEF Co.”，即为记名背书，DEF Co.不能再次背书转让；当第一背书人背书时写明“To delivery to the order of DEF Co.”，即为指示背书，DEF Co.可继续背书转让；当第一背书人背书时不写受让人，只有自己的签名，即成为空白背书，此后无需背书就可转让。

5.3 海 运 单

5.3.1 海运单

海运单（Sea Waybill，Ocean Waybill），又称为海上运送单或海上货运单，是证明海上货物运输合同和货物已经由承运人接管或装船，以及承运人保证将货物交给指定收货人的一种不可转让单证。

1. 海运单与提单的区别和联系

（1）提单是货物收据、运输合同的证明，也是物权凭证；海运单只具有前两种性质，但不是物权凭证。

（2）提单可以是指示抬头形式，并可背书流通转让；海运单一种非流通性单据，海运单上标明了确定的收货人，不能流通转让。

（3）海运单和提单都可以做成“已装船”形式，也可是“收妥备运”形式。除海运单收货人栏目为确定的收货人外，其正面各栏目格式和缮制方法与提单基本相同。

（4）记名提单和海运单，虽然都有确定具体的收货人，都不具备物权凭证，但它们有本质的区别。

（5）提单的合法持有人和承运人凭提单提货和交货，海运单上的收货人并不出示海运单，仅凭提货通知或其身份证明提货，承运人凭收货人出示适当身份证明交付货物。

（6）提单有全式和简式提单之分，而海运单是简式单证，背面不列详细货运条款，但载有一条可援用海运提单背面内容的条款。

2. 海运单的流转程序

（1）承运人签发海运单给托运人。通常只签发一份正本海运单。但是如果经请求，则也可签发两份或两份以上的正本海运单。

（2）承运人在船舶抵达卸货港前向海运单上记名的收货人发出到货通知书，到货通知书表明这批货物的运输是根据海运单进行的。

（3）收货人在目的地出示有效身份证件，并将其已签署的到货通知书交给承运人的办事机构或当地代理人，同时出示海运单副本。

（4）承运人或其代理人签发提货单给收货人。

（5）一旦这批货物的运费和其他费用结清，同时办好所有手续，收货人就可以提货。

3. 使用海运单的好处

海运单仅涉及托运人、承运人、收货人三方，程序简单，操作方便，有利于货物的转移。

（1）海运单不具有流通转让性，是一种安全凭证，可避免单据遗失和伪造提单所带来的风险和后果。

（2）提货便捷、及时、节省费用，收货人提货无需出示海运单，既解决了近途海运货到而提单未到的常见问题，也避免了延期提货所产生的滞期费、仓储费等。

（3）海运单不是物权凭证，扩大海运单的使用，可以为推行EDI电子提单提供借鉴。

5.3.2 电放

电放（Telex Release），是电报放货的简称，指的是海上货物承运人或其在装货港的代理人在收到货物签发提单，或应签发而未签发提单的情况下，根据托运人要求在装货港收回提单或不签发正本提单，而以电传形式通知卸货港代理将货物交付给提单收货人或者是托运人指定的收货人的一种方式。

一般情况下，发货人通过银行交提单或将提单寄给收货人。提单是货物所有权的凭证，因此收货人只有拿到正本提单后才可以提货。但在近洋运输如从上海到日本或韩国时，由于船期很短，一两天船就到了，这时通过银行或邮寄提单可能还没到，为不影响收货，收货人会要求发货人将提单电传、传真或 E-mail 到收货人，收货人不需要正本提单，货物到港后收货人凭提单传真件就可以提货。因此所谓电放就是凭电子的、电传的或传真件放行的意思。

提单电放在办理时，先与船公司联系，告诉提单需要电放。这样船公司就可以通过电报让目的港的船公司机构凭传真件提货。一般最好是在未出提单前办理，船公司不用出具正本提单；如果已经出具正本提单，则需要将正本提单交回船公司，让船公司电放提单。另外，船公司会要求发货人出具一份保函（船公司或货代有现成的格式），保证电放造成的一切问题与其无关。

由于电放后发货人将不再掌握货权，因此在办理电放前一定要确认发货人能够安全收款，否则极易造成钱货两空的局面。

电放在我国国际班轮运输中已经有了近十年的历史，并在实践中起到了一定的作用。但是，其存在的问题也是显而易见的。由于许多船公司不拥有自己的海运单，而货方在绝大多数情况下也不存在故意欺诈的行为，所以，使得电放在实践中广为流传。当承运人、无船承运人以及托运人（发货人）和收货人都了解了电放的原理和海运单规则、承运人也拥有了自己的海运单后，大家就会逐渐弃用电放而采用海运单。

5.4 集装箱单证

在 20 世纪 80 年代我国各口岸基本上采用的是传统的货运单证。随着集装箱运输的发展，交通部于 1989 年在上海口岸主持了“国际集装箱运输系统（多是联营）工业性试验”，于 1991 年完成并通过国家鉴定验收。1990 年 12 月 5 日，国务院第 68 号令发布了《中华人民共和国海上国际集装箱运输管理规定》，交通部又于 1992 年 6 月 9 日以第 35 号令发布了《中华人民共和国海上国际集装箱运输管理规定细则》，上述的规定和实施细则自 1992 年 7 月 1 日起施行。从此以后，我国各口岸的集装箱货物运输的主要单证基本上统一起来。他们与传统的货运单证相比，既有相同之处，也有一定的差异。在集装箱货物进出口业务中，除采用了传统的散杂货运输中相同的商务单证（如商业发票、报关单、检验检疫证书、磅码单、装箱单、货物托运单、装货单、提单等各种单证）以外，在船务单证中根据集装箱运输的特点，采用了空箱提交单、设备交接单、集装箱装箱单、场站收据、提货通知书、到货通知书、交货记录、卸货报告和待提集装箱报告等。

5.4.1 “场站收据”联单

1. 定义

场站收据是由承运人发出的证明已收到托运货物并开始对货物负责的凭证。与传统件杂货运输所使用的托运单证比较，场站收据是一份综合性的单证，把货物托运单（订舱单）、装货单（关单）、大副收据、理货单、配舱回单、运费通知等单证汇成了一份，这对于提高集装箱货物托运的效率有很大的意义。场站收据一般是在托运人口头或书面订舱，与船公司或船代达成了货物运输的协议，船代确认订舱后，由船代交托运人或货代填制，在码头堆场、集装箱货运站或内陆货站收到整箱货或拼箱货后签发生效，托运人或其代理人可凭场站收据，向船代换取已装船或代装船提单。

当托运人去船公司订舱的时候用的是十联单，内容如下。

第一联：集装箱货物托运单（货主留底）（B\N）。

第二联：集装箱货物托运单（船代留底）。

第三联：运费通知（1）。

第四联：运费通知（2）。

第五联：场站收据（装货单）（S\O）。第五联副本：缴纳出口货物港务费申请书。

第六联：大副联（场站收据副本）。

第七联：场站收据（Dock Receipt，D／R）。

第八联：货代留底。

第九联：配舱回单（1）。

第十联：配舱回单（2）。

2. 流转

（1）场站收据十联单的流转程序

① 托运人填制集装箱货物托运单即场站收据一式十联，委托货运代理人代办托运手续；

② 货运代理人接单后审核托运单，若能接受委托，将货主留底联（第一联）退还托运人备查；

③ 货运代理人持剩余的九联单到船公司的代理人处办理托运订舱手续；

④ 船公司或其代理人接单后审核托运单，同意接收托运，在第五联即装货单上盖签单章，确认订舱承运货物，并加填船名、航次和提单号，留下第二至第四联共三联后，将余下的第五至第十共六联退还给货运代理人；

⑤ 货运代理人留存第八联即货代留底联，缮制货物流向单；将第九、第十退托运人作配舱回执；

⑥ 货运代理人根据船公司或其代理人退回的各联缮制提单和其他货运单证；

⑦ 货运代理人持第五至第七共三联：装货单、大副联和场站收据正本，随同出口货物报关单和其他有关货物出口单证至海关办理货物出口报关手续；

⑧ 海关审核有关报关单证后，同意出口，在场站收据副本即装货单上加盖放行章，并将各联退还运货代理人；

⑨ 货运代理人将此三联送交集装箱堆场或集装箱货运站，据此验收集装箱或货物；

⑩ 若集装箱在港口堆场装箱，集装箱装箱后，集装箱堆场留下装货单；若集装箱在货运站装箱，集装箱入港后，港口集装箱堆场留下装货单和大副收据联，并签发场站收据给托运人或货运代理人；

⑪ 集装箱装船后，港口场站留下装货单用作结算费用，大副联交理货部门送大副留存；

⑫ 发货人或其货运代理人持场站签收的正本场站收据到船公司或其代理人处，办理换取提单手续，船公司或其代理人收回场站收据，签发提单。在集装箱装船前可换取船舶代理签发的待装提单，或在装船后换取船公司或船舶代理签发的装船提单。

总之，前三联是给船公司的，订好舱后船公司就拿走了。后三联就是第五、六、七联，是报关用的。第五联在报关完成后，海关会在上面盖放行章，作为放行之用。第六联交港口外轮理货。第七联就是场站收据联，场站收据又称码头收据，相当于传统杂货班轮运输的大副收据，是证明船公司收到了上船的箱子，盖上场站收据章后，拿回来给操作部门，作为签发提单之用。第九、十联用于送货进仓。

（2）场站收据七联单激起流转程序。目前，有的口岸例如大连口岸使用了七联单：第一联，集装箱货物托运单，船代留底；第二联，装货单，场站收据副本；第三联，场站收据副本，大副联；第四联，场站收据正本；第五联，装箱理货留底；第六联，货代留底，第七联，配舱回单。

其流转程序如下。

① 发货人（托运人）填制集装箱货物托运单（即场站收据）一式七联，盖印后委托货运代理人代办托运手续；

② 货运代理人带七联单到船公司或船公司代理处办理托运订舱手续；

③ 船公司或其代理人接单后审核托运单，同意接受托运，在第二联装货单上盖签单章，填上船名、航次、提单号，留下第一联即船代留底联，将其余六联退货运代理人；

④ 货运代理人盖印后，留下货代留底联，将场站收据、装货单、大副联随同货物出口单证和出口货物报关单一起送海关报关；

⑤ 海关接单后审核有关单证，同意出口，在装货单上盖放行章，并将各联退还货运代理人；

⑥ 货运代理人将余下五联单装箱的集装箱堆场或集装箱货运站，据此验收集装箱或集装箱货物；

⑦ 集装箱和货物送集装箱堆场或货运站后，装箱场站留下装货理货联；

⑧ 装毕后的重箱送港口场站，场站签发场站收据，正本场站收据退还货运代理人，留下装货单和大副联，装货单用作结算费用及今后查询，大副联交理货部门送船上大副留存；

⑨ 货运代理人将场站签收后的场站收据正本送船公司或船代，装船前可换取船代签发的待装提单；装船后换取船公司或其代理人签发的已装船提单；

⑩ 货运代理人将提货单和第七联配舱回单退给货主（托运人）。

3. 填制要求

(1) 场站收据由发货人填制，由发货人或其代理人交船舶代理确认订舱。场站收据中的收货人、通知人、箱号、封志号、箱数、收货方式和交货方式应如实申报，不允许一票场站收据上同时出现两种收货方式、两种交接方式。

(2) 对填制栏目内容如有任何变更或整票退关，应向船公司或船舶代理人和其他有关单位分送更正通知单。

(3) 发货人或其代理人应在海关放行后将货物装箱。各装箱点应将每票场站收据的箱号、封志号、箱数及时报告发货人或其代理人，发货人或其代理人应在场站收据正本和副本的相应栏目上填明箱号、封志号、箱数。

(4) 场站业务员在集装箱进场时，重点核对场站收据装货单上的海关放行章、箱号、封志号、箱数等栏目，在实收栏目内批注、签字，在签章栏目注明签章日期，加盖场站章。

总之，场站收据类似传统的大副收据，但又有不同之处。类似之处，两者都表明承运人已收到发货人或其代理人交来指定的货物，即从签发时起就意味着风险已由发货人转给承运人。在集装箱货物运输中，信用证若未强调提供已装船提单，场站收据同大副收据一样，都是发货人或其代理人向船公司或船代换取提单的凭证。但它们的不同之处是，集装箱货物运输承运人或其代理人委托场站签发场站收据，意味着承运人的责任风险由传统运输中的“过船舷”延伸到“场站”。

5.4.2 集装箱发放设备交接单

集装箱发放设备交接单（Equipment Interchange Receipt），简称设备交接单（Equipment Receipt，E／R）

1. 定义

设备交接单是集装箱进出灌区、场站时，用箱人、运箱人与管箱人或其代理人之间交接集装箱及其他机械设备的凭证，并兼作管箱人发放集装箱的凭证的功能。当集装箱或机械设备在集装箱码头堆场或货运站借出或回收时，由码头堆场或货运站制作设备交接单，经双方签字后，作为两者之间设备交接的凭证。

集装箱设备交接单分进场和出场两种，各有三联，分别为管箱单位（船公司或其代理人）留底联；码头、堆场联；同箱人、运箱人联。交接手续均在码头堆场大门口办理。出码头堆场时，码头堆场工作人员与用箱人、运箱人就设备交接单上的一些主要内容共同进行审核：用箱人名称和地址，出堆场时间与目的，集装箱箱号、规格、封志以及是空箱还是重箱，有关机械设备正常还是异常。

进码头堆场时，码头堆场的工作人员与用箱人、运箱人就设备交接单上的下列内容共司进行审核：集装箱、机械设备归还日期、具体时间及归还时的外表状况，集装箱、机械设备归还人的名称与地址，进堆场的目的，整箱货交箱货主的名称和地址，拟装船的船次、航线、卸箱港等。

2. 填写

设备交接单的各栏目分别有管箱单位的船公司或其代理人，用箱人货运箱人，码头、堆场的经办人填写。船公司或其代理人填写的栏目有：用箱人／运箱人、船名／航次、集装箱的类型及尺寸、集装箱状态（空、重箱）、免费使用期限和进（出）场目的等。由用箱人、运箱人填写的栏目有：运输工具的车号，如果是进场设备交接单，还须填写来自地点、集装箱号、提单号、铅封号等栏目。由码头、堆场填写的栏目有：集装箱进、出场日期、检查记录，如果是出场设备交接单，还须填写所提集装箱号和提箱地点等栏目。

3. 流转

设备交接单的流转过程如下。

（1）由管箱单位填制设备交接单的用箱人、运箱人、船名、航次等。

（2）由用箱人、运箱人到码头、堆场提箱送收箱地（或到发箱地提箱送码头、堆场），经办人员对照设备交接单，检查集装箱的箱体后，双方签字，码头、堆场留下管箱单位联和码头堆场联（共两联），将用箱人、运箱人联退还给用箱人、运箱人。

（3）码头、堆场将留下的管箱人联退还给管箱单位。

总之，设备交接既是分清集装箱设备交接责任的凭证，在集装箱外表无异状，且铅封完好的情况下，也是证明箱内货物交接无误的凭证。如果发现集装箱等设备有异常时，应把异常情况摘要记入设备交接单上，由经办人双方签字各执一份。设备交接单也用于集装箱的盘存管理和对集装箱的追踪管理，必要事项都要输入电脑中，以备查询。

5.4.3 集装箱装箱单

1. 定义及流转

（1）定义。集装箱装箱单是记载集装箱内所有装载货物的名称、重量、尺码、数量等内容的单证，是装箱人根据实际装入箱内的货物制作的。

集装箱装箱单每一个集装箱一份，一式五联，其中：码头、船代、承运人各一联，发货人、装箱人两联。集装箱货运站装箱时由装箱的货运站缮制；由发货人装箱时，由发货人或其代理人的装箱货运站缮制。

（2）流转。发货人或货运站将货物装箱，缮制装箱单一式五联后，连同装箱货物一起送至装箱堆场。集装箱堆场的业务人员在五联单上签收后，留下码头联、船代联和承运人联，将发货人、装箱人联退还给送交集装箱的发货人或集装箱货运站。发货人或集装箱货运站联除自留一份备查外，将另一份寄交给收货人或卸箱港的集装箱货运站，供拆箱时使用。

对于集装箱堆场留下的三联装箱单，除集装箱堆场自留码头联，据此编制装船计划外，还须将船代联及承运人联分送船舶代理人和船公司，据此缮制积载计划和处理货运事故。

有的国家，如澳大利亚，对动植物检疫有严格的特别要求，在装箱单上就须附有申请卫生检疫机关检验申请联。在申请联的申请检验事项中，与货运有关的内容包括货物本身及其包装用料是否使用了木材，如木板、木箱、货板、垫板。如使用了，是否有已经经过防虫处理的说明。如果已经经过处理，则就货物本身应由发货人将发票、海运单证和熏蒸证书一并寄交收货人；就集装箱而言，则应由船公司或其代理人连同集装箱适航证书一并寄交卸货港的船公司的代理人。该项申请联由发货人和船公司或其代理人分别签署。

2. 作用

（1）是船公司了解集装箱内所装货物的明细表。

（2）是集装箱船舶计算船舶吃水和稳定性的基本数据来源。

（3）是集装箱装、卸两港编制装、卸船计划的依据。

（4）作为发货人、集装箱货运站与集装箱堆场之间货物交接的依据。

（5）便于国外买方在货物到达目的港时供海关检查和核对货物。装箱单是发票的补充单据，他列明了信用证（或合同）中买卖双方约定的有关包装事宜的细节，通常可以将其有关内容加列在商业发票上，但是在信用证有明确要求时，就必须严格按信用证约定制作。

（6）集装箱装箱单作为办理保税内陆运输，以及办理货物从码头到堆场运出手续，并作为集装箱货运站办理掏箱、分类、交货的依据。

（7）是处理货损、货差索赔时的重要单据之一。

总之，集装箱装箱单是记载出口货物信息的重要单证之一，其填制准确与否直接关系到出口集装箱电子装箱单的运作和外贸出口货物进港、装船、运输的安全及效率。

3. 格式与说明

装箱单名称（Packing List）信用证的规定填写，通常用“Packing List”。常见的单据名称还有：Weight List（重量单）、Measurement List（尺码单）。

出单方（The unilateral）：填写出单人的名称与地址。在信用证支付方式下，此栏应与信用证受益人的名称和地址一致。

受单方（To）：填写受单方的名称与地址。多数情况下填写进口商的名称和地址，并与信用证开证申请人的名称和地址保持一致。在某些情况下也可不填，或填写“To whom it may concern”（致有关人）。

发票号（Invoice No）：填发票号码。

日期（Date）：填写“装箱单”缮制日期。应与发票日期一致，不能迟于信用证的有效期及提单日期。

运输标志（Marks and Numbers）：又称唛头，是出口货物包装上的装运标记和号码。要符合信用证的要求，与发票、提单一致。

包装种类和件数、货物描述（Number and kind of packages，description of goods）：填写货物及包装的详细资料，包括货物名称、规格、数量和包装说明等内容。

填写货物的毛重、净重，若信用证要求列出单件毛重、净重和皮重时，因照办；按货物的实际体积填列，均应符合信用证的规定。

自由处理区：自由处理区位于单据格式下方，用于表达格式中其他栏目不能或不变表达的内容。

5.4.4 “交货记录”联单

“交货记录”联单（Delivery Record）共五联：到货通知书一联，货单一联，费用账单二联，交货记录一联。

1. 各单据的作用

（1）到货通知书（Arrival Notice）。到货通知书是在卸货港的船舶代理人在集装箱卸入集装箱堆场，或移至集装箱货运站，并办好交接准备后，向收货人发出的要求收货人及时提取货物的书面通知。所以，到货通知书是在集装箱卸船并做好准备后，将五联单中的第一联（到货通知联）寄交收货人或通知人。收货人持正本提单和到货通知书至船公司或船代付清运费换取其余四联。

（2）提货单（Delivery Order）。提货单是船公司或其代理人指示负责保管货物的集装箱货运站或集装箱堆场的经营人，向提单持有人交付货物的非流通性单据。

本来，交货应该是与提单进行交换来完成，但传统的实际做法是船公司或其代理人收到提单持有人交来的正本提单后，签发提货单，收货人凭提货单向货物堆场货仓库提货。而在集装箱运输中，是凭到货通知和正本提单换取费用账单两联，盖章后的提货单一联和交货记录一联，共四联，随同进口货物报关单到海关办理货物进口通关，海关核准放行后，在提货单上盖海关放行章，再持单到集装箱堆场货货运站，场站留下提货单和二联费用账单，在交货记录上盖章，收货人凭交货记录提单。

（3）交货记录（Delivery Record）。船公司或其代理人向收货人或其代理人交货时，双方共同签署的，证明双方间已进行货物交接和载明其交接状态的单据叫交货记录。交货记录是在签发提货单的当时交给收货人或其代理人，再出示给集装箱货运站货集装箱堆场经营人。

作为船公司代理人的集装箱货运站或集装箱堆场的经营人在向收货人或其代理人交货时，要检查货物的件数和外表状态，如有损坏或灭失等情况时，应把损害的内容记载在摘要栏内，双方签字后完成交接手续，交货记录是在收货人提取集装箱货物时，堆场或货运站的发货人员凭以发放集装箱货物的单据，收货人在交货记录上签收，堆场货运站留存。

在集装箱运输中，船公司的责任是从接受货物开始到交付货物为止。因此，场站收据是证明船公司责任开始的单据，而交货记录是证明责任终了的单据。

（4）费用账单。费用账单是场站凭此向收货人结算费用的单据。其主要内容包括收货人名称、地址、开户银行与账号、船名、航次、起运港、目的港、提单号、交付条款、到付海运费、卸货地点、到达日期、进库场日期、第一程运输、标记与集装箱号、货名、集装箱数、件数、重量、体积、费用名称、港务费、港建费、堆存费、卸装费、其他费用、费用合计等栏目；还有计费吨、单价、金额；另外有收货人章、收款单位财务章，港区场站受理章、核算章、复核章，开单日期等。收货人或其代理人结算港口费用，提取货物。

2. 流转程序

（1）在船舶抵港前，由船舶代理根据装货港航寄或传真得到的舱单或提单副本后，制作交货记录一式五联。

（2）在集装箱卸船并做好交货准备后，由船舶代理向收货人或其代理人发出到货通知书。

（3）收货人凭正本提单和到货通知书向船舶代理换取提货单，费用账单、交货记录共四联，对运费到付的进口货物结清费用，船舶代理核对正本提单后，在提货单上盖专用章。

（4）收货人持提货单、费用账单、交货记录共四联随同进口货物报关单一起送海关报关，海关核准后，在提货单上盖放行章，收货人持上述四联送场站业务员。

（5）场站核单后，留下提货单联作为放货依据，费用账单由场站凭此结算费用，交货记录由场站盖章后退收货人。

（6）收货人凭交货记录提货，提货完毕，交货记录由收货人签收后交场站留存。

3. 填制要求

交货记录在船舶抵港前由船舶代理依据舱单、提单副本等卸船资料预先制作。到货通知书除进库日期外，所有栏目由船舶代理填制，其余四联相对应的栏目同时填制完成。提货单盖章位置由责任单位负责盖章，费用账单剩余项目由场站、港区填制，交货记录出库情况由场站、港区的发货员填制，并由发货人、提货人签名。

模拟实训

实训主题：数量短缺与提单案例。

实训地点：教室。

实训目的：运用所学知识，分析倒签提单引发的法律问题。

【背景材料】

2004 年 1 月，中国某服装进出口公司与墨西哥某外贸公司签订了一项关于运动衫的货物买卖合同。双方在合同中约定：由中国某服装进出口公司作为卖方向墨西哥某外贸公司出售一批运动衫，数量 50 000 件，合同采用的贸易术语为 FOB 上海。双方还约定这批货物应当在当年的 3 月 15 日前交付给墨西哥某外贸公司指定的承运人以便运输。

2004 年 3 月 9 日，中国某服装进出口公司将生产好的 50 000 件运动衫分别装在 1 000 个纸箱中，交付墨西哥某外贸公司指定的承运人——中国香港某远洋运输公司的“惠兴”轮进行运输。“惠兴”轮的船长在对这批货物进行了初步的检查以后，向中国某服装进出口公司签发了清洁提单，也就是说承运人并没有对这批货物从表面上看是否异常进行批注。中国某服装进出口公司收到清洁提单后到银行议付了货款。

但是当这批运动衫运抵墨西哥后，墨西哥某外贸公司立即对这批货物进行了检查。结果发现这批货物并没有达到合同约定的数量 50 000 件。在这 1 000 个纸箱中有大约 100 余个纸箱出现了运动衫数量短少的情况，短少的数量从几件到几十件不等。墨西哥某外贸公司随后又立即请一家商品检验机构对这批货物进行了检验。这家商品检验机构也随即出具了有关这批货物数量短少的证明。

鉴于此时中国某服装进出口公司已经从银行议付了货款，墨西哥某外贸公司根据双方在买卖合同中签订的仲裁条款，向中国某国际经济贸易仲裁机构提交了仲裁申请。中国某服装进出口公司在收到仲裁通知以后，立即进行了答辩。中国某服装进出口公司认为：第一，这批货物的承运人向该公司签发了清洁提单，说明这批货物在交付承运人的时候是完好的，不存在破损或数量短少的情况，因此不能证明这批运动衫数量短缺的责任在中国某服装进出口公司一方；第二，买卖双方在签订合同时约定的贸易术语是 FOB，根据该术语，货物由卖方交付承运人后，当货物跨过承运人的船舷时，货物灭失的风险就转移给了买方，作为卖方的中国某服装进出口公司就不应为此承当任何责任，而作为买方的墨西哥某外贸公司应当追究承运人——香港某远洋运输公司或有关的保险公司的责任；第三，墨西哥某外贸公司是在货物到达墨西哥的港口后才对这批货物进行了检验，中国某服装进出口公司认为在该公司并未知晓的情况下墨西哥某外贸公司就单方面对这批货物进行了检验，这对中国某服装进出口公司来说是不公平的，检测的结果也是不能被接受的。

在中国某服装进出口公司提出抗辩理由后，墨西哥某外贸公司认为对方的抗辩有一定的理由，就转而向这批货物的承运人——香港某远洋运输公司发去了一封电报，要求该公司承担这批运动衫在运输途中灭失给该公司造成的损失。香港某远洋运输公司在收到电报后立即进行了答复。该公司一方面声称自己在运输货物的过程中不存在任何过失，另一方面还向墨西哥某外贸公司出示了一张“保函”。原来在中国某服装进出口公司准备交付货物的时候，交货的最终期限已经临近，中国某服装进出口公司为了及时交货，特别是为了让承运人立即签发提单以便该公司能够马上到银行议付货款，因此中国某服装进出口公司就在承运人并未对全部货物进行检查的情况下，要求香港某远洋运输公司出具清洁提单，并且保证如果因货物残损短缺而导致一切损失，都由中国某服装进出口公司、而非香港某远洋运输公司承担。墨西哥某外贸公司为此再次向中国某服装进出口公司提出要求该公司承担货物灭失的全部责任。

【过程设计】

（1）指导教师布置学生课前预习阅读案例。

（2）将全班同学平均分成小组，按每组5～6人进行讨论。各组选择一个实训讨论问题进行讨论。

（3）指导教师对小组讨论情况和发言内容进行评价总结，并讲解本案例的分析结论。

【讨论问题】

（1）根据“背景材料”，分析本案的焦点何在？

（2）根据“背景材料”，分析本案涉及哪几种提单，提单在本案中的作用是怎样的？

（3）根据“背景材料”，分析本案中“保函”起到了什么作用？

（4）根据“背景材料”，通过仲裁本案的最终结果会怎样？

综合练习

一、单项选择题

1. 经过背书才能转让的提单是（　　）。

   A. 指示提单　　B. 不记名提单　　C. 记名提单　　D. 清洁提单

2. 某公司出口一批货物，该批货物于2004年3月15日开始装运，5天后装船完毕，应托运人的要求，船公司以 2004 年 4 月 4 日作为提单的日期签发提单，则该提单成为（　　）。

A. 顺签提单　　B. 倒签提单　　C. 过期提单　　D. 预期提单

3. 根据《UCP500》的规定，如果信用证没有规定交单期，则银行有权拒收迟于提单签发日后（　　）天提交的单据。

A. 15　　B. 16　　C. 5　　D. 21

4. 海运单是（　　）。

A. 货物收据和海运合同的证明　　B. 有价证券

C. 物权凭证　　D. 流通证券

5. 提单收货人栏记载："TO ORDER"，这表明（　　）。

A. 该提单是记名提单　　B. 该提单是空白抬头提单

C. 该提单收货人是"TO ORDER"　　D. A 和 C

6. 使用海运单的风险是（　　）。

A. 承运人易遭受无单放货的指责或索赔

B. 收货人没有正本海运单而提货困难

C. 托运人可能在将货装船出运后难以收回货款,造成钱货两空

D. 以上 3 项都是

7. 某出口公司一批货物于 2004 年 8 月 3 日装运，并于同日船舶开航。经出口公司要求，船公司签发已装船提单的日期为 2004 年 7 月 28 日。则该提单为（　　）。

A. 倒签提单　　B. 顺签提单　　C. 过期提单　　D. 预期提单

8. 海运提单收货人栏记载："TO ORDER"，这表明该提单是（　　）。

A. 不可转让　　B. 经背书后，可转让

C. 不经背书即可转让　　D. 可以由持有人提货

9. 证明海上货物运输合同和货物已经由承运人接收或装船，承运人保证据以交付货物的单证是（　　）。

A. 海运提单　　B. 大副收据　　C. 场站收据　　D. 海运单

10. 某外贸公司出口的一批货物于 2004 年 9 月 7 日装船，9 月 9 日装船完毕，9 月 10 日船舶开航，该外贸公司于 9 月 11 日凭大副签名的收货单向船公司换取正本提单，提单的日期为（　　）。

A. 2004 年 9 月 7 日　　B. 2004 年 9 月 9 日

C. 2004 年 9 月 10 日　　D. 2004 年 9 月 11 日

二、名词解释

1. 海运提单；2. 记名提单；3. 指示提单；4. 空白提单；5. 倒签提单；6. 过期提单；7. 海运单；8. 电放。

三、问答题

1. 什么是海运提单，简述其性质和作用？
2. 简述海运提单的主要分类？
3. 简述海运提单的业务流程？
4. 什么是海运单？与海运提单有何区别？
5. 简述什么是电放？

第6章

国际航空货运代理业务

相关网站

（1）http://www.airchinacargo.com/ 中国国际货运航空

（2）http://www.cctanet.org.cn/ 中国交通运输协会

（3）http://www.caac.gov.cn/ 中国民用航空局

（4）http://www.lingshi56.com/ 领氏空运

案例导读

贵重物品运送声明价值很重要

A货运代理公司空运部接收货主的委托，将一台重12千克的红外线测距仪从沈阳空运至香港。该批货物价值6万余元人民币，但货物“声明价值”栏未填写。A货运代理公司按照正常的业务程序，向货主签发了航空分运单，并按普通货物的空运费率收取了运费。由于当时沈阳无直达香港的航班，所有空运货物必须在北京办理中转。为此A货运代理公司委托香港B货运代理公司驻北京办事处办理中转业务。但是，由于航空公司工作疏忽，致使该货物在北京至香港的运输途中遗失。根据以上案情，请回答如下问题。

（1）A货运代理公司和B货运代理公司的法律地位是什么？他们是否应对货物遗失承担

责任？

（2）本案是否适用国际航空货运公约？为什么？

（3）货主认为应按货物的实际价值进行赔偿的主张是否有法律依据，为什么？

启示：A 货运代理公司是集运商，B 货运代理公司是 A 货运代理公司的代理人，对承运人航空公司而言，他们是托运人。他们对货物遗失不承担责任。本案适用国际航空货运公约。因为货物从沈阳运至香港属于国际运输。货主的赔偿主张没有法律依据。因为货物“声明价值”栏未填写即没办理声明价值并支付声明价值附加费，所以航空公司按普通货物赔偿，最高限额为每千克 20 美元。从案例来看，国际航空货运代理业务涉及很多惯例，也需要遵循一些业务程序，这也是这一章我们要学习的。

6.1　航空货运概述

世界上第一架飞机是 1903 年由美国人莱特兄弟发明制造的，并于同年 12 月 17 日试飞成功。它标志着国际民用航空业的诞生，人类开始进入了航空的时代，从此打开了世界航空史的新局面。在第二次世界大战中，由于战争中物资供给的需要，促进了飞机的制造和生产，使航空运输业得到了一定的发展。战争结束以后，大批军用飞机以及军事技术转入民用，从而带动了民用航空业的飞速发展。一些经济技术较强的资本主义国家开始大力发展航空工业，不断改进航空技术、增添航空设备、开辟国际航线，逐步形成了全球性的航空运输网络。航空货物运输作为国际贸易运输的一种运输方式便应运而生，并且随着国际贸易的不断发展也相应地得到发展和扩大，适合于空运的货物品种和数量也越来越多。目前，国际贸易中的电子设备、计算机、医药等几乎百分之百地使用空运方式。近年来，日常生活用品，如纺织品、食品等，空运量也大大增加，适于航空运输的商品越来越多。航空货物运输已经成为国际货运，特别是洲际货运的重要方式。

6.1.1　国际航空货物运输的特点

国际航空货物运输虽然起步较晚，但发展极为迅速，这与其独特的优势是分不开的。航空运输相对于其他运输方式而言，具有以下特点。

（1）运输速度快，现代喷气式运输机时速一般都在 1 450km 左右，协和式飞机时速可达 2 173km。航空线路不受地面限制，一般可实现两点之间直线飞行，而且运程较远，可以满足一些特殊商品对运输时间短的要求，如海鲜、活动物等易腐货物，或者是一些对时间要求特别高的商品例如需要及时上市的服装等。

（2）安全准确。航空运输管理制度比较完善，且飞机的飞行较为平稳，同时航空集装设备的设计和使用，都使得航空货物运输的破损率低，被盗窃机会少，可保证运输质量。飞机航行有一定的班期，世界各航空公司都非常重视正点率，可以保证货物按时到达。

（3）手续简便。航空运输为了体现其快捷便利的特点，为托运人提供了简便的托运手续，也可以由货运代理人上门取货，并为其办理一切运输手续。通过货运代理人送货上门，实现“门到门”的运输服务，极大地便利了托运人和收货人。

（4）节省包装、保险、利息和存储等费用。航空运输速度快，商品在途时间短，周期快，存货可相对减少，资金可迅速收回，从而大大节省贷款利息费。航空货物运输途中货损、货差较少，货物包装可以相对简化，从而可降低包装费用和保险费用。

（5）运价较高、载量较少、易受天气影响。航空运输也有其缺点，航空运输的运价较高。例如从中国到美国西海岸，空运运价至少是海运运价的 10 倍以上；由于飞机本身载重、容积的限制，航空运输的货运量较少，与动辄几万吨、十几万吨的海运船舶载重量相比少很多；航空运输易受天气影响，遇到大雨、大风、雾等恶劣天气，航班就不能保证可能导致货物的延误及损失。

6.1.2 国际航空货物运输基本知识

1. 航空港

航空港又称航空站或机场，是供飞机起飞、降落和停放及组织、保障飞行活动的场所。航空站通常由跑道、滑行道、停机坪、指挥调度塔或管制塔、助航系统、输油系统、维护修理基地、消防设备、货栈以及航站大楼等建筑和设施组成。国际航空港则是经政府核准对外开放，并设有海关、移民、检疫及卫生机构，供国际航线上的航空器起降和营运的航空港。

世界上现代化、专业化程度较高的大型国际航空货运机场有美国的芝加哥机场、德国的法兰克福机场、荷兰阿姆斯特丹的希普霍尔机场、英国的希思罗机场、法国的戴高乐机场、日本的成田机场以及香港新启用的机场等。这些机场有现代化的导航设备和庞大的客货运中心，备有现代化的全货机码头、仓库，专门用于货运，这些现代化的装备可大大提高货机的装卸速度。近年来，随着我国民航事业的快速发展，国内的北京首都机场、上海浦东机场也逐渐成为世界重要的航空枢纽。

2. 航空器

航空器主要指的是飞机。常见的飞机有螺旋桨式飞机、喷气式飞机和超音速飞机。螺旋桨式飞机是目前世界各国普遍使用的一种机型。具体而言，这种飞机的优点是：结构简单，制造、维修方便，速度快，节省燃料费用，装载量大，使用效率高。飞机按载运量还可分为普通型和高载量型；按机身宽度可分为窄体飞机和宽体飞机；按用途又可分为客机、全货机和客货混合型飞机。

飞机的舱位一般分为上舱和下舱。除全货机外，一般客货两用的混合型飞机，都是上舱运客，下舱运货，因此，用来运货的舱位小，货运量有限。有一些飞机的舱位是可变形舱，如将上舱的椅子拆除后可用来装货，运送旅客时再将椅子装上。也有一些机型较新的飞机，其下舱有空气调节装置，可承运活动物；而机型较陈旧的飞机，下舱没有空气调节装置，只能承运普通货物。

飞机有装载限制。首先是重量限制。飞机制造商规定了每一货舱可装载货物的最大重量限制。任何情况下，所装载的货物数量都不可以超过此限额。否则，飞机的结构很可能遭到破坏，飞机安全受到威胁。其次是容积限制。由于货舱内可利用的空间有限，因此有容积限制。承运人有时候会提供一些货物的密度参数作为混运装载的依据，例如，每立方米的服装类货物约为 120.0kg。第三是舱门限制。为了便于确定一件货物是否能装入货舱，飞机制造商提供了散舱舱门尺寸表。表内数据以厘米/英寸两种计量单位公布。例如，一件尺寸为 240cm × 70cm × 60cm 的货物装载在 B737 散舱内，则货物的长度限额为 241cm。第四是地板承受力，如果超过承受能力，地板和飞机结构很有可能遭到破坏。例如，波音飞机下货舱散舱的地板承受力最大限额为 732kg/m^2。在实际操作中，可以按照公式：

$$地板承受力=货物的重量/地板接触面积$$

计算出地板承受货物实际的压强，如果超过飞机的地板承受力的最大限额，应使用 2～5cm

厚的垫板，加大地面面积，可以按照公式

垫板面积=货物的重量/地板承受力限额，来计算出所需垫板的最小面积

3. 航空运输中的集装设备

利用集装运输可以提高装卸效率，提升运输质量，节省包装费用，更是开展多式联运的必然要求。

（1）空运集装设备分类。

① 按集装器是否注册，可分为注册的飞机集装器和非注册的飞机集装器。注册的飞机集装器是国家有关部门授权生产的，可以看做为飞机的一部分，适宜于飞机结构和飞行安全。而未经注册的飞机集装器，仅适用于某些特定机型的特定货舱，一般不允许装入飞机主货舱，使用时应特别小心。

② 按种类，集装器可以分为集装板和网套，结构和非结构集装棚、集装箱。

集装板是带有中间夹层的硬铝合金制成的平板，具有标准尺寸，四边带有卡锁，通过专门的网套来固定货物。

除了板和网外，为保护飞机内壁，充分利用空间，还可在货物和网套之间增加一个结构的轻金属棚罩，这就构成了非结构的集装棚。结构的集装棚则具有固定在底板上的外壳，不需网套固定。

集装箱类似于结构集装棚，按照使用范围，又可分为空陆联运集装箱、主货舱集装箱；下货舱集装箱，以及一些特殊用途的集装箱（马厩、保温集装箱等），应根据货物和机型合理选择。部分航空集装器如图6.1所示。

图6.1 航空集装器

（2）集装设备识别代号。从图6.1中可见，在集装器的面板和四周均印有集装器的识别代号（AKE71427CZ），一个集装器对应一个代号。

集装器代号由5部分组成。第一个字母标明集装器的类型，如A代表注册的飞机集装器，P代表注册的飞机集装板；第二个字母表示集装器的地板尺寸，如K表示底板尺寸为153cm×156cm；第三个字母表示集装器的外形或适配型，如E表示适用于B747、A310、DC10、L1011下货舱无叉眼装置的半型集装箱；4～8位的数字是集装器的序号；最后两位是集装器所属航空公司的IATA两字代码，如CZ代表中国航空公司。

4. 航线

航空器在空中飞行，必须有适于航空器航行的通路，经过批准开辟的连接两个或几个地点，进行定期和不定期飞行，经营运输业务的航空交通线即为航线。航线不仅确定了航行的具体方向、经停地点，还根据空中管理的需要规定了航路的宽度和飞行的高度层，以维护空中交通秩序，保

证飞行安全。国际航线是指飞机的起讫地点和经停地点跨越国境的航线。由于国际航线需经过其他国家的领空，必须事先经过洽商，获得同意后方可开航。

世界上最繁忙的航空线如下。

① 西欧—北美间的北大西洋航空线。该航线主要连接巴黎、伦敦、法兰克福、纽约、芝加哥、蒙特利尔等航空枢纽。

② 西欧—中东—远东航空线。该航线连接西欧各主要机场至远东的中国香港、北京、东京等机场。并途经雅典、开罗、德黑兰、卡拉奇、新德里、曼谷、新加坡等重要航空站。

③ 远东—北美间的北太平洋航线。该航线从北京、中国香港、东京等机场经北太平洋上空至北美西海岸的温哥华、西雅图、旧金山、洛杉矶等机场的航空线，并可延伸至北美东海岸的机场。太平洋中部的火奴鲁鲁是该航线的主要中继加油站。

此外，还有北美—南美、西欧—南美、西欧—非洲、西欧—东南亚—澳新、远东—澳新、北美—澳新等重要国际航空线。

5. 航班

根据班机时刻表在规定的航线上使用规定的机型，按照规定的日期、时刻进行飞行称为航班。从基地站出发的飞行叫去程航班，返回基地站的飞行为回程航班。

航班有定期航班和不定期航班之分。定期航班公布运价和班期，按照双边协定经营，向公众提供运输服务，对公众承担义务。不定期航班多采用包机合同运输，个别申请、个别经营，不对公众承担义务。他们拥有货机，特别便利运输批量大的、超重的以及活种畜等货物运输。

6.1.3 国际航空货物运输组织

1. 国际民用航空组织

国际民用航空组织（International Civil Aviation Organization，ICAO）是各国政府之间组成的国际航空运输机构。1944 年 12 月 7 日，近五十个国家在美国芝加哥会议签署了《国际民用航空公约》。1947 年 5 月 13 日，国际民用航空组织正式成为联合国的一个专门机构，现有 161 个成员国，总部设在加拿大的蒙特利尔，最高权力机关至少三年举行一次全体成员大会，常设机构是理事会。理事会由大会选出的 33 名会员国代表组成，我国 1974 年正式加入该组织，也是理事国之一。理事会有权就条约和公约的解释问题，请求设在海牙的国际法院发表咨询意见，凡成员国卷入争端而不能协商解决时，可要求理事会做出裁决。其具体任务如下。

（1）确保全世界民航事业安全有秩序地发展壮大。

（2）满足全世界人民从航空事业中获取安全与经济的效用。

（3）鼓励各国为发展国际民航事业的航路、航站及助航设备而努力。

（4）鼓励各国为和平用途改进航空器的使用技术。

（5）确保各缔约国的权力获得完全的尊重，并在国际民航方面获取平等的机会。

（6）避免各缔约国之间的差别待遇。

（7）促进国际民用航空器的飞行安全。

（8）促进各国和平交换空中通过权。

（9）促进各国民航业务的全面发展。

国际民用航空组织是负责国际航空运输的技术、航行及法规方面的机构，所通过的文件具有法律效应，各成员国必须严格遵守。

2. 国际航空运输协会

国际航空运输协会（International Air Transport Association, IATA）是各国航空运输企业之间的联合组织，会员必须是国际民用航空组织的成员国颁布的定期航班运输许可证的航空公司。其前身是6家航空公司参加的国际航空交通协会，处理航空公司之间的业务以及航空公司与其他方面的关系问题。IATA 的总部设在蒙特利尔，执行总部设在瑞士日内瓦，同时在日内瓦设置清算所，为各成员公司同意财务上的结算。该协会在全球有7个地区办事处：比利时的布鲁塞尔（负责欧洲事务）、智力的圣地亚哥（负责拉丁美洲事务）、约旦的安曼（负责中东事务）、肯尼亚的内罗毕（负责非洲事务）、中国的北京、新加坡（负责亚洲事务）、美国的华盛顿（负责美国事务）。协会的会员分为正式会员和准会员两类。如果申请加入的公司的批准政府是国际民航组织成员的国际爱政府，并且该公司在2个或2个以上国家间从事航空服务，则该公司可以成为正式会员。其他公司可以申请成为准会员。

协会的目标是调整有关商业飞行上的一些法律问题，简化和加速国际航线的客货运输，促进国际航空运输的安全和全世界范围内航空运输事业的发展，其具体任务如下。

（1）设立实施分级联运，使一张票据可通行全世界。

（2）协议议定客货运段，防止彼此间的恶性竞争。

（3）协议指定各文书的标准格式，以节省人力和物力。

（4）协议规定运送人承运时在法律上应负有的责任和义务。

（5）协议建立各种业务一定的作业程序。

（6）协议会员间相互利用装备，并提供新的技术知识。

（7）设置督察人员，以确保决议的切实执行。

（8）允许授例竞争，以保护会员公司的利益。

国际航空运输协会的一项主要工作就是运价协调。IATA 通过召开运输会议确定运价，经有关国家批准后即可生效。第二次世界大战以后，确立了通过双边航空运输协定经营国际航空运输业务的框架。在此框架内，由哪一家航空公司经营哪一条航线以及运量的大小，由政府通过谈判确定，同时，在旅客票价和货物运费方面也采用一致的标准，而这个标准的运价规则是由国际航空运输协会制定的。在遇有争议的情况下，有关国家政府有最后决定的权力。

目前，中国内地共有中国国际航空公司、中国东方航空公司、中国南方航空公司、上海航空公司、海南航空公司、山东航空公司等10多家航空公司成为国际航协会员航空公司。国际航协于1994年4月在北京设立办事处。已成为IATA七大地区办事处之一，主管东北亚地区事务，包括中国内地、中国台湾、中国香港、中国澳门，以及朝鲜、蒙古和中亚五国。

3. 国际电讯协会

国际电讯协会（SITA）是联合国民航组织认可的一个非营利的组织，是航空运输业世界领先的电信和信息技术解决方案的继承供应商。目前在全世界拥有650家航空公司会员，其网络覆盖全球180个国家，SITA 的发展目标就是带动全球航空业使用信息技术的能力，并提高全球航空公司的竞争能力。SITA 不仅为航空公司提供网络通信服务，还可为其提供共享系统，如机场系统、行李查询系统、货运系统、国际票价系统等。

SITA 从20世纪80年代初在中国设立办事处，中国会员已达11家。SITA 货运系统已在中国国际航空公司（简称国航）、中国货运航空有限公司（简称中货航）使用。系统开通后，与外地营业部、驻外办事处联网，货运工作人员可及时地将航班信息、运单信息、入库信息、装载信息、货物到达信息以及中转信息等数据输入网络，系统在航班关闭后自动给本站拍发仓单报、运单报等货运电报。本站只要打开网络，就能全程追踪货物的情况，从而为货主查联程货物和进口货物提供了极大方便。

6.2 国际航空货运业务

6.2.1 班机运输业务

1. 班机运输概况

班机运输是指在固定的航线上定期航行的航班。这种运输方式有固定的始发站、途经站和目的站。班机运输按照业务的对象不同，分为客运航班和货运航班。客运班机大多使用客货混合型飞机，以运送旅客为主，剩余舱位运送货物。货运班机大多使用全货机进行货物运输。由于航空运输不适合所有货类运输，其承运的货类有限，运量不像海运和铁路那么大，因此，只有一些规模较大的专门的航空货运公司以及业务范围较广的综合性的航空公司在货运量较大的航线上才使用全货机。

班机运输具有固定的航线、固定的停靠港、固定的班期、相对固定的收费标准等特点，有利于收发货人掌握货物的起运和到达时间，并可对运输成本进行预期核算，使国际贸易货物能安全、迅速、准确地运达世界各地并投入市场。由于班机运输发送和运输快，特别适合于抢行就市的商品、紧急物资、鲜活易腐货物以及贵重货物的运送，因此，颇受贸易界人士的欢迎。班机运输大多使用客货混合型飞机，由于货物舱位有限，不能满足大批量货物的及时出运，只能分期分批运输，使得班机运输在大批量货物运输方面有一定的局限性。

2. 班机货运代理出口业务流程

（1）市场销售。货代企业需及时向出口单位介绍本公司的业务范围、服务项目、各项收费标准，特别是向出口单位介绍本公司的优惠运价，介绍本公司的服务优势等。承揽货物处于整个航空货物出口运输业务程序的核心地位。

（2）委托运输。由托运人自己填写货运托运书。托运书应包括下列内容栏：托运人、收货人、始发站机场、目的地机场、要求的路线/申请订舱、供运输用的声明价值、供海关用的声明价值、保险金额、处理事项、货运单所附文件、实际毛重、运价类别、计费重量、费率、货物的品名及数量、托运人签字、日期等。航空货运代理公司根据委托书办理出口手续，并据以结算费用。因此“国际货物托运书”是一份重要的法律文件。在接受托运人委托后，单证操作前，货运代理公司的指定人员对托运书进行审核或称之为合同评审。审核的重点是价格和航班日期。国际货物托运书式样如图6.2所示。

（3）审核单证。单证应包括：发票、装箱单、托运书、报关单、外汇核销单、许可证、商检证、进料/来料加工核销本、索赔/返修协议、到付保函、关封。

（4）预配舱。代理人汇总所接受的委托和客户的预报，并输入计算机，计算出各航线的件数、重量、体积，按照客户的要求和货物重、泡情况，根据各航空公司不同机型对不同板箱的重量和高度要求，制订预配舱方案，并对每票货配上运单号。

（5）预订舱。代理人根据所指定的预配舱方案，按航班、日期打印出总运单号、件数、重量、体积，向航空公司预订舱。

国际货物托运书

SHIPPER'S LETTER OF INSTRICTION

货运单号码

NO. OF AIR WAYBILL

始发站 AIRPORT OF DEPARTURE SHANGHAI	到达站 AIRPORT OF DESTINATION HONGKONG	供承运人用 FOR CARRIER USE ONLY 航班/日期 FIGHT/DATE	航班/日期 FIGHT/DATE

线路及到达站 ROUTING AND DESTINATION

至 TO:	第一承运人 FIRST CARRIER	至 TO:	至 TO:	至 TO:	至 TO:	至 TO:	至 TO:

已预留吨位 BOOKED

收货人账号 CONSIGNEE'S ACCOUNT NUMBER	收货人姓名及地址 CONSIGNEE'S NAME AND ADDRESS

唛头：

ROSE FRANCE IMPORT AND EXPORT CO.，
24 SANT MART RUE PARIS

另请通知　ROSE FRANCE IMPORT AND EXPORT CO.，
ALSO NOTIPY　24 SANT MART RUE PARIS

托运人账号 SHIPPER'S ACCOUNT NUMBER	托运人姓名及地址 SHIPPER'S NAME AND ADDRESS

SINCTEX UNIIED IMPORT & EXPORT LTD
3208 32FL.,JINMAO BUILDONG PUDONG NEW DISIRICT SHANGHAI

托运人声明的价值 SHIPPER'S DECLARED VALUE		保险金额 AMOUNT OF INSURANCE	所附文件 DOCUMENT ACCOMPANY TO AIR WAYBILL
供运输用 FOR CARRLAGE	供海关用 FOR CUSTOMS		

件数 NO.　OF	实际毛重（公斤） ACTUAL	运价类别 RATE	收费重量 CHAGEABLE WEIGHT	费率 RATE/CHARGE	货物品名及数量（包括体积或尺寸） MATURE AND QUANTITY OF GOODS
30 CTNS	840.00KGS				LEATHER SLIPPERS

在货物不能交收货人时，托运人指示处理方法
SHIPPER'S INSTRUCTION IN CASE OF INABLITY TO DELIVER SHIPMENT AS CONSIGNED

处理情况（包括包装方式，货物标志及号码等）
HANDLING INFORMATION（INCL.METHOD OF PACKING,INDENTIFY MARK AND NUMBERS ETC.）

托运人证实以上所填全部属实并愿意遵守承运人的一切载运章程
THE SHIPPER CERTIFIES THAT THE PARTICULAR ON THE FACE HERE OF ARE CORRECT AND AGREE TO THE CONDITIONS OF CARRIAGE OF THE CARRIER.

托运人签字　SHIPPER'S SIGNATURE　　日期　DATE　　经手人　AGENT

图 6.2　国际航空货物托运书

（6）接受单证。接受托运人或其代理人送交的已经审核确认的托运书及报送单证和收货凭证。将收货记录与收货凭证核对，制作操作交接单，填上所收到的各种报关单证份数，给每份交接单配一份总运单或分运单。将制作好的交接单、配好的总运单或分运单、报关单证移交制单。

（7）填制货运单。航空货运单包括总运单和分运单，填制航空货运单的主要依据是发货提供的国际货物委托书，委托书上的各项内容都应体现在货运单项式上，一般用英文填写。

（8）接受货物。接收货物，是指航空货运代理公司把即将发运的货物从发货人手中接过来并运送到自己的仓库。接收货物一般与接单同时进行。对于通过空运或铁路从内地运往出境地的出口货物，货运代理按照发货提供的运单号、航班号及接货地点日期，代其提取货物。如货物已在始发地办理了出口海关手续，发货人应同时提供始发地海关的关封。接货时应对货物进行过磅和丈量，并根据发票、装箱或送货单清点货物，和对货物的数量、品名、合同号或唛头等是否与货运单上所列一致。

（9）标记和标签。

标记：包括托运人、收货人的姓名、地址、联系电话、传真、合同号等；操作（运输）注意事项；单件超过 150 千克的货物。

标签：航空公司标签上三位阿拉伯数字代表所承运航空公司的代号，后八位数字是总运单号码。分标签是代理公司对出具分标签的标识，分标签上应有分运单号码和货物到达城市或机场的三字代码。

一件货物贴一张航空公司标签，如图 6.3 所示；有分运单的货物，再贴一张分标签。对一些特种货物的运输还会贴上相关识别标签，如图 6.4 所示；操作注意事项的标签，如图 6.5 所示。

图 6.3　识别标签

图 6.4　特种货物标签

图 6.5　操作标签

（10）配舱。核对货物的实际件数、重量、体积与托运书上预报数量的差别。对预订舱位、板箱的有效利用、合理搭配，按照各航班机型、板箱型号、高度、数量进行配载。

（11）订舱。接到发货人的发货预报后，向航空公司吨控部门领取并填写订舱单，同时提供相应的信息；货物的名称、体积、重量、件数、目的地；要求出运的时间等。航空公司根据实际情况安排舱位和航班。货运代理订舱时，可依照发货人的要求选择最佳的航线和承运人，同时为发货人争取最低、最合理的运价。订舱后，航空公司签发舱位确认书（舱单），同时给予装货集装器领取凭证，以表示舱位订妥。

（12）出口报关。首先交发货人提供的出口货物报关单的各项内容输入计算机，即计算机预录入。在通过计算机填制的报关单上加盖报关单位的报关专用章；然后将报关单与有关的发票、装箱单和货运单综合在一起，并根据需要随附有关的证明文件；以上报关单证齐全后，由持有报关证的报关员正式向海关申报；海关审核无误后，海关官员即在用于发运的运单正本上加盖放行章，同时在出口收汇核销单和出口报关单上加盖放行章，在发货人用于产品退税的单证上加盖验讫章，粘上防伪标志；完成出口报关手续。

（13）出仓单。配舱方案制订后就可着手编制出仓单：出仓单的日期、承运航班的日期、装载板箱形式及数量、货物进仓顺序编号、总运单号、件数、重量、体积、目的地三字代码和备注。

（14）提板箱。向航空公司申领板、箱并办理相应的手续。提板、箱时，应领取相应的塑料薄膜和网。对所使用的板、箱要登记、消号。

（15）货物装箱装板。注意事项：不要用错集装箱、集装板，不要用错板型、箱型；不要超装箱板尺寸；要垫衬，封盖好塑料纸，防潮、防雨淋；集装箱、板内货物尽可能配装整齐，结构稳定，并接紧网索，防止运输途途中倒塌；对于大宗货物、集中托运货物，尽可能将整票货物装一个或几个板、箱内运输。

（16）签单。货运单在盖好海关放行章后还需要到航空公司签单，只有签单确认后才允许将单、货交给航空公司。

（17）交接发运。交接是向航空公司交单交货，由航空公司安排航空运输。

交单就是将随机单据和应有承运人留存的单据交给航空公司。随机单据包括第二联航空运单正本、发票、装箱单、产地证明、品质鉴定证书。

交货即把与单据相符的货物交给航空公司。交货前必须粘贴或拴挂货物标签，清点和核对货物，填制货物交接清单。大宗货、集中托运货，以整板、整箱称重交接。零散小货按票称重，计年交接。

（18）航班跟踪。需要联程中转的货物，在货物运出后，要求航空公司提供二程、三程航班中转信息，确认中转情况。及时将上述信息反馈给客房，以便遇到有不正常情况及时处理。

（19）信息服务。从多个方面做好信息服务：订舱信息、审单及报关信息、仓库收货信息、交运称重信息、一程二程航班信息、单证信息。

（20）费用结算。

发货人结算费用：在运费预付的情况下，收取航空运费、地面运输费、各种服务费和手续费。

承运人结算费用：向承运人支付航空运费及代理费，同时收取代理佣金。

国外代理结算主要涉及付运费和利润分成。

3. 班机货运代理进口业务

（1）接单接货。航空货物入境时，与货物有关的单据（运单、发票和装箱单等）也随机到达。运输工具及货物处于海关监管之下。航空公司的地面代理公司（即机场货运站）从飞机卸货后，将货物存入其海关监管库内，同时根据运单上的收货人及地址寄发取单提货通知。若运单上的收货人或通知方为海关及民航总局共同认可的一级航空货运代理公司，则把运输单据及与之相关的货物交给该一级航空货运代理公司。一级航空货运代理公司在与机场货运站办理交接手续时，应根据总运单核对实际货物。若存在有单无货或有货无单的现象，应及时告知机场货运站，并要求其在国际货物交接清单上注明，同时在舱单数据中做相应说明。若发现货物短少、破损或有其他异常情况，应向机场货运站索要商务事故记录，作为实际收货人交涉索赔事宜的根据。

（2）货物驳运进仓。一级航空公司代理公司与机场货运站单货交接手续办理完毕后，即根据货量安排运输工具，驳运至该一级货运代理公司自行使用的海关监管仓库内。

（3）单据录入和分类。为便于用户查询和统计货量的需要，一级航空货运代理公司或海关授权的数据录入公司，负责将每票空运运单的货物信息及实际入库的相关信息，通过终端，输入到海关监管系统内。一般按集中托运货物和单票直单货物，按照不同发货代理、不同实际收货人、收货人所在的特殊监管区域（如出口加工区、保税区等）进行单证分类。集中托运货物需要对总运单项下的货物进行分拨，对每一份分运单对应的货物分别处理。单票直单货物则无需分拨。

（4）发到货通知单。单据录入后，根据运单或合同上的发货人名称及地址寄发到货通知单。到货通知单一般发给实际收货人，告知其货物已到空港，催促其速办报关、提货手续。到货通知单需要填写的项目有公司名称、运单号、到货日期、应到件数及重量、实到件数及重量、合同号、货物名称、是否为特种货物、货运代理公司业务联系人及其电话等。

（5）制报关单并预录入。制单就是缮制《进口货物报关单》。制单的依据是运单、发票及证明货物合法进口的有关批准文件。因此，制单一般在收到客户的回复及确认，并获得必备的批文和证明之后方可进行。不需批文和证明的，可直接制单。报关单上需由申报单位填报的项目有：进口口岸、经营单位、收货单位、合同号、批准机关及文号、运输工具名称及号码、贸易性质（方式）、贸易国别（地区）、原产国别（地区）、进口日期、提单或运单号、运杂费、件数、毛重、海关统计商品编码、货名规格及货号、数量、成交价格、价格条件、货币名称、申报单位、申报日期等。在手工完成制单后，将报关单的各项内容通过终端输入到海关报关系统内，并缮制出报关单一式多联（具体份数按不同贸易性质而定）。完成电脑预录入后，在报关单右下角加盖申报单位的"报关专用章"。然后将报关单连同有关的运单、发票、装箱单、合同，并随附批准货物进口的证明和批文，由经海关认可并持有海关签发的报关员证件的报关员，正式向海关申报。

（6）进行商品的相关检验。根据进口商品的种类和性质，按照进口国家的有关规定，对其进行商品检验、卫生检验、动植物检验等。上述检验前要填制《中华人民共和国出入境检验检疫入境货物报检单》（格式见附件二），并到当地的出入境检验检疫局进行报检报验。报检报验一般发生在报关前，即"先报检报验、后报关"。报检报验时，一般需由经出入境检验检疫局认可，并持有出入境检验检疫局签发的报验员证件的报验员，凭报关单、发票、装箱单（正本或复印件），向当地的出入境检验检疫局进行报警报验。出入境检验检疫局核查无误后，或当即盖章放行，或加盖"待检章"。如是前者，则单证货物可转入报关程序，且在海关放行后，可直接从监管仓库提货；如是后者，则单证货物可先办理报关手续，海关放行后，必须由出入境检验检疫局对货物进行查验，无误后方能提货。

（7）进口报关。进口报关，就是向海关申报办理货物进口手续的过程。报关是进口程序中最关键的环节，任何货物都必须在向海关申报并经海关放行后才能提出海关监管仓库或场所。把报关称为一个过程，是因为其本身还包含许多环节，大致可分为初审、审单、征税、验放4个阶段。货物放行的前提是海关报关系统终端上显示；必须提供的单证已经齐全，税款和有关费用已经结清，报关未超过报关期限，实际货物与报关单证所列完全一致。放行的标志是在运单正本上加盖放行章。验放关员在放行货物的同时，将报关单据（报关单、运单、发票各一份）及核销完的批文和证明全部留存海关。如果验放关员对货物有疑义，可以要求开箱，查验货物。此时查货与征税查货，其目的有所不同，征税关员查看实物主要是为了确定税率，验放关员查验实物是为了确定货物的物理性质、化学性质以及货物的数量、规格、内容是否与报关单证所列完全一致，有无伪报、瞒报、走私等问题。除经海关总署特准免检的货物以外，所有货物都在海关查验范围之内。

（8）送货或转运。货物无论送到进境地当地还是转运到进境地以外的地区，收货人或其货运代理公司、报关行都必须首先完成清关或转关手续，然后才能从海关监管仓库或场所提取货物。提取货物的凭证是海关及出入境检验检疫局盖有放行章的正本运单。未经海关放行的货物处于海关的监管之下，不能擅自提出监管仓库或场所。货主或其货运代理公司、报关行在提取货物时须结清各种费用，如国际段到付运费、报关费、仓储费、劳务费等。货物出库时，提货人应与仓库保管员仔细检查和核对货物外包装上的合同号、运单号、唛头及件数、重量等与运输单据所列是否完全一致。若出现单货不符或货物短少、残缺或外包装异形，航空货运代理公司应将机场货运站出具的商务事故记录交给货主，以便后者办理必要的索赔事宜。

航空货运代理公司可以接受货主的委托送货上门或办理转运。航空货运代理公司在将货物移交货主时，办理货物交接手续，并向其收取货物进口过程中所发生的一切费用。

6.2.2 包机运输业务

1. 包机运输概况

当货物发运批量大，而班机运输又不能满足需要的情况下，可采用包机运输。包机运输分为整架包机和部分包机两种形式。

（1）整架包机。整架包机，又称整包机，指航空公司或包机代理公司按照与租机人事先约定的条件和费率，将整架飞机租给租机人，从一个或几个航空港装运货物至指定目的地的运输方式。这种方式适合于运输大批量货物。

（2）部分包机。部分包机是指由几家航空货运代理公司或发货人联合包租一架飞机，或者是由航空公司把一架飞机的舱位分别租给几家航空货运代理公司装载货物的运输方式。部分包机适合于运送货量在一吨以上但不够装一整架飞机的货物。

包机运输虽然能满足大批量的进出口货物运输的需求。但与班机运输相比，包机运输运送时间长，因为包机运输在货物装运前一个月需要向航空公司办理运输事宜，以便航空公司安排货物运输、向起降机场及有关国家申请入境及相关手续。包机运输虽然运费比班机便宜，但包机运输的运费是按往返路程计收的，如果回程没有货运，运费可能比班机还贵，因此，包机运输必须考虑回程货的问题。另外，包机运输的活动范围比较窄，主要是因为各国政府为了维护本国航空公司的利益，往往对别国航空公司的业务实行各种限制，加之繁杂的货运手续，这种包机运输方式，目前使用的地区并不多。

2. 包机运输业务

（1）包机申请。包机人至少应提前 20 日向航空公司提出书面包机申请，申请包机时应出示介绍信或个人有效身份证，同时提供货物品名、件数、重量、尺寸、体积、始发站及目的站等。航空公司根据包机申请人的以上信息向包机人提供包机机型和包机价格。

（2）包机合同。包机运输合同至少一式五份：一份交包机人，一份随货运单财务联报财务部门审核，一份收运部门留存，一份随货运单存根联留存，一份随货运单运往目的站。

除天气或其他不可抗力原因外，合同双方应当履行包机运输合同规定的各自承担的责任和义务。包机人应保证托运的货物没有夹带危险品或政府禁止运输或限制运输物品。由于不可抗拒原因，导致包机运输合同不能履行，承运人不承担责任。无论何种原因，一方不能如期履行合同时，应及时通知对方。

（3）运输注意事项。

① 航空公司负责航路的申请，航路申请经有关部门批准后，航空公司应尽快通知包机人准备运输。

② 每架次包机应填制一份或几份货运单，货运单和包机合同作为包机的运输凭证。

③ 包机应按约定的时间将货物送到指定机场，自行办理检验检疫等手续后办理托运手续。包机货物的实际重量和体积不得超过包机运输合同中规定的最大可用吨位和体积，否则，承运人有权拒绝运输，由此造成的损失由包舱人承担。航班在起飞前或到达后，由于包机人或其他受雇人的原因而造成的飞机延误，包机人应承担责任。由此对承运人造成的损失，包机人应承担赔偿责任。包机人在飞机起飞前取消、变更包舱计划，造成承运人损失的，应承担赔偿责任。需要使

用集装设备的包机，包机合同中应明确集装设备的回收方法及包机人应承担的责任。特殊货物的包机运输，须经国家有关部门和民航总局批准。

（4）包机取消。包机人可以在包机航班执行前24小时，以书面形式通知承运人取消航班，但应以下方式向承运人付退包费，退包费应从包机费用中由承运人扣减。表6.1是中国国航的退包费标准。

表6.1　中国国航的退包费标准

约定的包机起飞前天数	包机费（应退比例）
7天	20%
3～5天	50%
1～2天	75%
1天	100%

如应发生不利于飞行的气候条件、自然灾害、战争、罢工、政局不稳等不可抗力，以及有可能危害承运人财产及人员生命安全的一切原因，承运人有权取消部分或全部航班。

（5）协议转让。未经承运人同意，包机人不应向第三方转让本协议的任何权利、义务或责任。承运人有权拒绝承运人任何可能对飞行安全造成威胁的货物。

6.2.3　集中托运业务

1. 集中托运概述

集中托运是指集中托运人（一般是航空货运代理公司）把若干批单独发运的货物组成一整批，集中向航空公司办理托运，采用一份航空总运单将货物发送到同一到站，由集中托运人委托到达站当地的货运代理人负责收货、报关，并按集中托运人签发的航空分运单分拨给各个实际收货人的一种运输方式，其运作模式如图6.6所示。

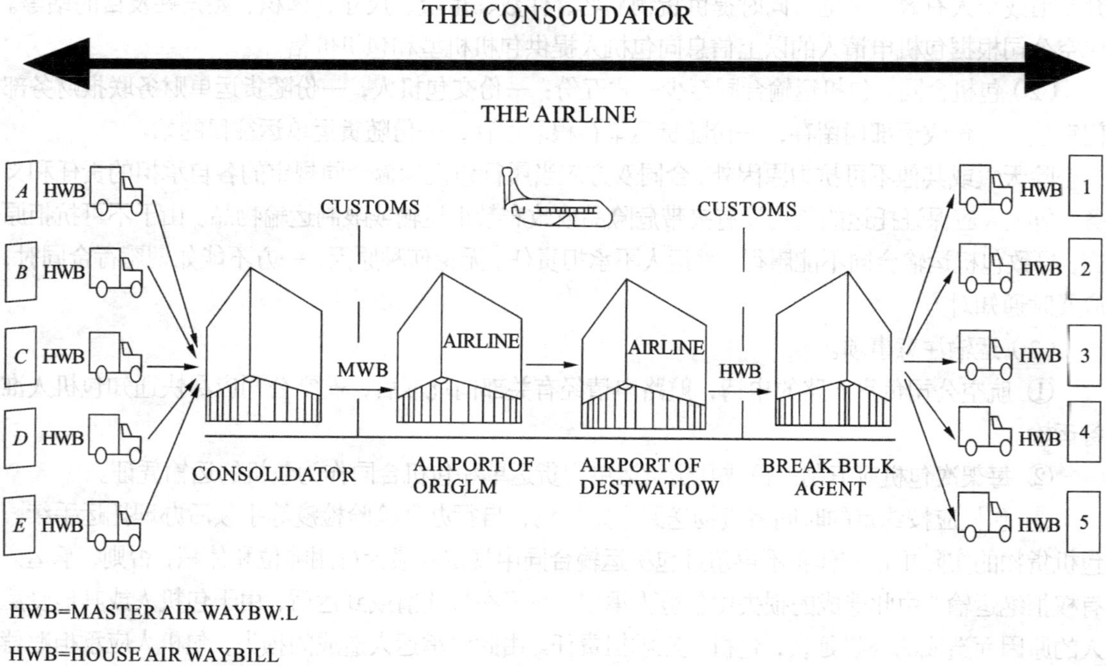

图6.6　集中托运运作模式

集中托运是航空货运代理公司的主要业务之一，也是国际航空货物运输使用比较普遍的一种方式。因为航空公司费率制定的原则是，货物重量越大，费率越低，以吸引货主采取航空运输。对货主来说，可利用集中托运人的服务，简化托运手续，节省费用。对于货运代理人来说，可通过办理集户托运，收取手续费，又可从运费差价中获得利益。

办理集中托运也有一定的局限性，如贵重物品、危险物品、活动物、外交信袋以及文物等不能办理集中托运。集中托运时，由于货物发运时间的不确定性，也不适合易腐货物、紧急物资以及对时间要求高的货物的运输。

2. 航空集中托运的文件

（1）航空货运单。在集中托运业务中，涉及两种航空货运单，一种是托运人和集运商之间使用的分运单（House Air Waybill, HAWB），另一种是集运商与航空公司之间使用的主运单（Master Air Waybill，MAWB）。一票集中托运货物的所有分运单都要装在结实的信封内附在主运单后，并在货运单“Nature and Quantity of Goods”栏内注明：“Consolidation As Per Attached Manifest”。

（2）集中托运货物舱单。由于主运单中货物的品名是通过品名栏中注明的“集中托运货物的相关信息附在随带的舱单中”，并没有列出具体的货物品名，因此需要查询集中托运货物舱单（Consolidation Manifest），才能了解在这种主运单中有哪些分运单和货物。集中托运货物舱单主要有各个分运单号，及其中货物的运送目的地、件数、重量、体积等项目见表 6.2。

表 6.2　集中托运货物舱单

ATU CONSOLIDATOR
Langer kornweg D-6092 Kelsterbach Germany
CONSOLIDATION MANIFEST

MWB:131-12345675					
AIRLINE	: JAPAN AIRLINES			FOLIGHT：JL678/23	
POINT OF LOADING	: FRANKFURT				
POINT OF UNLOADING	: TOKYO			DATE：20 JAN	
HWB NR DEST	NUUBER OF PACKAGES		GROSS	TOTAL CC	
ACCORDING	NATURE OF GOODS		WEIGHT		
77846117	7	CLOTH	160.5kg	DEM	1 460.74
77846118	4	AIRCRAFT PART	10.0 kg	DEM	122.95
77847005	4	MUSICAL INSTRU	235.0 kg	DEM	1 838.60
77847123	1	SPRE PART FOR CUTTING MACH	8.8 kg	DEM	173.40
77847124	30	PLASTIC SHEETS	360 kg	DEM	5 953.30
77847125	1	ADVE MAT	45.0 kg	PREPAID	
77847126	4	HELICO PART	11.7 kg	DEM	252.30
77847127	6	SHOES	139.0 kg	DEM	1 173.69
77847128	49	PART FOR SHOES	692.0 kg	DEM	5 746.366
	106		1662.0 kg	DEM	16 721.346

（3）航空集中托运货物的标签。对于集中托运货物，应在每一件货物上贴上识别标签，在识别标签上要特别注明主单号和分单号，如图 6.7 所示。

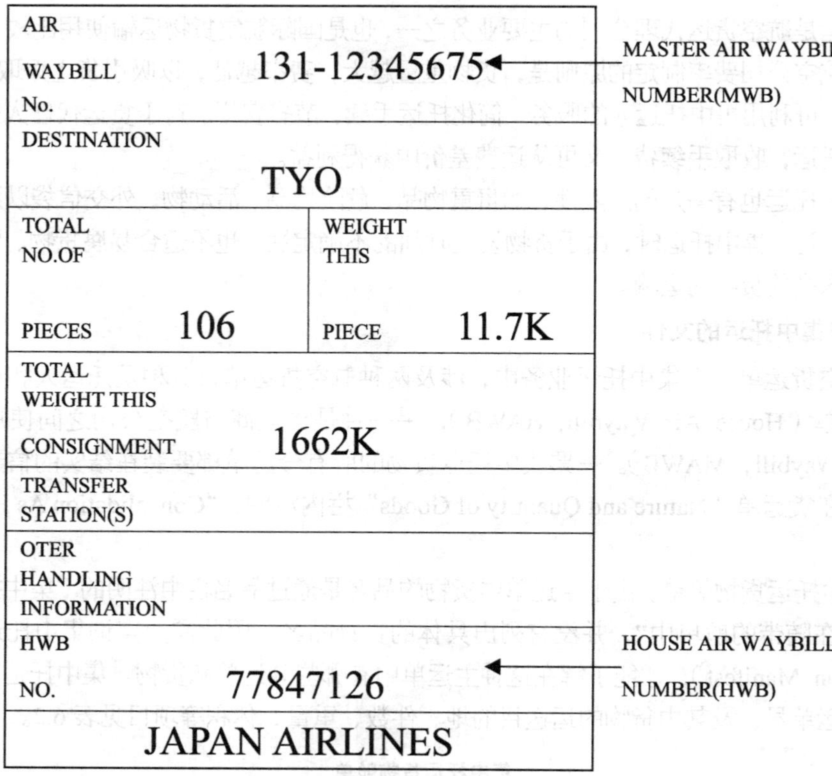

图 6.7　集中托运货物识别标签

6.2.4　包集装器（板、箱）运输业务

1．基本概念

有固定货源且批量较大、数量相对稳定的托运人在一定时期内、一定航线或航班上包用承运人一定数量的集装板或者集装箱运输的货物，称为包集装器（板、箱）运输，简称包板运输。

2．包板运输注意事项

包板运输的合同和运输凭证相关规定与包舱运输相同。除此之外，包板运输须注意以下事项。

（1）包板人对自己组装的、在目的站有指定的收货人或其代理人拆卸的包集装器货物的件数、包装情况负责。除承运人原因外，承运人对货物在运输过程中发生的货物短少、损坏等不承担责任。

（2）包板运输的货物只能装于托运人所包用的集装板（箱），如发生所包集装器不够用的情况，余下货物应按正常手续办理散货运输。

（3）每件货物必须粘贴或拴挂货物识别标签，识别标签上的货运单号码必须与货运单一致。以一个集装器作为一个运输单元的货物，其条件符合包板人对自己组装的、在目的站有指定的收货人或代理人拆卸的包集装器货物，可以只在集装器上拴挂或粘贴一个识别标签。包集装器运输的货物的件数、重量必须准确。

（4）包板人应按约定时间将货物送到指定机场办理托运手续，并自行办理检验检疫等手续。

（5）包板运输一般只限于直达航班。如果一票货物须包用 2 个或 2 个以上集装器运输，且根据合同有最低计费标准时，该票货物的最低计费重量为包用的每一个集装器的最低计费重量之和。

6.2.5　航空快递运输业务

1. 航空快递定义

航空快递是指具有独立法人资格的企业将进出境的货物或物品从发件人所在地通过自身或代理的网络运达收件人的一种快速运输方式。这种运输方式特别适用于急需的药品和医疗器械、贵重物品、图纸资料、货样、单证和书报杂志等小件物品。这是目前航空货物运输中最快捷的运输方式。

2. 航空快递的特点

（1）收件的范围不同。航空快递的收件范围主要有文件和包裹两大类。其中，文件主要是指商业文件和各种印刷品，对于包裹一般要求毛重不超过 32 千克（含 32 千克）或外包装单边不超过 102 厘米，三边相加不超过 175 厘米。近年来，随着航空运输行业竞争更加激烈，快递公司为吸引更多的客户，对包裹大小的要求趋于放松。

（2）经营者不同。经营国际航空快递的大多为跨国公司，这些公司以独资或合资的形式将业务深入世界各地，建立起全球网络。航空快件的传送基本都是在跨国公司内部完成。

案例 6.1　世界级快递公司 UPS

UPS 全名为美国联合包裹服务公司，1907 年 8 月 28 日在华盛顿成立。总部设在美国加州亚特兰大市，2005 年营业收入为 426 亿美元，全球现有雇员 407 200 人（其中关国本土 348 400 人；国外 58 800 人）。

UPS 是世界上最大的快递公司之一，2005 年包裹业务营业收入为 366 亿美元，年递送量 37.5 亿件包裹与文件，每日递送量 1 480 万件包裹与文件。当前，UPS 的服务范围已包括 200 多个国家和地区，客户数高达每日 790 万(180 万取件，610 万递送)。

UPS 的快递服务网点包括 UPS 商店 4 400 个；UPS 营业店 1 300 个(全球)；服务中心 1 000 个；授权服务点 17 000 个；投递箱 40 000 个。运送机队包含 91 700 包裹运输车、有篷货车、拖拉机与摩托车。自身有喷气式飞机 268 架，租赁飞机 309 架，为世界第 9 大航空公司。

（3）经营者内部的组织形式不同。航空快递公司大多都采用中心分拨理论或称转盘分拨理论组织起全球的网络。简单来讲就是快递公司根据自己业务的实际情况在中心地区设立分拨中心（Hub）。各地收集起来的快件，按所到地区分拨完毕，装上飞机。当晚各地飞机飞到分拨中心，各自交换快件后飞回。第二天清晨，快件再由各地分公司用汽车送到收件人办公桌上。

（4）使用的单据不同。航空快递业有自己的独特的运输单据——交付凭证（Proof of Delivery，POD）。交付凭证一式四份。第一联留在始发地并用于出口报关；第二联贴附在货物表面，随货同行，收件人可以在此联签字表示收到货物（交付凭证由此得名），但通常快件的收件人在快递公司提供的送货纪录上签字，而将此联保留；第三联作为快递公司内部结算的依据；第四联作为发件凭证留存发件人处，同时该联印有背面条款，一旦产生争议时可作为判定当事各方权益，解决争议的依据。

（5）航空快递的服务质量更高。主要体现如下几个方面。

① 速度更快。航空快递一般洲际快件运送在 1～5 天内完成；地区内部只要 1～3 天。这样的传送速度无论是传统的航空货运业还是邮政运输都是很难达到的。

② 更加安全、可靠。因为在航空快递形式下，快件运送自始至终是在同一公司内部完成，各分公司操作规程相同，服务标准也基本相同，而且同一公司内部信息交流更加方便，对客户的高价值易破损货物的保护也会更加妥帖，所以运输的安全性可靠性也更好。

③ 更方便。确切地说航空快递不止涉及航空运输一种运输形式，更像是陆空联运，通过将服务由机场延伸至客户的仓库、办公桌，航空快递真正实现了“门到门”服务，方便了客户。此外，航空快递公司对一般包裹代为清关，针对不断发展的电子网络技术又率先采用了EDI（电子数据交换）报关系统，为客户提供了更为便捷的网上服务，快递公司特有的全球性电脑跟踪查询系统也为有特殊需求的客户带来了极大的便利。

当然，航空快递同样有自己的局限性，如快递服务所覆盖的范围就不如邮政运输广泛。国际邮政运输综合了各国的力量，可以这样说有人烟的地方就有邮政运输的足迹，但航空快递毕竟是靠某个跨国公司的一己之力，所以各快递公司的运送网络只能包括那些商业发达、对外交流多的地区。

3. 航空快递业务的形式

（1）门／桌到门／桌(Door／Desk to Door／Desk)的服务形式。门／桌到门／桌的经营形式是航空快递公司最常用的一种服务形式。通常是发件人需要发货时电话通知航空快递公司，航空快递公司接到电话后立即派人到发件人处取件，然后将收到的所有快件集中到一起，根据不司的目的地进行分拣、整理、核对、制单、报关后交航空公司发往世界各地。货物到达目的地后，由当地的快递公司办理清关、提货手续，并将快件及时送交收件人。快件送交完毕，航空快递公司立即将有收件人签字的回执送回发件人手中，或者向发件人电告快件交接时间以及签收人姓名等情况。收发件人也可通过航空快递公司的网络对快件进行查询或跟踪。

（2）门／桌到机场（Door／Desk to Airport）的服务形式。与门／桌到门／桌的经营形式相比，门／桌到机场的服务形式在发件人方面的服务形式是相同的，所不同的是当快件到达目的地机场后，不是由当地的快递公司去办理清关、提货手续并将快件送交到收件人手中，而是由快递公司及时将到货信息通知给收件人，由收件人亲自去办理相关手续并提取货物。采用这种运输方式的原因一方面是由于大部分为高价值货物，另一方面是由于目的地海关当局对某些货物有特殊规定。

（3）派专人运送（Courier on Board）。派专人运送是指发货地的快递公司指派专人携带快件随机将货物直接送到收货人的手中。上述三种服务形式，门／桌到机场的形式对收件人来说不太方便；派专人运送服务周到，安全可靠，但费用高；门／桌到门／桌的服务则综合了上述两种方式的优点，因此大多数货主、航空公司、航空货运代理公司以及航空快递公司都愿意采用这种运输方式。

6.3 航空运价与运费

6.3.1 航空货物运费计算中的基本知识

1. 基本概念

（1）航空运价：又称费率，是指承运人对所运输的每一单位重量的货物所收取的自始发地机场至目的地机场的航空运输费用。

① 航空货物运价所使用的货币:货物的航空运价一般以运输始发地的本国货币公布，有的国家以美元代替其本国货币发布。

② 货物运价的有效期：销售航空货运单所使用的运价应为填制货运单之日的有效运价，即在航空货物运价有效期内适用的运价。

（2）航空运费：航空公司将一票货物自始发地机场运至目的地机场所应收取的航空运输费用。

2. 计费总量

计费重量是用以计算航空运费的重量。在航空货物运输中，计费重量包括实际重量和体积重量2种。

（1）实际重量：实际重量是指一批货物包括包装在内的实际总重量。凡重量大而体积相对小的货物用实际重量作为计费重量。如果货物的实际重量以千克表示时，计费重量的最小单位为0.5千克，当重量不足0.5千克的，按0.5千克计算；当重量超过0.5千克，不足一千克的则按1千克计算。当货物的实际重量以磅表示时，计费重量的最小单位为1磅，不足1磅的按1磅计算。

（2）体积重量：体积重量指那些体积大而重量相对小的轻泡货物。体积重量的计算方法是：

① 不考虑货物的几何形状，分别量出货物的最长、最宽和最高的部分，单位为厘米，测量数值的尾数四舍五入；

② 将货物的长、宽、高相乘得出货物的体积；

③ 将体积折算成千克（kg）。

计算公式是

$$\text{体积重量（kgs）}=\text{货物体积}\div 6000\text{（cm}^3\text{）}$$

（3）计费重量。一般采用货物的实际毛重与体积重量两者比较取其高者作为计费重量；但当货物按较高重量分界点的较低运价计算的运费较低时，则可按较低运价收费，以较高重量分界点的起始重量作为计费重量。例如，重40千克的货运往日本，运价等级为45千克以下26.11元/千克，45千克及以上按19.61元/千克。由于$40\times26.11=1\,044.40$元$>45\times19.61$，则航空公司可同意按45千克托运核计收运费。

3. 最低运费

最低运费是指一票货物自始发地机场至目的地机场航空运费的最低限额。货物按其使用的航空运价与计费总量计算所得的航空运费，应与货物最低运费相比，取高者。

4. 航空货物运输区划

国际航空运输协会为了统一协调航空运价，通过召开运输会议确定运价，经有关国家批准后生效执行。为了便于工作，并考虑到世界不同国家和地区的社会经济及贸易水平，将世界各地划分为3个航空运输业务区。

6.3.2　国际航空货物运价体系

1. 协议运价

协议运价是航空公司与托运人签订协议，托运人保证每年向航空公司交运一定数量的货物，航空公司则向托运人提供一定数量的运价折扣。

目前航空公司使用的运价大多是协议运价，但在协议运价中又根据不同的协议方式进行细分，航空国际货物协议运价构成表见表6.3。

表6.3　航空国际货物协议运价构成表

<table>
<tr><td colspan="2" rowspan="2">协议定价</td><td rowspan="2">包板（舱）</td><td>死包板（舱）</td></tr>
<tr><td>软包板（舱）</td></tr>
<tr><td rowspan="2">长期协议</td><td rowspan="2">短期协议</td><td rowspan="2">返还</td><td>销售量返回</td></tr>
<tr><td>销售额返回</td></tr>
<tr><td colspan="2">自由销售</td><td></td><td></td></tr>
</table>

（1）长期协议：通常航空公司同代理人签订的协议时一年的期限。

（2）短期协议：通常航空公司同代理人签订的协议时半年或半年以下的期限。

（3）包板（舱）：指托运人在一定航线上包用承运人的全部或部分的舱位或集装器来运送货物。

（4）死包板（舱）：托运人在承运人的航线上通过包板（舱）的方式运输时，托运人无论向承运人是否交付货物，都必须付协议上规定的运费。

（5）软包板（舱）：托运人在承运人的航线上通过包板（舱）的方式运输时，托运人在航班起飞前72小时如果没有确定舱位，承运人则可以自由销售舱位，但承运人对代理人的包板（舱）的总量有一个控制。

（6）销售量返还：如果代理人在规定期限内完成了一定的货量，航空公司则可以按一定的比例返还运费。

（7）销售额返还：如果代理人在规定期限内完成了一定的销售额，航空公司则可以按一定的比例返还运费。

（8）自由销售：也称议价货物或是一票一价，除协议货物，都是一票货物一个定价。

2. 国际航协运价

国际航协运价是指IATA在TACT运价资料上公布的运价。按照IATA货物运价公布的形式划分，国际货物运价可分为公布直达运价和非公布直达运价。IATA货物运价体系见表6.4。

表6.4　IATA运价体系

<table>
<tr><td rowspan="6">IATA运价</td><td rowspan="4">公布直达运价</td><td>普通货物运价</td></tr>
<tr><td>指定商品运价</td></tr>
<tr><td>等级货物运价</td></tr>
<tr><td>集装货物运价</td></tr>
<tr><td rowspan="2">非公布直达运价</td><td>比例运价</td></tr>
<tr><td>分段相加运价</td></tr>
</table>

（1）公布直达运价：航空公司在运价本上直接注明承运人对由甲地运至乙地的货物收取的一定金额。

（2）普通货物运价：是适用最为广泛的一种运价。当一批货物不能适用特种货物运价，也不属于等级货物时，就应该适用普通货物运价。

（3）指定商品运价：承运人根据在某一航线上经常运输某一种类货物的托运人的请求或为促进某地区间某一种类货物的运输，经国际航空运输协会同意所提供的优惠运价。

（4）等级货物运价：指适用于指定地区内部或地区之间的少数货物运输。通常表示为在普通货物运价的基础上增加或减少一定的百分比。

（5）集装货物运价：指适用于货物装入集装器交运而不另加包装的特别运价。

（6）非公布直达运价：如果货物运输的始发地目的地没有公布直达运价，则需要通过一定的方法计算全称运费。

（7）比例运价：在运价手册上除公布的直达运价外还公布一种不能单独使用的附加数。当货物的始发地或目的地无公布的直达运价时，可采用比例运价与已知的公布的直达运价相加，构成非公布的直达运价。

（8）分段相加运价：指在两地间既没有直达运价也无法利用比例运价时可以在始发地与目的地之间选择合适的计算点，分别找到始发地至该点、该点至目的地的运价，两段运价相加组成全程的最低运价。

国际航协运价是国际航协通过运价手册向全世界公布，主要目的是协调各国的货物运价，但从实际操作来看，各国从竞争角度考虑，很少有航空公司完全遵照国际航协运价，多进行了一定的折扣，但不能说明这种运价没有实际价值。首先，把世界各个城市之间的运价通过手册公布出来，每个航空公司都能找到一种参照运价，所以每个航空公司在制定本公司运价时，都是按照国际航协这个标准运价进行的；其次，国际航协能对特种货物运价进行了分类，航空公司在运输这种货物时一般都用国际航协标准运价；最后，这种国际航协运价在全世界制定了一种标准运价，使得国际航空货物运输的价格有了统一的基准，使得这个市场得到了规范。

6.3.3 普通货物运价

1. 基本知识

普通货物运价（GCR）是指除了等级货物运价和指定货物运价以外的适合于普通货物运输的运价。该运价公布在“TACT Rates Books Section 4”中。

一般地，普通货物运价根据货物重量不同，分为若干个重量等级分界点运价。例如，“N”表示标准普通货物运价（Normal General Cargo Rate），指的是 45 千克以下的普通货物运价。同时，普通货物运价还公布有“Q45”、“Q100”、“Q300”等不同重量等级分界点的运价。这里“Q45”表示 45 千克以上（包括 45 千克）普通货物运价，依此类推。对于 45 千克以上的不同重量分界点的普通货物均用“Q”表示。用货物的计费重量和其适用的普通货物运价计算而得到的航空运费不低于运价资料上公布的运费最低收费标准（M）。

2. 运费计算

（1）计算步骤。

① 计算体积重量。

② 对比体积重量和毛重，择其高者。

③ 选择运价。

④ 计算运费。

（2）计算示例。

Routing: Beijing, CHINA （BJS） to TOKYO,
JAPAN（TYO）

Commodity：Sample

Gross weight：25.5kgs

Dimensions：82cm×48cm×32cm

公布运价如下：

BEIJING	CN		BJS
Y.RENMINBI	CNY		kgs
TOKYO	JP	M	230.00
		N	37.51

45 28.13

解：Volume: 82cm×48cm×32cm =125 952cm^3

Volume weight: 125 952cm^3÷6 000cm^3/kg=20.99kgs

Gross weight: 25.5kgs

Chargeable weight: 25.5kgs

Applicable rate: GCR N 37.51 CNY/KG

Weight charge: 25.5×37.51=CNY956.51

6.3.4 指定货物运价

1. 基本知识

指定商品运价（SCR）是指适用于自规定的始发地至规定的目的地运输特定品名货物的运价。通常情况下，指定商品运价低于相应的普通货物运价。就其性质而言，该运价是一种优惠性质的运价。

指定商品运价的原因可归纳为以下两个方面：其一，在某特定航线上，一些较为稳定的货主经常地或者是定期的托运特定品名的货物，托运人要求承运人提供一个较低的优惠运价；其二，航空公司为了有效地利用其运力，争取货源并保证飞机有较高的载运率，向市场推出一个较有竞争力的优惠运价。

在“TACT RATES BOOKS 的 SECTION 2”中，根据货物的性质、属性以及特点等对货物进行分类，共分为 10 个大组，每组又分为 10 个小组，同时，对其分组形势用四位阿拉伯数字进行标号。该编号即为指定商品货物的品名编号。从整个国际航协来看，指定商品的代码非常多，我们主要了解从北京始发的货物的指定商品代码见表 6.5。

表 6.5 从北京始发的货物的指定商品代码

0007	FRUIT，VEGETABLES	水果、蔬菜
0008	FRUIT，VEGETABLES-FRESH	新鲜的水果、蔬菜
0300	FISH(EDIBLE),SEAFOOD	鱼（可食用的），海鲜，海产品
1093	WORMS	沙蚕
2195	A：YARN, THREAD. FIBRES-NOT FURTHER OR MANUFACTURED: EXCLUSIVELY IN BALES, BOLTS, PIECES, CLOTH B：WEARING APPAREL, TEXTILE MANUFACTURES	A：成包、成卷、成块未进一步加工或制造的纱、线、纤维、布 B：服装、纺织品
2199	A：YARN, THREAD, FIBRES, TEXTILES B：TEXTILE MANUFACTURES C：WEARING APPAREL	A：纱、线、纤维、纺织原料 B：纺织品 C：服装（包括鞋、袜）
2211	YARN, THREAD. FIBRES-NOT FURTHER OR MANUFACTURED: EXCLUSIVELY IN BALES, BOLTS, PIECES, WEARING APPAREL, TEXTILE MANUFACTURE	成包、成卷、成块未进一步加工或制造的纱、线、纤维、服装、纺织品
7481	RUBBER TYRES, RUBBER TUBES	橡胶轮胎、橡胶管

2. 指定商品运价的使用规则

在使用指定商品运价时，只要所运输的货物满足下述 3 个条件，则运输始发地和运输目的地就可以直接使用指定商品运价。

（1）运输始发地至目的地之间有公布的指定商品运价；

（2）托运人所交运的货物，其品名与有关指定商品运价的货物品名相吻合；

（3）货物的计费重量满足指定商品运价使用时的最低重量要求。

3. 运费计算

（1）计算步骤。

① 先查询运价表，如有指定商品代号，则考虑使用指定商品运价。

② 查找 TACT RATES BOOKS 的品名表，找出与运输货物名称相对应的指定商品代号。

③ 如果货物的计费重量超过指定商品运价的最低重量，则优先使用指定商品运价。

④ 如果货物的计费重量没有达到指定商品运价的最低重量，则需要比较计算。

（2）计算示例。

Routing: Beijing, CHINA (BJS) to OSAKA, JAPAN（OSA）

Commodity: FRESH APPLES （品名编号 0008）

Goss weight: EACH 65.2kgs, TOTAL 5 PIECES

Dimensions: 102cm×44cm×25cm

公布运价如下：

BEIJING	CN		BJS
Y.RENMINBI	CNY		kgs
OSAKA	JP	M	230
		N	37.51
		45	28.13
	0008	300	18.80
	0300	500	20.61

解：查找 TACT RKTES BOOKS 的品名表，品名编号为“0008”所对应的货物名称为“FRUIT, VEGETABLES-FRESH”，现在承运的货物是 FRESH APPLES，符合指定商品代码“0008”由于货主交运的货物重量符合“0008”指定商品运价使用时的最低重量要求。

Volume: 102cm×44cm×25cm×5=561 000cm^3

Volume weight: 561 000cm^3÷6 000cm^3/kgs=93.5kgs

Gross weight: 65.2×5=326.0kgs

Chargeable weight: 326.0kgs

Applicable rate: SCR 0008/ Q 300 18.80CNY/kg

Weight charge: 326.0×18.80=CNY 6 128.80

6.3.5 等级货物运价

1. 基本知识

（1）定义：在规定的业务区内或业务区之间运输特别指定的等级货物的运价。我国航空公司等级货物运价示例。运价表的结构见表 6.6。

（2）使用对象：活动物；贵重货物；书报杂志类货物；作为货物运输的行李；尸体、骨灰；汽车等。

（3）使用规则：在普通货物运价的基础上附加或附减一定百分比的形式构成。附加的等级货物用代号“S”表示；附减的等级货物用代号“R”表示。

表 6.6　　　　　　　　我国航空公司等级货物运价示例

<table>
<tr><th>运价种类</th><th colspan="2">货物种类</th><th colspan="5">从中国至</th><th>备注
NOTE</th></tr>
<tr><td rowspan="18">等级货物运价</td><td rowspan="2">贵重物品</td><td>运价</td><td colspan="5">200%N　SN200</td><td rowspan="2">1 000kg 以上经中,北太平洋至TC1为150%N</td></tr>
<tr><td>最低运费</td><td colspan="5">200%M SM200 但不得低于 USD50.00</td></tr>
<tr><td rowspan="7">活体动物运价</td><td rowspan="2">所有活动物（以下除外）</td><td>GANADA</td><td>U.S.A</td><td>OTHER</td><td>TC2</td><td>TC3</td><td rowspan="7">☆冷血动物最低运费为：M
运马匹的最低运费为 1 000kg × 110%GCR
冷血动物:鱼、蛙、蜥蜴、两栖动物、蠕虫等</td></tr>
<tr><td>150%GCR</td><td>110%GCR</td><td>N</td><td>N</td><td>N</td></tr>
<tr><td>出生小于72小时</td><td>150%GCR</td><td>110%GCR</td><td>NQ45</td><td>NQ45</td><td>NQ45</td></tr>
<tr><td>猴子和灵长类</td><td>150%GCR</td><td>110%GCR</td><td>GCR</td><td>N</td><td>N</td></tr>
<tr><td>冷血动物</td><td>125%GCR</td><td>GCR</td><td>N</td><td>N</td><td>N</td></tr>
<tr><td>最低运费</td><td>150%M</td><td>110%M☆</td><td>220%M</td><td>200%M</td><td>200%M</td></tr>
<tr><td rowspan="3">尸体骨灰运价</td><td>尸体</td><td colspan="5">100%N SN100</td><td rowspan="3">最低运费不小于：USD65.00</td></tr>
<tr><td>骨灰</td><td colspan="5">100%GCR SN100 SQ100</td></tr>
<tr><td>最低运费</td><td colspan="5">100%M SM100</td></tr>
<tr><td rowspan="2">U-BAO运价</td><td>运价</td><td colspan="3">GCR（无等级商品运价）</td><td colspan="2">50% NRN50</td><td rowspan="2">DEST.在 TC1 所属国时按普货发运</td></tr>
<tr><td>最低运费</td><td colspan="3">M</td><td colspan="2">M（不小于10KGXRN50）</td></tr>
<tr><td rowspan="2">书报杂志运价</td><td>运价</td><td colspan="5">50%N RN50</td><td rowspan="2">适用：报纸、杂志、期刊、书籍、目录、盲人打字设备及盲人读物</td></tr>
<tr><td>最低运费</td><td colspan="5">M</td></tr>
<tr><td colspan="2" rowspan="2">车辆运价</td><td colspan="5">4 000kg×Q（最高重量等级）</td><td rowspan="2"></td></tr>
<tr><td colspan="5">1 800kg×Q（最高重量等级）</td></tr>
</table>

2. 等级货物运价计算

（1）运价的确定。

① 当表中出现“the Normal GCR”时，表示使用运价表中的45kgs以下普货运价。此时，运价的使用与货物的计费重量无关。

② 当表中出现“the Normal GCR的百分比”（如150% of the Normal GCR）时，表示在运价表中N运价的基础上乘以这个百分比。此时，运价的使用与货物的计费重量无关。

③ 当表中出现“appl. GCR”时，表示使用运价表中适中的普货运价（N、Q45、Q100、Q300……）。此时，运价的使用与货物的计费重量有关。

④ 当表中出现“appl. GCR的百分比”时（如：110% of appl. GCR）时，表示在所适用的普货运价基础上乘以该百分比。（如110%N、110%Q45kgs、…）。此时，运价的使用与货物的计费重量有关。

（2）运价计算示例。

Routing: Beijing, CHINA (BJS) to London,United Kingdom (LON)

Commodity: Books

Gross weight: 980.0kgs

Dimensions:20Pieces 70cm×50cm×40cm each

运价为 50% of the Normal GCR

公布普通货物运价如下：

BEIJING	CN		BJS
Y.RENMINBI	CNY		kgs
LONDON	GB	M	320.00
		N	63.19
		45	45.22
		500	33.42

解：Volume: 70cm×50cm×40cm×20 =2 800 000cm^3

Volume weight: 2 800 000cm^3÷6 000cm^3/kg=466.67kgs=467.0kgs

Gross weight: 980.0kgs

Chargeable weight: 980.0kgs

Applicable rate: 50% of Normal GCR

50%×63.19CNY/kg=31.595CNY/kg=31.60CNY/kg

Weight charge: 980.0×31.60=CNY30968.00

（3）最低运费规定。

① 活体动物（不包括欧共体协会协议国家之间的运输）的最低运费标准为 200%M。

② 贵重货物的最低运费按公布最低运费的 200%收取，同时不低于 50 美元或等值货币。

③ 书报、杂志的最低运费按公布的最低运费的 M 收取。

④ 作为货物运输的行李，以 10kg 为最低的计费重量，将其按使用运价计算的运费与公布最低运费的 M 比较，取高者。

⑤ 尸体、骨灰按公布最低运费的 M 收取，但在二区内最低运费为 200%的 M，同时不低于 65 美元或等值货币。

6.3.6 国际航空附加费

1. 声明价值附加费

航空运输的承运人与其他运输方式的承运人一样，在货物运输过程中对货物既要承担责任，但又把自己的责任限制在一定的范围之内，承运人往往都会在运输合同中规定一个最高赔偿限额。如果在货物运输过程中，由于承运人自身的疏忽或故意而造成的货物损坏、丢失或延迟等所承担的责任，最多不能超过合同中规定的最高赔偿限额。

如果货物的价值超过了 20 美元时，而发货人又要求在发生货损货差时按全价给予赔偿时，则发货人在交运货物时，就必须向承运人或其代理人声明其货物的价值。承运人或其代理人根据货物的声明价值向托运人收取声明价值附加费。在这种情况下，如果货物发生货损货差，承运人可按货物的声明价值赔偿。

声明价值附加费=（声明价值−20 美元×声明价值的货物重量）×0.5%

托运人办理货物的声明价值时，必须按整批货物办理，不得在整批货物中只办理部分货物的声明价值。每票货物的声明价值不超过 10 万美元。声明价值附加费以元为单位，不足元者应进整为元。

案例 6.2

1991 年 12 月 6 日，原告某保险公司接受某公司（托运人）对其准备空运至米兰的 20 箱丝绸服装的投保，保险金额为 73 849 美元。同日，由被告 A 航空公司的代理 B 航空公司出具了航空货运单一份。该航空货运单注明：第一承运人为 A 航空公司，第二承运人为 C 航空公司，货物共 20 箱，重 750 千克，该货物的“声明价值（运输）”未填写。A 航空公司于 1991 年 12 月 20 日将货物由杭州运抵北京，12 月 28 日，A 航空公司在准备按约将货物转交 C 航空公司运输时，发现货物灭失。1992 年，原告对投保人（托运人）进行了全额赔偿并取得权益转让书后，于 1992 年 5 月 28 日向 B 航空公司提出索赔请求。B 航空公司将原告索赔请求材料转交 A 航空公司。A 航空公司表示愿意以每千克 20 美元限额赔偿原告损失，原告要求被告进行全额赔偿，不接受被告的赔偿意见，遂向法院起诉。

分析：托运人在将货物交付运输时向原告进行了保险，该批货物在A航空公司承运期间发生灭失，A 航空公司应负赔偿责任。原告在赔偿后取得代位求偿权。由于托运人在交托货物时，未对托运货物提出声明价值并交付必要的附加费，所以 A 航空公司在责任范围内承担赔偿责任是合理的。

2. 其他附加费

其他附加费包括货到付款附加费、制单费、提货费、中转手续费、地面运输费等。一般只有在承运人或航空货运代理人提供服务时才收取。

6.4 国际航空货物运单

6.4.1 航空运单的性质与作用

航空运单是航空运输的承运人或其代理人收到货物以后出具的一份重要的货运单证，是承运人和托运人之间签订的运输合同。与海运提单不同，航空运单既不能转让，也不是代表货物所有权的物权凭证，是一种不可议付的单。航空运单通常有三份正本、六份副本和三份额外副本，分别用不同的颜色表示。其中，三份正本的作用分别是：第一份（浅绿色）由航空公司留存；第二份（粉红色）运单随货同行，在货物到达目的地时，随货物一起交给收货人，作为向收货人交付货物的依据。第三份（浅蓝色）交发货人，作为承运人或其代理人接收货物的依据。

航空运单的作用主要包括：

（1）是承运人和托运人之间签订的运输合同；

（2）是承运人签发的已接收货物的证明；

（3）是承运人据以核收运费的账单；

（4）是保险证明（如果托运人要求承运人代办保险，航空运单可作为保险证书）；

（5）是报关凭证；

（6）是承运人内部办理业务的依据。

6.4.2 航空运单的分类

航空运单根据签发人不同分为 2 种：

1. 航空主运单（Master Air Waybill，MAWB）

由航空公司签发的航空运单被称为航空主运单，是航空公司凭以办理货物运输和交接的依据，也是航空公司与托运人订立的运输合同。

2. 航空分运单（House Air Waybill，HAWB）

在办理集中托运的时候，由集中托运人（或称为航空货运代理公司）签发给托运人的运单被称为航空分运单。航空分运单是集中托运人或航空公司代理公司与托运人之间的运输合同。以下是办理集中托运时航空主运单及航空分运单的签发过程及 2 种运单之间的关系。

（1）各发货人将要发运的货物送交集中托运人，集中托运人在收到货物以后，签发航空分运单给各发货人，作为发货人与集中托运人之间的运输合同以及集中托运人已接收货物的证明。

（2）集中托运人将从各发货人处收到的货物组成一整批，填写一份总运单，集中向航空公司办理托运，航空公司收到集中托运人托运的货物以后，签发航空主运单给集中托运人，作为集中托运人与航空公司之间的运输合同以及航空公司已接收货物的证明。

（3）集中托运人将航空主运单和航空分运单寄给集中托运人在目的地的分公司或其代理人。

（4）货物到达目的地机场后，由集中托运人在目的地机场的分公司或其代理人提货、报关，再将货物转交给各收货人。

在办理集中托运时，航空主运单的关系方是货主和集中托运人与航空公司；航空分运单的关系方是集中托运人和发货人。在办理集中托运时，托运人与航空公司之间无论在发货地机场或目的地机场都不发生直接的联系。

案例 6.3

进口商（货主）A 电子公司由新加坡 B 航空货运承揽有限公司代理自新加坡进口货物一批，由被告 C 航空公司（班机：BR226 号；C 航空公司空运主运单号码 69507837841；B 航空货运承揽有限公司空运分运单号码 HYF1777）运抵中正机场。该批货物送达 A 电子后，发现其中两箱货物严重受损。D 保险公司于理赔超丰电子后取得代为求偿权，请求 C 航空公司负运送契约债务不履行损赔责任。

本案原告（D 保险公司）主张：依民法第 103 第 1 项“代理人于代理权限内，以本人名义所为意思表示，直接对本人发生效力”。B 航空货运承揽有限公司既代理 C 公司签发空运单分运单，效力应直接及于 C 航空公司，故所有因空运单而生之运送契约权利义务均应归属于 C 航空公司负责。

本案被告（C 航空公司）主张：被告与进口商（货主）A 电子公司之间并无运送契约关系。A 电子公司亦非被告受托运送之托运人。被告是受新加坡 B 航空承运承揽公司委托，将货物自新加坡空运来台。被告固为被告提单之运送人，但 A 电子公司并非被告公司提单所定运送契约之托运人，并非收货人。A 电子所持有者为 B 航空货运承揽所签发之空运分运单，自不得依被告公司之主运单（号码为 69507837841），对被告主张运送关系。

分析：A 电子所持有者为 B 航空货运承揽公司所签发之空运分运单，而 D 保险公司代位 A 电子行使求偿之对象为签发空运主运单之 C 航空公司。法院以 A 电子并未直接与被告 C 航空公司成立运送契约为由，判决保险公司败诉。

6.4.3 航空货物运单的内容与填制

填开货运单要求使用英文打字机或计算机，使用英文大写字母打印，各栏内容必须准确、清楚、齐全、不得随意涂改。图 6.8 是一个航空货运单的实例。

Shipper's Name and Address	Shipper's Account Number	NOT NEGOTIABL **Air Waybill** Issued by
		Copies 1，2 and 3 of this Air Waybill are originals and have the same validity.
Consignee's and Address	Consignee's Account Number	It is agreed that the goods described herein are accepted in apparent good order and condition (except ad noted) for carriage SUBJECT TO THE CONDITIONS OF CONTRACT ON THE REVERSE HEREOF.ALL GOODS MAY BE CARRIED BY ANY OTHER MEANS INCLUDING ROAD OR ANY OTHER CARRIER UNLESS SPECIRC CONTRARY INSTRUCTIONS ARE GIVEN HEREON BY THE SHIPPER,AND SHIPPER AGREES THAT THE SHIMENT MAY BE CARRIED VIA INTERMEDIATE STOPPING PLACES WHICH THE CARRIER DEEMS APRRPRIER'S LIMITATION OF LIABILITY. Shipper may increase such limitation of liability by declaring a higher value for carriage and paying a supplemental charge if required.
Issuing Carrier's Agent Name and City		Accounting information
Agent's LATA Code	Account No.	
Airport of Departure (Address of First Carrier) and Requested Routing		

To	By First Carrier	to	by	to	by	currency	CHGS code	WTNAL PPO	WTNAL COLL	Other PPO	Other COLL	Declared Value for Carriage	Declared Value for Customs

Airport of Destination	Flight/Date	Amount of Insurance	INSURANCE-If Carrier offers insurance ,and such insurance is requested in accordance with the conditions thereof ,indicate amount to be insured in figures in box marked Amount of Insurance.
	[ ]		

Handing information

SCI

No of Pieces RCP	Gross Weight	Kg Ib	Rate Class / Commodity Item No.	Chargeable Weight	Rate / Charge	Total	Nature and Quantity of Goods

Prepaid	Weight Charge	Collect	Other Charges
[ ]	[ ]	[ ]	
	Valuation Charge [ ]		
	Tax [ ]		
	Total other Charges Due Agent [ ]		Shipper certifies that the particulars on the face hereof are correct and that insofar as any part of the consignment contains dangerous goods, such part is properly described by name and is in proper condition for carriage by air according to the applicable Dangerous Goods Regulations.
	Total other Charges Due Carrier [ ]		Signature of Shipper or his Agent
Total Prepaid		Total Collect	
Currency Conversion Rates		CC Charges in Dest. Currency	Executed on (date) at(place) Signature of issuing Carrier or its Agent
For Carrier's Use only At Destination		Charges at Destination	Total Collect Charges

图 6.8 航空主运单

货运单已填内容在运输途中需要修改时，必须在修改项目的旁边注明修改货运单的空运企业名称、地址、日期。修改时，应同时将剩余的各联一同修改。

货运单的各栏目中，有些栏目印有阴影。其中，有标题的阴影栏目仅供承运人填写使用，没有标题的阴影栏目除非承运人特殊需要一般不需填写。

各栏目的填写要求如下。

1. 货运单号码（The Air Waybill Number）

货运单号码应清晰地印在货运单的左右上角及右下角。包括航空公司的票证代号、货运单序号及检验号。

2. 始发站机场（Airport of Departure）

填入始发地机场或城市英文三字代码。

3. 托运人栏（Shipper）

（1）托运人姓名和地址（Shipper's Name and Address）：填入托运人的名称及地址全称和国家名，必要时填入托运人电话号码及传真号码。

（2）托运人账号（Shipper's Account Number）：此栏不需填写，除非承运人需要。

4. 契约条件（Reference To conditions of contract）

此栏留空白，由航空公司填入必要内容。

5. 收货人栏（Consignee）

（1）收货人姓名和地址（Consignee's Name and Address）：填入收货人的名称和地址全称和国家名，必要时填入收货人的电话号码及传真号码。为了使货物运达目的地点后顺利地交付收货人，准确无误地填写这一栏十分重要。收货人的名称及地址必须是全称，地址必须写明街名、门牌号、区名、城市名、省（州）名和国家名等。对于紧急货物或特种货物，应当写上收货人的电话号码和传真号码。

（2）收货人账号（Consignee's Account Number）：此栏留空白，由运输货物的最后航段航空公司填入必要的内容。

6. 填开货运单的承运人的代理人栏（Issuing Carrier's Agent）

（1）名称和城市（Name and City）：填入航空公司的代理人名称及机场或城市名。

（2）国际航协代号（Agent's IATA Code）：填入 IATA 货运代理人代号。

（3）账号（Account No.）：此栏留空白或按航空公司的要求填入必要的内容。

7. 运输路线（Routing）

（1）始发地机场（第一承运人地址）和所要求的运输路线[Airport of Departure (Address of First Carrier) and Requested Routing]：此栏打印与栏中一致的始发地机场名称，以及所要求的运输路线。此栏中应打印始发地机场或所在城市全称。

（2）运输路线和目的地（Routing and Destination）

至（to）：按照运输路线，依次在各栏中打印第一、第二、第三转运点的 IATA 三字代码。如果是直达航班，则在第一个 To 栏中打印目的地机场三字代码即可。

By：依次打印第一、第二、第三承运人的 IATA 两字代码。

目的地机场（Airport of Destination）：打印最后承运人的目的地机场全称（如果该城市有多

个机场，不知道机场名称时，可用城市全称）。注意，如在不同的国家或省（州）中存在着相同的机场或城市名的，建议在目的地机场（或城市）名注明省（州）和国家名。例如，一批货物运往 ATHENS，OH.，USA（美国俄亥俄州）。因为通常 ATHENS 是指希腊的首都雅典，又在美国的佐治亚州也有一个名为 ATHENS 的城市，为了避免货物运错目的地，建议这一格的填入方法如下："ATHENS，OH.,US" 或 "ATHENS，OHIO，USA"。

航班/日期（Flight/Date）：本栏一般不需要填写，除非参加运输的各有关承运人需要。

8. 财务说明（Accounting Information）

填入运费的付款办法：如预付，可填入 "FREIGHTPREPAID"；或到付，可填入 "FREIGHTCOLLECT"。对于退回原地的货物，在新的航空货运单的此格内填入 "RETURNEDCARGOORIGINALAWBNO……" 对于行李作为货物托运，填入旅客的客票号码及乘机的航程航班号及日期。还可以填入必要的关于运费付款办法的其他内容。

9. 货币（Currency）

填入始发地国家（或地区）ISO 货币三字代号，表示此份航空货运单的全部费用均为此格内填入的代号货币。

10. 运费代号（CHGS Code）

此栏由航空公司用，不需要填写。

11. 运费（Charges）

如重量运费（Weight Charge）和声明价值费（Valuation Charge）是预付的，在此格内 "PPD" 的下方用 "X" 表示。如重量运费和声明价值费是到付的，在此格内 "COLL" 的下方，用 "X" 表示。

12. 其他费用（Other）

如其他费用的付款方式是预付的，在 "PPD" 的下方用 "X" 表示。如其他费用的付款方式是到付的，在 "COLL" 的下方用 "X" 表示。

13. 供运输用声明价值（Declared Value for Carriage）

如托运人在交运货物时声明了一个高于航空公司的赔偿责任限额的，在此格内填入托运人所声明的价值。如无声明价值的，填入 "NVD" 字。

14. 供海关用声明价值（Declared Value for Customs）

填入对海关申报的价值或留空白，如无海关价值的，可填为 "NCV"。在实际操作中，往往填为 "ASPERINVOICE(S)"。

15. 保险金额（Amount of Insurance）

如此格是白底的，且航空公司提供保险业务又托运人要求代保险的，填入保险数额，否则填入 "×××"。

16. 储运注意事项（Handing Imformation）

填入此栏的内容较多，通常填入以下内容。

（1）另请通知人（Also Notify）的名称及地址；

（2）货物外包装上的唛头和号码；

（3）货物的包装方式；

（4）附在航空货运单的文件、发票、装箱单等；

（5）关于货物的特别操作要求；

（6）其他必要的内容。

17. 货物运价细目（Consignment Rating Details）

（1）件数/运价组合点（No. of Pieces RCP）：打印货物的件数。如果运价是使用分段相加或使用比例运价组成的，在件数的下方填入运价相加点三字代码。将各行的件数合计填入下方格内。

（2）毛重（Gross Weight）：填入货物的毛重。如果是使用集装设备作为包装运输货物的，另起一行填入集装设备的自重，并与填入（Rate Class）栏内的“X”代号对为一行。如果该栏的填写时多行，将各行的重量合计填下方格内。

（3）重量单位（kg/lb）：填入重量单位（千克或磅）。

（4）运价等级（Rate Class）：填入以下适用的代号。

M——Minimum Charge（最低运费）

N——Normal Rate（45 千克以下普通货物运价）

Q——Quantity Rate（45 千克以上分量普通货物的运价）

B——Basic Charge（基本运费）（仅适用于欧盟国家之间）

K——Rateper Kilogramme（每千克运价）（仅适用于欧盟国家之间）

C——Specific Commodity Rate（指定商品运价）

R——Class Rate Reduction（附减等级运价）

S——Class Rate Surcharge（附加等级运价）

X——Unit Load Device Additional Information（使用集装设备附加代号）。

（5）商品品名编号（Commodity Item No.）。填入以下适用的内容。

① 填入指定商品运价的商品项目编号。

② 适用以 N 的运价为基础附减一定百分比的等级运价的，填入 N 代号后接百分比，如 N50，必须与（Rate Class）栏填入的“R”代号对为一行。

③ 适用以 N 或 Q 运价或 M 运费附加一定百分比的等级运价，填入 N 或 Q 或 M 代号后接百分比，如 N150、Q110、M200 等，必须与（Rate Class）栏内填入的“S”代号对为一行。

（6）计费重量（Chargeable Weight）：填入货物的计费重量。

（7）运价/运费（Rate/Charge）：填入运价或运费。运价是指每千克运价，当使用最低运费时，填本批货物的最低运费，与栏中运价代号“M”对应。

（8）总计（Total）：填入列在这一行的货物运费总额。如果是最低运费或集装货物基本运费，本栏与运价/运费栏内金额相同。如果栏内的填写是多行的，将各行的运费合计填入下方格内。

（9）货物品名和数量（Nature and Quantity of Goods）：填入以下适用的内容：

① 填入货物的品名。

② 如是集运（混载）货物，可填为“CONSOLIDATIONASPERATTACHEDLIST”。

③ 如货物是按体积重量计算运费的，填入货物的尺寸或体积如：55 × 31cm × 30cm × 50cm。

④ 如使用集装设备作为包装运输货物的，填写集装设备的编号，与运价等级（Rate Class）栏内填入的“X”代号对为一行。

18. 其他费用（Other Charges）

填入在始发地和已知的在途中或在目的地产生的其他费用。其他费用只能全部预付或全部到付。未填入此格的在中途或在目的地产生的其他费用只能到付。其他费用由代号表示，如 AC（Animal Container）即动物容器租费，AW（Air Waybill）即货运单费。在上述代号的后面加“C”字，表示是航空公司收取的其他费用（Due Carrier），加“A”字,表示是代理人收取的其他费用（Due Agent）。不是使用电子方式打印航空货运单的，推荐也使用上述代号，也可以使用白话（Plain Language）。对于退回原始地的货物，在此格内填入应当收取但未收取的费用数额（到付）。

19. 预付（Prepaid）

（1）预付运费（Prepaid Weight Charge）：打印货物计费重量记得的货物运费。

（2）预付声明价值附加费（Prepaid Valuation Charge）：如托运人申报货物运输声明价值，则此栏打印计得的声明价值附加费金额。

（3）预付税款（Prepaid Tax）：打印适用的税款。

（4）预付的其他费用总额（Total Other Prepaid Charges）：根据有关栏内的其他费用金额打印。

Total Other (Prepaid) Charge Due Agent 预付由代理人收取的其他费用；

Total Other (Prepaid) Charge Due carrier 预付由承运人收取的其他费用。

（5）预付总计（Total Prepaid）：打印所有预付款项的总额。

20. 到付（Collect）

填制方法与预付相同，在相应栏中对应打印所有到付款项。

21. 托运人证明栏（Shipper's Certification Box）

托运人或其代理人签名。签名可以用印刷（Printed）、签名（signed）或印戳（Stamped）。

22. 承运人填写栏（Carriers Certification）

（1）填开日期（Executed on Date）：填入填写航空货运单的日期。日期按日、月、年顺序填写，月可以使用全称或缩写，如 08OCT2000。

（2）填开地点（At Place）：填入填写航空货运单的地点机场或城市名。

（3）填开货运单的承运人或其代理人签字（Signature of Issuing Carrier or it's Agent）：发行航空货运单的航空公司或其代理人签名。

23. 仅供承运人在目的地使用（For Carrier's Use only at Destination）

本栏不需要打印。

24. 用目的地国家或地区货币付费（仅供承运人使用）

由承运人填写。

模拟实训

实训主题：提单快件丢失案。

实训地点：教室。

实训目的：运用所学知识，分析航空快递的有关业务代理问题。

【背景材料】

1991年5月16日，贵阳某货运代理空运部（下称贵阳货运代理）从A银行贵阳分行接受空运快递一份，于次日以POD045016号发出，经广东某运输公司空运部（下称广东空运部）中转经香港代理FRC。

事隔两个月后，A银行贵阳分行于7月8日通知贵阳货运代理：A银行香港分行一直未收到POD045016号快件，请查询。贵阳货运代理立即打电话请广东空运部帮助查询。经查询，5月19日广东空运部收到该快件，并于次日转发香港。于是，贵阳货运代理直接发电传给香港，得到的答复是：POD045016号快件经查未收到。接着香港代理部主任打电话给说："POD045016号快件可能丢失，因当时接受快件，后核对清单，待输入电脑时发现POD045016件没有了，责任在我方，我方已于5月底通知广东空运部，请他们转告你部那份快件已无法找回。"

至此，该快件经再三查询无下落，被确认丢失。在迫不得已的情况下，贵阳货运代理于7月20日告知A银行贵阳分行POD045016号快件丢失。此快件系该省B集团的商务文件，内有A银行结汇单证、海运提单正本等单证。

对此，A银行贵阳分行提出，提单是有价单证，受法律保护，提单的关系人，除了承运人和托运人外，还有收货人、提单持有人等。而提单对不同的人有不同的作用，承运人利用提单保护其自身的利益；托运人将提单视为货物已为承运人收讫的收据；提单持有人可凭提单提取单上所列货物。此外，结汇单据丢失无法办理结汇手续，尚有贷款及利息等问题。

B集团则提出，该批货物为铝土，已在湛江装船海运，预计6月底、7月初抵达美国本塞得港，结汇票据32万美元，重量9 325公吨。货到美国后，因收货人无法提货所产生的压港费、滞报金及结汇、利息等，以及万一正本提单落入他人手中，造成更大损失。

贵阳货运代理立即与承运人C轮船公司联系，报告提单丢失的情况，了解轮船的航程，并要求配合。值得庆幸的是，船舶因途中出现故障停航修理，预计7月底才能抵达目的港。

【过程设计】

（1）指导教师布置学生课前预习阅读案例。

（2）将全班同学平均分成小组，按每组5～6人进行讨论。各组选择一例资料进行讨论。

（3）指导教师对小组讨论过程和发言内容进行评价总结，并讲解本案例的分析结论。先评定小组成绩，在小组成绩中每一个人参与讨论占小组成绩的40%，代表发言内容占小组成绩的60%。

（4）根据"阅读资料"分析贵阳货运代理应该怎么做?

（5）从这个案例中贵阳货运代理应吸取什么教训?

综合练习

一、单项选择题

1. 空运的集运商要会填（　　）。

A. HAWB　　B. MAWB　　C. Main Deck　　D. Upper Deck

2. 空运时，国际货物托运单应由（　　）。

A. 货主　　B. 空代　　C. 承运人　　D. 航空公司

3. 托运单上声明价值一栏，如货物毛重每千克未超过 20 美元则此栏可填（　　）。

A. 20 美元　　B. 未超过 20 美元

C. NVD　　D. ALSO NOTIFY

4. 航空公司的运价类别，以“M”表示（　　）。

A. 最低运价　　B. 指定商品运价

C. 附加运价　　D. 附减运价

5. 国际空运货物的计费重量以（　　）为最小单位。

A. 0.3kg　　B. 0.5kg　　C. 0.8kg　　D. 1kg

二、名词解释

1. 班机运输；2. 包机运输；3. 集中托运；4. 协议运价；5. 公布直达运价；6. 等级货物运价；7. 指定商品运价；8. 航空主运单；9. 航空分运单。

三、问答题

1. 国际航空货物运输的特点是什么？
2. 问航空运单的作用有哪些？
3. 班机货运代理出口业务流程。
4. 根据所给资料，进行计算回答问题。

（1）Routing: Beijing, CHINA (BJS) to TOKYO, JAPAN(TYO)

Commodity: PARTS

Gross weight: 38.6kgs

Dimensions:101cm×58cm×32cm

公布运价如下：

BEIJING	CN		BJS
Y.RENMINBI	CNY		kgs
TOKYO	JP	M	320.00
		N	50.22
		45	41.53
		100	37.52

（2） routing: DUBAI, UNITED ARAB EMIRATES(DXB) to GLASGOW, U.K(GLA)

Commodity: CARPET　（品名编号 2865）

Gross weight: EACH 55kgs, TOTAL 10 PIECES

公布运价如下：

DUBAI	AE		DXB
U.A.E.DIRH	AED		kgs
GLASGOW	GB	M	190.00
		N	31.40
		45	23.70
		100	14.35
		500	10.40

0008	300	8.80
0300	500	9.10
2199	250	10.50
2199	500	9.00
2865	500	9.9

（3） Routing：SHANGHAI, CHINA (SHA) to PARIS,FRANCE (PAR)

Commodity：BABY POULTRY

GRoss weight：289.2kgs

Dimensions：1Pieces 240cm×120cm×60cm

运价为 110% of Appl.GCR

公布普通货物运价如下：

SHANGHAI	CN		SHA
Y.RENMINBI	CNY		kgs
PARIS	US	M	630.00
		N	64.46
		45	48.34
		100	45.19
		3	41.86

第7章

国际陆路运输

相关网站

（1）http://www.mot.gov.cn/　中华人民共和国交通运输部

（2）http://www.cctanet.org.cn/　中国交通运输协会

（3）http://www.cre.cn　中铁快运

（4）http://www.zgtlhy.com/　中国铁路货运网

案例导读

外包装严重受损，外运公司该咋办

2012年10月8日，天津某公司从俄罗斯进口一批化肥，经滨绥线运输。滨绥线从哈尔滨起向东至绥芬河，全长545公里。该铁路线通过我国绥芬河市及俄罗斯的格罗迭科沃与俄罗斯的远东地区铁路相连，是我国与俄罗斯远东地区及库页岛地区进出口货物的重要运输线。外运公司负责在绥芬河车站办理货物的交接和换装时，发现化肥外包装严重受损导致化肥外漏，数量与运单记载严重不符。请问，外运公司该如何处理？

启示：联运进口货物抵达国境站时，口岸外运公司根据合同资料对各种货运单证进行审核，只有单、证、票、货完全相符，才可核放货物。对上述情况，口岸外运公司应本着以下原则处理：

属铁路责任造成的，联系铁路处理；属发货人责任造成的，根据合同资料和有关规定认真细致地查验货物，确有可靠依据的可予以纠正，否则联系有关公司处理。

7.1 国际铁路运输

铁路是主要的现代化运输工具，与其他运输方式相比，铁路运输的特点是运输速度快、运载量大、安全可靠、运输成本低、运输的准确性和连续性强，并且受气候因素影响较小等。铁路运输在我国国民经济中占有重要的地位，在我国对外贸易中更是起着举足轻重的作用。

7.1.1 国际铁路货物联运概述

1. 国际铁路货物联运概念

国际铁路货物联运是指在两个或两个以上国家铁路运送中，使用一份运送单据，并以连带责任办理货物的全程运送，在异国铁路向另一国铁路移交货物时，无需发、收货人参加的运输方式。

2. 国际铁路货物联运有关规章和文件

国际铁路货物联运适用的规章很多，有的规章仅适用于铁路部门，有的规章对铁路、发货人、收货人都适用。现仅将在办理国际铁路货物联运时铁路和发货人、收货人均必须遵守的规章和文件概述如下。

（1）《国际铁路货物联运协定》（简称《国际货协》）。这是参加国际铁路货物联运协定的各国铁路和发货人、收货人在办理铁路货物联运时都必须遵守的基本文件。《国际货协》对运输合同的缔结，运输合同的履行和变更，铁路的责任，发货人与收货人的权利与义务等事项均作了规定。

（2）《国际铁路货物联运统一过境运价规程》（简称《统一货价》）。它规定了参加《统一货价》的铁路，按照《国际货协》的条件利用铁路运送过境货物时，办理货物运送的手续、过境运送费用的计算、货物品名分等表、过境里程表和货物运费计算表等内容，对铁路和发货人、收货人都适用。新的《统一货价》自 1991 年 7 月 1 日起施行，它是在原来的《统一货价》的基础上修改补充而成的，其费率原以卢布、现以瑞士法郎计价。中国铁路自 1991 年 9 月 1 日起施行上述新规定。

（3）《国境铁路协定》和《国境铁路会议议定书》。《国境铁路协定》是由相邻国家签订的，规定了办理联运货物交接的国境站、车站及货物交接条件和方法、交接列车和机车运行办法及服务方法等内容。根据国境铁路协定的规定，两个相邻国家铁路定期召开国境铁路会议，对执行协定中的有关问题进行协商，签订《国境铁路会议议定书》。该议定书主要内容为双方铁路之间关于行车组织、旅客运送、货物运送、车辆交接及其他有关问题。

（4）《国际铁路货物联运协定办事细则》（简称货协细则）。它只适用于参加国际联运协定的铁路内部工作，并用以调整铁路间的相互关系，不能作为调整托运人、收货人同铁路间的法权关系。

（5）《国际联运车辆使用规则》（简称车规）。它是参加国际联运车辆使用规则协约国对车辆使用的规章，我国参加了该协约。

（6）《铁路货物运价规则》（简称《国内价规》）。它是办理国际铁路货物联运时国内段货物运送费用计算和核收的依据。

3. 国际铁路货物联运运单

（1）运单的作用。国际铁路货物联运运单，是参加国际铁路货物联运的铁路与发货人、收货人之间缔结的运输合同。它体现了参加联运的各国铁路和发货人、收货人之间在货物运送上的权利、义务、责任和豁免，对铁路和发货人、收货人都具有法律效力。

（2）联运运单的组成。国际铁路货物联运运单由运单正本、运行报单、运单副本、货物交付单、货物到达通知单组成，此外，还有为发送路和过境路准备的必要份数的补充运行报单。国际铁路货物联运运单各单的作用见表 7.1。

表 7.1　国际铁路货物联运运单构成、功能及流转程序

联别与名称	主要用途	票据周转程序
1. 运单正本	运输合同凭证	发货人—发站—到站—收货人
2. 运行报单	各承运人间交接、划分责任等证明	发货人—发站—到站—到达铁路
3. 运单副本	承运人接受货的证明，发货人凭此结汇等	发货人—发站—发货人
4. 货物交付单	承运人合同履行的证明	发货人—发站—到站—到达铁路
5. 货物到达通知单	收货人存查	发货人—发站—到站—收货人

7.1.2　国际铁路货物联运的基本条件

1. 国际铁路货物联运的范围

（1）同参加国际货协和未参加国际货协但采用国际货协规定的铁路间的货物运送，铁路从发站以一份运送票据负责运送至最终到站交付给收货人。

（2）同未参加国际货协铁路间的货物运送，发货人在发送路用国际货协运送票据办理至参加国际货协的最后一个过境路的出口国境站，由该站站长或收货人、发货人委托的收转人转运至最终到站。

（3）通过过境铁路港口站的货物运送，从参加国际货协铁路的国家，通过参加国际货协的过境铁路港口，向其他国家（不论这些国家的铁路是否参加国际货协）或者相反方向运送货物时，用国际货协运送票据只能办理至过境铁路港口站，或者从这个站起开始办理，由港口站的收转人办理转发送。

2. 国际铁路货物联运办理种别

国际铁路货物联运办理种别分为整车、零担和大吨位集装箱。

（1）整车：是指按一份运单托运的按其体积或种类需要单独车辆运送的货物。

（2）零担：是指按一份运单托运的一批货物，重量不超过 5 000 千克，按其体积或种类不需要单独车辆运送的货物。但如有关铁路之间另有商定条件，也可不适用国际货协整车和零担货物的规定。

（3）大吨集装箱：是指按一份运单托运的，用大吨位集装箱运送的货物或空的大吨位集装箱。

3. 国际铁路货物联运的运输限制

（1）在国际铁路直通货物联运中，下列货物不准运送。

① 属于应当参加运送的铁路的任一国家禁止运送的物品；

② 属于应该参加运送的铁路的任一国家邮政专运物品；

③ 炸弹、弹药和军火，但狩猎和体育用的除外；

④ 爆炸品、压缩气体、液化气体或在压力下溶解的气体、自燃品和放射性物质（指国际货

协附件第 2 号之附件中 1、3、4、10 表中没有列载的）；

⑤ 一件重量不足 10 千克，体积不超过 0.1 立方米的零担货物；

⑥ 在换装联运中使用不能揭盖的棚车运送一件重量超过 1.5 吨的货物；

⑦ 在换装联运中使用敞车类货车运送一件重量不足 100 千克的零担货物，但此项规定不适用附件第 2 号《危险货物运送规则》中规定的一件最大重量不足 100 千克的货物。

（2）下列货物只有在参加运送的各铁路间预先商定后才准运送。

① 一件重量超过 60 吨的；而在换装运送中，对罗马尼亚重量超过 30 吨的，对越南重量超过 20 吨的；

② 长度超过 18 米的；而运往越南长度超过 12 米的；

③ 超限的；

④ 在换装运送中用特种平车装运的；

⑤ 在换装运送中用专用罐车装运的化学货物；

⑥ 用罐车运往越南的一切罐装货物。

（3）下列货物的运送必须按特殊规定办理。

① 危险货物；

② 押运人押运货物；

③ 易腐货物；

④ 集装箱货物；

⑤ 托盘货物；

⑥ 不属于铁路或铁路出租的空、重车；

⑦ 货捆货物。

7.1.3　国际铁路货物联运运送费用的计算和核收

国际铁路联运费用由发送路运送费用、到达路运送费用和国际路运送费用三部分所构成。

1. 发送路运送费用与到达路运送费用的核收

根据《国际货协》及其附件《统一货价》和《清算规则》的规定：发送路、到达路的运送费用按本国铁路规章规定，以本国货币分别在发站、到达站向发货人或收货人核收。因此，国际铁路联运货物国内段运输费用应按照我国铁道部于 1998 年 3 月公布的新《铁路货物运价规则》的有关规定计算。

铁路货物运输费用包括车站费用、运行费用、服务费用和额外占用铁路设备的费用等。

（1）铁路货物运输费用计算的程度及公式。

首先，根据货物运价里程表确定从发站至到站的运价里程；第二，根据货物运单上填写的货物名称查找《铁路货物运输品名分类与代码表》、《铁路货物运输品名检查表》，确定适用的运价号；第三，根据货物的运价号（整车、零担、集装箱、冷藏车）分别在《铁路货物运价率表》（表 7.2）中查出适用的运价率（即发到基价和运行基价）；最后，货物适用的发到基价加上运行基价与货物的运价里程相乘之积后，再与《铁路货物运价规则》确定计费重量（集装箱为箱数）相乘，计算出该批货物的运费。

运费计算公式为

$$运费=[(发到基价+运行基价)\times 运价里程]\times 计费重量$$

表 7.2　　中国铁路货物运价率表

办理类别	运价号	基价 1		基价 2	
		单位	标准	单位	标准
整车	1	元/吨	5.4	元/吨公里	0.027 6
	2	元/吨	6.1	元/吨公里	0.031 0
	3	元/吨	7	元/吨公里	0.035 2
	4	元/吨	8.6	元/吨公里	0.039 5
	5	元/吨	9.2	元/吨公里	0.045 9
	6	元/吨	13.1	元/吨公里	0.065 5
	7			元/吨公里	0.205 5
	加冰冷藏车	元/吨	8.3	元/吨公里	0.046 6
	机械冷藏车	元/吨	9.8	元/吨公里	0.068 6
零担	21	元/10 千克	0.105	元/10 千克公里	0.000 45
	22	元/10 千克	0.155	元/10 千克公里	0.000 65
集装箱	1 吨箱	元/箱	7.4	元/箱公里	0.033 56
	10 吨箱	元/箱	86.2	元/箱公里	0.0391 04
	20 英尺箱	元/箱	161	元/箱公里	0.730 40
	40 英尺箱	元/箱	314.7	元/箱公里	1.430 90

运费计算办法：

整车货物每吨运价=基价 1+基价 2×运价公里；

零担货物每 10 千克运价=基价 1+基价 2×运价公里；

集装箱货物每箱运价=基价 1+基价 2×运价公里；

* 整车农用化肥基价 1 为 4.20 元/吨公里、基价 2 为 0.021 3 元/吨公里。

（2）货物运费计费重量的确定。

整车货物以吨为单位，吨以下四舍五入。除部分整车货物按规定重量计算外，均按货车标重计算运费。货物重量超过标重时，按货物重量或体积折合重量择大计费时，则每立方米重量不足 300 千克的轻泡货物，按每 1 立方米折合重量 300 千克计算，但组成的摩托车、组成的机动车辆等除外。集装箱货物，以箱为单位。

2. 过境路运送费用的核收

1991 年 9 月以后，《统一货价》不再从属于《国际货协》而成为独立的法律文件，《国际货协》参加国可以选择是否参加《统一货价》和《清算规则》，这就导致了过境运送费用计收形式的多样化。目前，过境路运送费用主要采用如下两大类核收形式。

（1）铁路结算制。是指过境费用的计收按照《国际货协》的规定，通过铁路予以结算的制度，即过境路的运送费用，在发站向发货人核收或在到站向收货人核收。通过几个过境铁路运送时，准许由发货人支付一个或几个过境铁路的运送费用，其余铁路的运送费用由收货人支付。

（2）代理结算制。是指过境费用的计收不再通过铁路结算，而是通过代理予以结算的制度，即发站铁路或到站铁路不再收取过境费用，而由发货人或收货人委托的代理人直接支付给过境铁路。换言之，发货人或收货人应自行或通过代理机构将过境费用支付给过境铁路指定的收费代理机构。如果发货人在办理托运时未能办理委托代理手续，并且在运单中未做相应的记载，则发站将拒绝承运，国境站将拒绝接运。

7.1.4 国际铁路货物联运业务流程

1. 国际铁路货物联运出口货物运输

国际铁路货物联运出口货物运输组织工作主要包括：铁路联运出口货物运输计划的编制、货物托运和承运、国境站的交接和出口货物的交付等工作。

（1）国际铁路货物联运出口货物运输计划的编制。国际铁路货物联运出口货物运输计划一般是指月度要车计划，是对外贸易运输计划的组成部分，体现了对外贸易国际铁路货物联运的具体任务，也是日常铁路联运工作的重要依据。凡发送整车货物，都需具备铁路部门批准的月度要车计划和旬度计划；零担货物，则不需要向铁路部门编报月度要车计划，但发货人必须事先向发站办理托运手续。

（2）国际铁路货物联运的托运和承运。货物的托运，是发货人组织货物运输的一个重要环节。发货人在托运货物时，应向车站提出货物运单，以此作为货物托运的书面申请。车站接到运单后，应进行认真审核。

整车货物办理托运，车站应检查确认可以承运，应予签证。运单上签证，表示货物应进入车站的日期或装车日期，表示铁路已受理托运。发货人应按签证指定的日期将货物搬入车站或指定的货位，铁路根据货物运单上的记载查对实货，认为符合国际货协和有关规章制度的规定，车站方接收货物并担负保管责任。整车货物一般在装车完毕后，发站在货物运单上加盖承运日期戳，即为承运。

发运零担货物发货人在托运时，凭运单直接向车站申请托运。车站受理托运后，发货人应按签证指定的日期将货物搬进货场，送到指定的货位上，经查验、过磅后，即交由铁路保管。当车站将发货人托运的货物，连同货物运单一同接收完毕，在货物运单上加盖承运日期戳时，即表示货物业已承运。铁路对承运后的零担货物担负保管、装车和发运责任。

托运、承运完毕，铁路运单作为运输合同即开始生效。铁路按《国际货协》的规定对货物担负保管、装车并运送到指定目的地的一切责任。

（3）国际铁路货物联运出口货物在国境站的交接。

① 国境站有关机构。在相邻国家铁路的终点，从一国铁路向另一国铁路办理移交或接收货物和车辆的车站称为国境站。我国国境站除设有一般车站应设的机构外，还设有国际联运交接所、海关、出入境检验检疫所、边防检查站及中国对外贸易运输（集团）总公司所属分支机构等单位。

② 国际联运出口货物交接一般程序。

a. 出口国境站货运调度根据国内前方站列车到达预报，通知交接所和海关做好接车准备工作。

b. 出口货物列车进站后，铁路会同海关接车，并将列车随带的运送票据送交接所处理，货物及列车接受海关的监管和检查。

c. 交接所实行联合办公，由铁路、海关、外运等单位参加，按照业务分工，开展流水作业，协同工作。铁路主要负责整理、翻译运送票据，编制货物和车辆交接单，以此作为向邻国铁路办理货物和车辆交接的原始凭证。外运公司主要负责审核货运单证，纠正出口货物单证差错，处理错发错运事故。海关则根据申报，经查验单、证、货相符，符合国家政策法令的规定，即准予解除监督，验关放行。最后由双方铁路具体办理货物和车辆的交接手续，并签署交接证件。

（4）国际联运出口货物的交付。国际联运出口货物抵达到站后，铁路应通知单种所记载的收货人领取货物。在收货人付清运单种所记载的一切应付运送费用后，铁路必须将货物连同运单交付给收货人。收货人必须支付运送费用并领取货物。收货人只有在货物因毁损或腐坏而使质量发生变化，以致部分货物或全部货物不能按原用途使用时，才可以拒绝领取货物。收货人领取货物时，应在运单上填记货物领取日期，并加盖收货戳记。

2. 国际铁路货物联运进口货物运输

国际铁路联运进口货物的发运工作是由国外发货人根据合同规定向该国铁路车站办理的。

根据《国际货协》规定，我国从参加《国际货协》的国家通过铁路联运进口货物，凡国外发货人向其所在国铁路办理托运，一切手续和规定均按《国际货协》和各该国国内规章办理。

我国国内有关订货及运输部分，处理联运进口货物的工作主要包括联运进口货物在发运前编制运输标志；审核联运进口货物的运输条件；向国境站寄送合同资料；国境站的交接、分拨、进口货物交付给收货人及运到逾期计算等。

（1）联运进口货物运输标志的编制。运输标志又称唛头（Mark），一般印制在货物外包装上。我国规定联运进口货物在订货工作开始前，由经贸部统一编制向国外订货的代号，作为收货人的唛头，各进口公司必须按照统一规定的收货人唛头对外签订合同。

（2）进口货物的运输条件是合同不可缺少的重要内容，因此，必须对其认真审核，使之符合国际联运协定和国内有关的规章。审核联运进口货物运输条件的内容包括：收货人唛头是否正确；商品品名是否准确、具体；货物的性质和数量是否符站的办理种别；包装是否符合有关规定等。

（3）向国境站寄送合同资料。合同资料是国境站核放货物的重要依据，各进口公司在贸易合同签字后，要及时将一份合同中文抄本寄给货物进口口岸的外运分公司。合同资料包括合同的中文抄本及其附件、补充书、协议书、变更申请书、更改书和有关确认函电等。

（4）联运进口货物在国境站的交接与分拨。

① 联运进口货物交接的一般程序。联运进口货物和交接程序与出口货物的交接程序基本相同。其做法是如下。

进口国境站根据邻国国境站货物列车到达后，铁路会同海关接车，由双方铁路进行票据交接，然后将车辆交接单及随车带交的货运票据呈交接所，交接所根据交接单办理货物和车辆的现场交接。海关则对货物列车执行实际监管。我国进口国境站交接所通过内部联合公办，开展单据核放、货物报关和验关工作，然后有铁路负责将货物调往换装线，进行换装作业，并按流向编组向国内发运。

② 联运进口货物交接中的几个问题。

a. 进口合同资料。进口合同资料是国境站核放货物的唯一依据，也是纠正并处理进口货物运输出现错乱的重要资料。口岸外运公司在收到合同资料后，如发现内容不齐全，有错误，字迹不清，应迅速联系有关进出口公司修改更正。

联运进口货物抵达国境站时，口岸外运公司根据合同资料对各种货运单证进行审核，只有单、证、票、货完全相符，才可核放货物。

b. 联运进口货物变更到站和变更收货人工作。国际铁路联运进口货物，根据发货人和收货人的需要可以提出运输变更。运输变更申请应由发货人或收货人提出。联运进口货物变更到站、变更收货人时，首先应通过有关进出口公司向国外发货人提出。在国外发货人不同意办理变更时，可向国境站外贸运输机构申请，在国境站办理变更。联运进口货物变更的受理，应在货物到达国境站前。如由收货人申请变更到站和收货人，则只可在货车开至到达国进口国境站且货物尚未从该站发出时提出变更。

c. 联运进口货物的分拨与分运。对于小额订货（具有零星分散的特点）、合装货物和混装货物，通常以口岸外运分公司作为收货人。因此，在双方国境站办妥货物交接手续后，口岸外运分公司应及时向铁路提取货物，开箱分拨，并按照合同缮制有关货运单证，向铁路重新办理托运手续。在分运货物时，必须做到货物包装牢固，单证与货物相符，并办清海关申报手续。如发现货损货差，属于铁路责任的，必须有铁路出具商务记录。如属发货人责任，则由各有关进出口公司向发货人提出赔偿。

7.1.5 对我国香港地区的铁路货物运输

1. 对我国香港地区运输的特殊性

内地对香港地区的铁路运输，概括起来有 3 个特点。

（1）商品结构的特殊。运往中国香港的商品，以鲜活冷冻商品为主。香港地少人多，资源贫乏，居民所需的副食品绝大部分依赖进口。香港毗邻内地，又具传统的民族习惯，所以鲜活冷冻商品主要由内地供应。鲜活冷冻商品对运输条件的要求高，沿途管理难度大，如要求运输速度快，以减少残次死亡率；需用特殊车辆运输；对活动物要求有押运人进行押运，沿途还要进行特殊作业。

（2）贸易方式的特殊性。鉴于香港市场的特殊性——人多、地少、仓租费用高、市场容量有限等，内地对港澳地区的出口贸易采用配额加出口许可证的办法进行管制。目前内地对香港地区的出口相当数量的商品，由驻港机构根据港澳市场的需求和销售情况来安排供货。以控制香港地区市场的到货数量。对香港地区市场供货在数量、时间和质量上的要求极高。提供香港地区的商品要及时。不早不晚，不多不少，优质、适量、均衡、应时。

（3）运输方式的特殊性。对香港地区的铁路运输，不同于国际联运，更不同于一般的国内运输，而是一种特定的运输方式。对香港地区的铁路运输是按国内运输办理的，但又不是一般的国内运输，全过程由两部分组成，即内地铁路运输和香港段铁路运输。货车到达深圳后，要过轨至香港，继续运送至香港九龙车站。内地铁路与香港铁路不办理直通联运，因此就形成了现行的运输方式，即发送地以国内运输向铁路办理托运运至深圳北站，收货人为深圳外运分公司，深圳外运分公司作为各外贸发货单位的代理与铁路办理租车手续，并付给租车费，办理货车过轨去香港。货车过轨后，香港中旅货运有限公司作为深圳外运分公司港段代理在港段重新起票，托运至九龙。由此可见，对香港地区铁路运输的特点是“租车方式、两票运输”。由于内地铁路运单不能在香港办理结汇，目前的做法是：各地外运分公司以运输承运人的身份向外贸单位提供经深圳中转香港的“承运货物收据”（Cargo Receipt），并以此作为向银行办理结汇的凭证。

知识链接

1962 年，国家对外经济贸易部和铁道部为适应供应港澳鲜活商品“优质、适量、均衡、应时”的要求，共同开创了编号为 751、753 及 755（现分别改为 82751、82753、82755 次）的三趟快车，分别自上海、郑州、武汉三地始发，每日满载供港的鲜活商品，经深圳运抵香港。由于“定期、定班、定点”每日开行三趟，所以都习惯称其为“三趟快车”。此前，内地输港鲜活商品靠零散货物列车运送，运载时间长，作业环节多，线路不固定，设施不配套，因此沿途活畜禽死亡率很高，鲜果时蔬多腐烂。而“三趟快车”开行以后，铁路部门制订了一系列特殊政策，如“一保（保车源）三优先（优先配车、优先装货、优先挂运）”，除了中途加水外，沿途不停直抵香港，使运输时间缩短了2/3，保证了鲜活货物“优质、适量、均衡、应时”地供应港澳地区。高峰期时，笋岗—清水河仓库区一天就有来自湖南、新疆等的牛羊猪等5 000头，鸡鸭鹅等禽类则达到三四万只。20世纪90年代初，区内曾一度容纳了120多栋标准仓库，年货物吞吐量最高时达400万～500万吨，成为全国最大的多功能商业化仓库区，被誉为“中华第一仓”，为国家外贸进出口和保障香港地区活鲜产品供应做出过巨大贡献。一直以来，香港媒体都亲切地称呼“三趟快车”为“香港同胞的生命线”，它就像一根动脉，把香港和祖国大陆紧紧地联系在一起。随着国内现代物流的蓬勃发展，深港两地通关进一步便利化，尤其是20世纪90年代后期以来，深港公路口岸快速通关模式加速推广，供港澳地区鲜活产品的出口逐渐从铁路运输转向公路运输，时间更短、成本更低，铁路“三趟快车”逐步退出了现代物流的舞台。而今，在很多人的眼里，“三趟快车”已演化成一种概念化的名称，不再限指三趟供港活口列车，而是泛指通过铁路、公路等各种运输方式的所有内地供港的鲜活产品，这么说来，“三趟快车”已经由当初的每天三趟，变成现在的每天“N趟”，成为祖国人民与香港同胞血肉相连的历史见证和无形丰碑。

2. 对香港地区铁路货物运输的一般程序

目前，对香港地区铁路货物运输，一般包括以下步骤。

（1）发货地的外运分公司或外贸公司向内地铁路局办理从发货地至深圳北站的国内铁路运输的托运手续，填写国内铁路运单。

（2）发货地的外运分公司或外贸公司委托深圳外运分公司办理接货、报关、查验、过轨等中转运输手续。预寄的单证和装车后拍发的起运电报是深圳外运分公司组织运输的依据（如发货地具备报关条件，也可在发货地报关）。

（3）深圳外运分公司接到铁路的到车预告后，抽出事先已分类编制的有关单证加以核对，并抄送香港中旅货运有限公司以备接车。

（4）货车到达深圳北站后，深圳外运分公司与铁路进行票据交接，如单证齐全无误，则向铁路编制过轨计划；如单证不全，或者有差错，则向铁路编制留站计划。准备过轨的货车，由深圳外运分公司将出口货物报关单或监管货物的关封连同货物运单送海关申报，经海关审查无误，即会同联检单位对过轨货车进行联检。联检通过后，海关即放行。

（5）香港中旅货运有限公司向港段海关报关，并在罗湖车站向九广铁路公司办理起票手续，港段铁路将过轨货车运到九龙车站交中旅货运有限公司卸货。

3. 对香港地区铁路货物运输的主要单证、电报

单证、电报是深圳外运分公司和香港中旅货运有限公司接受委托组织运输的依据。如凭证、电报迟到或有错，货车就不能及时过轨，造成在深圳口岸留站压车，不仅商品不能及时出运，而且增加租车费用，严重时甚至造成堵塞。因此，供港货物的单证、电报要求必须做到：份数齐全、填写准确和寄拍及时。

（1）供港货物委托。供港货物委托书是供港铁路运输最基本的也是必备的单证之一，是发货人向深圳外运分公司和香港中旅货运有限公司委托办理货物运转、报关、接货等工作的依据，也是向发货人核算运输费用的凭证。

（2）出口货物报关单。出口货物报关单是发货人向海关申报的依据。

（3）起运电报。深圳口岸和驻港机构接到起运电报后可以及时做好接运准备，必要时，还可以起运电报作为补制单证的依据，这是供港运输的必备文件。发货人必须在货物装车后 24 小时内向深圳外运分公司拍发起运电报，如在广州附近装车，应以电话通知深圳外运公司。货物发运后，如对原委托书、报送单及起运电报的内容有所更改时，发货单位应立即以急电或电话及时通知深圳外运分公司。

（4）承运货物收据。图 7.1 所示的承运货物收据是为了解决各外贸专业公司结汇的需要，各地外运分公司以运输承运人的身份向各外贸专业公司提供经深圳口岸中转至香港的“承运货物收据”，并以此作为向银行结汇的重要凭证和香港收货人提货的凭证。

签发承运货物收据主要依据委托书和内地铁路运单的领货凭证。除以上单证外，还有商检证书、文物出口证明书、内地铁路运单等单证。

承运货物收据

中国对外贸易运输公司上海分公司
承运货物收据
CARGO RECEIPT
第一联 （凭提货物）

运编 No. ________
发票 No. ________
合约 No. ________

委托人： Shipper:	银行： Bank: 通知： Notify:

自 from 上海 SHANGHAI 经由 Via 深圳 SHENZHEN 至 To 香港 HONGKONG

发据 / 装车 日期： 车号：Car No.

标　记 Marks & No.	件　数 Packages	货物名称 Description of Goods	附　记 Remarks

运费交付地点 Freight Payable 全 程 运 费 在 上 海 付 讫	请向下列地点接洽提取货物 For Delivery apply to: 香港中国旅行社有限公司 CHINA TRAVEL SERVICE (H.K) LTD. 37. QUEEN’S ROAD CENTRAL. 1ST.FLOOR HONGKONG

中国对外贸易运输公司上海分公司

押汇银行签收 Bank’s Endorsement　　收货人签收 Consignee’s Endorsement

图 7.1 承运货物收据

4. 对香港地区铁路货物运输费用的计算

我国内陆对香港地区的铁路运输分为两阶段来完成。因此，运费是按内地铁路运费和香港地区铁路分别计算的。

（1）内地段铁路运费的计算与核收。

① 内地段（从发站到深圳北站）铁路运输费用的计算和核收按铁道部制定的《铁路货物运价规则》为依据，其运输计算和计费重量的确定方法可参照国际铁路货物联运国内段运送费用的计算和核收的处理。但运送费用实行“一次起票，分段计算，两端核收”的方法。其中，大陆发站至广州北站的运费按铁道部制定的《铁路货物运价规则》计算。而广州北站至深圳北站的运送费用的计算，先按铁道部制定的《铁路货物运价规则》计算出一个运费额，然后再加成50%计收。

计算公式如下

运费=[（发到基价+运行基价×运价公里）]×计费重量

② 深圳口岸有关费用。深圳北站有关费用：包括货车租用费和货物装卸费。其中货车租用费按《铁路货物运价规则》的规定计算；货物装卸费按当地物价部门批准的装卸费率核收。

③ 深圳外运分公司有关费用：包括整车和零担出口劳务费和仓储费。

（2）我国香港段铁路运送费用的计算和核收。

① 我国香港段铁路运送费用包括：铁路运费、香港段终点调车费、卸车费即香港段劳务费等。以上各项费用均按港元计算。

② 我国香港段铁路运费计算程序：

a. 按商品名称找出运费等级；

b. 运费等级查出相应的运费率，再与车皮标重相乘即为该货物的铁路运费；

c. 香港段铁路运费计算公式

运费=等级运价率×车皮标重（吨）

7.2 国际公路运输

7.2.1 公路运输概述

公路运输是现代化运输的主要方式之一，如同铁路运输和其他运输一样，在整个运输领域占有重要的地位。在国际贸易货物运输中，公路运输既是一种独立的运输方式，又是连接车站、港口和机场，集、疏外贸货物的重要手段，更是“门到门”运输不可或缺的一部分。

1. 公路运输的特点

（1）机动灵活，适应性强：由于公路运输网一般比铁路网和水路网的密度要大十几倍，分布面也广，因此公路运输车辆可以“无处不到、无时不有”。公路运输在时间方面的机动性也比较大，车辆可随时调度、装运，各环节之间的衔接时间较短。尤其是公路运输对客、货运量的多少具有很强的适应性，汽车的载重吨位有小（0.25～1t）有大（200～300t），既可以单个车辆独立运输，也可以由若干车辆组成车队同时运输，这一点对抢险、救灾工作和军事运输具有特别重要的意义。

（2）可实现“门到门”直达运输：由于汽车体积较小，中途一般也不需要换装，除了可沿分布较广的路网运行外，还可离开路网深入到工厂企业、农村田间、城市居民住宅等地，即可以把旅客和货物从始发地门口直接运送到目的地门口，实现“门到门”直达运输。这是其他运输方式无法与公路运输比拟的特点之一。

（3）在中、短途运输中，运送速度较快：在中、短途运输中，由于公路运输可以实现“门到门”直达运输，中途不需要倒运、转乘就可以直接将客货运达目的地，因此，与其他运输方式相比，其客、货在途时间较短，运送速度较快。

（4）原始投资少，资金周转快：公路运输与铁、水、航运输方式相比，所需固定设施简单，车辆购置费用一般也比较低，因此，投资兴办容易，投资回收期短。据有关资料表明，在正常经营情况下，公路运输的投资每年可周转 1～3 次，而铁路运输的投资则需要 3～4 年才能周转一次。

（5）掌握车辆驾驶技术较易：与火车司机或飞机驾驶员的培训要求来说，汽车驾驶技术比较容易掌握，对驾驶员的各方面素质要求相对也比较低。

（6）运量较小，运输成本较高：目前，世界上最大的汽车是美国通用汽车公司生产的矿用自卸车，长 20 多米，自重 610 吨，载重 350 吨左右，但仍比火车、轮船少得多；由于汽车载重量小，行驶阻力比铁路大 9～14 倍，所消耗的燃料又是价格较高的液体汽油或柴油，因此，除了航空运输外，就是汽车运输成本最高了。

（7）运行持续性较差：据有关统计资料表明，在各种现代运输方式中，公路的平均运距是最短的，运行持续性较差。如我国 1998 年公路平均运距客运为 55km，货运为 57km，铁路客运为 395km，货运为 764km。

（8）安全性较低，污染环境较大：据历史记载，自汽车诞生以来，已经吞吃掉 3 000 多万人的生命，特别是 20 世纪 90 年代开始，死于汽车交通事故的人数急剧增加，平均每年达 50 多万人。这个数字超过了艾滋病、战争和结核病人每年的死亡人数。汽车所排出的尾气和引起的噪声也严重地威胁着人类的健康，是大城市环境污染的最大污染源之一。

2. 国际公路货物运输公约和协定

国际公路货物运输合同公约(CMR)是由联合国所属的欧洲经济委员会负责起草，欧洲 17 个国家于 1956 年 5 月 19 日签订于日内瓦的一份公约，又称日内瓦公约。该公约旨在统一公路运输所使用的单证和承运人的责任，共有 12 章 51 条，其内容包括公约的适用范围、承运人的责任、合同的签订与履行、索赔与诉讼及连续承运人履行运输的规定等。

7.2.2 国际公路运输业务

1. 公路货物运输合同的签订

在公路国际货运业务中，运单即是运输合同，运单的签发则是运输合同成立的体现。《国际公路货物运输合同公约》中对运单所下的定义是：运单是运输合同，是承运人收到货物的初步证据和交货凭证。国际汽车联运货物运单一式三份，都需要发货人和承运人签字或盖章，一份交给发货人；一份随货同行，作为通关及交接的凭证；一份由承运人留底。国际汽车联运货物运单共计 22 个栏目，填写时要求用钢笔或圆珠笔清楚填写，或者打印，或者盖戳记。

2. 货物的发运

（1）发运的货物要和运单记载的内容一致，不得夹带、隐瞒与运单记载不符的货物。需办理准运或审批、检验手续的货物，发货人应将其交承运人并随货同行。

（2）货物的包装要符合运输要求，没有约定或者约定不明确的，可以协议补充。

（3）运输过程中需要饲养、照料的动植物、尖端精密产品，稀有珍贵物品、文物等发货人要派人随车押运。大型特定货物、危险货物、归宗物品是否押运，发货与承运双方要进行协商。除上述货物外，发货人要求押运时，需经承运人同意。押运人的情况应填写在运单上。有押运人时，运输途中发生的货损、货差，承运人不负责赔偿责任。

3. 货物的承运和交接

（1）运输路线由承运人和发货人共同确定，一旦确定不得随意更改。如果承运人不按约定路线运输，额外费用由承运人自己承担。

（2）运输期限由承运人和发货双方共同约定并在运单上注明，承运人必须在规定期限内到达。

（3）承运人在运输约定货物之前要对货物核对，如果发现货物和运单不符或者可能会给运输带来危险的，不得办理交接手续。

（4）货物运达目的地之前，承运人要及时通知收货人做好交接手续。如果是运输到国外，则由发货人通知；如果是零担货物，在货到 24 小时内通知。

（5）承运人与发货人之间的交接，如果货物单件包装，则按件交接；如果采用集装箱及其他有封志的运输方式，按封志交接；如果是散装货则按磅交接或双方协商方式交接。

（6）货物运达目的地后，收货人应凭借有效单证接受货物，不得无故拒绝接收，否则承担一切损失。涉外运输如发生上述情况，应由发货人解决并赔偿承运人的损失。

（7）货物在交给收货人时，双方对货物的重量或者内容有疑义，均可以提出查验或者复核，费用由责任方承担。

4. 货物的保险与保价运输

货物运输有两种投保方式：货物保险运输和货物保价运输。采取自愿投保的原则，由发货人自行确定。货物保险由发货人向保险公司投保，也可以委托承运人代办。货物保价运输是指保价货物办理承运手续，在发生货物赔偿时，按发货人声明价格及货物损坏程度予以赔偿的货物运输。发货人按一张运单发生的货物只能选择保价或不保价。发货人选择货物保价运输时，申报的货物价值不得超过货物本身的实际价值，保价运输为全程保价，按一定比例收取保价费。

5. 运输合同的变更与解除

（1）允许变更和解除的情况。

① 不可抗力因素。

② 因合同当事人一方原因，在合同约定的期限内无法履行运输合同的。

③ 合同当事人一方违约，导致合同不可能或者没有必要履行的。

④ 合同当事人协商同意解除或变更合同的，可以变更或解除；如果是承运人提出的，承运人要退还已经收取的费用。

（2）发货人提出变更和解除合同。在货物没有交付收货人之前，发货人可以要求终止运输，返还货物，变更目的地或者要求把货物教给其他收货人，但应当赔偿承运人因此遭受的损失。

（3）不可抗力因素下的变更和解除。如果因为不可抗力因素，导致货物在运输中守阻，发生了装卸、接运、保管等费用，则：

① 所有费用由发货人承担，承运人要退回未完的运输费用。

② 回运时，回程运费免收。

③ 发货人要求绕道运输，额外费用按实际收取。

④ 货物在受阻地需要存放，报关费用由发货人负担。

（4）逾期提货。货物到达目的地后，承运人知道收货人的，应及时通知收货人，收货人逾期提货的，应当支付承运人保管费用。收货人不明或收货人无正当理由拒绝受领货物的，依照我国《合同法》规定，承运人可以提存货物。

7.2.3　国际公路货物运输公约和规则

1. 国际公路货物运输合同公约

国际公路货物运输合同公约（CMR）是由联合国所属的欧洲经济委员会负责起草，欧洲 17 个国家于 1956 年 5 月 19 日签订于日内瓦的一份公约，又称日内瓦公约。该公约旨在统一公路运输所使用的单证和承运人的责任，共有 12 章 51 条，其内容包括公约的适用范围、承运人的责任、合同的签订与履行、索赔与诉讼及连续承运人履行运输的规定等。改革开放以来，我国与周边国家签订了许多出入境汽车运输的双边或多边的政府协定，为了与国际公路运输惯例接轨，有必要了解国际公路货物运输合同公约的有关内容。

（1）运输合同的签订。运输合同以签发运单来确认，但无运单、运单不正规或丢失不影响运输合同的成立或有效性。

（2）承运人的责任。

① 承运人的责任期间：承运人的责任期间为自接管货物时起至交付货物时止。

② 承运人的责任：承运人对整个运输过程中发生货物全部灭失或部分灭失、货物的损坏及货物的延迟交付负责。因承运人用于运输的车辆状况不良，或因向承运人出租车辆的人（或出租车辆人的代理人、受雇人）的错误行为或过失引起的货物灭失或损坏，应由承运人负责。如一份运输合同需由多个公路承运人来完成，则每一个承运人都应对运输全过程负责，第二承运人和每一个连续承运人在接受货物和运单时，自动成为该运输合同的当事人。但由于下列原因造成的货物灭失、损坏或延迟，承运人不予负责：

a. 索赔人的错误行为或疏忽，或执行了索赔人的错误指示（但承运人应负举证责任）；

b. 货物的固有缺陷；

c. 货物的包装不善，包装上的标志或号码不足或不当；

d. 合同中明确规定使用无盖敞车；

e. 发货人、收货人或其代理人对货物进行搬运、装载、积载和卸载；

f. 承运活动物。

（3）索赔和诉讼。

① 货运事故赔偿。

a. 货物发生全部灭失或部分灭失时，承运人的赔偿参照接运地点和时间及货物的价值进行计算。货物的价值应根据商品交易所价格计算；如无此种价格，则根据当时市价计算；如既无交易所价格，又无当时市价，则参照同类、同品质货物的通常货价计算。如货物全部灭失，承运人还应全部偿还运输费用、关税及同货物运输有关的其他费用；如货物部分灭失，则按灭失部分的比例赔偿。货物赔偿额不得超过毛重每千克 25 法郎。

b. 由于延迟交货而引起的货物损坏，承运人承担的最高赔偿额不超过全部运输费用的总和。

c. 如果货物损坏，承运人应对货物降低价值的部分负责赔偿。但如果整票货物损坏，其赔偿不得超过在全部灭失情况下所支付的金额；如果部分货物损坏，其赔偿不得超过在部分灭失情况下所支付的金额。

② 索赔时效。

a. 收货人在提取货物时，如果出现以下 3 种情形：收货人未与承运人及时检验货物状况；货物有明显的灭失或损坏，但未迟延交货；货物灭失或损坏不明显，在交货后七日内（星期日或节假日除外），收货人未向承运人就灭失或损坏状况提出保留性说明，则收货人接收货物的事实，即应作为其收到运单上所载明的货物的初步证据。如果货物灭失或损坏不明显，则其保留性说明应以书面形式作出。

b. 在收货人与承运人就货物状况作了及时检验之后，如果货物灭失或损坏不明显，只有在收货人自检验货物时起 7 日内（星期日和节假日除外），及时以书面形式提出保留意见的情况下，与检验结果相反的证据的提出才会被接受。

c. 在自货物交付收货人处置时起 21 天内，如果收货人没有向承运人提出书面保留意见，则对延迟交货不予赔偿。

③ 诉讼时效。按照该公约货物运输所引起的诉讼，其诉讼时效为一年。但在下列情况下，诉讼时效为三年。

a. 故意的不当行为。

b. 根据受理案件的法院或法庭地的法律，过失与故意的不当行为相等同的时候，诉讼时效期限起算时间为：如果货物系部分灭失，损坏或交货延迟，自交货之日起算；如果货物系全部灭失，自合同规定的交货期限届满后第 30 天起算，如无规定交货期限，则从承运人接管货物之日第 60 天起算。在其他所有情况下，自运输合同订立后满三个月时起算，时效期间开始之日不计算在内。

时效期限可因提出书面索赔而中止，直至承运人以书面通知拒绝索赔并将所附单据退回之日为止。如索赔的一部分已被承认，则对有争议部分的索赔恢复时效期限。诉讼时效期限的延长应由受理案件的法院或法庭地的法律决定。

2. 《关于在国际公路运输手册担保下进行国际货物运输的海关公约》（简称TIR公约）

为改造运输环境，便于国际间货物的公路运输，简化和统一管理过境运输手续，1975 年，一些国家于日内瓦签订了《关于在国际公路运输手册担保下进行国际货物运输的海关公约》。TIR 公约包括总则、签发 TIR 手册担保团体的义务、TIR 手册担保下的货物运输、违章处罚等内容，共 7 章 64 条。TIR 公约适用于用公路车辆、组合车辆或集装箱运载的货物，在缔约国间从起运地海关至目的地海关，通过一国或一国以上的边境而中途无须换装的运输。公路运输承运人，如持有 TIR 手册，其集装箱货物在海关签封下，由发运地至目的地的中途可不受检查、不支付关税，也可不提供押金。此种 TIR 手册由有关国家政府批准的运输团体发行，必须保证监督其所属运输企业遵守海关法规和其他规则。

模拟实训

实训主题：铁路运费欠费引发留置货物纠纷案。

实训地点：教室。

实训目的：运用所学知识，分析铁路运输的有关业务问题。

【背景材料】

1996 年 12 月 30 日，某运输公司与日本 ITS 公司达成一份运输协议，约定由运输公司负责日本——中亚的国际货物多式联运的中国境内段铁路运输。而在此之前，ITS公司已与日本丰田公司达成由ITS公司负责日本——中亚汽车配件多式联运运输的协议。

2000年10月至2001年3月，ITS公司拖欠运输公司运费共计113 220.00美元。2001年年初，运输公司获悉ITS公司经营状况恶化时，及时将未过境的5个集装箱（内装日本丰田汽车公司的汽车配件）拦截在阿拉山口，中止运输，并要求ITS公司尽快支付拖欠的运费，否则将不再负责该批货物的运输，并可能采取措施对货物进行处置。2001年5月22日，运输公司收到日本ITS公司的代理人寄来的债权人通知。通知中表明：ITS公司已经向东京地方法院申请破产，且法院已受理。2001年5月24日，ITS公司传真运输公司对于所欠运费给予确认，但表示无力偿还。2001年6月6日，日本东京法院正式宣布ITS公司破产，并将《宣布破产通知书》和债权申请书寄给运输公司。

日本丰田公司认为：作为多式联运托运人的丰田公司已将运费支付给ITS公司，对此ITS公司也给予确认。运输公司无权扣留其货物。

运输公司认为，由于TIS公司对运输公司而言也是托运人，ITS公司未能及时支付运输公司运费，运输公司有权中止运输，至于货物的真正所有权人是谁与运输公司无关，丰田公司与运输公司没有任何的合同关系。

【过程设计】

（1）指导教师布置学生课前预习阅读案例。

（2）将全班同学平均分成小组，按每组5～6人进行讨论。

（3）指导教师对小组讨论过程和发言内容进行评价总结，并讲解本案例的分析结论。（先评定小组成绩，在小组成绩中每一个人参与讨论占小组成绩的40%，代表发言内容占小组成绩的60%。）

（4）根据“阅读资料”分析运输公司、丰田公司、ITS公司三者之间的法律关系？

综合练习

一、单项选择题

1. 以下（　　）国际铁路联运规章只适用于铁路本身。

A. 国际货协　　B. 统一货价　　C. 货协细则　　D. 国境铁路协定

2. 我国铁路滨绥线的终点站是（　　）车站。

A. 满洲里　　B. 二连站　　C. 阿拉山口站　　D. 绥芬河车站

3. 我国通往邻国的铁路干线的货物需要在国境站换装后，才能运送到国外的铁路线是（　　）。

A. 滨洲线　　B. 梅集线　　C. 集二线　　D. 北疆线

二、名词解释

1. 国际铁路联运；2. 国际铁路联运运费；3. 国境站；4. 国际公路运输。

三、问答题

1. 国际铁路货物联运办理种别有哪些？
2. 国际铁路货物联运出口货物运输工作流程包括哪些方面？
3. 对香港地区运输的特殊性有哪些？
4. 公路运输的特点有哪些？

第8章

国际多式联运业务

相关网站

（1）http://www.greenroad.com.cn/　上海格林福德国际货物运输代理有限公司

（2）http://www.dslyw.com/index.html　深圳冠宇通集团

（3）http://class.wtojob.com/class94_8446.shtml　国际多式联运公约

（4）http://www.ciffic.org/　国际货运代综合服务网

案例导读

多式联运经营人对其国外代理失误承担责任

2013 年 1 月，陕西某多式联运经营人从南斯拉夫通过大陆桥运输进口家具，家具装载于 8 个 20 英尺的集装箱内，第一批货为 4 个集装箱，于 2 月 21 日抵达集装箱站，而另外 4 个集装箱却迟迟不见。后经多次查找方知，由于国外代理制单错填到站名，将货错发至上海。当时上海正遭遇洪水灾害，7 月 25 日收到货后，打开集装箱后发现大部分家具已被水浸泡、破损，不能使用。

启示：造成货损货差甚至灭失的原因在于国外代理（多式联运被委托人）工作失误，人为造成的损失，如家具错发，若代理未将运单到站名写错，就不会造成货物破损。而多式联运经营人在事件发生的始终，一直在尽力查找，尽职尽责。但是，根据《多式联运公约》条款规定，多式联运经营人应对货物运输的全过程负责，理应赔偿由此给收货人带来的损失。同时，由于发生货损及灭失的原因在国外代理一方，多式联运经营人也应向国外代理进行追偿。

8.1 国际多式联运概述

8.1.1 国际多式联运的定义与特征

1. 国际多式联运的定义（multimodal transport）

国际多式联运是一种以实现货物整体运输的最优化效益为目标的联运组织形式。它通常是以集装箱为运输单元，将不同的运输方式有机地组合在一起，构成连续的、综合性的一体化货物运输。通过一次托运、一次计价、一份单证、一次保险，由各运输区段的承运人共同完成货物的全程运输，即将货物的全程运输作业一个完整的单一运输过程来安排。

根据 1980 年《联合国国际货物多式联运公约》（简称《多式联运公约》）及 1997 年我国交通部和铁道部共同颁布的《国际集装箱多式联运管理规则》的定义，国际多式联运是指“按照多式联运合同，以至少两种不同的运输方式，由多式联运经营人将货物从一国境内接管货物的地点运至另一国境内指定地点交付的货物运输”。

（1）必须具有一份多式联运合同。该运输合同是多式联运经营人与托运人之间权利、义务、责任与豁免的合同关系和运输性质的确定，也是区别多式联运与一般货物运输方式的主要依据。多式联运经营人负责完成和组织完成货物的全程运输，并一次性收取全程运费。

（2）必须使用一份全程多式联运单证。全程多式联运单据是证明多式联运合同及多式联运经营人已接收货物并按合同条款交付货物的单据。该单证应满足不同运输方式的需要，并按单一运费率计收全程运费。

（3）必须是至少两种不同运输方式的连续运输。国际多式联运全程运输中至少使用两种不同的运输方式，而且是不同运输方式、不同运输区段的连续运输。这里所指的至少两种运输方式可以是海—陆、陆—空、海—空等，这与一般海海、陆陆、空空的联运有着本质的区别。后者是联运，但仍是一种运输工具之间的运输方式，不属于完整的多区联运。

（4）必须是多式联运经营人对全程单一负责制。多式联运经营人在多式联运业务中作业总承运人对货主负有履行合同的责任，并承担自接管货物起至交付货物时止的全程运输责任，以及对货物在运输途中灭失、损失或延迟交货所造成的损失负赔偿责任。该多式联运经营人不仅是订立多式联运合同的当事人，也是多区联运单证的签发人。当然，在多式联运经营人履行多式联运合同所规定的运输责任的同时，可将全部或部分运输委托他人（分承运人）完成，并订立分运合同。但分运合同的承运人与托运人之间不存在任何合同关系。

（5）必须是国际间的货物运输。这是区别于国内货物运输和是否适合国际法规的限制条件。意思就是说，在国际多式联运中，必须是跨越国境的一种国际间的货物运输。

由此可见，国际多式联运的主要特点是，由多式联运经营人对托运人签订一个运输合同统一组织全程运输，实行运输全程一次托运，一单到底，一次收费，统一理赔和全程负责。它是一种以方便托运人和货主为目的的先进的货物运输组织形式。

2. 国际多式联运与一般国际运输的区别

（1）海关验收的手续不同。一般国际货物运输交货地点大都在装货港，目的地大多在卸货港，因而办理包裹和通过手续都是在货物进出境的港口。而国际多式联运货物的起运地大都在内陆城市，因此，内陆海关只对货物办理转关监管手续，有出境地的海关查验放行。进口货物的最终目的地如为内陆城市，进增港口的海关一般不进行查验，只办理转关监管手续，待货物到达最终目的地时由当地海关查验放行。

（2）信用证上的条款不同。根据多式联运的需要，信用证上的条款应有以下三点变动。

① 向银行议付时不能使用航运公司签发的已装船清洁提单，而应凭多式联运经营人签发的多式联运提单，同时应注明该提单的抬头如何制作，应明确可否转让。

② 多式联运一般采用集装箱运输（特殊情况除外），因此，应在信用证上增加指定采用集装箱运输条款。

③ 如不由银行转单，为方便收货人或代理人能尽早取得货运单证，加快在目的港（地）提货的速度，则应在信用证上加列“装船单据由发货人或由多式联运经营人直接寄收货人或其代理人”条款。如由多式联运经营人寄单，发货人出于议付结汇的需要应由多式联运经营人出具一份“收到货运单据已寄出”的证明。

（3）多式联运提单的适用性与可转让性与一般海运提单不同。一般海运提单只适用于海运，从这个意义上说，只有当海运与其他运出方式相结合时才适用多式联运提单。多式联运提单把海运提单的可转让性与其他运输方式下的运单的不可转让性合并在一起。因此，多式联运经营人根据发货人的要求既可签发可转让多式联运提单，也可签发不可转让的多式联运提单。

（4）货物单证的内容与制作方法不同。国际多式联运大都是“门到门”运输，故货物于装船（或装车、装机）后应同时由实际承运人签发提单货运单，多式联运经营人签发多式联运提单。这是多式联运提单与任何一种单一的国际货运方式的根本不同之处。在此情况下，海运提单或运单中的发货人，应为多式联运经营人，收货人及通知方一般应为多式联运经营人的国外分支机构或其代理人；多式联运提单上的发货人和收货人则是真正的、实际的发货人和收货人。

（5）手续办理不同。采用一次付费、一次托运、一单到度、统一理赔的运输方法，多式联运形式可实现发货人和收货人一体化，为货主简化办理货运手续提供了极大的方便。

8.1.2 国际多式联运的优越性

国际多式联运是一种比区段运输高级的运输组织形式，20世纪60年代末美国首先试办多式联运业务，受到货主的欢迎。随后，国际多式联运在北美、欧洲和远东地区开始采用；20世纪80年代，国际多式联运已逐步在发展中国家实行。目前，国际多式联运已成为一种新型的主要的国际集装箱运输方式，受到国际航运界的普遍重视。1980年5月，在日内瓦召开的联全国国际多式联运公约会议上产生了《联合国国际货物多式联运公约》。该公约将在30个国家批准和加入一年后生效，将对今后国际多式联运的发展产生积极的影响。

国际多式联运是今后国际运输发展的方向，这是因为开展国际集装箱多式联运具有许多优越性，主要表现在以下几个方面。

（1）简化托运、结算及理赔手续，节省人力、物力和有关费用。在国际多式联运方式下，无论货物运输距离有多远，由几种运输方式共同完成，且不论运输途中货物经过多少次转换，所有一切运输事项均由多式联运经营人负责办理。而托运人只需办理一次托运，订立一份运输合同，一次支付费用，一次保险，从而省去托运人办理托运手续的诸多不便。同时，由于多式联运采用一份货运单证，统一计费，因而也可简化制单和结算手续，节省人力和物力，此外，一旦运输过程中发生货损货差，由多式联运经营人对全程运输负责，从而也可简化理赔手续，减少理赔费用。

（2）缩短货物运输时间，减少库存，降低货损差事故，提高货运质量。在国际多式联运方式下，各个运输环节和各种运输工具之间配合密切，衔接紧凑，货物所到之处中转迅速及时，大大减少货物的在途停留时间，从而从根本上保证了货物安全、迅速、准确、及时地运抵目的地，因而也相应降低了货物的库存量和库存成本。同时，多式联运通过集装箱为运输单元进行直达运输，尽管货运途中需经多次转换，但由于使用专业机械装卸，且不涉及箱内货物，因而货损货差事故大为减少，从而在很大程度上提高了货物的运输质量。

（3）降低运输成本，节省各种支出。由于多式联运可实行“门到门”运输，因此对货主来说，在货物交由第一承运人以后中取得货运单证，并据以结汇，从而提前了结汇时间。这不仅有利于加速货物占用资金的周转，而且可以减少利息的支出。此外，由于货物是在集装箱内进行运输的，因此从某种意义上来看，可相应节省货物的包装、理货和保险等费用的支出。

（4）提高运输管理水平，实现运输合理化。对于区段运输而言，由于各种运输方式的经营人各自为政，自成体系，因而其经营业务范围受到限制，货运量相应也有限。而一旦由不同的经营人共同对与多式联运，经营的范围可以大大扩展，同时可以最大限度地发挥其现有设备作用，选择最佳运输线路组织合理化运输。

（5）其他作用。从政府的角度来看，发展国际多式联运具有以下重要意义：有利于加强政府部门对整个货物运输链的监督与管理；保证本国在整个货物运输过程中获得较大的运费收入配比；有助于引进新的先进运输技术；减少外汇支出；改善本国基础设施的利用状况；通过国家的宏观调控与指导职能保证使用对环境破坏最小的运输方式达到保护本国生态环境的目的。

8.1.3　《联合国国际货物多式联运公约》简介

国际多式联运运输方式打破了传统的海、陆、空互不连贯的运输方式，于 20 世纪 50 年代后期在美国被使用，随后在美洲、欧洲和亚洲的一些地区推广使用。随着这种运输方式的发展，其优越性得到越来越充分的体现。为此，联合国贸易发展委员会会议为了适应并促进轨迹贸易和国际多式联合运输的发展，于 1980 年 9 月在日内瓦召开的国际多式联运公约会议上，经参加会议的 84 个贸易会议成员国讨论并一致通过产生了《联合国国际货物多式联运公约》（简称《多式联运公约》），对多式联运经营人、发货人的责任、索赔和诉讼、多式联运单据以及公约的适用范围和有关国家的管理权限等均做了详细的规定。

1. 对国际多式联运和多式联运经营人的规定

按照《多式联运公约》规定：“国际多式联运”为“按照多式联运合同，以至少两种不同的运输方式，由多式联运经营人将货物从一国境内接管货物的地点运往另一国境内指定的交付货物的地点。为履行单一方式运输合同而进行的该合同所规定的货物接送业务，不应视为国际多式联运。

《多式联运公约》规定：“多式联运经营人”是指“其本人或通过其代表与发货人订立多式联运合同的任何人，是事主，而不是发货人的代理人或代表或参加多式联运的承运人的代理人或代表，并且负有履行合同的责任。”

2. 对《多式联运公约》的适用范围的规定

《多式联运公约》规定：多式联运合同规定的多式联运经营人接管货物的地点是在一个缔约

国境内，或者是交付货物的地点是在一个缔约国境内，则《多式联运公约》的各项规定适用于两国境内各地之间的所有多式联运合同。

3. 对多式联运经营人的赔偿责任做了规定

在赔偿责任方面，主要规定了多式联运经营人赔偿责任期间、赔偿责任基础、赔偿责任限制，并对非合同索赔和责任限制权利的丧失做了相应的规定。

（1）赔偿责任期间。根据《多式联运公约》第十四条规定，多式联运经营人对货物的责任期间，是从其接管货物之时起到交付货物时为止。也就是货物在多式联运经营人掌管下这一期间。

（2）赔偿责任基础。根据《多式联运公约》第十六条规定，对经营人的赔偿责任采取推定过失或疏忽的原则，即除非多式联运经营人证明其本人或其受雇人或代理人为避免事故的发生及其后果已采取一切所能合理要求的措施，否则就推定联运经营人有疏忽或过失，就应对货物在其掌管期间发生的灭失、损坏或延迟交付负赔偿责任。

《多式联运公约》第十七条规定，如果货物灭失、损坏或延迟交付是由于多式联运经营人或其受雇人或代理人的过失或疏忽与另一原因联合而产生的，多式联运经营人仅在灭失、损坏或迟延交货可以归因于此种过失或疏忽的限度内负赔偿责任，但多式联运经营人必须证明那部分损失不是他的过失或疏忽造成的。

（3）赔偿责任限制。关于多式联运经营人赔偿责任限制，《多式联运公约》在第十八条，第十九条作了如下规定。

包括海运在内的联运，其赔偿责任以灭失或损坏的货物的每件或其他货运单位计不超过 9.20 计算单位的数额，或按毛重每千克计不超过 2.75 计算单位的数额，以较高者为准。

国际多式联运如不包括海运和内河运输在内，则多式联运经营人的赔偿责任按灭失或损坏货物毛重每千克不得超过 8.33 计算单位的数额为限。这是考虑到空运承运人、公路、铁路承运人对货损的赔偿责任应高于海运承运人的责任限额。

如果能够确定损失发生的运输区段，而该区段所适用的某项国际公约或强制性的国内法律所规定的赔偿限额高于多式联运公约规定的赔偿限额时，则适用该项国际公约或该国内法律规定。

多式联运经营人对迟延交货造成所负的赔偿责任限额，以相当于迟延交付货物应付运费 2.5 倍的数额为限，但不得超过多式联运合同规定的应付运费的总额。

如果多式联运经营人与发货人同意，可在多式联运单据中规定超过本公约所规定的赔偿限额。

关于货物计算单位在《多式联运公约》第三十一条做了详细规定。

多式联运经营人与发货人发生了货物运输的纠纷，应依据《多式联运公约》的规定进行处理。

（4）责任限制权利的丧失。根据《多式联运公约》第二十一条规定，如果有证据证明，货物的灭失、损坏或迟延交会是由于多式联运经营人有意成的及多式联运经营人有意欺诈，在单据上列有不实资料，或明知会引起损失而这毫不在意的轻率作为和不作为所造成的，则多式联运经营人无权享受本公约所规定的赔偿责任限制的权益。

4. 公约对多式联运单据的规定

根据《多式联运公约》规定，多式联运经营人在接管货物时，应向发货人签发多式联运单据。

并且规定："多式联运单据是指证明多式联运合同及证明经营人接管货物并负责按照合同条款交付货物的单据。"

8.2 国际多式联运业务

8.2.1 国际多式联运的主要业务流程

多式联运经营人从事多式联运业务时，大致需要经过受托申请→订立多式联运合同→空箱发货、提取及运送→出口报关→货物箱及接受货物→向实际承运人订舱及安排货物运送→办理货物保险→签发多式联运单证→组织完成货物的全程运输→办理运输过程中的海关业务→货物交付→货物事故处理等环节。

1. 接受托运申请、订立多式联运合同

多式联运经营人根据发货人提出的托运申请和自己的运输路线等情况，判断是否接受托运申请。如果能够接受，则双方协定有关事项后即可签订多式联运合同。

（1）国际多式联运合同的概念。国际货物多式联运合同是指"多式联运经营人凭以收取运费、负责完成或组织完成国际多式联运的合同"。该合同由多式联运经营人与发货人协议订立。

（2）国际多式联运合同的特点。多式联运合同具有如下特点。

① 多式联运合同是双方合同。合同双方均负有义务和享有权利。

② 多式联运合同是有偿合同。

③ 多式联运合同是不要式的合同。尽管可用多式联运提单证明，但提单不是运输合同，没有具体体现形式。

④ 有约束第三者性质，收货人不参加合同订立，但可直接获得合同规定的利益并自动受合同约束。

⑤ 有时包括接受委托、提供服务等内容不等，这些内容由双方议定。

（3）国际多式联运合同的订立。国际多式联运合同是处于平等法律师地位的国际多式联运经营人与发货人双方的民事法律行业，只有在双方表示一致时才能成立。与其他合同一样是双方的协议，其订立过程是双方协商的过程。

国际多式联运经营人为了揽取货物运输，要对自己的企业（包括办事机构地点等）、经营范围（包括联运线路、交接货物地域范围、运价、双方责任、权利、义务）等做广告宣传，并用运价本、提单条款等形式公开说明。发货人或他的代理人向经营多式联运的公司或其营业所或代理机构申请货物运输时，通常要提出货物（一般是集装箱货物）运输申请（或填写订舱单），说明货物的品种、数量、起运地、目的地、运输期限要求等内容，多式联运经营人根据申请的内容，并结合自己的营运路线，所能使用的运输工具及其班期等情况，决定是否接受托运。如果认为可以接受，则在双方商定运费用支付形式，货物交接方式、形态、时间、集装箱提取地点、时间等情况后，由多式联运经营人在交给发货人（或代理人）的场站并在副本联上签章，以证明接受委托。这时多式联运合同即告成立，发货人与经营人的合同关系已确定并开始执行。

2. 空箱的发放、提取及运送

多式联运中使用的集装箱一般是由多式联运经营人提供的，在表示接受委托之后，多式联运经营人签发提单给发货人或其代理人以保证其在商定的时间、地点提取空箱使用。发货人或其代理人按双方商定的内容及托运货物的实际情况填写场站收据，并在经营人编号、办理货物报关及货物装箱后，负责将重箱托运至双方商定的地点将货物交给多式联运经营人或指定的代理人（堆场或货运站），取得正本场站收据后到经营人处换取多处联运提单。如发货人委托也可由多式联运经营人办理从堆场到装箱地点的空箱托运（这种情况需加收空箱托运费）。如果是拼箱货（或是整箱货但发货人无装箱条件不能自装）时，则有多式联运经营人将所用空箱调运至接受货物的集装箱货运站，做好装箱准备。

3. 出口报关

若联运从港口开始，则在港口报关；若从内陆地区开始，则在附近的内陆地海关办理报关。出口报关事宜一般由发货人或其代理人办理，也可委托多式联运经营人代为办理（这种情况需加报关手续费，并由发货人支付海关派员所产生的费用）。报关时，应提供场站收据、装箱单、出口许可证等有关单据和文件。

4. 货物装箱及接受货物

若是发货人自行装箱，发货人或其代表人提取空箱后在自己的工厂和仓库组织装箱。装箱工作一般在报关后进行，并请海关派员到装箱地点监装和办理加封事宜。如需理货，还请理货员到现场理货并与之共同制作装箱单；如是拼箱货物，发货人应负责将货物运至指定的集装箱货运站，由货运站按多式联运经营人的指示装箱。

无论装箱工作由谁负责，装箱人均需制作箱单，并办理海关监管与加封事宜。对于由发货人自行装箱的装箱货物运至双方协议规定的地点，多式联运经营人或其代表（包括委托的场站业务员）在指定的地点接受货物。若是拼箱货，经营人在指定的货运站接受货物。验收货物后，代表联运经营人接受货物的人应在堆场收据正本上签章，并将其交给发货人或其代理人。

5. 订舱及安排货物运送

多式联运经营人在合同订立后，即应制定该合同涉及的集装箱货物的运输计划。该计划应包括货物的运输线路、区段的划分、各区段实际承运人的选择及各区段衔接地点的到达、起运时间等内容。这里所说的订舱指多式联运经营人要按照运输计划安排洽定各区段的运输工具，与选定的各实际承运人订立各区段的分运合同。这些合同的订立由多式联运经营人本人（派出机构或代表）或委托的代理人在各转接地办理，也可请前一区段的实际承运人作业代表向后一区段的实际承运人订舱。货物运输计划的安排必须科学并留有余地，各方在工作中应相互联系，根据实际情况调整计划，避免脱节。

多式联运合同在签订时，一般应明确各个换装港（站）及货物交接办法或各区段承运人的责任。至于承运人之间的责任，一般先由多式联运承运人与各区段际运人来协议约定，然后在分运合同中加以明确。但是，联运承运人与各区段承运人之间就其责任的约定，不得影响或者减少联运经营人对全程运输所承担的义务。如果约定联运承运人仅对某一区段运输负责，而不对全程运输负责的，该约定应为无效。

6. 办理保险

在发货人方面，应投保货物运输险。该保险由发货人自行办理，或由发货人承担费用由经营人代为办理。货物运输保险可以全程投保，也可分段投保。在多式联运经营人方面，应投保货物责任险和集装箱保险，由经营人或其代理人负责办理保险。

7. 签发多式联运提单，组织完成货物的全程运输

多式联运经营人的代表收取货物后，经营人应向收发货人签发多式联运提单。在把提单交给发货人之前，应注意按双方协定的付费方式及内容、数量向发货人收取全部应付费用。

多式联运提单是证明多式联运合同的运输单据，具有法律效力，同时也是经营人与发货人之间达成的协议（即合同）的条款和实体内容的证明，是双方基本义务、责任和权利的说明。提单填写的条款和内容是双方达成的合同的内容（除事先另有协议外）。

多式联运经营人有完成和组织完成全程运输的责任和义务。多式联运经营人在接受货物后，要组织各区段实际承运人，在各派出机构及代理人共同协调工作，完成全程中各区段的运输、各区段之间的衔接工作，以及运输过程中所涉及的各种服务性工作和运输单据、文件及有关信息等的组织和协调工作。

8. 运输过程中的海关业务

国际多式联运的全程运输（包括进口国内陆段运输）均应视为国际货物运输，因此运输过程中的海关业务工作主要包括货物及集装箱进口国的通关手续、进口国内陆段保税（海关监管）运输手续及结关等内容。这些涉及海关的手续一般由多式联运经营人的派出机构或代理人办理，也可由各区段的实际承运人作为多式联运经营人的代表代为办理，由此产生的费用全部由发货人或收货人负担。如果货物在目的港交付，则结关在港口所在地海关进行；如果货物在内地交货，则在口岸办理保税（海关监管）手续，海关加封后运往内陆目的地，然后在内陆海关办理结关手续。

9. 货物交付

货物运至目的地后，由目的地代理人通知收货人提货。收货人凭多式联运提货单，多式联运经营人或其代理人按合同规定，收取收货人应负的全部费用，收回提单，签发提货单（交货记录），提货人凭提货单到指定堆场和地点提取货物。如果是整箱提货，则收货人要负责至拆箱地点的运输，并在货物取出后将集装箱运至指定的堆场，运输合同终止。

10. 货运事故处理

如果全程运输中发生了货物灭失、损害和运输延迟，无论是否能确定损害发生的区段，发（收）货人均可向多式联运经营人提出索赔。多式联运经营人根据提单条款及双方协议确定责任并做出赔偿。如果确知事故发生的区段和实际责任者时，可向其索赔，如不能确定事故发生的区段，一般按在海运段发生处理。如果已对货物及责任投保，则存在要求保险公司赔偿和向保险公司进一步追索的问题。如果受损人和责任人之间不能取得一致，则需通过在诉讼时效期内提起诉讼和仲裁来解决。

8.2.2　国际多式联运形式

国际多式联运中各种运输方式均有自身的优点与不足。一般来说，水路运输具有运量大、成本低的优点；公路运输则具有运输灵活、便于实现货物“门到门”运输的特点；铁路运输的主要优点是不受气候影响、可深入内陆和横贯实现货物长距离运输；而航空运输的主要优点是可实现货物的快速运输。由于国际多式联运可以综合运用各种运输方式的优点，具有其他单一运输组织形式无可比拟的优越性，因而已在世界各主要国家和地区得到了广泛的推广和应用。目前，有代表性的国际多式联运主要有远东—欧洲、远东—北美等方向的海陆空联运，常见的多式联运形式包括以下几种形式：

1. 海陆联运

海陆联运是国际多式联运的主要组织形式，也是远东/欧洲方向国际多式联运采用的主要组织形式之一。目前，主要有班轮公会的三联集团、北荷、冠航和丹麦的马士基等国际航运公司及非班轮公会的中国远洋运输公司、中国台湾长荣航运公司和德国那亚航运公司等组织和经营远东/欧洲海陆联运业务。这种组织形式以航运公司为主体，签发联运提单，与航线两端的内陆运输部门开展联运业务，与大陆桥运输展开竞争。

2. 陆桥运输

在国际多式联运中，陆桥运输（Land Bridge Service）起着非常重要的作用，是远东/欧洲国际多式联运的主要形式。所谓陆桥运输是指采集装箱专用列车或卡车，把横贯大陆的铁路或公路作为中间“桥梁”，使大陆两端的集装箱海运航线与专用列车或卡车连接起来的一种连贯运输方式。严格地讲，陆桥运输也是一种海陆联运形式，只是因为其在国际多式联运中的独特地位，故将其单独作为一种运输组织形式。陆桥运输方式包括大陆桥运输、小陆桥运输（Mini-bridge）及微桥运输（Micro-bridge）。

大陆桥运输是指利用大陆桥，把大陆两端的海洋运输连接起来的海路联运的集装箱运输方式，即海—陆—海的连续运输。随着大陆桥运输的发展，陆桥两端的集散点不断扩散，并加入了航空、公路、河运、管道等多种运输方式。大陆桥运输实际是以铁路为主体，以集装箱为媒介，水运、航空、公路、管理等多种运输方式相结合，横跨洲际大陆，实行海路衔接，“一票到底”的国际多式联运。世界几条重要大陆桥包括西伯利亚大陆桥、北美大陆桥和新亚欧大陆桥。

小陆桥运输从运输组织方式上看与大陆桥运输并无大的区别，只是其运送的货物的目的地为沿海港口。目前，北美小路桥运送的主要是远东经北美太平洋沿岸到大西洋沿岸和墨西哥湾地区港口的集装箱货物，当然小路桥运输也承运从欧洲到美国西海岸及海湾地区各港的大西洋航线的转运货物。微桥运输是小陆桥运输基本相似，只是其交货地点在内陆地区。北美微桥运输是指经北美东、西海岸及墨西哥湾沿岸港口到美国、加拿大内陆地区的联运服务。

3. 海空联运

海空联运又被称为空桥运输（Air-bridge Service）。在运输组织方式上，空桥运输与陆桥运输有所不同，陆桥运输在整个货运过程中使用的是同一个集装箱，不用换装，代桥运输的货物通常要在航空港换入空集装箱。

海空联运方式始于 20 世纪 60 年代，但到 20 世纪 80 年代得以较大的发展。采用这种运输方式，运输时间比全程海运少，运输费用比全程空运便宜。20 世纪 60 年代，将远东船运至美国西海岸的货物，再通过航空运至美国内陆地区或美国东海岸，从而出现了海空联运。这种联运组织形式以海运为主，只是最终交货运输区段由空运承担。1960 年年底，苏联航空公司开辟了经由西伯利亚至欧洲航空线；1968 年，加拿大航空公司参加了国际多式联运；20 世纪 80 年代，出现了经由中国香港、新加坡、泰国等至欧洲航空的线路。目前，国际海空联运线主要有以下线路。

远东—欧洲：远东与欧洲间的航线有以温哥华、西雅图、洛杉矶为中转地，也有以中国香港、曼谷、海参崴为中转地。还有以旧金山、新加坡为中转地。

远东—中南美：近年来，远东至中南美的海空联运发展较快，因为此处港口和内陆运输不稳定，所以对海空运输的需求很大。该联运线以迈阿密、洛杉矶、温哥华为中转地。

远东—中近东、非洲、澳洲：这是以中国香港、曼谷为中转地至中近东、非洲的运输服务。

在特殊情况下，还有经马赛至非洲、经曼谷至印度、经中国香港至澳洲等，但这些线路货量较小。

总的来讲，运输距离越远，采用海空联运的优越性就越大，因为同完全采用海运相比，其运输时间更短。同直接采用空运相比，其费率更低。因此，从远东出发将欧洲、中南美洲及非洲作为海空联运的主要市场是合适的。

8.2.3　国际多式联运的单一费率

采用单一费率，即单位运量（或基本运输单位）的全程费率，是国际多式联运的基本特征之一。由于多式联运环节多，费率又是揽取业务的关键，所以制定单一费率是一个复杂而又重要的问题，需要综合考虑各种因素，使制定的费率具有竞争性，以利于联运业务的顺利进行。

多式联运单一费率的构成，按成本定价原则确定。国际集装箱多式联运全程运费主要由运输费用、经营管理费用以及利润等三大部分组成。运输费用主要包括国内外内陆段运费、海运段运费或国际铁路、公路、航空运费，以及集装箱租用费和保险费用。经营管理费则包括多式联运经营人与货主、各派出机构、代理人、实际承运人之间信息、单证传递费用、通信费用、单证成本和制单手续费，以及各派出机构的管理费用。利润是指多式联运经营人预期从该线路货物联运中获得的毛利润。一般是前两项费用之和乘以一个适当的百分比确定。确定利润的多少要进行充分的调查研究，必须根据运输市场运价水平与自己的竞争能力、线路中存在的竞争实际情况等确定。

关于单一费率有以下几点需要注意几点。

（1）对于全程运输中发生的报关手续费、申请监管运输手续费、全程运输中的理货、检查及由发货人或收货人委托的其他服务引起的费用，一般应单独列出，并根据贸易交易条款规定向应承担的一方或委托收取，而不包含在单一费率内。

（2）多式联运单一费率的制定是一件非常复杂的工作，特别是国外内陆段运费的确定尤为困难。在对国外内陆段运费不太了解的情况下，目前有多式联运经营人从国内接收货物地点到达国港口采用统一费率，向发货人收取（预付运费），而从到达国港口至内陆目的地的费用按实际成本确定，另向收货人收取（到付运费）。

（3）没有单一费率多式联运是很难成交的。一般要求单一费率要有相对的稳定性，并且要有一定的透明度。由于各区段的运费可能发生变化，因此确定单一费率的上述数据应是较长一段时间内各数据的平均值。同时也要求单一费率具有较好的竞争性，因此在使用时有必要及时根据各类费用的变化对其进行合理的调整，否则将会由于各区段费用的升高引起亏损而造成竞争力的下降。这种调整一般以加回扣的形式进行，回扣的数量根据实际情况确定，一般是不公开的。

（4）由于货主的工厂和仓库可能位于运输线路上，也可能位于距离线路较远的地区，在“门到门”运输下，各多式联运经营人公开的某线路的单一费率，一般是该线路上处于起运国和目击的国的不同的集装箱货物集散点之间的运费率，而不能包括从货主工厂或仓库到达这引起集散点之间的运费。因此，在订立具体运输合同时，多式联运经营人应详细向货主说明费用的构成。

8.3　国际多式联运的单证业务

8.3.1　多式联运单据

多式联运单据（Multimodal Transport B/L or Combined Transport B/L ），是证明多式联运合同

及证明联运经营人在接收货物并负责按合同条款交付货物的单据。国际多式联运经营人在接收货物时，应由本人或其授权权人签发国际多式联运单据。多式联运单据并不是多式联运合同，而只是多式联运合同的证明，同时也是多式联运经营人收到货物的收据和凭其交货的凭证。该单据包括经双方确认的取代纸张单据的电子数据交换信息。实践中一般称为多式联运提单。

1. 多式联运提单的性质与作用

多式联运提单与海运提单的性质与作用是一致的，主要包括以下几个方面。

（1）是多式联运经营人与发货人之间订立的国际多式联运合同的证明。在多式联运合同订立过程中，发货人提出托运申请，经营人根据自己的情况表示可以接受后，双方即达成了协议，多式联运合同已告成立。签发多式联运提单只是经营人履行合同的一个环节。因此，它不是运输合同而只能是合同的证明。

提单正面的内容和背面的条款是经营人与发货人订立合同的条款与实体内容，由于各经营人都提前印好并公开其内容。发货人在订立合同前应了解提单上所有条款，除非有另外的协议，应把这些内容和条款当做双方合同的内容和权利、义务和责任的准则。即使在发货人用提单按信用证结汇后发生向第三者的转让，多式联运经营人与新的提单持有人之间的责任、权利和义务关系仍然依提单来确定。

（2）是多式联运经营人接管货物的证明和收据。多式联运经营人向发货人签发提单表明其已经从发货人手中接管并占有了该货物。因此提单是其接收货物的收据和证明多式联运经营人开始对货物负责的依据。

与海运提单一样，当提单在发货人手中时，是承运人已按其上所载情况收到货物的初步证据，如经营人实际收到的货物与提单内容不符，经营人可以提出反证。如果提单“转上至善意的第三者或提单受让人”，除提单上订有有效的“不知条款”外，提单成为经营人按其记载的内容不符的任何反证。

（3）是收货人提取货物和多式联运经营人交付货物的凭证。无论经营人签发的是哪一类的提单，也不论是否发生了转让，收货人或受让人在目的地提货时，必须凭借多式联运提单才能换取提货单（或收货记录）。反之，多式联运经营人或其代表也只能把货物交付给提单持有人。提单是在目的地双方交接货物的凭证。

（4）是货物所有权的证明，可以用来结汇、流通、抵押等。谁拥有提单，在法律上就表明拥护提单上记载的货物。提单持有人虽然不直接占有货物，但可以用来结汇、流通和抵押等。一般来讲，提单的转让可产生货物所有权转移的法律效力。

2. 多式联运提单的种类

按国际多式联运公约规定和在目前实际运作中，多式联运提单的种类，按是否可转让的原则可分为两大类：可转让提单和不可转让提单。而可转让提单又可分为按指示交付或向持票人交付两类。不可转让提单一般为记名提单。

（1）指示提单（Order B/L）。指示提单是指在正收货人一栏中载有“由某人指示”（Order of ×××）或“指示”（Order）字样的多式联运提单。通常对于前者规定可以是发货人指示（Order of Shipper）或银行指示（Order of Bank），后者一般视为发货人指示。

两种指示提单均需要指示人背书后才能转让，实现提单的流通 。如果指示人不作任何背书，则意味着指示人保留对货物的所有权，只有指示人本人才有提货权。提示提单是目前在多式联运中被实际使用最多的可转让提单。

（2）不记名提单（Bearer B/L）。不记名提单又称空白提单，是指在正面收货人栏不写明具体收货人或由某人指示，通常只注明“持有人”（Bearer）或“交持有人”（To Bearer）字样的多式联运提单。对于不记名提单，经营人或其代表应将货物交给持有提单的人。

不记名提单的转让不需要背书即可进行，因此这种提单具有很强的流通性，但也给货物买卖双方带来很大的风险，所以在实践中极少采用。

（3）记名提单（Straight B/L）。记名提单是指正面收货人一栏中载明作为收货人的特定的人（或公司）的提单，一般不能发生转让流通（在有些国家规定可经背书或司法部门批准后转让）。由于这种提单流通性差，在实践中采用较少，仅在贵重物品、个人赠送品、展览品等货物运输中使用。

3. 国际多式联运提单的内容

《联合国国际货物多式联运公约》及我国的《国际集装箱多式联运管理规则》都作了具体规定，根据我国的《国际集装箱多式联运管理规则》的规定，多式联运提单应载明下列事项。

① 货物名称、种类、件数、重量、尺寸、外表状况、包装形式；

② 集装箱箱号、箱形、数量、封志号；

③ 危险货物等特种货物应载明其特性、注意事项；

④ 多式联运经营人名称和主营业务；

⑤ 托运人名称；

⑥ 多式联运提单表明的收货人；

⑦ 接收货物的日期、地点；

⑧ 交付货物的地点和约定的日期；

⑨ 多式联运经营人或其授权人的签字及提单的签发日期；

⑩ 交接方式、运费交付、约定的运达日期及货物中转地点；

⑪ 在不违背我国有关法律的前提下，双方同意列入的其他事项。

《联合国国际货物多式联运公约》对多式联运提单所规定的内容与上述规则基本相同，只是公约中还规定多式联运提单应包括下列内容。

① 表示该多式联运提单为可转让或不可转让的声明；

② 如在签发多式联运提单时已经确知，预期经过的路线、运输方式和转运地点等。

各多式联运经营人印制的多式联运提单一般都应能注明上述各项内容。这些内容通常由发货人填写，或由多式联运经营人或其代表根据发货人提供的有关托运文件及双方协议情况填写。如属于跟单信用证项下的贸易，提单上填定的内容应与信用证内容及《跟单信用证统一惯例》的规定完全一致，以保证顺利结汇。

多式联运公约中还规定，如果提单中缺少上述内容中的一项或数项，但不影响多式联运单据的法律性质，不影响货物运输及各当事人之间的利益，这样的多式联运提单仍然有效。

4. 国际多式联运提单的签发

多式联运经营人在收到货物后，凭发货人提交的收货收据（在集装箱运输时一般是场站收据正本）签发多式联运提单，根据发货人的要求，可签发可转让或不可转让提单中的任何一种。签发提单前应向发货人收取合同规定的和应由其负担的全部费用。

（1）签提单时应注意的事项。

① 如签发可转让多式联运提单，应在收货人栏列明按指示交付或向持票人交付。签发不可转让提单，应列明收货人的名称。

② 提单上的通知人一般是在目的港或最终交货地点由收货人指定的代理人。

③ 对签发正本提单的数量一般没有规定，但如应发货人要求签发一份以上的正本时，在每份正本提单上应注明正本份数。

④ 签发任何副本（应要求），每份副本均应注明“不可转让副本”字样，副本提单不具有提单法律效力。

⑤ 如签发一套一份以上的正本可转让提单时，各正本提单具有同样的法律效力，而多式联运经营人或其代表如已按其中一份正本交货便已履行交货责任，其他提单自动失效。

⑥ 多式联运提单由多式联运经营人或经他授权的人签字。如不违背所在国法律，签字可以是手签，手签笔迹的印、盖章、符号或用任何其他机械或电子仪器打出。

⑦ 如果多式联运经营人或其代表在接收货物时，对货物的实际情况和提单中所注明的货物的种类、标志、数量或重量、包装件数等有怀疑，但又无适当方法进行核对、检查时，可以在提单作业保留，注明不符之处、怀疑根据。但为了保证提单的清洁，也可按习惯做法处理。

⑧ 经发货人同意，可以用任何机械或其他方式保存公约规定的多式联运提单应列明的事项，签发不可转让提单。在这种情况下，多式联运经营人在接管货物后，应交给发货人一份可以阅读的单据，该单据应载有此种方式记录的所有事项。根据公约规定这份单据应视为多式联运单据。多式联运公约中的这项规定，主要是为适应电子单证的使用而设置的。

（2）多式联运提单签发的时间与地点。多式联运提单一般是在多式联运经营人收到货物后签发的，由于联运的货物主要是集装箱货物，因而经营人接收货物的地点可能是集装箱码头或内陆港堆场（CY）、集装箱货运站（CFS）和发货人的工厂或仓库（Door）由于接收货物地点不同，提单签发的时间、地点及联运经营人承担的责任也有较大区别。

① 在发货人在厂或仓库收到货物后签发的提单。这种情况属于在发货人的“门”(Door)接收货物，场站收据中应注明。提单一般在集装箱上运输工具（可能是汽车，如有专用线时可能是火车）后签发。在该处签发提单意味着发货人应自行负责货物报关、装箱、制作装箱单、联系海关监装及加封，交给多式联运经营人或其代表的是外表状况良好、签封完整的整箱货物。而经营人应负责从发货人工厂或仓库至码头堆场（或内陆港堆场）的运输和至最终交付地点的全程运输。

② 在集装箱货运站收货后签发的提单。在这种情况下，多式联运经营人是在他自己或由其委托的集装箱货站接收货物。该货运站可在港口码头附近，也可以在内陆地区。接收的货物一般是拼箱运输的货物（有时在货主没有装箱能力时也接收整箱货，但这属于受发货人委托提供装箱服务，另收服务费）。提单签发时间一般是在货物交接入库后。在该处签发提单意味着发货人应负责货物报关，并把货物（以原来形态）运至指定的集装箱货运站，而多式联运经营人（或委托 CFS）负责装箱，填制装箱单，联系海关加封业务等，并负责将拼装好的集装箱运至码头（或内陆港）堆场。

③ 在码头（或内陆港）堆场收货后签发的提单。这种情况属于码头（或内陆）堆场接货物，一般由发货人将装好的整箱货运至多式联运经营人指定的码头（或内陆港）堆场，由经营人委托的堆场的业务人员代表其接收货物，签发正本场站收据给发货人，再由发货人用该正本至经营人或其代表处换取提单。联运经营人收到该正本，并收取应收费后即应签发提单。

在该处签发的提单一般意味着发货人应自行负责货物装箱、报关、加封等工作，并负责这些整箱货物从装箱地点至码头（或内陆）堆场的内陆运输。而多联运经营人应负责完成或组织完成货物由该堆场至目的地的运输。

在上述各地点签发的多式联运提单，均属于"待装船提单"（待运提单）。为了适应集装箱货物多式联运的需要，《跟单信用证统一惯例》最近三次修订本均规定卖方可使用联运提单结汇。

在各处签发提单上的日期，一般应是提单签发的日期，否则多式联运经营人要承担较大的风险。

值得注意的是，从理论上讲，国际多式联运提单的签发是货物在承运控制之下就应将提单签发给托运人，这与传统的海运提单签发完全不同，海运提单是在实际装船后签的 B/L。但在我国，大多数船公司或其他代理人，虽然也签放联运提单，但仍然有一个规定，在出口港装船处传递后才能发放。这主要的原因是中国的联运线路衔接不好或内陆运输复杂多变所致。但在实务中，特别是多式联运经营人在内陆点，一旦接收了托运人的货物，就签发了联运单据，实质上相对传统的海运 B/L 而言是一份装船待运 B/L，但一旦船名和装船日期打上，就与已装船 B/L 的性质相同。

5. 多式联运提单的证据效力

多式联运提单的证据效力主要表现是该提单所载明的货物由多式联运经营人接管的初步证据。由此可见，作为国际多式联运合同证明的多式联运提单，其记载事项与其证据效力是密切相关的。多式联运提单主要对以下几个方面起到证明作用：一是当事人本身的记载；二是有关货物状况的记载；三是有关运输情况的记载；四是有关法律约束方面的记载。

据《联合国国际货物多式联运公约》的规定，多式联运经营人对多式联运提单中的有关记载事项可以做出保留。该公约规定，如果多式联运经营人或其代表知道或有合理的根据怀疑多式联运提单所列货物的品种、主要标志、包数或件数、重量或数量等事项没有准确地表明实际接管的货物的状况或无适当方法进行核对，则该多式联运经营人或其代表应在多式联运提单上做出保留，注明不符之处、怀疑的根据或无适当的核对方法。如果多式联运经营人或代表未在多式联运提单上对货物的外表加以批注，则应视为他已在多式联运提单上注明货物的外表状况良好。

多式联运经营人如在提单上对有关货物或运输方面加了批注，其证据效力就会产生疑问。多式联运提单有了这种批注后，丧失了其作为货物收据的作用；对发货人来说，这种提单已不能作为多式联运经营人收到提单上所列货物的证明，不能成为初步证据；对收货人来说，这种提单已失去了其应有的意义，是不能被接受的。

如果多式联运提单上没有这种保留批注，其记载事项的证据效力是完全的，对发货人来说是初步证据，但多式联运经营人可以举证予以推翻。不过，根据多式联运公约的规定，如果多式联运提单是以可转让方式签发的，而且已转让给正当信赖该提单所载明的货物状况的，包括收货人在内的第三方时，该提单就构成了最终证据，多式联运经营人提出的反证不予接受。

另外，该多式联运公约对一些经过协议达成的记载事项，如交货日期、运费支付方式等并未做出法律规定，这符合合同自由原则，但公约对由于违反此类记载事项赔偿的责任还是做了规定；如果多式联运经营人意图诈骗，在多式联运提单上列入有关货物的不实资料或其他规定应载明的任何资料，则该联运经营人不得享有该公约规定的赔偿责任限额，需负责赔偿包括收货人在内的第三方因信赖该多式联运提单所载明的货物的状况行事而遭受的任何损失、损坏或费用。

8.3.2　国际多式联运中的单证流转

国际多式联运单证在整个货物流转过程中是划分各相关方责任、权利和义务转移的凭证，也是货物交接、责任划分、保险、索赔等问题的主要依据。无论是相关国际公约还是各国制定的法规，均对货物在流转中所应有的有关单证及单证所记录的事项作了明确的规定。在国际多式联运的实务中，单证繁多，现就实际运作中的有关单证做一些分析。

1. 国际多式联运单证系统的构成

国际多式联运单证系统总体上说由两大部分构成，即商务单证和运输单证。

商务单证包括：合同（副本）、信用证（副本）、商品发票、进（出）口许可证、免税证明书、报关单、产地证明书、商品检验证书、药物/动植物报验单、危险物品清单、危险品性能说明书、危险品装箱说明以及特殊领域特种货物所需的其他证书等。

运输单证涉及两部分：国际多式联运经营人与货主之间流转的单证、国际多式联运经营人与实际承运人之间的流转的单证。前者包括货物托运单、装箱单、场站收据、多式联运提单、到货通知、提货单、交货记录等，其中最重要的是多式联运提单。后者指采用该区段运输方式所采用的运输单证。

有关多式联运中集装箱进出口业务单证流转程序前几章已述及，不再赘述。此处就多式联运中多式联运经营人（及其分支机构或代理）与实际承运人之间的单证流转程序做一定的介绍。

2. 多式联运提单与各区段运输单据的流转

这里以一段包括 3 种运输方式、涉及三程运输，即公路—海运—铁路的多式联运为例进行说明，如图 8.1 所示。

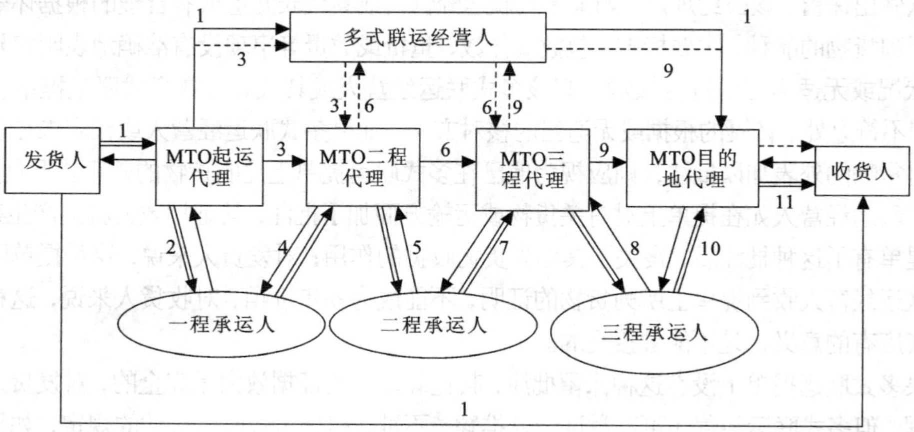

图 8.1　国际多式联运单据流程

在实际业务中，多式联运提单及各区段实际承运人的货运单证的缮制大多由多式联运经营人各区段的代理负责，多式联运经营人主要担当全面控制和发出必要指示的角色。

具体流程如下。

（1）发货人与收货人约定采用多式联运方式运输，并将货物交给多式联运经营人起运地代理，起运地代理签发多式联运提单，将正本交给发货人用于其结汇，而副本若干份则交多式联运经营人用于其留底和寄给目的地代理人。多式联运提单正本传递至目的地。

（2）多式联运经营人起运地代理将货物交给一程承运人，一程承运人签发公路运单，并在运单上标注多式联运提单号码，交给起运地代理。公路运单以多式联运经营人或其起运地代理人为托运人、以多式联运人或其二程代理为收货人。

（3）起运地代理将公路运单正本寄交多式联运经营人二程代理，便于其凭以提货。同时，将运单副本交多式联运经营人，向其提供起运时间和预计到达时间等信息。而多式联运经营人据此向二程代理发出指示。

（4）到货后，二程代理人向一程承运人提交公路运单正本，一程承运人其交货。

（5）二代理将货物交给二程承运人，二程承运人签发海运提单，并在提单上标注多式联运提单号码，交给二程代理。海运提单以多式联运经营人或其二程代理为托运人、以多式联运经营人或其三程代理为收货人。

（6）二程代理将海运提单正本寄交多式联运经营人三程代理，便于其凭以提货。同时，将提单副本交多式联运经营人，向其提供起运时间和预计到达时间等信息。而多式联运经营人据此向三程代理发出指示。

（7）到货后，三程代理向二程承运人提交海运提单正本，二程承运人向其交货。

（8）三程代理将货物交给三程承运人，三程承运人签发铁路运单，并在铁路运单上标注多式联运提单号码，交给三程代理。铁路运单以多式联运经营人或其三程代理为托运人、以多式联运经营人或其目的地代理为收货人。

（9）三程代理将铁路运单正本寄交多式联运经营人目的地代理，便于其凭以提货。同时，将铁路运单副本交多式联运经营人，向其提供起运时间和预计到达时间等信息。而多式联运经营人据此向目的地发出指示。

（10）目的地代理凭铁路运单正本向三程承运人提货，并向收货人发出提货通知。

（11）收货人付款赎单后取得多式联运提单正本，并凭以向目的地代理提货。在付清运杂费后，目的地代理向其交货。

8.4 国际多式联运经营人

8.4.1 国际多式联运经营人的含义

《联合国国际多式联运公约》将国际多式联运经营人定义为其本人或通过其代表订立国际多式联运合同的任何人，负有履行合同的责任。

根据我国《国际集装箱多式联运管理规则》规定，国际集装箱多式联运经营人是指本人或者委托他人以本人名义与托运人订立一项多式联运合同并以承运人身份承担过完成此项合同责任的人。

8.4.2 国际多式联运经营人的性质

国际多式联运经营人既不是发货人的代理或代表，也不是承运人的代表，是一个独立的法律实体，具有双重身份，对货主来说是承运人，对实际承运人来讲，又是托运人。一方面与货主签订多式联运合同，另一方面又与实际承运人签订运输合同，是总承运人，对全程运输负责，对货物灭失、损坏、延迟交付等均承担责任。在国际上经营国际多式联运业务的都是些规模较大、实力雄厚的国际货运公司。

8.4.3 国际多式联运经营人的责任

国际多式联运经营人的责任是指国际多式联运经营人按照法律规定或运输合同的约定对货物的灭失、损害或延迟交会所造成的违约责任，由责任期间、责任基础、责任形式、责仨限制、免责等几部分构成。

1. 责任期间

根据《公约》的规定，多式联运经营人的责任期间为从接收货物时起至交付货物时止，承运人掌管货物的全部期间。其主要责任如下。

（1）托运人委托多式联运经营人负责装箱、计数的，应对箱内货物不是由于商品自身包装和质量问题而造成的污损和灭失负责。

（2）托运人委托装箱时，未按托运人要求，对因积载不当、衬垫捆扎不良而造成串味、污损、倒塌、碰撞等货损负责。

（3）在责任期间因责任事故，致使货物损坏或灭失。

（4）对货物延迟交付应负责。

2. 责任基础

责任基础即多式联运经营人对货物运输所采取的赔偿责任原则。在各运输法规中，承运人的赔偿责任基础一般是指承运人在按运输合同规定完成运输的过程中对发生的哪些事情或事故承担赔偿责任及按照什么样的原则判断是否应承担责任。

目前，各种单一方式货运公约对承运人原则的规定大致有两种：过失责任制和严格责任制。

过失责任制是指按承运人对货损货差是否有过失而决定其是否负责的原则，又可分为完全过失责任和不完全过失责任两种，前者是指只要承运人对货损货差有过失的就应承担责任，而后者却附有一部分除外规定，即基本前提是应承担责任，但对某些过失，法律仍允许承运人免责。

严格责任制是指除了不可抗力等有限免责事由外，不论有无过失，承运人对于货损货差为应承担责任。目前《国际多式联运公约》采用过失责任制。

3. 责任形式

国际多式联运涉及经营人和多个承运人，货损货差发生时，由谁负责，在不同运输方式区段发生时，是按同一标准进行赔偿，还是根据该区段所使用的法律规定的标准进行赔偿，这是责任形式的问题。

目前，较多采用的责任制形式有统一责任制、网状责任制和修正的统一责任制。

（1）统一责任制。统一责任制是指不论货损货差发生在哪个区段，多式联运经营人都要负责。而且对货主赔偿时不考虑各区段运输方式的种类及其所用的法律，而是对全程运输按一个统一的原则并一律按一个约定的责任限额进行赔偿。

（2）网状责任制。网状责任制是指多式联运经营人尽管对全程运输负责，但对货运事故的赔偿原则仍按不同运输区段所适用的法律规定，当无法确定货运事故发生区段时则按海运法规或双方约定原则予以赔偿。目前，几乎所有的多式联运提单均采取这种赔偿责任形式。

（3）修正的统一责任制。这是一种介于统一责任制与网状责任制之间的责任制，也称混合责任制。是在责任基础上与统一责任制相同，而在赔偿限额上则与网状责任制相同。

4. 责任限制

承运人的赔偿限制一般是指在承运人掌管货物期间对应承担赔偿责任时货物灭失、损害和延迟交货等造成货方损失进行赔偿的最高限额规定。在现行不同方式的法规中，由于承运人为完成运输承担的风险和货物本身的特点等不同，赔偿责任限额也有较大区别。限额规定的形式有 2 种。一种是单一赔偿标准形式，即只定单位货物赔偿限额；另一种是双重赔偿标准，即不但规定单位重量货物赔偿限额，也规定每一货损单位（每件或每一基本运输单元）的赔偿限额。

多式联运公约以上述两种方式相结合来规定多式联运经营人的赔偿责任限额，若多式联运中包括了海运和内河运输，则每一件或每一货损单位的赔偿限额为 920 个特别提款权或毛重每千克 2.75 特别提款权，两者以较高为准。若多式联运中不含水运，则按损失或损坏货物毛重每千克不得超过 8.33 特别提款权计算。公约还规定，多式联运经营人对延迟交货造成损失的赔偿责任限额为延误交付的货物应付运费的 2.5 倍，但不得超过多式联运合同规定的应付运费的总额。

多式联运公约按统一责任制规定了赔偿责任同，而在这实际运作中，大多数多式联运合同均采用网状责任制。因此，各多式联运经营人仍按各种单一运输方式适用的法规规定的责任限额计算赔偿数额。

5. 免责

相关国内法、国际公约对承运人免责的事项都作了规定，可以查阅，此处不再赘述。

8.4.4 国际多式联运经营人应具备的条件

国际多式联运涉及多种运输方式，是由多种运输方式组合而成的综合性的一体化运输。因此，国际货运代理开展国际多式联运，应具备比单一运输方式更为先进、更为复杂的条件。这些条件如下。

1. 要在国内外建立集装箱场站

跨国的多式联运必然会有中转的问题，货物中转需要有仓库、货场和大型托运工具。同时国际多式联运改变了传统运输的交接概念，不再仅仅把港口或车站作为货物的交接地点，而是延伸到港口或车站以外的地点进行交接。货主不一定要到港口或车站去交货或提货。集装箱货运站（包括内陆货运站）即是接收货物进行装箱、拼箱或拆箱分拨的地方，具有货物交接、储存、中转功能，在多式联运业务中有着重要作用。因此，多式联运经营人必须建立具有一定设施条件与能力的集装箱货运站。

2. 开通国际多式联运线路、建立国内外联运网点

从事国际多式联运必须建立自己的国际多式联运线路，并在此线路上拥有分支机构或代理人。并拥有先进的信息管理系统以实现运输的全程控制、实时控制。

由于国际多式联运线长面广，因此在建立国外网点的同时，还应注重国内各省市间的运输网点的建设，以保证运输渠道的畅通。否则，即使外部开通，如果内部不畅也会使整个运输过程难以发挥效用。因此，建立国内跨地区的横向合作体制是极为重要的。

3. 与相关实际承运人、场站经营人之间有长期合作的协议

经营国际多式联运业务需要国内外业务合作网，为了确保国际多式联运业务的稳定性，国际多式联运经营人必须与有关实际承运人、场站经营人之间签署长期合作的协议，以便比这些实际承运人、场站经营人处获得订舱、仓储优先权和享受运杂费优惠。

4. 制定国际多式联运单据

作为国际多式联运经营人必须具有自己的多式联运单据或提单。多式联运单据是经营人与货主之间的运输合同的证明，具有有价证券的性质，可以进行转让和向银行抵押贷款。

5. 拥有雄厚的资金

为了达到上述条件，开展业务，必须要有雄厚的财力。同时为了承担货物受损的赔偿责任，也必须有足够的资金。

6. 具备自己的运价表

采用单一费率是国际多式联运的基本特征之一，因此经营多式联运要制定一个单一的联运包干费率。由于多式联运环节多，费率又是揽取业务的关键，所以制定单一费率是一个复杂而又重要的问题，需要综合考虑各种因素，使制定的费率具有竞争力，以利于联运业的顺利进行。

7. 具备从事多式联运业务的资质

我国从加强国际集装箱多式联运管理，促进我国国际集装箱多式联运通畅。经济和高效发展及更好地保护货主利益的目的出发，根据国外的实践经验，结合我国的实际情况，在《国际集装箱多式联运管理运输规则》中对多式联运经营人提出了以下资质要求：

（1）具有中华人民共和国企业法人资格；

（2）具有与从事多式联运业务相适应的组织机构固定的营业场所，必要的经营设施、相应的专业管理人员。

（3）具有三年以上国际货物运输或代理经历，有相应的国内、外代理经验；

（4）注册资金低于人民币1 000万元，并有良好的资信。增设经营性的要支机构时，每增设一个分支机构增加注册资金人民币100万元；

（5）符合国家法律、法规规定的其他条件。

8.5 大陆桥运输

20世纪50年代初，日本运输公司将集装箱经太平洋运至美国西海岸，然后再利用横贯美国东西部的铁路运至美国东海岸，然后装船继续运往欧洲。由此产生了世界上大陆桥的雏形——美国大陆桥。

1. 西伯利亚大陆桥（Siberian Landbridge）

西伯利亚大陆桥是将集装箱货物由远东海运到俄罗斯东部港口，再经跨越欧亚大陆的西伯利亚铁路运至波罗的海沿岸的港口，然后再采用铁路、公路或海运运到欧洲各地的国际多式联运的运输线路。

2. 北美大陆桥（North American Landbridge）

北美大陆桥是指利用北美的铁路从远东到欧洲的“海—陆—海”联运，1971年年底，美国大陆桥由经营远东/欧洲航线的船公司和铁路承运人联合开办“海—陆—海”多式联运线。

3. 俄罗斯的西伯利亚铁路

西伯利亚铁路是一条跨越亚欧大陆而将太平洋和大西洋连接起来的陆上桥梁，被人们称为亚欧大陆桥或西伯利亚大陆桥。

模拟实训

实训主题：多式联运经营人对全程运输负责。

实训地点：教室。

实训目的：运用所学知识，分析有关国际多式联运中所遇到的问题并加以解决。

【背景材料】

中国香港地区某出口商委托一多式联运经营人作为货运代理，将一批半成品的服装经孟买转运至印度的新德里。货物由多式联运经营人在其货运站装入2个集装箱，且签发了清洁提单，表明货物是处于良好状态下接收的。集装箱经海路从香港地区运至孟买，再由铁路运至新德里。在孟买卸船时发现其中1个集装箱外表损坏。多式联运经营人在该地的代理将此情况于铁路运输前通知了铁路承运人。当集装箱在新德里开启后发现，外表损坏的集装箱所装货物严重受损；另一集装箱虽然外表完好、铅封也无损，但内装货物已受损。香港地区出口商要求多式联运经营人赔偿其损失。

【过程设计】

（1）指导教师布置学生课前预习阅读案例。

（2）将全班同学平均分成小组，按每组5～6人进行讨论。

（3）指导教师对小组讨论过程和发言内容进行评价总结，并讲解本案例的分析结论。

【讨论问题】

根据“背景材料”分析多式联运经营人对2箱货损是否负责？如负责，其赔偿责任如何，可否享受责任限制？

综合练习

一、单项选择题

1. 下列费用（　　）不包括在国际多式联运的运输成本中。

   A. 从内陆接管货物发生的费用　　B. 中转站至码头堆场运费

   C. 单证传递通信费用　　D. 集装箱租用费

2. 多式联运经营人在统一责任制下，对货物承担的运输责任是（　　）。

   A. 全程　　B. 自己运输区段

   C. 实际承运人区段对外的区段　　D. 自己控制的区段

3. 必须经过背书才能转让的提单是（　　）。

   A. 记名提单　　B. 不记名提单　　C. 指示提单　　D. 联运提单

4. 多式联运经营人按托运人的要求签发了不可转让多式联运单据，在该单据的收货人栏内应写成（　　）。

   A. 记名抬头　　B. 不记名抬头

   C. 指示抬头　　D. 上述三者任选一个

5. 国际多式联运中，多式联运单据是由（　　）签发的。

   A. 船主　　B. 货主　　C. 多式联运经营人　　D. 收货人

二、名词解释

1. 国际多式联运；2. 多式联运经营人；3. 多式联运公约；4. 多式联运单据；5. OPC 运输。

三、问答题

1. 什么是国际多式联运？
2. 国际多式联运有什么优点？国际多式联运有什么特点？
3. 国际多式联运单一费率中的运输成本由哪几部分组成？
4. 国际多式联运业务流程有哪些内容？
5. 国际多式联运经营人应具备哪些条件？
6. 国际多式联运提单的主要内容是什么？
7. 国际上有名的大陆桥有哪几条？
8. 国际多式联运提单与联运提单的区别何在？
9. 简述 OCP 运输。

第9章

代理报关与报检

相关网站

（1）http://www.customs.gov.cn/publish/portal0/　中华人民共和国海关总署

（2）http://www.zimaoquol.net/portal.php　上海自贸区在线网

（3）http://chinacba.org/ccba/　中国报关协会

（4）http://www.gl-fish.com/　湛江国联水产开发股份有限公司

案例导读

自贸试验区试点“先入区，后报关”，首票货物顺利通行

上海自贸试验区成立后，上海海关在区内试点实施“先入区，后报关”的新型监管模式。10月9日，该模式下的首票试点货物顺利通过卡口入区进库。

当天中午12:00，捷开依（上海）物流有限公司的集装箱货运车辆从外高桥港区驶入，抵达自贸试验区海关卡口。在缓缓驶入专用“快速验放车道”时，货车司机不再像往常一样下车办理通行手续，而是坐在驾驶室里掏出一张提货通知单，将单证上的条形码对准车道上新装的扫描器，一声“滴”响后，左前方电子屏显示出红色的“放行”字样，卡口栏杆自动抬起，货车入区后顺畅驶向公司仓库。

这票货物是从韩国蔚山进口的电解铜，货值359万美元，货重499吨。前一天下午，物流公司接到客户指令：货物即将到港。于是公司通过自贸试验区海关监管信息化系统向海关发送了提货申请，不到10分钟就收到系统自动生成的回执。凭借提货通知单回执，企业在货物到达港口、尚未办结海关手续前，就可以直接从港区提箱装货、先行运货进区入库。

该企业副总经理张耀婷见证了货物入区的全过程，她表示，“由于大宗商品市场价格波动较大，对货物的流转入库时间要求很高。海关在试验区试点‘先入区，后报关’模式，为仓储物流企业解决这一难题提供了有力支撑。据测算，新模式下企业货物入区通关时间可缩短两至三天，物流成本平均减少了10%。”

启示：上海海关在自贸试验区试行的“先入区，后报关”模式，允许区内试点企业在获得海关批准后，先凭进口舱单信息将货物提运入区，再在规定时限内（自运输工具进境14日内）向海关办理进境备案清单申报手续。与过去“先报关，后入区”的传统“串联式”通关模式相比，新模式允许企业把提货入区作业与申报备案手续“并联”进行。看来不同的报关模式不仅影响效率，也影响效益。你了解报关的流程和手续如何办理吗？海关对进出口货物的报关有哪些规定吗？本章将来了解这些内容。

报关与报检是随着海关的产生和对外贸易的发展而产生的。随着我国对外开放的不断深入，进出口贸易量的大幅增加，报关和报检的流程也逐步规范，报关、报检代理业务也不断发展，绩效也随之逐步提升。

9.1 报关与代理报关

9.1.1 报关概述

1. 报关的定义

由于国家、地区间贸易的发展和交流的增多，主权国家都要对进出边境的运输工具、货物、物品进行有效监管。《海关法》第八条规定：“进出境运输工具、货物、物品，必须通过设立海关的地点进境或出境。”同时《海关法》第九条规定：“进出口货物，除另有规定以外，可以由进出口货物收发货人自行办理报关纳税手续，也可以由进出口货物收发货人委托海关准予注册登记的报关企业办理报关纳税手续，进出境物品的所有人可以自行办理报关纳税手续，也可以委托他人办理报关纳税手续”。由此，由设关地进出境并办理相关的海关手续是运输工具、货物、物品进出境的基本规则。

从广义上讲，报关是指进出境运输工具负责人、进出口货物收发货人、进出境物品的所有人或者他们的代理人向海关办理运输工具、货物、物品进出境手续及相关手续的全过程。其中，进出境运输工具负责人、进出口货物收发货人、进出境物品的所有人或者他们的代理人是报关行为的承担者，是报关的主体。报关的对象是进出境运输工具、货物和物品。报关的内容是办理运输工具、货物和物品的进出境手续及相关海关手续。但在实际工作中，有时也把向海关申报称为报关，这是狭义的报关概念。在进出境活动中，经常使用“通关”这一概念。通关与报关既有联系又有区别。两者都是对运输工具、货物、物品的进出境而言的，但报关是从海关行政管理相对人的角度，仅指向海关办理进出境手续及相关手续，而通关不仅包括海关行政管理相对人向海关办理有关手续，还包括海关对进出境运输工具、货物、物品依法进行监督管理，核准其进出境的管理过程。

另外，在货物进出境过程中，有时还需要办理“报检”、“报验”手续。与报关不同，报关是就海关而言，而“报检”、“报验”针对的是中华人民共和国出入境检验检疫局，指的是按照国家有关法律、法规的规定，向进出口检验、检疫部门办理进出口商品检验、卫生检疫、动植物检疫和其他检验、检疫手续。一般而言，报检、报验手续要先于报关手续。

2. 报关的范围

根据《海关法》第二条，关于海关“监管进出境的运输工具、货物、行李物品、邮递物品和其他物品”的规定，所有上述进出关境的运输工具、货物、物品都需要办理报关手续。

（1）进出境运输工具。是指用以载运人员、货物、物品进出境，在国际间运营的各种境内或境外船舶、车辆、航空器和驮畜。

（2）进出境货物。主要包括一般进口货物，一般出口货物，保税货物，暂时（准）进出口货物，特定减免税货物，过境、转运和通运货物及其他进出境货物。

（3）进出境物品。指进出境的行李物品、邮递物品和其他物品。以进出境人员携带、托运等方式进出境的物品为行李物品；以邮递方式进出境的物品为邮递物品；其他物品主要包括享有外交特权和豁免的外国机构或人员公务用品，或自用物品以及通过国际速递进出境的部分快件等。

3. 报关的分类

（1）按报关的主体分类。

① 专门从事报关服务的企业，即专业报关企业。

② 经营对外贸易仓储运输、国际运输工具、国际运输工具服务及代理等业务，兼营报关服务业务的企业，即代理报关企业。

③ 有进出口经营权的企业可自行办理报关手续，即自理报关企业根据规定，自理报关企业只为本单位办理进出口货物报关手续。因此，其必须具有对外贸易经营权和报关权。

前二者为代理报关单位。代理报关单位从事代理报关业务必须经过海关批准且向海关办理注册登记手续。根据代理报关法律行为责任承担者的不同，代理报关又分为直接代理报关和间接代理报关。直接代理报关是指报关企业接受委托人（即进出口货物收发货人）的委托，以委托人的名义办理报关业务的行为。间接代理报关是指报关企业接受委托人的委托，以报关企业自身的名义向海关办理报关纳税手续的行为。在直接代理中，代理人代理行为的法律后果直接作用于被代理人；而在间接代理中，报关企业应当承担进出口货物收发货人自己报关时所应当承担的相同的法律责任。

（2）按报关对象分类。根据报关对象的不同可分为进出境运输工具的报关、进出境物品的报关、进出境货物的报关3类。

① 进出境运输工具报关主要是向海关直接交验随附的、符合国际商业运输惯例、能反映运输，工具进出合法性及其所承运货物、物品情况的合法证件、清单及其他运输单证，报关手续较为简单。

② 进出境物品由于其非贸易性质，且一般限于自用、合理数量，其报关手续也很简单。

③ 进出境货物的报关就较为复杂，由于其涉及商品知识、法律、税务、外贸等，需要由精通海关法律、法规、海关业务制度和办理海关手续的技能的专业人员办理。一些进出口货物的收

发货人由于经济、知识业务、技能、时间、地点等方面的原因不能或者不愿意亲自办理通关手续，由此在实践中，逐渐形成了为社会提供报关服务、代理他人办理报关纳税手续的企业。鉴于进出境货物报关的复杂性，海关制定了一系列报关管理规范，并要求必须由具备一定的专业知识和技能且经海关核准的专业人员代表报关单位专门办理。

小资料 9-1　通关效率

进出口和转运货物进入一国海关关境或国境必须申报，办理相关手续，履行相应义务。对于通关效率，一般人常常先入为主地认为取决于海关。其实，通关效率并不是海关一个部门所能决定的，需要各政府部门、各物流公司及口岸各相关单位协调一致，尤其是报关企业在通关过程中的作用举足轻重。只有有效规范企业进出口行为，引导企业守法经营，才能实现有效监管和快速通关的统一。

报关单出错是影响报关效率的一个主要因素。报关单出错的原因有很多种，有的是因为报关员对业务不熟而造成的归类错误；有的是因为企业本身得到信息的不确定性，导致报关单与随附的箱单、发票等单据不符；还有的是货物与报关单所申报内容不符，这有可能是少数企业故意采取的偷梁换柱的手法，以逃避海关监管、偷逃国家税款。一票报关单的重新申报要经历从制单、录入、数据传输、审单中心确认以及现场海关再度审核、查验等诸多环节，既浪费了时间，延迟了货物的进出口，又耽误了企业生产。如何减少错单、改单现象，杜绝错报、误报的发生，是提高通关速度的关键所在。这需要提高报关员的素质，加强进出口企业对报关知识的学习和理解。

9.1.2　报关资格审定

报关资格管理是报关管理制度的前提，不是所有在工商部门登记成立的企业都有报关权。报关权是海关授予企业向海关办理进出境手续的权利。获得报关权的企业不一定具有进出口经营权；经贸管理部门批准企业经营进出口业务，不代表企业享有报关权。只有经过相应的资格认定后才可获得报关权。海关对报关资格的管理主要包括报关注册登记、异地报关备案、年审、变更及注销登记等制度。

1. 报关注册登记制度

《海关法》第九条及第十一条规定，进出口货物，另有规定的除外，可以由进出口货物收发货人自行办理报关纳税手续，也可以由进出口货物收发货人委托海关准予注册登记的报关企业办理报关纳税手续。进出口货物收发货人、报关企业办理报关手续，必须依法经海关注册登记。因此，经海关审查确认其具备办理报关纳税手续的基本条件，而向海关办理注册登记手续是企业取得报关资格的法定条件。

报关注册登记制度，又称海关注册登记制度，是指进口货物的收货人、出口货物的发货人或他们的代理人向海关提供规定的法律文书，申请报关资格，经海关审查核实，准予办理报关业务的管理制度。

报关注册登记的范围及基本条件：根据我国《海关法》的规定，可以向海关办理报关注册登记的企业（单位）有两类：一是报关企业，二是进出口货物的收发货人。报关企业是提供社会化报关纳税手续服务的企业，包括专门从事报关服务的报关企业和经营国际货物运输代理、国际运输工具代理业务及同时兼营报关服务的代理报关的企业。进出口货物的收发货人在国际上一般不实行报关注册登记管理，但我国长期以来，大部分收发货人都是自己办理报关纳税手续，且报关业务水平还有待提高。为了加强管理，我国海关要求向海关办理报关纳税手续的收发货人必须依法办理报关注册登记。

考虑到两类企业（单位）的不同性质，海关对其规定了不同的报关注册登记条件。对于报关企业，海关要求企业必须拥有固定的服务场所和提供服务的必要设备；拥有一定数额的注册资金（目前海关规定其注册资金不低于人民币 150 万元）；拥有一定数量的报关从业人员。对于进出口货物的收发货人，其注册登记的条件比报关企业相对简单。凡是依照《对外贸易法》经对外经济贸易主管部门批准，从事对外贸易经营活动的境内法人或者其他组织均可直接向海关办理注册登记。

报关注册登记一般包括申请、海关审查、颁发证书 3 个步骤。

（1）申请。

① 申请专业报关注册，须向海关提交下列文件。

a.《专业报关企业注册登记申请书》；

b. 海关总署的批准文件；

c. 工商行政管理机关颁发的营业执照；

d.《企业情况登记表》、《企业管理人员情况登记表》；

e. 财政部门或法律规定的其他部门出具的验资报告及开户银行账号；

f. 法定代表人及其授权的主管报关业务的负责人和报关员的姓名、联系电话号码和身份证号码；

g. 专业报关企业印章、报关专用章、企业负责人或主管报关业务负责人，以及报关员印章（或签字）备案文件；

h. 风险担保金缴纳收据；

i. 海关认为需要的其他文件。

② 代理报关单位的注册申请：国际货物运输代理企业领取《国际货物运输代理企业批准证书》之后，凭此批件到工商行政管理部门办理登记注册，并领取营业执照；再向所在地海关提出书面申请，填写《代理报关企业报关注册登记申请书》，并持所有相关文件（参照专业报关企业）到海关办理代理报关注册登记手续，并经企业所在地海关审核批准后，便可在该关区各口岸代理有权进出口货物的单位办理报关手续。

③ 自理报关单位申请注册，须提交下列文件。

a.《自理报关注册登记申请书》；

b.《企业情况登记表》、《企业管理人员情况登记表》；

c. 国务院主管部门或其授权部门批准经营进出口业务的批文；

d. 工商行政管理部门核发的营业执照；

e. 企业合同（非外资企业可免交）章程，以及上级主管部门相应的批复（非外资企业可免交）；

f. 企业财务管理制度、企业行政印章、报关专用章的备案印模、税务登记证、企业法人代码证书等材料。

（2）审查。审查即海关对企业的资格条件进行审核检查。审查的内容包括报关服务场所和提供服务的必要设备情况，企业性质、经营范围、企业承担经济法律责任的能力，以及各种文件的真实性、合法性。

（3）发证。海关对企业提交的文件、资料予以审核后，在规定的期限内，按规定的职权范围进行审批，作出批准或不予批准的决定。根据目前海关的规定，专业报关企业的审批权在海关总署，但注册登记手续在所在地海关办理，代理报关企业和收发货人的报关审批权在所在地海关。对符合条件并获批准者海关分别颁发《自理报关单位注册登记证明书》、《专业报关企业注册登记证书》、《代理报关企业注册登记证书》，并给予海关注册登记编号（又称经营单位代码），以建立企业档案。

2. 异地报关备案制度

一般来讲，在海关办理了报关注册登记的企业，只能在企业所在地海关所辖关区各口岸办理进出口货物的报关手续。可是在实际货物进出口业务中，企业常常需要在所在地海关以外的口岸进出口货物，因而产生了异地报关的需要。为了促进对外贸易的发展，方便企业的合法进出，我国海关允许符合一定条件的企业开展异地报关业务。

（1）异地报关备案制度的定义。异地报关备案制度是指已经在所在地海关办理了报关注册登记的企业，为取得在其他海关所辖关区报关的资格，而在有关海关办理报关备案审批手续的海关管理制度。该制度一般只适用于自理报关单位。经批准异地报关备案的企业，除了在企业所在地海关所辖关区各口岸办理进出口货物的报关外，还可以在备案地海关所辖关区内各口岸办理报关手续。

（2）异地报关备案的程序。

① 申请。是指向报关注册地海关递交异地报关备案的申请。一般情况下，只有已经向海关办理了报关注册登记并持有海关核发的《自理报关单位注册登记证明书》的企业，才能向海关申请办理异地报关备案。

申请时应提交下列文件资料：《自理报关备案申请书》、《企业情况登记表》、企业印章、报关专用章、开户银行及账号、企业负责人或主管报关业务的负责人及报关员的印章印模、《自理报关单位注册登记证明》等材料。

② 审核。注册地海关对申请企业呈交的文件资料进行审核，在《自理报关备案申请书》正本“备案情况”栏内加注意见并加盖印章，材料齐全、完整、符合要求以后，与企业递交的有关文件、资料一起制作“关封”，同时，海关还在《自理报关单位注册登记证明书》正本“备案情况”栏内批注海关审核批准的情况，一并退交给申请企业。“关封”可由申请企业送有关海关办理异地报关备案手续。

③ 发证。申请企业在向备案地海关递交原注册地海关制作的“关封”，备案地海关审核申请企业递交的文件、资料，确认齐全、有效后，向申请企业签发《自理报关单位报关备案证明书》。至此，申请企业即可在异地海关辖区内各口岸办理报关业务。专业报关企业和代理报关企业一般不得开展异地报关业务。如因特殊情况需要办理异地报关业务时，应当经所在地海关同意或备案地海关同意后，报海关总署审批。其申请手续与自理报关单位的申请手续相同。

3. 海关年审制度

海关年审制度是指报关单位和报关员每年在海关规定的期限内，向海关递交规定的文件资料，并由海关对其报关资格进行年度审核，以确定其是否具备继续开展报关业务条件的海关管理制度。

报关单位申报年审的时间为每年的 1 月 1 日至 4 月 30 日。超过年审期限的，由于企业自身原因不来参加年审的，海关将视其为自动放弃报关资格。如果需要再行开展报关业务，需按前述的报关要求，重新办理海关注册登记手续。

已经在其他海关办理异地报关备案的企业，应于通过年审后，持《报关备案证明书》到备案地海关办理年审手续。不按期办理异地报关备案年审手续的，将自动失去异地报关资格。

9.1.3　海关对报关员的管理

1. 报关员的定义

根据 1997 年 4 月 8 日海关总署发布的《中华人民共和国海关对报关员管理规定》，报关员是指依法取得相关资格证书，经海关批准注册、向海关办理进出口货物报关业务的人员。自 1997 年开始，海关总署实行报关员资格全国统一考试。通过资格考试意味着获得报关员的资格，若要成为正式的报关员，还必须经过海关注册批准。

2. 报关员的权利与义务

（1）报关员的权利：报关员应在所在地关区内办理本企业授权的报关业务；报关员对海关的行政处罚和进出口货物的征税、减税、补税或退税决定不服的，有权向海关申请复议或向人民法院起诉；报关员有权根据国家法律、法规对海关工作进行监督，并对海关工作人员的违法、违纪行为进行检举揭发和控告；报关员有权拒绝办理单证不真实，手续不齐全的报关业务；报关员有权举报报关活动中的违规走私行为。

（2）报关员的义务：遵守国家有关法律、法规和海关规章，熟悉所申报货物的基本情况；提供齐全、正确、有效的单证，准确、清楚地填制进出口货物报关单证，并依法向海关申请办理进出口货物的报关业务及相关手续；海关查验进出口货物时，应按时到场，负责搬移货物、开拆和重封货物的包装；负责在规定的时间内办理缴纳所报进出口货物的各项税费的手续、海关罚款手续和销案手续；配合海关对走私违规案件的调查；协助本企业完整保存各种原始报关单证、签据、函电等资料；参加海关召集的有关报关业务的会议或培训；承担海关规定报关员办理的与报关业务有关的工作。

3. 报关员资格考试管理

（1）报考条件：年满 18 周岁，具有完全民事行为能力；具有良好的品行；高中毕业或中等专业学校毕业以上的学历。

下列 3 类人员不能参加资格考试：一是触犯刑律被判刑，刑满不到 5 年者；二是因在报关活动中发生走私或严重违反海关规定行为，被海关吊销报关员证件未满 3 年者；三是海关规定不能从事报关工作的其他人员。

（2）资格考试手续：根据近几年海关总署下发的有关报关员资格全国统一考试的通知精神，申请报关员资格考试应向主管海关提交下列证件：高中或中等专业学校以上的学历或毕业证明（原件）、《中华人民共和国居民身份证》、近期免冠同底版小 2 寸彩色证件照片 3 张。报名时要真实填写《报关员资格全国统一考试报名表》。海关经办人员审核上述证件符合报名条件的，将向申请人颁发《准考证》。对资格考试合格者则颁发《报关员资格证书》。

《报关员资格证书》是指可以从事报关工作的专业技术资格证明。取得证书者在 2 年内若没有进行报关注册并从事报关工作，应在第 3 年重新接受海关培训，过期不培训则自动失效。

9.1.4 代理报关的含义与法律责任

按照《海关法》的规定，进出口货物必须通过设立海关的地点进出境并办理相关手续，这是货物进出境的基本原则。报关是指进出境运输工具负责人、进出口货物收发货人、进出境物品的所有人或者他们的代理人向海关办理运输工具、货物、物品进出境手续的行为。报关是海关受理进出口货物通关的前提和基础。

按照报关活动实施者的不同，进出口货物的报关可分为自理报关和代理报关两类。目前我国代理报关企业主要有两类：一类是接受进出口货物收、发货人的委托，向海关办理进出口货物报关纳税等海关事务的报关企业，称为专业报关企业、报关公司或报关行；另一类是接受进出口货物收、发货人的委托，除承揽货物的运输外还以收、发货人的名义或自己的名义，将所承揽的运输货物向海关报关等的国际货运代理企业。

1. 代理报关的含义

代理报关是指代理报关企业（代理报关单位）接受委托，代理进出口货物收、发货人报关的行为。代理报关企业是指按照规定经海关准予注册登记，接受进出口货物收、发货人的委托，向海关办理报关纳税手续，从事代理报关服务的境内企业法人。从程序上看，代理报关企业的成立有 3 个步骤：报关企业注册登记许可（海关）；办理许可经营项目登记（工商行政管理部门）；办理注册登记手续（所在地海关）。代理报关企业原则上应于所在关区各口岸办理报关业务。特殊情况需异地报关备案的，应由注册地主管海关商请异地海关同意后，报海关总署核准，方可在异地办理报关备案手续。

2. 代理报关企业代理报关活动的法律责任

代理报关企业并不参与进出口货物的贸易经营，只有当收发货人委托时，才在委托的范围内向海关办理报关纳税手续。

报关企业的代理报关活动可采用以其委托人的名义（直接代理）或以报关企业自己的名义（间接代理）两种不同的形式。采用的形式不同，报关企业应承担的法律责任也不同。

报关企业以其委托人的名义办理报关纳税手续的，属于委托代理行为，报关企业与委托人之间是代理人与被代理人（或称委托人）的关系。代理人代理权的取得、行使和效力是基于委托人委托授权的，即报关企业必须得到委托人的明确授权，方可行使代理权。因此，除委托人（在该项进出境活动中）应遵守海关的各项规定外，报关企业在行使代理权时，也应当遵守海关对其委托人的各项规定，如违反海关法的规定，报关企业应当承担与进出口收、发货人自己报关时所应承担的连带的法律责任。

报关企业接受其委托人的委托，以报关企业自己的名义办理报关纳税手续的，海关视同报关企业自己报关，其法律后果将直接作用于报关企业。

总结报关企业代理报关活动的法律责任见表 9.1。

表 9.1　报关企业代理报关活动的法律责任

代理方式	行为属性	法律责任
直接代理	以委托人名义	法律后果直接作用于被代理人（委托人）；报关企业应承担连带的法律责任
间接代理	以委托人名义，视同为自己报关	法律后果直接作用于代理人（报关企业）；报关企业承担、收、发货人自己保管的法律责任

9.1.5　代理报关业务

《中华人民共和国海关法》（以下简称《海关法》）规定："进出口货物，除另有规定的除外，可以由进出口货物收、发货人自行办理报关纳税手续，也可以由进出口货物收、发货人委托海关准予注册的报关企业办理报关纳税手续。"根据这一规定，外贸企业（进出口货物的收发货人）可以自行办理报关，也可以委托代理报关单位（如国际货运代理企业）代理报关。

（一）国际货运代理企业的代理报关流程

外贸企业委托国际货运代理企业代理报关的流程如图 9.1 所示。

图 9.1　外贸企业委托国际货运代理企业代理报关的流程

从图 9.1 来看，外贸企业委托国际货运代理企业代理报关的流程主要可分为 3 步。

（1）外贸企业在货物装运前委托货运代理公司代办报关手续，填写《代理报关委托书》，并随附合同、商业发票、装箱单等有关单据。

《代理报关委托书》（见表 9.2）是货主委托国际货运代理企业办理报关的必备文件，背面附有《委托报关协议》[1]（图 9.2）和委托报关协议通用条款（见资料 9.1）3 个部分。《委托报关协议》明确了双方的法律地位和责任。实际业务中外贸企业只要在报关委托书上加盖公章，然后提供商业发票、装箱单等单据，就可以委托国际货运代理企业办理报关业务了。

表 9.2　　代理报关委托书

代理报关委托书

编号：000

________：

我单位现　　（A 逐票、B 长期）委托贵公司代理等通关事宜。（A、填单申报 B、辅助查验、垫缴税款 D、办理海关证明联 E、审批手册 F、核销手册 G、申办减免税手续 H、其他）详见《委托报关协议》。

我单位保证遵守《海关法》和国家有关法规，保证所提供的情况真实、完整、单货相符，无侵犯他人知识产权的行为。否则，愿承担相关法律责任。

本委托书有效期自签字之日起至　　年　　月　　日止。

委托方（盖章）：

法定代表人或其授权签署《代理报关委托书》的人（签字）：

年　　月　　日

[1]《代理报关委托书》和《委托报关协议》作为代理报关时报关单的必备随附单证使用。《代理报关委托书》和《委托报关协议》由中国报关协会负责向企业提供，也可由企业按照规范格式的要求在 A4 空白纸上打印自用。

H.2 委托报关协议

委托报关协议

为明确委托报关具体事项和各自责任，双方经平等协商签订协议如下：

委托方		被委托方		
主要货物名称		*报关单编码		
商品编码	□□□□□□□□□□	收到单证日期		
货物总价		收到单证情况	合同□	发票□
进出口日期	年 月 日		装箱清单□	提（运）单□
提单号			加工贸易手册□	许可证件□
贸易方式			其他	
原产地/货源地		报关收费	人民币： 元	

其他要求：	
背面所列通用条款是本协议不可分割的一部分，对本协议的签署构成了对背面通用条款的同意。	背面所列通用条款是本协议不可分割的一部分，对本协议的签署构成了对背面通用条款的同意。
委托方业务签章： 经办人签章： 联系电话： 年 月 日	被委托方业务签章： 经办人签章： 联系电话： 年 月 日

（白联：海关留存，黄联：被委托方留存，红联：委托方留存） 中国报关协会监制

图9.2 委托报关协议

资料9.1 委托报关协议通用条款

委托方责任 委托方应及时提供报关报检所需的全部单证，并对单证的真实性、准确性和完整性负责，保证没有侵犯他人知识产权的行为。

委托方负责在报关企业办结海关手续后，及时、履约支付代理报关费用，支付垫支费用，及因委托方责任产生的滞报金、滞纳金和海关等执法单位依法处以的各种罚款。

负责按照海关要求将货物运抵指定场所。

负责与被委托方报关员一同协助海关进行查验，回答海关的询问，配合相关调查，并承担产生的相关费用。

在被委托方无法做到报关前提取货样的情况下，承担与单货相符的责任。

被委托方责任 负责解答委托方有关向海关申报的疑问。

负责对委托方提供的货物情况和单证的真实性、完整性进行“合理审查”，审查内容包括：①证明进出口货物实际情况的资料，包括进出口货物的品名、规格、用途、产地、贸易方式等；②有关进出口货物的合同、发票、运输单据、装箱单等商业单据；③进出口所需的许可证件及随附单证；④海关要求的加工贸易（纸质或电子数据的）及其他进出口单证。

因确定货物的品名、归类等原因，经海关批准，可以看货或提取货样。

在接到委托方交付齐备的随附单证后，负责依据委托方提供的单证，按照《中华人民共和国海关进出口报关单填制规范》认真填制报关单，承担“单单相符”的责任，在海关规定和本委托报关协议中约定的时间内报关，办理海关手续。

负责及时通知委托方共同协助海关进行查验，并配合海关开展相关调查。

负责支付因报关企业的责任给委托方造成的直接经济损失，所产生的滞报金、滞纳金和海关等执法单位依法处以的各种罚款。

负责在本委托书约定的时间内将办结海关手续的有关委托内容的单证、文件交还委托方或其指定的人员（详见《委托报关协议》“其他要求”栏）。

赔偿原则 被委托方不承担因不可抗力给委托方造成损失的责任。因其他过失造成的损失，由双方自行约定或按国家有关法律法规的规定办理。由此造成的风险，委托方可以投保方式自行规避。

不承担的责任 签约双方各自不承担因另外一方原因造成的直接经济损失，以及滞报金、滞纳金和相关罚款。

收费原则 一般货物报关收费原则上按当地《报关行业收费指导价格》规定执行。特殊商品可由双方另行商定。

法律强制 本《委托报关协议》的任一条款与《海关法》及有关法律、法规不一致时，应以法律、法规为准。但不影响《委托报关协议》其他条款的有效。

协商解决事项 变更、中止本协议或双方发生争议时，按照《中华人民共和国合同法》的有关规定及程序处理。因签约双方以外的原因产生的问题或报关业务需要修改协议条款，应协商订立补充协议。双方可以在法律、行政法规准许的范围内另行签署补充条款，但补充条款不得与本协议的内容相抵触。

（2）货运代理企业办妥报检手续后，制作报关单，并随附商业发票、装箱单、合同和通关单或检验检疫证书等有关单据向当地海关办理出口货物报关手续。

报关单（见表9.3和表9.4）是由海关总署规定统一格式和填制规范，由报关人填制并由报关员代表报关企业向海关提交办理进出口货物申报手续的法律文书，是海关依法监管货物进出口、征收关税及其他税费、编制海关统计及其他事务的重要凭证。

表 9.3　　中华人民共和国海关出口货物报关单

预录入编号：　　　　海关编号：

<table>
<tr><td colspan="2">出口口岸</td><td colspan="2">备案号</td><td>出口日期</td><td>申报日期</td></tr>
<tr><td colspan="2">经营单位</td><td>运输方式</td><td>运输工具名称</td><td colspan="2">提运单号</td></tr>
<tr><td colspan="2">发货单位</td><td colspan="2">贸易方式</td><td>征免性质</td><td>结汇方式</td></tr>
<tr><td>许可证号</td><td colspan="2">运抵国（地区）</td><td colspan="2">指运港</td><td>境内货源地</td></tr>
<tr><td>批准文号</td><td>成交方式</td><td>运费</td><td colspan="2">保费</td><td>杂费</td></tr>
<tr><td>合同协议号</td><td>件数</td><td>包装种类</td><td colspan="2">毛重（千克）</td><td>净重（千克）</td></tr>
<tr><td>集装箱号</td><td colspan="4">随附单据</td><td>生产厂家</td></tr>
<tr><td colspan="6">标记唛码及备注</td></tr>
<tr><td colspan="6"></td></tr>
<tr><td colspan="6">项号　商品编号　商品名称、规格型号　数量及单位　最终目的国（地区）单价　总价　币制　征免</td></tr>
<tr><td colspan="6"></td></tr>
<tr><td colspan="6"></td></tr>
<tr><td colspan="6">税费征收情况</td></tr>
<tr><td colspan="2">录入员
录入单位</td><td colspan="2" rowspan="2">兹声明以上申报无讹并承担法律责任</td><td colspan="2">海关审单批注及放行日期(签章)
审单　　审价</td></tr>
<tr><td colspan="2">报关员</td><td colspan="2">征税　　统计</td></tr>
<tr><td colspan="2">单位地址</td><td colspan="2">申报单位（签章）</td><td colspan="2">查验　　放行</td></tr>
<tr><td>邮编</td><td>电话</td><td colspan="2">填制日期</td><td colspan="2"></td></tr>
</table>

表 9.4　　中华人民共和国海关进口货物报关单

预录入编号：　　　　海关编号：

进口口岸	备案号	进口日期	申报日期
经营单位	运输方式	运输工具名称	提运单号
收货单位	贸易方式	征免性质	征税比率
许可证号	起运国（地区）	装货港	境内目的地

批准文号	成交方式	运费	保费	杂费
合同协议号	件数	包装种类	毛重（千克）	净重（千克）

集装箱号	随附单据	用途

标记唛码及备注

项号	商品编号	商品名称、规格型号	数量及单位	最终目的国（地区）	单价	总价	币制	征免

税费征收情况

录入员 录入单位	兹声明以上申报无讹并承担法律责任	海关审单批注及放行日期(签章) 审单　　审价
报关员		征税　　统计
单位地址	申报单位（签章）	查验　　放行
邮编　　电话	填制日期	

资料9.2　报关单的分类

（1）按表现形式分，报关单可分为纸质报关单和电子报关单。

纸质进口货物报关单一式五联：海关作业联、海关留存联、企业留存联、海关核销联和进口付汇证明联。纸质出口货物报关单一式六联：海关作业联、海关留存联、企业留存联、海关核销联、出口收汇证明联和出口退税证明联。进出口货物报关单各联的用途见表9.5。

表9.5　进出口货物报关单各联的用途

进口货物报关单各联的用途		出口货物报关单各联的用途	
海关作业联	查验、验收、提货	海关作业联	查验、验收、装运
海关留存联	查验、征税、提货	海关留存联	查验、征税、装运
企业留存联	备案	企业留存联	备案
海关核销联	合同核销、结案	海关核销联	合同核销、结案
进口付费证明联	售汇、付汇	出口收汇证明联	收汇、核销
		出口退税证明联	退税

（2）按海关监管方式分，纸质报关单可分为进料加工进出口货物报关单（粉红色）、来料加工及补偿贸易进出口货物报关单（浅绿色）、外商投资企业进出口货物报关单（浅蓝色）、一般贸易及其他贸易进出口货物报关单（白色）、需国内退税的出口货物报关单（浅黄色）。

进出口货物报关单由海关统一印制，内容共有47个栏目，除“税费征收情况”及“海关审单批注及放行日期签字”两项栏目外，其余均由收发货人或其代理人填写。报关单填报不正确，一是影响通关速度；二是影响税率的计征；三是影响企业的出口退税和收结汇核销。填制进出口货物报关单的一般要求如下。

① 申报人必须按照《海关法》、《海关进出口申报管理规定》和《海关进出口货物报关单填制规范》的有关规定，向海关如实申报，不得伪报、瞒报、虚报和迟报。

② 填制内容必须真实，做到“单证相符”和“单货相符”，即所填报关单各栏目必须与商业发票、装箱单、批准文件和随附单据相符，必须与实际进出口货物情况相符。

③ 报关单的填报要准确、齐全、完整、字迹清楚，不得用铅笔或红色复写纸填写；若有更正，须在更正项目上加盖“校对章”。一般用电脑打印或打字机打印。

④ 不同批文的货物、不同合同的货物、同一批货物中不同贸易方式、同一批货物不同运输方式、同一批货物相同运输方式但航次不同的货物，均应分单填报。

⑤ 一份原产地证书只能对应一份报关单。同一份报关单上的同一种商品不能同时享受协定税率和减免税。

⑥ 一份报关单最多填报20项商品。超过20项商品时必须分单填报。一张纸质报关单上最多打印5项商品。

⑦ 分栏填报：反映进出口商品本身情况的项目中，须以相同的项号进行分栏填报。

⑧ 分行填报：反映不同的项号、商品名称、规格型号、数量及单位和不同的单价等均要分行填制。

⑨ 对已向海关申报的进出口货物报关单，如原填报内容与实际进出口货物不一致而有正当理由的，申报人应向海关递交书面更正申请，海关核准后，对原报关单进行更改或撤销。

⑩ 报关单的份数和颜色：使用电子数据报关的填写一份报关单作为录入原始单据即可。不同的贸易方式和不同性质的报关人，使用不同颜色的报关单。

⑪ 申报企业在填完的报关单上加盖与企业名称一致的报关专用章和报关员章后才有效。

（3）海关核准后，结清关税，在报关单和装货单上盖放行单，港口凭装货单装船。

（二）一般进出口货物海关通关流程

接受申报、查验、征税和放行制度是海关监管进出境货物的基本制度。进出口货物的类别不同，其报关程序略有不同见表 9.6。

表 9.6　　进出口货物的类别和报关程序

货物的类别	前期阶段	进出境阶段	后续阶段
一般进出口货物	无	申报、查验、征费、放行	无
保税进出口货物	备案、申领手册	申报、查验、征费、放行	核销、结关
特定减免税货物	备案、申领手册	申报、查验、征费、放行	解除监管、结关
暂准进出口货物	备案、申领手册	申报、查验、征费、放行	解除监管、销案

下面以一般进出口货物为例详解其海关通关流程。从海关方面看，海关对一般进出口货物的监管，其业务程序是：接受申报、查验货物、征收税费、结关放行。作为进出境货物的收、发货人，相应的报关手续应为：提出申报、接受查验、缴纳税费、凭单取货或装船储运，如图 9.3 所示。

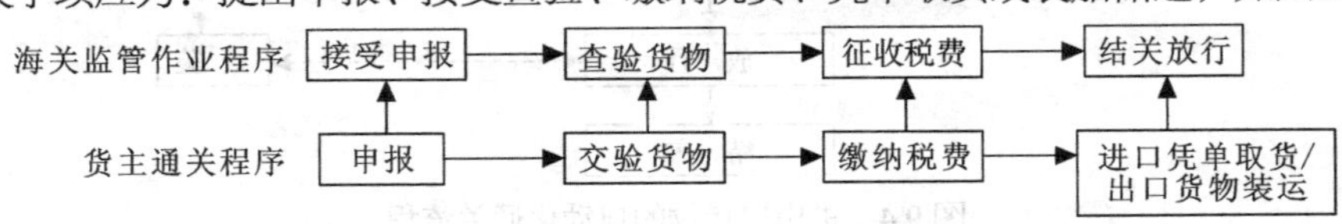

图 9.3　进出口货物通关的基本环节

我国采用报关自动化系统进行作业处理。海关利用 H2000 通关系统，可实现无纸审单、放行。一般进出口货物的自动化通关流程为电子申报、集中审单、现场接单、征税查验、海关放行的 5 个环节，具体流程可用图 9.4 来表示。

1. 电子申报

所谓申报，也可理解为狭义上的报关，是指货物、运输工具和物品的所有人或其代理人在货物、运输工具、物品进出境时，向海关呈送规定的单证（可以书面或者电子数据交换方式）并申请查验、放行的手续。申报与否，包括是否如实申报，是区别走私与非走私的重要界限之一。

电子申报这一步骤的主要内容是：货物的收、发货人或其代理人根据《中华人民共和国海关进出口货物报关单填制规范》和海关监管征税、统计等要求录入电子报关数据并通过网络传输方式向海关传输电子数据，进行电子申报。在正常情况下，进口货物应当由收货人或其代理人在货物的进境地向海关申报，并办理有关进口海关手续；出口货物应当由发货人或其代理人在货物的出境地向海关申报，并办理有关出口海关手续。

申报内容主要包括：进出口货物的经营单位、收发货单位、申报单位、运输方式、贸易方式、贸易国别及货物的实际状况（主要包括名称、规格型号、数量／重量和价格等内容）。

（1）申报的期限。出口货物报关期限与进口货物报关期限是不同的。出口货物的发货人或其代理人除海关特许外，应当在装货的 24 小时以前向海关申报。进口货物的收货人或其代理人应当自载运该货物的运输工具申报进境之日起 14 天内向海关办理。

进口货物的通关申报手续。如果在法定的 14 天内没有向海关办理电报手续，海关将征收滞报金。滞报金的日征收金额为进口货物完税价格的 0.5‰。进口货物滞报金期限的起算日期为运输工具申报进境之日起第 15 日；邮运的滞报金起算日期为收件人接到邮局通知之日起第 15 日。

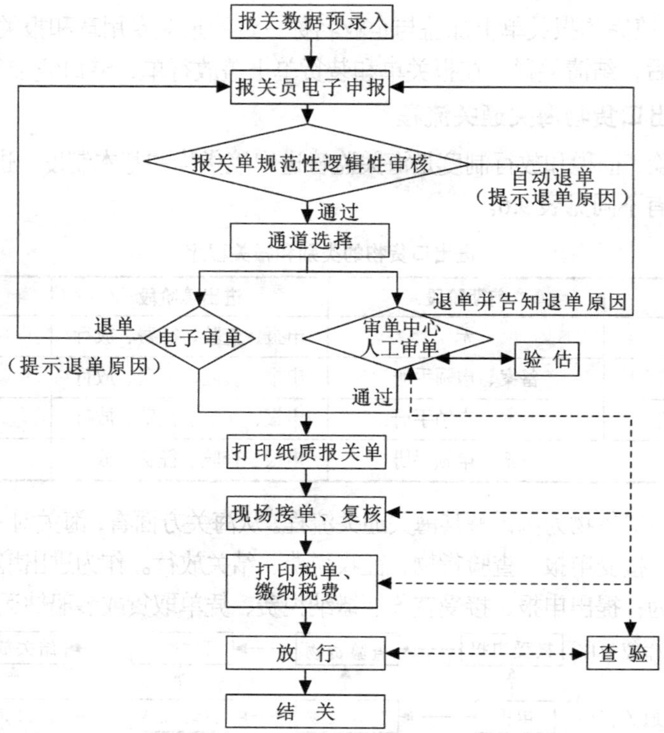

图 9.4 进出口货物的自动化通关流程

（2）申报地点。进口货物应当由收货人或其代理人在货物的进境地海关申报；出口货物应当由发货人或其代理人在货物的出境地海关申报。此外，经收发货人申请、海关同意，进口货物的收货人或其代理人可以在设有海关的货物指运地申报，出口货物的，发货人或其代理人可以在设有海关的货物起运地申报。

（3）需交验的单证。申报的有关单证系指与所报货物相适应的、凭以支持报关单填报的单据和证件。除进出口货物报关单外，报关单证可分为基本单证、特殊单证和预备单证三大类。

基本单证是指与进出口货物直接相关的商业和货运单证，主要包括发票、装箱单、提（装）货凭证（或运单、包裹单）、出口收汇核销单、进出口货物征免税证明。特殊单证是指国家有关法律规定实行特殊管理的证件，主要包括配额许可证和其他各类特殊管理证件。预备单证是指供海关认为必要时查阅或收取的单证，包括合同、货物原产地证明、委托单位的工商营业执照证书、账册资料及其他有关单证。

① 进口货物报关时须提供的单证。进口货物通关是进口商品进入国内市场流通的关键，其核心问题就是通关单据是否齐备并正确无误。进口货物所需报告单据包括进口货物报关单、贸易合同、装箱单、发票、提货单、委托报关协议书及海关监管条件所涉及的各类证件、货运单据等。

进口商或其代理在报关时，接到出口商的全套进口单据后，要查清该进口货物属于哪家船公司承运，哪家作为船舶代理，在哪可以换到供通关用的提货单等问题。与船公司或船舶代理部门联系，确定船到港的时间、地点（如需转船应确认二程船名），并提前与船公司或船舶代理部门确认换单的时间、手续及换单费，凭带背书的正本提单（如果是电报放货，可带电报提单的传真件和保函）或带上全套正本提单去事先联系好的船公司和船舶代理部门换取供通关用的提货单。要确认出口商提供的正本发票、正本装箱单、正本提单与合同中的内容（如货物名称、头、件数、毛重、尺码）是否单单一致。同时，应确认货物的商品编码、查阅海关税则、确认进口税率、确认货物需要什么监管条件，如需报检，则应在报关前向有关机构报检。有了全套手续完备、正确无误的报关单据，就可加快通关速度，避免滞报、转栈现象发生。

【例 9.1】某三资企业从德国进口一个货柜货物。提单的收货人显示："TO OR-OF SHIPPER"，发货人没有在提单上背书。船到后无法换取提货单，只得把正本提单寄到德国出口商背书，等拿到已背书的正本提单换取提货单报关时，距船到港口已过 10 多天，产生了滞报等费用。

② 出口货物报关时须提供的单证。出口货物报关时须提供的单证主要有：由报关员自行填写或由自动化报关预录入人员录入后打印的出口货物报关单一式多份，其所需份数根据各部门需要而定，出口退税时加填一份黄色出口退税专用报关单；出口许可证和其他证明文件；货物的发票、装箱清单、合同等；出境货物通关单；原产地证明；出口收汇核销单及其他有关文件。

2. 集中审单

集中审单这一步骤的主要内容是：第一，报关人向海关递交报关单后，海关接受报关、审单。海关计算机系统根据预先设定的各项参数对电子报关数据的规范性、有效性和合法性进行电子审核，审核结果将通过现场大屏幕显示器或计算机网络等通信手段通知申报人。第二，通关管理处审单中心对需人工审单的报关单数据进行人工审核，并将审核结果通知申报人。

我国海关建立了三位一体的审单作业系统。审单作业系统包括计算机电子审单、直属海关审单中心专业化审单和隶属海关现场接单审核，是既分工协作又相互制约的报关单证和数据处理系统。通关管理处审单中心自收到电子报关数据之时起，一般 1 个工作日内完成对报关单电子数据的审核工作，并根据审核结果发送审结、退单等信息。

3. 现场接单

接单这一步骤的主要内容如下。

（1）口岸海关和通关现场以及区域海关为进口接单现场，申报人到现场海关接单窗口或派单窗口（一些业务量较大的现场）递交书面单证，办理单证审核手续。

（2）海关验核申报人的报关资格，验核通过的，现场接单关员进行接单。有派单窗口的现场派单人员则核对书面单证是否齐全并分派接单窗口。

（3）现场接单关员验核书面单证。主要审核书面单证的各项内容是否单单（报关单与随附单证）、单机（报关单与电子数据）相符；对申报价格、商品归类等项目进行复核；按作业要求对有关单证进行批注，如发现单证不齐全、不合法，及时查明原因，并按有关规定处理。

4. 征税查验

查验的主要内容如下。

（1）申报人持《查验通知单》、报关单备用联、提单场站收据、海运提单、发票、装箱单（复印件），到现场海关查验受理部门办理查验计划（一般当天安排第二天的查验计划），申报人员应作好查验准备。

（2）海关对需要查验的货物实施现场查验。进口货物的收货人、出口货物的发货人或其代理人应派员到场协助查验，协助查验人员应出示有效证件并负责搬移货物、开拆和重封货物的包装，当海关对相关单证或货物有疑问时应负责解答。

（3）海关查验完毕后，报关员应向海关关员索要"海关进出境货物查验记录单"，特别要注意记录单记录内容是否与实际相符，其中的重点内容是：开箱具体情况；货物残损情况及造成的原因；提取货样情况；查验结论。若上述内容的记录符合实际，应当场签字。

按照规定，进口货物的收货人、出口货物的发货人应当在海关签发税款缴纳证的次日起7日内，向指定银行缴纳税款；逾期不缴纳的，由海关自第8日起至缴清税款日止，按日征收税款总额1‰的滞纳金；对超过3个月仍未缴纳税款的，海关可责令担保人缴纳税款或者将货物变价抵缴，必要时，可以通知银行在担保人或纳税人的存款内扣除。

海关征收税款的一般作业程序如下。

（1）审核申报单证，确认单据齐全正确和单货相符；

（2）确定商品归类和适用税率；

（3）确定完税价格并计算关税税款；

（4）填发税款缴纳证（税款缴款书）交纳税义务人并由其缴纳税款。

目前我国进出口税的缴纳凭证主要有《海关专用缴款书》，进出口货物收货人或其代理人缴纳税款后，应将盖有“收讫”章的《海关专用缴款书》第一联送签发海关验核，海关凭以办理有关手续。《海关行政事业收费专用收据》用做监管手续费和滞报金的缴纳凭证。进口货物收货人或其代理人缴纳滞报金后，应将盖有“收讫”章的《海关行政事业收费专用收据》交给货物申报进口的海关，海关凭以核销并办理有关手续。

5. 海关放行

进出口货物收发货人或其代理人一旦收到银行缴款成功的信息，即可报请海关办理货物放行手续。

在电子申报方式下，海关做出放行决定时，通过计算机将“海关放行”电子数据发一份给进出口货物收发货人或其代理人、海关监管货物的保管人。进出口货物收发货人或其代理人从计算机上自行打印海关通知放行的凭证，凭以提取进口货物或将出口货物运到运输工具上离境。

进出口货物放行后，海关向申报人签发报关单证明联。进出口货物收发货人或其代理人如要海关签发有关的货物进口、出口证明联，均可向海关提出申请。常见的报关单证明主要有：进口付汇证明、出口收汇证明、出口收汇核销单、出口退税证明、进口货物证明书。

9.2 代理报检

向检验检疫机构和海关报告进出口货物的情况是收、发货人或其代理人报检、报关工作的核心环节。我国实施“先报关，后检验”的检验检疫货物通关制度（见图9.5）。凡列入《出入境检验检疫机构实施检验检疫的进出境商品目录》的商品或其他法定检验的商品，必须向出入境检验检疫机构报检，实施检验检疫，海关凭出入境检验检疫机构签发的入境货物通关单或出境货物通关单办理放行手续。

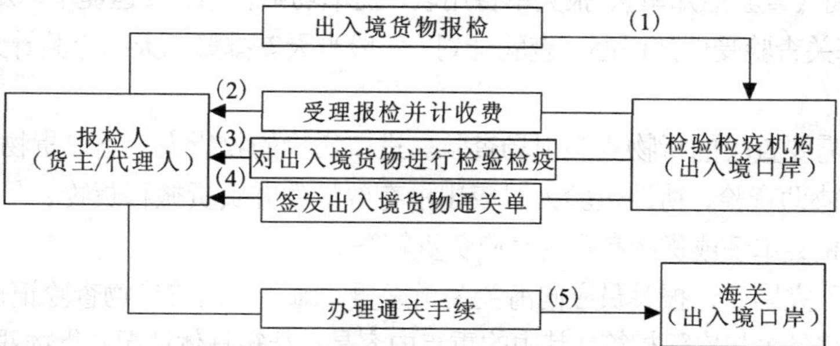

图9.5　我国检验检疫货物通关的基本程序

我国出入境检验检疫采用将进出口商品检验、动植物检疫和卫生检疫工作合并在一起，“一次报检、一次抽（采）样、一次检验检疫、一次卫生除害处理、一次计收费、一次发证放行”的“三检合一”工作模式。其工作流程可概括为以下 4 个环节：受理报检——检验检疫和鉴定——►计、收费——►签证、放行。图 9.6 表示向韩国出口人工养殖活鱼的出口检验步骤。

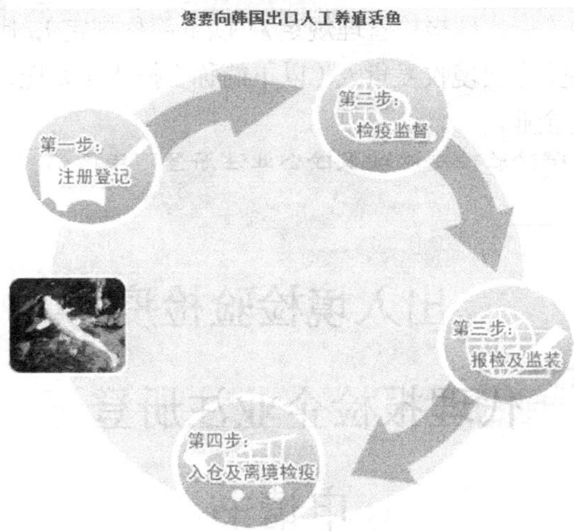

图 9.6　向韩国出口人工养殖活鱼的出口检验步骤

案例 9.1　警惕进口环保生物质燃料的检疫风险[2]

近年来，由于煤炭价格处于上涨周期，加上国家节能减排的要求，耗能企业一直尝试用生物环保燃料提供能源。而引进棕榈壳应该说是一个双赢的选择，一方面企业可以节约燃料成本，另一方面还可完成减排指标。

棕榈壳是一种新型生物质燃料，其燃烧热值高达 4600 大卡/千克，相当于标准煤热值的 65%，优于秸秆、蔗渣等一般生物燃料；加工利用方式粗放简单，经暴晒后即可投置于锅炉直接燃烧提供热能；价格低廉，进口价每吨仅 70 美元，比普通烟煤便宜不少；既可缓释企业的用煤成本，又因为棕榈壳生长过程中大量吸收二氧化碳，与燃烧过程中排放的二氧化碳相当，实现了温室气体的零排放。

虽然进口棕榈壳会给企业带来诸多好处，但其检疫风险也应引起足够重视。棕榈壳粗放的加工方式给有害生物侵染提供了机会，且原产地东南亚是口岸植物检疫中发现有害生物几率较高的地区，传带有害生物风险很高。日前，广东顺德北滘口岸迎来了首批 180 吨来自印度尼西亚的生物质燃料棕榈壳。检疫人员对这批棕榈壳实施开箱检疫查验时，在集装箱和货物包装袋中就发现了黄圆隐食甲、双齿谷盗等有害生物。

为此，广东顺德检验检疫局提醒，企业在签订进口棕榈壳合同时，应明确检疫方面的要求，并在货物到达入境口岸时，积极配合检验检疫部门做好植物检疫和除害处理，防止疫情的传入。

9.2.1　代理报检企业与代理报检

1. 代理报检企业与报检员

（1）代理报检企业的概念。我国的报检企业分为自理报检企业和代理报检企业。自理报检企

[2] 本文转自 http://www.tcba.org.cn/Article_Show.asp?ArticleID=20126，原文刊登在《中国国门时报》2013 年。

业是指经所在地出入境检验检疫机构注册登记并取得报检单位代码的外贸相关单位，包括有进出口经营权的国内企业、出口货物的生产企业、进出口货物的收发货人、有进出境相关业务的科研单位、运输单位等，依法自行办理出入境检验检疫报检事宜的，在工商行政管理部门注册登记的境内企业法人。出入境检验检疫代理报检企业注册登记申请书见小资料 9.1。根据 2010 年 6 月 1 日起施行的《出入境检验检疫代理报检管理规定》(以下简称规定)，代理报检企业是指获得检验检疫机构注册登记后，接受进出境收发货人（以下简称委托人）委托，为委托人办理报检行为的从事代理报检业务的境内企业。

小资料 9-2　出入境检验检疫代理报检企业注册登记申请书

申请编号：____________

出入境检验检疫

代理报检企业注册登记

申请书

申请企业：________________

联 系 人：________________

联系电话：________________

申请日期：________________

中华人民共和国________出入境检验检疫局：

根据相关法律法规和《出入境检验检疫代理报检管理规定》（第 128 号令），本企业特向贵局申请出入境检验检疫代理报检企业注册登记，并附相关材料。

本企业将严格遵守出入境检验检疫有关法律 、法规和规定，按照检验检疫机构的规定和要求办理代理报检业务，配合做好检验检疫工作，并承担相应的经济责任和法律责任。本企业具有固定营业场所及符合办理代理报检业务所需的条件，具备健全的企业内部管理制度。

本企业保证如实提交有关材料和反映真实情况，并对申请材料的实质内容的真实性负责，特请批准。

本企业郑重声明，本企业与检验检疫机构行政机关工作人员无任何利益关系，未聘请检验检疫机构行政机关工作人员和按国家有关规定应予以回避的人员及离开检验检疫工作岗位 3 年内的工作人员。

法定代表人

申请企业（公章）：

（签字）：

基本情况

企业名称	中文			简称	
	英文				
住 所				邮政编码	
办公地址				行政区划	
企业性质			注册资本（万元）		
企业法人营业执照号码			组织机构代码		
分公司营业执照号码			组织机构代码		
法定代表人		电话		传真	
分公司负责人		电话		传真	
企业联系人		电话		传真	
电子邮箱		开户银行			
获得的体系认证		银行账号			

拟任报检人员	序号	姓名	报检员资格证号码	身份证号码	联系电话	本人签字
	1					
	2					
	3					
	4					
	5					
	6					
	7					
	8					

材料清单

序号	材料名称	报送情况
1	代理报检企业注册登记申请书	
2	《企业法人营业执照》复印件	
3	分公司《营业执照》复印件	
4	总公司授权书	
5	《组织机构代码证》复印件	
6	拟任报检员《报检员资格证书》复印件	
7	申请人与拟任报检员签订的劳动合同复印件	
8	企业章程复印件	
9	申请人营业场所所有权证明或者租赁证明复印件	

注：1.申请人提交的材料应当加盖本企业公章，提交复印件的应当同时交验原件。2.“报送情况”栏，已提交材料的打“√”，未提交的打“×”。3.分公司以自己名义申请的，需同时提交《营业执照》复印件、总公司授权书。

（2）代理报检企业的服务内容。代理报检企业可以办理下列代理报检业务：办理报检手续；代缴纳检验检疫费；联系和配合检验检疫机构实施检验检疫；领取检验检疫证单。

（3）代理报检企业注册登记的基本条件。根据《规定》，代理报检企业申请代理报检企业注册登记的企业（以下简称申请人）应当具备以下条件：取得工商行政管理部门颁发的《企业法人营业执照》;《企业法人营业执照》注册资金人民币 100 万元以上；有固定经营场所及办理代理报检业务所需的设施；有健全的企业内部管理制度；有不少于 5 名取得《报检员资格证书》的拟任报检员。分公司以自己名义申请代理报检企业注册登记的，应当取得《营业执照》，具备前款第三、四、五项要求的条件，且总公司注册资金人民币 100 万元以上。

有下列情形之一的，直属检验检疫局应当依法办理注册登记的注销手续：代理报检企业终止代理报检业务的；代理报检企业依法终止的；代理报检企业组织机构代码发生变化的； 注册登记被撤销、撤回，或者注册登记证书被吊销的；法律、法规规定应当注销行政许可的其他情形。

注册登记资格被注销的代理报检企业，应当交还《注册登记证书》和《报检员证》。

（4）报检员。报检员是指获得国家质量监督检验检疫总局（以下简称国家质检总局）规定的资格，在国家质检总局设在各地的出入境检验检疫机构（以下简称检验检疫机构）注册，办理出入境检验检疫报检业务（以下简称报检业务）的人员。

① 报检员资格考试。报检员资格证书分成自理报检员资格证、代理报检员资格证。根据 2003 年 1 月 1 日起施行的《出入境检验检疫报检员管理规定》，不管是自理报检员还是代理报检员，都要通过国家质检总局组织的全国统一考试，考试合格者都是由国家质检总局颁发全国通用的资格证书。凡年满 18 周岁，具有高中或者中等专业学校以上学历等符合条件的人员均可报名参加考试。只不过，代理报检员资格证比自理报检员资格证的考试难度大。资格考试合格的人员，取得报检员资格证。2 年内未从事报检业务的，报检员资格证自动失效。

② 报检员注册。获得报检员资格证的人员，方可申请报检员注册。自理报检员只能作为自理报检企业的员工注册成为自理报检单位报检员；代理报检员既可以作为代理报检企业的员工注册成为代理报检单位报检员，也可以作为自理报检企业的员工注册成为自理报检单位报检员。报检员注册，应当由在检验检疫机构登记，并取得报检单位代码的企业向登记地检验检疫机构提出申请，并提交规定的材料。检验检疫机构对提交的材料进行审核，经审核合格的，予以注册，颁发报检员证。

③ 报检员管理。2005 年 12 月 1 日起正式实施的《中华人民共和国进出口商品检验法实施条例》规定，办理报检业务的人员应当依法办理报检从业注册，并实行凭证报检。未依法办理报检从业注册的人员，不得从事报检业务。报检员证是报检员办理报检业务的身份凭证，不得转借、涂改。检验检疫机构对报检员日常的报检行为实施差错登记管理制度。代理报检单位的报检员不得同时兼任两个或者两个以上代理报检单位的报检工作。自理报检单位的报检员不得同时兼任两个或者两个以上自理单位的报检工作。报检员依法代表所属企业办理报检业务。报检员应当并有权拒绝办理所属企业交办的单证不真实、手续不齐全的报检业务。报检员证的有效期为 2 年，期满之日前 1 个月，报检员应当向发证检验检疫机构提交审核申请书。

2. 代理报检的含义和法律地位

（1）代理报检的含义。报检也称报验，是指进出口商品的收发货人或其代理人，在检验检疫机构规定的时限和地点，向检验检疫机构办理申请检验、配合检验、付费、取得商检单等手续的全过程，是检验检疫机构受理报检的前提和基础。货物收发货人以及进出口货物的生产、加工和经营单位办理本单位检验检疫事项的行为称为自理报检。而代理报检，则是指经国家质量监督检验检疫总局注册登记的境内企业法人（代理报检单位）依法接受进出口货物收发货人的委托，为进出口货物收发货人办理报检手续的行为。

（2）代理报检的法律性质。代理报检单位经准予注册登记后，可由其持有《报检员证》的报检员向检验检疫机构办理代理报检业务。代理报检单位指派的报检员，在出入境检验检疫机构从事报检事项，属该代理报检单位的公务活动，并负有一切法律责任。

代理报检其性质属于代理行为。代理报检单位与被代理人（委托人）之间的法律关系适用于《中华人民共和国民法通则》的有关规定，并共同遵守出入境检验检疫法律、法规；代理报检单位的代理报检，不免除被代理人或其他人根据合同和法律所承担的产品质量责任和其他责任。代理报检单位因违反规定被出入境检验检疫机构暂停或取消其代理报检资格所发生的与委托人等关系人之间的财经纠纷，由代理报检单位自行负责。由于受理报检时委托人不直接与检验检疫部门接触，这就要求受托人（代理报检单位）除提供相关报检单据依法如实报检外，还应代委托人交纳检验费以及其他规定缴纳的费用，承担委托人在经济贸易活动中所涉及的有关检验检疫方面的义务，承担或解决由代理报检“而产生或涉及的纠纷”后果。

3. 代理报检的行为规范

代理报检应遵守如下3项规定。

（1）向检验检疫机构提交报检委托书。代理报检单位在报检时，应当向检验检疫机构提交报检委托书。如果代理报检人以自己的名义报检，其性质就不属于代理。对于代理人以自己名义报检或不提供授权委托书一律不能受理其报检。因此，在实务中，进出口商委托国际货运代理企业代理报检，需要与国际货运代理企业签订代理报检委托书。

报检委托书亦称检验检疫委托书，是委托人向受托人做的一种书面委托证明，属法人与法人之间的委托，具有法律效力，也是代理报检单位（受托人）办理进出口商品检验检疫的重要依据之一。报检委托书应结合检验检疫部门的实际，包括如下基本内容：执行检验的检验检疫机构名称、委托人声明及法律责任、受托人名称、报检商品的品名、数（重）量、合同号/信用证号、出具何种检验检疫证单（有何特殊要求）、委托书有效期、委托方名称、日期、法人代表签字或手签名章，并加盖委托方公章。

报检委托书样本见表9.7。

（2）切实履行代理报检职责。代理报检单位应按报检地检验检疫机构的要求，切实履行代理报检职责，并对实施代理报检中所知悉的商业秘密负有保密义务。代理报检单位应当建立、健全代理报检业务档案，真实完整地记录其承办的代理报检业务，并自觉接受检验检疫机构的日常监督和年度审核。

接受委托的代理报检单位应当完成下列代理报检行为。

① 办理报检手续。代理报检单位应在检验检疫机构规定的期限、地点办理报检手续，办理报检时应按规定填写报检申请单，并提供检验检疫机构要求的必要证单；报检申请单应加盖代理报检单位的合法印章。

表 9.7　　　　报检委托书

代 理 报 检 委 托 书

编号：

__________出入境检验检疫局：

本委托人（备案号/组织机构代码　　　　　　　　）保证遵守国家有关检验检疫法律、法规的规定，保证所提供的委托报检事项真实、单货相符。否则，愿承担相关法律责任。具体委托情况如下：

本委托人将于__________年______月间进口/出口如下货物：

品 名　　　　　　　　　　　　　　　　HS 编码

数（重）量　　　　　　　　　　　　　　包装情况

信用证/合同号　　　　　　　　　　　　许可文件号

进口货物收货单位及地址　　　　　　　　　进口货物提/运单号

其他特殊要求

特委托____________________________（代理报检注册登记号____________），代表本委托人办理上述货物的下列出入境检验检疫事宜：

1. 办理报检手续；
2. 代缴纳检验检疫费；
3. 联系和配合检验检疫机构实施检验检疫；
4. 领取检验检疫证单。
5. 其他与报检有关的相关事宜：__________________________

联 系 人：________________

联系电话：________________

本委托书有效期至__________年_____月_____日　　　　　　　　委托人（加盖公章）

年　　月　　日

受 托 人 确 认 声 明

本企业完全接受本委托书。保证履行以下职责：

1. 对委托人提供的货物情况和单证的真实性、完整性进行核实；
2. 根据检验检疫有关法律法规规定办理上述货物的检验检疫事宜；
3. 及时将办结检验检疫手续的有关委托内容的单证、文件移交委托人或其指定的人员；
4. 如实告知委托人检验检疫部门对货物的后续检验检疫及监管要求。

如在委托事项中发生违法或违规行为，愿承担相关法律和行政责任。

联 系 人：________________

联系电话：________________　　　　　　　　受托人（加盖公章）

年　　月　　日

② 缴纳检验检疫费。代理报检单位应当按照规定代委托人缴纳检验检疫费，不得借检验检疫机构名义向委托人收取额外费用。代理报检单位应当严格按照有关规定向委托人收取代理报检中介服务费。代理报检单位应当将向检验检疫机构的缴费情况以书面形式如实通知委托人，检验检疫机构对此可随时进行抽查、核实。

③ 联系配合检验检疫机构实施检验检疫。代理报检单位负责与委托人联系，协助检验检疫机构落实检验检疫时间、地点，配合检验检疫机构实施检验检疫，并提供必要的工作条件。代理报检单位应积极配合检验检疫机构对其所代理报检的有关事宜的调查和处理。

④ 领取检验检疫证单和通关证明。对已完成检验检疫工作的，代理报检单位应及时领取检验检疫证单和通关证明。

⑤ 其他与检验检疫工作有关的事宜。

（3）遵守出入境检验检疫法律、法规。代理报检单位在办理代理报检业务等事项时，必须遵守出入境检验检疫法律、法规和《出入境检验检疫报检规定》，并对所报检货物的品名、规格、价格、数（重）量及其他应报的各项内容和提交的有关文件的真实性、合法性负责，承担相应的法律责任。

代理报检单位不得出借其名义供他人办理代理报检业务。

9.2.2　出入境货物的报检业务

出入境货物检验检疫的一般工作流程可概括为以下四个环节：受理报检；检验检疫和鉴定；计、收费；签证、放行。

报检人（含货运代理企业，下同）报检时必须履行的手续主要有 3 项：填写报检单；提供相应的单证；按规定缴纳检验检疫费。

目前我国已实行电子报检。电子报检是指报检人使用电子报检软件，通过检验检疫电子业务服务平台将报检数据以电子方式传输给检验检疫机构，经检验检疫业务管理系统和检务人员处理后，将受理报检信息反馈报检人，实现远程办理进出境检验检疫报检的行为。

企业在国家质检总局指定的信城通公司（www.itownet.cn）开户后即可办理电子申报业务。目前我国能够进行电子报检的业务包括出境货物报检、入境货物报检、产地证书报检和出境包装报检等。负责报检、验货、取单等主要环节的代理报检人可按规定采用电子报检方式。只负责向检验检疫机构送交报检单及随附单据的代理报检人暂采取准电子报检方式。

电子报检的工作流程如图 9.7 所示。

（1）企业通过“企业端软件”或“网上申报系统”录入电子报检数据，并将数据发送到检验检疫电子业务平台。

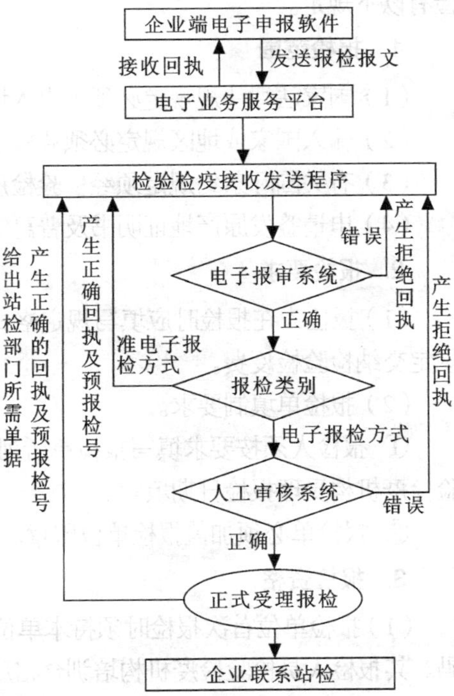

图 9.7　电子报检流程

（2）检验检疫机构收取企业申报数据。

（3）检验检疫机构的电子预审系统审核企业报检数据。如果预审未通过，将返回企业错误回执，并提示错误原因；如果电子预审通过，系统判别报检类别。

（4）如果为准电子报检方式，给企业返回正确回执及预报检号。企业持正式报检单及随附单据到相应窗口正式报检。

（5）如果本次报检为电子报检方式，返回企业正确受理回执，转入人工审核。人工审核未通过，返回企业错误回执，并说明错误原因；人工审核通过，返回企业正确回执及本次报检的报检号，并通知企业相应的施检部门及联系电话。

（6）企业收到正确回执，联系施检。电子报检人接收受理报检信息后，应主动与检验检疫机构联系检验检疫事宜。企业打印出报检单，并持报检单和随附单据到检验检疫报检窗口报检。

电子报检人对已发送的报检申请需要更改或撤销报检时，应到检验检疫机构申请，检验检疫机构按有关规定办理。

在现场检验检疫时，报检人持报检软件打印的报检单和全套随附单据交施检人员审核，不符合要求的，施检人员通知报检企业立即更改，并将不符合情况反馈受理报检部门。电子报检的计费由电子审单系统自动完成，接到施检部门转来的全套单据后，电子审单系统对照单据进行计费复核。报检单位逐票或按检验检疫机构规定的时间缴纳检验检疫费等有关费用。签证放行由签证部门按规定办理。

9.2.3 出入境货物报检的一般规定

根据2000年1月1日起施行的《中华人民共和国出入境检验检疫报检规定》，出入境货物报检有以下规定。

1. 报检范围

（1）国家法律法规规定必须由出入境检验检疫机构（以下简称检验检疫机构）检验检疫的；

（2）输入国家或地区规定必须凭检验检疫机构出具的证书方准入境的；

（3）有关国际条约规定须经检验检疫的；

（4）申请签发原产地证明书及普惠制原产地证明书的。

2. 报检要求

（1）报检人在报检时应填写规定格式的报检单，提供与出入境检验检疫有关的单证资料，按规定交纳检验检疫费。

（2）报检单填制要求。

① 报检人须按要求填写报检单所列内容；书写工整、字迹清晰，不得涂改；报检日期按检验检疫机构受理报检日期填写。

② 报检单必须加盖报检单位印章。

3. 报检资格

（1）报检单位首次报检时须持本单位营业执照和政府批文书登记备案手续，取得报检单位代码。其报检人员检验检疫机构培训合格后领取“报检员证”，凭证报检。

（2）代理报检单位须按规定办理注册登记手续，其报检人员经检验检疫机构培训合格后领取“代理报检员证”，凭证办理代理报检手续。

（3）代理报检的，需向检验检疫机构提供委托书，委托书由委托人按检验检疫机构规定的格式填写。

（4）非贸易性质的报检行为，报检人凭有效证件可直接办理报检手续。

4. 入境报检

（1）入境报检时，应填写入境货物报检单并提供合同、发票、提单等有关单证。

（2）下列情况报检时除按第十条规定办理外，还应按要求提供有关文件。

① 凡实施安全质量许可、卫生注册或其他需审批审核的货物，应提供有关证明。

② 品质检验的还应提供国外品质证书或质量保证书、产品使用说明书及有关标准和技术资料；凭样成交的，须加附成交样品；以品级或公量计价结算的，应同时申请重量鉴定。

③ 报检入境废物时，还应提供国家环保部门签发的《进口废物批准证书》和经认可的检验机构签发的装运前检验合格证书等。

④ 申请残损鉴定的还应提供理货残损单、铁路商务记录、空运事故记录或海事报告等证明货损情况的有关单证。

⑤ 申请重（数）量鉴定的还应提供重量明细单、理货清单等。

⑥ 货物经收、用货部门验收或其他单位检测的，应随附验收报告或检测结果及重量明细单等。

⑦ 入境的国际施行者，应填写入境检疫申明卡。

⑧ 入境的动植物及其产品，在提供贸易合同、发票、产地证书的同时，还必须提供输出国家或地区官司方的检疫证书；需办理入境检疫审批手续的，还应提供入境动植物检疫许可证。

⑨ 过境动植物及其产品报检时，应持货运单和输出国家或地区官司方出具的检疫证书；运输动植物过境时，还应提交国家检验检疫局签发的动植物过境许可证。

⑩ 报检入境运输工具、集装箱时，应提供检疫证明，并申报有关人员健康状况。

⑪ 入境旅客、交通员工携带伴侣动物的，必须提供国家检验检疫局签发的特许审批证明。

⑫ 因科研等特殊需要，输入禁止入境物的，必须提供国家检验检疫局签发的特许审批证明。

⑬ 入境特殊物品的，应提供有关的批件或规定的文件。

5. 出境报检

（1）出境报检时，应填写出境货物报检单并提供对外贸易合同（售货确认书或函电）、信用证、发票、发票、装箱单等必要的单证。

（2）下列情况报检按第十条规定办理外，还应按要求提供有关文件。

① 凡实施质量许可、卫生注册或需经审批的货物，应提供有关证明。

② 出境货物须经生产者或经营者检验合格并加附检验合格证或检测报告；申请重量鉴定的，应加附重量明细单或磅码单。

③ 凭样成交的货物，应提供经买卖双方确认的样品。

④ 出境人员应向检验检疫机构申请办理国际施行健康证明书及国际预防接种证书。

⑤ 报检出境运输工具、集装箱时，还应提供检疫证明，并申报有关人员健康状况。

⑥ 生产出境危险货物装容器的企业，必须向检验检疫机构申请包装容器的性能鉴定。生产出境危险货物的企业，必须向检验检疫机构申请危险货物包装容器的使用鉴定。

⑦ 报检出境危险货物时，必须提供危险货物包装容器的使用鉴定。

⑧ 申请原产地证明书和普惠制原产地证明书的，应提供商业发票等资料。

⑨ 出境特殊物品的，根据法律法规规定应提供有关的审批文件。

6. 报检及证单的更改

（1）报检人申请撤销报检时，应书面说明原因，经批准后方可办理撤销报检处理。

（2）报检后30天内未联系检验检疫事宜的，作自动撤销报检处理。

（3）有下列情况之一的应重新报检。

① 超过检验检疫有效期限的；

② 变更输入国家或地区，并又有不同检验检疫要求的；

③ 改换包装或重新拼装的；

④ 已撤销报检的。

（4）报检人申请更改证单时，应填写更改申请单，交附有关函电等证明单据，并交还原证单，经审核同意后方可办理更改手续。品名、数（重）量、检验检疫结果、包装、发货人、收货人等重要项目更改后与合同、信用证不符的，或者更改后与输出、输入国家或地区法律法规规定不符的，均不能更改。

7. 报检时限和地点

（1）对入境货物，应在入境前或入境时向入境口岸、指定的或到达站的检验检疫机构办理报检手续；入境的运输工具及人员应在入境前或入境时申报。

（2）入境货物需对外索赔出证的，应在索赔出证的，应在索赔有效期前不少于20天内到货物到达地的检验检疫机构报检。

（3）输入微生物、人体组织、生物制品、血液及其制品或种畜、禽及其精液、胚胎、受精卵的，应当在入境前30天报检。

（4）输入其他动物的，应当在入境前15天报检。

（5）输入植物、种子、种苗及其他繁殖材料的，应当在入境前7天报检。

（6）出境货物最迟应于报关或装运前7天报检，对于个别检验检疫周期较长的货物，应留有相应的检验检疫时间。

（7）出境的运输工具和人员应在出境前向口岸检验检疫机构报检或申报。

（8）需隔离检疫的出境动物在出境前60天预报，隔离前7天报检。

（9）报检人对检验检疫证单有特殊要求的，应在报检单上注明并交附相关文件。

模拟实训

实训主题：熟悉代理报关与代理报检业务。

实训地点：教室。

实训目的：运用所学知识，进行代理报检。

【背景材料】

某年3月，宁波A公司为青岛某公司代理进口了4批从台湾进口的乙烯—乙酸乙烯醋共聚物，货物总量301.85吨，总值379 178.50美元。4批货物均从天津口岸进境，目的地为浙江省宁波市。

【过程设计】

（1）指导教师布置学生课前预习阅读案例。

（2）将全班同学平均分成小组，按每组5～6人进行讨论这4批货物应如何报检？

（3）指导教师对小组讨论过程和发言内容进行评价总结，并讲解本案例的分析结论。

（4）评定成绩。先评定小组成绩，讨论占小组成绩的60%，小组代表发言占小组成绩的40%。

综合练习

一、单项选择题

1. 郑州某企业使用进口料件加工的成品，在郑州海关办妥出口手续，经天津海关复核放行后装船运往美国。这项加工成品复出口业务，除按规定已办理了出口手续外，同时，还要办理的手续是（　　）。

A. 境内转关运输手续　　B. 货物登记备案手续

C. 货物过境手续　　D. 出口转关运输手续

2.（　　）是指以某种运输工具从一个国家的境外起运，在该国边境不论换装运输工具与否，通过该国家境内的陆路运输，继续运往境外其他国家的货物。

A. 过境货物　　B. 转关货物　　C. 转运货物　　D. 通运货物

3. 出境货物最迟应于报关或装运前（　　）报检，对于个别检验检疫周期较长的货物，应留有相应的检验检疫时间。

A. 5天　　B. 7天　　C. 10天　　D. 15天

二、名词解释

1. 代理报关企业；2. 报关；3. 报检；4. 代理报检；5. 电子报检。

三、问答题

1. 简述代理报检单位与被代理人（委托人）之间的法律关系。
2. 简述代理报检的行为规范。
3. 出境货物检验检疫的基本程序有哪些？
4. 进境货物检验检疫的基本程序有哪些？
5. 出境货物报检的时限和地点有哪些规定？
6. 进境货物报检的时限和地点有哪些规定？
7. 简述一般进出口货物的通关程序。
8. 简述一般进出口货物的申报期限。
9. 报关的基本单证主要有哪些？

第10章

国际货运代理责任及其事故处理

相关网站

（1）http://policy.mofcom.gov.cn/ 中华人民共和国商务部公共项目（全球法规）
（2）http://www.sh93.org.cn/ 上海天商行商务咨询有限公司
（3）http://www.airnetchina.com/ 广州亚兰德国际货运代理有限公司

案例导读

一起货运代理人诉出口代理人案例

原告A货代公司因与被告B进出口公司货运代理合同纠纷于2011年8月向H海事法院提起诉讼。原告诉称，2008年3月，被告委托原告代理乙腈出口至美国巴尔的摩的报关、订舱出运业务。原告办妥海关手续后，将货物装船，按时运出。因被告没有在委托书上注明运费预付或者到付，原告无法在海运提单上写明运费支付方式，船公司按航运惯例，凡没有在海运提单上写明运费支付方式的均按运费预付处理，向原告收取了运费2.5万美元。事后，原告多次向被告收取这笔运费，均遭拒付。2010年12月，原告与被告达成协议，被告同意于2001年5月底之前结算这笔运费。此后，被告仍未支付。原告要求被告归还原告所垫付的运费2.5万美元。

被告辩称，2008年3月，被告代理C公司出口乙腈，由被告负责报关，C协助异地报关。

内、外贸合同标明价格条件为FOB。被告将空白货运委托书盖上公章后交给C，由其他交予原告。但是原告在委托书上漏填价格条款FOB，过错在原告；C与本案有利害关系，法院应当通知其作为无独立请求权的第三人参加诉讼。

H海事法院经审理查明，2008年2月，C与香港D公司签订乙腈购销合同，C为卖方。C为履行购销合同，委托被告B代理出口。B与C约定，B负责出口报关，异地报关由C协助代办；有关货物运输由C负责。同年3月，B与D签订售货合同，B为卖方，货物由上海经香港到美国口岸。上述外贸合同和报关单、信用证及发票上标明价格条件均为FOB上海。之后，B在空白的货运委托书上的“委托方”处盖上本公司公章后交给C转交给原告A，委托其代为报关、订舱出运。A接受委托后，于同年5月安排“K”轮将货物出运至美国巴尔的摩。因B在货运委托书上未注明运费支付方式，A在海运提单上亦未注明，承运人根据航运惯例，凡未提单上注明运费支付方式的视为运费预付，向A收取了运费2.5万美元。事后，A于同年8月4日开具收费账单向C托收，遭拒付；又于2000年6月和7月向B托收，亦被拒绝。同年12月，A与B达成还款协议，B确认委托A代理出口配舱、运输业务，同意在2011年5月31日前将此笔运费付给A。届时，B仍未支付。

H海事法院认为，买卖合同与货运代理合同是两个法律关系。买卖合同的FOB价格条款仅约束买卖双方，并不影响货运代理人依据货运代理合同向委托人收取在代理行为中实际发生的费用，包括为委托人的利益所垫付的费用。B属C的出口代理人，本应以C的名义实施民事行业，但B以自己的名义委托A代理货运。A代B办理了货物运输事宜，便构成了B为委托人，A为货运代理人的代理合同关系。《中华人民共和国民法通则》第六十三条第二款规定：“代理人在代理权限内，以被代理人的名义实施法律行为。被代理人对代理人的法律行为，承担民事责任。”B作为合同一方，应承担其产生的法律后果，A有权向B收取所垫付的运费。依照《中华人民共和国民事诉讼法》第五十六条第二款的规定，本案的处理结果同C无法律上的利害关系，B提出的将C作为无独立请求权的第三人参加诉讼的意见不予采纳。

据此，H海事法院于2012年3月21日判决，被告B公司偿付原告A公司运费2.5万美元。

启示：本案中，被告B公司的以上做法使自己变得越来越被动，值得货主注意。

（1）按照FOB的价格条件理应由买方负责订舱，并支付运费，B不该代为履行买方的义务。

（2）B未在货运委托书上注明运费无能为力支付方式，使自己再次成为运费第一被追偿人。

（3）B公司如果不在2010年12月与原告达成协议，则可以“超过诉讼时效”来抗辩，A出具收取运费单的时间是2008年8月，2011年8月提起诉讼，已超过诉讼时效。

10.1 国际货物运输代理的责任

10.1.1 国际货运代理的责任

国际货运代理的责任是指当国际货运代理作为代理人和当事人两种情况时的责任，是非常具体的，通常体现在有关的国际公约、国家法律法规、标准交易条件（由各国货运代理协会制定）或合同条款之中。但其法律责任似乎很复杂，因为实际上他们起着两种人即代理人和当事人不同的法律作用，而且他们的经营活动实质上已超越国境，却没有一个国际公约来明确规定其活动范围，而各国法律不仅能管辖本国自己的活动而不能管辖他国的活动，因此导致许多法律的相互冲突。

目前，各国法律对国际货运代理所辖的定义及其业务范围的规定是有所不同的，但按其责任范围的大小，原则上可分为3种情况：作为国际货运代理，仅对由于自己的错误和疏忽负责；另一种情况，国际货运代理，不仅对自己的错误和疏忽负责，还应使货物完好地运抵目的地，这就意味着他应承担承运人的责任和造成第三人损失的责任；第三种情况，国际货运代理的责任取决于合同条款的规定和所选择的运输工具等。例如，FIATA规定：国际货运代理仅对属于其本身或其雇员所造成的过失负责。如其在选择第三人已恪尽职责，则对于该第三人的行为或疏忽不负责任。如能举证他未能做到恪尽职责，其责任也应不超过与其订立合同的任何第三人的责任。正是由于各国的法律规定不同，要求国际货运代理所承担的责任就大不相同。

1. 基本责任

（1）作为承运人完成货物运输并承担责任。即由其签发货运单据，用自己掌握的运输工具，或委托他人完成货物运输，并收取运费。

（2）作为承运人完成货物运输，不直接承担责任。即由他人签发货运单据，使用自己的运输工具，或租用他人的运输工具，或委托他人完成货物运输，并不直接承担责任。

（3）根据与委托方订立的协方或合同规定，或根据委托方的指示进行业务活动时，货运代理应以通常的责任完成此项委托。

（4）如实汇报一切重要事项。在委托办理业务中向委托方提供的情况、资料必须真实，如有任何隐瞒或提供的资料不实造成的损失，委托方有权向化运代理人追索并撤销代理合同或协议。

（5）负保密义务。货运代理不得将所得到的资料向第三者泄露。同时，也不得将代理权转让给他人。

2. 责任期限

货运代理的责任期限从接收货物时开始至目的地将货物交给收货人为止，或根据指示将货物置于收货人指示的地点，并已履行合同中规定的交货义务。

3. 对合同的责任

国际货运代理人应对自己因没有执行合同所造成的货物损失负赔偿责任。

4. 对仓储的责任

国际货运代理在接受货物准备仓储时，应在收到货后给委托方收据或仓库证明，并在货物仓储期间尽其责，根据货物的特性和包装，选择不同的储存方式。

10.1.2 国际货运代理的权利

委托方应支付给货运代理人因货物的运送、保管、投保、报关、签证、办理单据等，以及为其提供其他服务而引起的一切费用，同时还应支付由于货运代理人不能控制的原因致使合同无法履行而产生的其他费用。如货物灭失或损坏属于保险人承包范围之内，货运代理人赔偿后，可从货物所有人那里取得代位求偿权，从其他责任人那里得到补偿或偿还。当货运代理人对货物全部赔偿后，有关货物的所有权便转为货运代理人所有。

10.1.3 国际货运代理的除外责任（免责）

除外责任，又称免责，是指根据国家法律、国际公约、运输合同的有关规定，责任人免于承担责任的事由。对于国际货运代理的除外责任，通常规定在国际货运代理标准交易条件或与客户签订的合同中，归纳起来可包括以下 7 个方面。

① 由于委托方的疏忽或过失所致；

② 由于委托方或其他代理人在装卸、仓储或其他作业过程中的过失所致；

③ 由于货物的自然特性或潜在缺陷所致，如由于破损、泄漏、自燃、腐烂、生锈、蒸发或由于对冷、热、潮湿的特别敏感性所引起的；

④ 由于货物的包装不牢固、缺乏或不当包装所致；

⑤ 由于货物的标志或送达的地址错误或不清楚、不完整所致；

⑥ 由于对货物内容申报不清楚、不完整所致；

⑦ 由于不可抗力、自然灾害、意外原因所致；

但如能证明货物的灭失或损害是由货运代理人过失疏忽所致，则货运代理对该货物的灭失、损害应负赔偿责任。如果另有特殊约定，国际货运代理还应对货币、证券或贵重物品负有责任。

另外，一旦当局下达关于某种货物（危险品）的唛头、包装、申报等的特别指示时，客户有义务履行其在各方面应尽的职责。客户不得让其国际货运代理对由于下列事实产生的后果负责。

① 有关货物的不正确、不清楚或不全面；

② 货物包装、刷唛和申报不当等；

③ 货物在卡车、车厢、平板车或集装箱的装载不当；

④ 国际货运代理不能合理预见到的货物内在的危险。由于上述原因引致的共同海损分摊、救助费用，以及对第三人造成的损害赔偿均由委托人负责。

10.1.4　国际货运代理的责任风险的防范

风险对商业来说，经常是不可预见的，其经济损失也是无法估量的，因此，国际化运代理企业要想获得经营活动的成功，必须树立风险意识。投保责任险将风险事先进行转移，是防止或减少国际货运代理的责任风险的主要办法之一。除此之外，国际货运代理须采取其他的必要措施，以尽量避免损失的发生、降低其责任风险。

1. 防范性措施

（1）加强对国际货运代理人员的培训，使他们熟悉有关国际货运代理的标准、交易条件、提单条款及相关行业术语等，并能处理索赔和进行迅速有效的追偿。

（2）使用的单证应规范、正确、字迹清楚，并且适合所需之目的。

（3）保证在国际货运代理协会标准交易条件下，其经营能够被客户及其分包人所理解和接受的。

（4）雇用的分包人——船舶所有人、仓库保管人、公路运输经营人等应为胜任职务和可靠的，国际货运代理应通知他们投保足够的和全部的责任保险。

（5）经营仓储业、汽车运输业的国际货运代理应做好防治偷窃、失火等安全工作。

2. 挽救性措施

（1）拒绝索赔并通知客户向货物保险人索赔。

（2）在协议期限内通知分包人或对他们采取行动。

（3）在征得保险人同意后，只要可能，应与货主谈判，友好地进行和解。

（4）及时、适当地通知有关的空运、海运、驳运、陆运承运人，包括其他的代理、货物拼装人、报关人及与事故/事件有关的保险公司，并及时提供法律上所要求的事故通知书。

（5）没有保险公司的允许，既不承认责任也不处理索赔。

（6）在没有得到保险公司特别的书面同意的情况下，予以诉讼时效的延期。

3. 补偿性措施

损失补偿原则的基本含义包含两层：一是只有保险事故发生造成保险标的毁损致使被保险人遭受经济损失时，保险人才承担损失补偿的责任；否则，即使在保险期限内发生了保险事故，但被保险人没有遭受损失，也无权要求保险人赔偿。这是损失补偿原则的质的规定。二是被保险人可获得的补偿量，仅以其保险标的遭受的实际损失为限，即保险人的补偿恰好能使保险标的在经济上恢复到保险事故发生之前的状态，而不能使被保险人获得多于或少于损失的补偿，尤其是不能让被保险人通过保险获得额外的利益。这是损失补偿原则的量的限定。

国际货运代理中，有些损失是无法从保险人处获得赔偿的，但可以从其他方面得到补偿。例如：

（1）承保范围内的责任，从保险公司得到赔偿；

（2）货运代理过失，责任保险人给予赔偿；

（3）货运代理错交货，责任保险人予以赔偿；

（4）集装箱货物短少，属保险赔偿责任范围；

（5）承保范围外的责任，得不到保险人赔偿。

10.1.5 国际货运代理的责任风险的除外责任

虽然国际货运代理的责任可以通过投保责任险将风险事先转移，但作为国际货运代理必须清楚地懂得，投保了责任并不意味着保险公司将承保所有的风险，因此绝不可误认为在任何情况下，发生任何事故，即使自己有责任承担也不必承担任何风险与责任，全部由保险公司承担，这种想法是错误的，事实上，保单中往往都有除外条款，即保险公司不予承保，所以要特别注意阅读保单中除外条款，并加以认真地研究和考虑。另外，保单中同时订有要求投保人履行的义务条款，如投保人未尽其义务，也会导致保险公司不予赔偿的后果。

10.1.6 货运代理的赔偿责任

货运协会一般条款还规定的赔偿原则有两个方面：一是赔偿责任原则；二是赔偿责任限制。

1. 赔偿责任原则

收货人在收到货物发现货物灭失或损害，并能证明该灭失或损害是由货运代理人过失造成，即向货运代理提出索赔。一般情况下，索赔通知的提出不超过货到后若干天，否则，就认为货运代理已完成交货义务。货运代理基本赔偿原则如下。

（1）如果货物交接地点的市价或时价与发票金额有差别，但又无法确定其差额，则按发票金额赔偿。

（2）对古玩、无实际价值货物有其他特殊价值的，不予赔偿（除非作特殊声明并支付了相应费用）。

（3）对已发生货物灭失的货物运费、海关税收，以及其他费用负责赔偿。但不赔偿进一步的损失。

（4）货物的部分灭失或损害则按比例赔偿。

（5）如货物在应交付日若干天内仍未交付，则构成延误交货，货运代理应赔偿因延误而可能引起的直接后果和合理费用。

2. 赔偿责任限制

从现在的国际公约看，有的采用单一标准的赔偿方法，有的采用双重标准的赔偿方法，对国际货运代理人赔偿方法也应同样如此，但实际做法不一，差异较大。

3. 索赔必须具备的条件

一项合理的索赔必须具备以下 4 个基本条件。

（1）索赔人具有索赔权。提出货物索赔的人原则上是货物的所有人，或提单上记载的收货人或合法的提单持有人。但是，根据收货人提出的“权益转让书”(Letter of Subrogation)，也可以由有代位求偿权的货物保险人或其他有关当事人提出索赔。货运代理人接受货主的委托，也可以办理货运事故的索赔事宜。

（2）责任方必须负有实际赔偿责任。收货人作为索赔方提出的索赔应属于承运人免责范围之外的，或属保险人承保责任内的，或买卖合同规定由卖方承担责任的货损、货差。

（3）赔偿的金额必须是合理的。合理的赔偿金额应以货损实际程度为基础。要注意，在实际中，责任人经常受到赔偿责任限额规定的保护。

（4）在规定的期限内提出索赔。索赔必须在规定的期限，即“索赔时效”内提出。否则，索赔人提出的索赔在时效过后难以得到赔偿。

10.2 国际货运事故概述

国际货物运输事故是指在整个货物的运输、保管、接收和交付的过程中，经常会产生货物质量上和数量上的问题、收货人不及时提货的问题、承运人错误交付货物的问题及迟延交付货物、货物损坏或灭失的问题的总称。按照运输方式的不同，货运事故可分为海运事故、空运事故和陆运及多式联运事故。

10.2.1 海上货运事故

海上货运事故是指在国际海上货物运输中，造成的货物灭失或损坏，即货损货差事故。狭义上讲，海上货运事故是指运输过程中发生的货损货差事故。而广义上讲，海上货运事故还包括无单放货、运输单证差错、迟延交付货物等情况。

国际物流服务行业的从业人员应该了解造成海上货运事故的各种原因，这不仅有助于货运代理人在发生货运事故时，能够根据具体情况采取相应措施以减小损失，同时还可以在货运事故发生后，能够明确原因、分清责任，以便及时、正确地解决争议，最终达到防止或减少货运事故发生的目的。

1. 导致海上货运事故发生的主要原因

由于海洋气象环境多变，船舶随时可能遭遇到狂风巨浪、雷电、暴雨等袭击，因此，船舶在海上运输中的环境相对比较恶劣。此外，工作上的疏忽差错也会造成货运事故的发生。

国际海上货物运输中发生的货损可以分为全部损失和部分损失。

（1）可能会造成货物全部损失的原因包括：载货船舶的触礁、沉没、抛货、火灾、盗窃、海盗行为、政府法令禁运和没收、船舶被扣留、货物被扣留、战争行为等。

（2）可能会造成货物部分损失的原因包括：盗窃、抛货、遗失、落海等原因造成部分货物的灭失；

包装不良或破损、盗窃、泄露、蒸发等原因造成货物的内容短缺；积载不当（超高或积载地点不当等）导致船舶航行中发生货物移动、倒垛、包装脆弱，装卸不当造成货物碰撞及坠落，使用手钩等原因造成货物的破损；雨、雪天气装卸，驳运过程中河水浸湿，消防救火过程中的水湿，舱内管系统故障导致淡水浸湿等原因造成货物水湿；海上风暴、驳运过程中舱内海水管系故障、船体破损等导致海水浸入，消防救火过程中的海水浸湿等原因造成货物的海水湿；通风不良，衬垫、隔离不当，积载不当等原因造成货物的汗湿；不适当的混载，衬垫、隔离不当等原因造成货物的污染；驱虫灭鼠不充分，舱内清扫、消毒不充分，对货物检查不严致使虫、鼠被带入舱内等原因造成货物虫蛀、鼠咬；潮湿、海水溅湿，不适当的混载等原因造成货物的锈蚀；易腐货物未按要求积载的位置装载，未按要求控制舱内温度，温湿度过高，换气通风不充分，冷藏装置故障等原因造成货物的腐烂、变质；识不清、隔票不充分、倒垛、积载不当等原因造成货物的混票；自燃、火灾、漏电等原因造成货物的焦损；温度过高、换气通风过度、货物本身的性质等原因造成货物的烧损；集装箱运输中，在集装箱的装箱过程中存在货物包装不良、积载不当、箱内不清洁等原因同样会造成货物受损。

国际海上货物运输中可能会造成货运事故的原因包括货物标志不清、误装、误卸、理货差错、中转处理错误等。

2. 非货运事故

在国际海上货物运输中，除由于承运人的原因造成货运事故外，还有一些情况也会使货物发生数量或质量上的变化。但是，这些情况的发生不属于运输合同下承运人所应承担的责任，而是要根据买卖合同等其他合同条款的规定才能确定由哪一方来承担责任。因此，此时货物虽然发生了数量、质量上的变化，但不能认为是发生了货运事故。归纳起来可分为两种情况。

（1）如果在贸易合同中规定了货物的品质，但卖方交付运输的货物与贸易合同中规定的货物品质不符，承运人显然无法确切知道所有货物的化学成分等情况，造成承运人在目的地向收货人交付的货物“品质与买卖合同不符”。这种情况不属于货运事故，除特别约定外，承运人只需在货物包装外表状况良好的情况下交付货物，就不承担任何责任。“货物品质与合同不符”的问题是贸易合同问题，所以应该由买卖双方在买卖合同中做出相应的规定来解决。

（2）如果在贸易合同中规定了货物的数量，但卖方在货物包装内所装的货物数量不足，而承运人又无法知道包装内实际所装的货物数量，这就会造成所谓的“原装货物数量不足”。这种情况不属于货运事故，承运人只要在货物包装外表状况良好的情况下交付货物，就不承担任何责任。“原装货物数量不足”的问题也应该由买卖双方在买卖合同中做出相应的规定来解决。

3. 其他情况造成的货物损失

在国际海上货物运输中由于不可抗力等原因也会造成货物数量、质量上的损失，承运人在这种情况下通常可以免于承担赔偿损失的责任。由于货方对货物包装不良、不牢固而造成的货物损失，承运人通常也不承担赔偿损失的责任。对于散装货物的水尺计量不准，则应根据具体情况对待。运输或贸易上的欺诈行为等可能使有关的关系人遭受无法弥补的损失。

10.2.2 航空货运事故

航空货运事故是指在国际航空货物运输中，造成的货物灭失或损坏，即货损货差事故。

1. 航空货运事故产生的原因

航空运输过程中，货物在飞机飞行阶段遭受灭失、损坏的可能性较小，但在空运货物的交接、机场堆存、装机和卸机等过程中，存在着因工作差错而造成货物丢失、短缺、变质、污染、损坏等情况的货运事故。

2. 货物的不正常运输

货物的不正常运输是指货物在收运及运输过程中由于工作差错而造成的不正常情况。

（1）货物不正常运输的种类和代号见表 10.1。

表 10.1　空运货物不正常运输的种类和代号

英文全称	英文缩写	中文全称
Over Carried	OVCD	漏卸（运过境）
Short Shipped	SSPD	漏装
Offloaded	OFLD	卸下、拉货
Mislabeled Cargo		货物贴错标签
Missing Label		标签脱离
Missing Cargo	MSCA	少收货物
Found Cargo	FDCA	多收货物
Damage		破损
Missing AWB	MSAW	少收货运单
Found AWB	FDAW	多收货运单

（2）货物破损。货物破损是指货物的外部或内部变形，因而使货物的价值可能或已遭受损失，如破裂、损坏或短缺。内损是指货物包装完好而内装货物受损，只有收货人提取后或交海关时才能发现。货物破损的处理方法见表 10.2。

表 10.2　空运货物受损的处理方法

发现时间	货物破损的处理方法
收运时	拒绝收货
出港操作时	破损（内装物未损坏）：加固包装，继续运输
	严重破损（内装物已破损）：停止运输，通知发货人或通知始发站，征求处理意见
进港操作时	填写不正常运输记录
	通知装机站或始发站
交接中转货物时	轻微破损：在货物中转舱单（TRM）的备注栏内说明破损情况
	严重破损：拒绝运输

（3）无人提取的货物。空运货物到达目的地 14 天后，由于下列原因造成无人提取时，称为无人提取货物。主要包括如下内容。

① 货运单所列地址无此收货人或收货人地址不详；

② 收货人对提取货物通知不予答复；

③ 收货人拒绝提货；

④ 收货人拒绝支付应付有关款项；

⑤ 出现了其他一些影响正常提货的问题。

无人提取货物的到付运费的收取方法如下。

① 目的站填开运费更改通知书（Cargo charges Correc-tion Advice. CCA），向始发站结算所有费用；

② 始发站负责向托运人收取到付运费和目的站产生的其他所有费用。

无人提取货物的通知。一般做法是：对于无人提取的货物通常发出无人交付货物通知单（Notice of Non-Delivery），无人交付货物通知单应交给始发站的出票航空公司或者当地代理人，填写无人交付货物通知单的单位，出票承运人的财务部门应有副本。

10.2.3 陆路货运事故

陆路承运人对自货物承运时起至交付货物期间由于装卸、运输、保管及交接过程中发生运输延误、灭失、损坏、错运等负赔偿责任。

（1）货损事故范围包括以下几个方面。

① 货损。货损是指货物磨损、破裂、湿损、变形、污损、腐烂等。

② 货差。货差是指货物发生短少、失落、错装、错卸、交接差错等。

③ 有货无票。货物存在而运单及其他票据未能随货同行或已遗失。

④ 运输过失。因误装、误卸，办理承运手续过程中的过失或漏装等。

⑤ 运输延误。已接受承运的货物由于始发站未及时运出，或中途发生变故等原因，致使货物未能如期到达。造成货损货差的其他原因，还包括破包、散捆、票据编制过失等。

（2）对下列原因造成的货损事故，公路承运人不承担赔偿责任。

① 由于自然灾害发生的货物遗失或损坏。

② 包装完整，但内装物已短缺。

③ 由于货物的自然特性所致。

④ 根据卫生机关、公安、税务机关有关规定处理的货物。

⑤ 由托运人自行保管、照料所引起的货物损坏。

⑥ 货物未过磅即发生数量短缺。

⑦ 承运人、托运人双方有协议，并对货损有特别规定者。

10.3 货运事故的认定

运输中发生货运事故的原因很多，其中大部分是由于承运人的原因所致。但是，实践中还有一些货运事故是由货方（托运人、收货人）、第三方（港口、集装箱货运站等），甚至由于不可抗力所致等不同原因所导致运输中的货物数量减少、质量变差的损失将由不同当事人承担，这里的当事人可能是运输合同、买卖合同、保险合同等不同合同的当事人。运输合同中的当事人是承运人和托运人，只有了解货运合同下的责任分配问题，才能明确货运事故的责任划分。涉及承运人和托运人责任分配的主要问题包括以下几个方面。

10.3.1 承运人的责任

1. 承运人的责任期间

货物在承运人监管过程中所发生的货损事故，除由于上述的托运人的原因和不可抗力的原因外，原则上都由承运人承担责任。因此，承运人的责任期间是指承运人对货物应负责任的期间。承运人在这段期间内，由于其不能免责的原因使货物受到灭失或损坏，应当负赔偿责任。

在国际海上货物运输中，我国《海商法》的某些规定与有关海上货物运输的国际公约的相关规定相似。根据我国《海商法》第四十六条的规定，承运人对集装箱装运的货物的责任期间，是指从装货港接收货物时起至卸货港交付货物时止，货物处于承运人掌管之下的整个期间。承运人对非集装箱装运的货物的责任期间，是指从货物装上船时起至卸下船时止，即货物处于承运人掌管之下的整个期间；但是，承运人与托运人可以就非集装箱货物运输下承运人的责任期间另作约定。在承运人的责任期间，货物发生灭失或者损坏，除另有约定外，承运人应当负赔偿责任。

2. 承运人运输货物的责任

在适用于不同运输方式下的国际货物运输公约或者有关货物运输的国际公约中，都有承运人运输货物责任的规定。这些规定包括以下几个方面。

（1）在运输工具方面，各个国家和国际社会都要求只有符合技术要求的运输工具才能投入货物运输；运输公司作为承运人将运输工具投入营运还需要符合市场准入规定。在运输货物时，运输工具还应该符合适合特定运输风险和货物特性的总体要求。

（2）在保管货物方面，在各种运输方式下都规定承运人应对货物的运输负责。

（3）承运人在货物运输过程中，应尽量合理地快速将货物运到目的地。我国《海商法》就船舶绕行问题做出了相关规定，如“承运人应当按照约定的或者习惯的或者地理上的航线将货物运往卸货港。船舶在海上为救助或者企图救助人命或者财产而发生的绕航或者其他合理绕航，不违反前款规定的行为”。

（4）货物运输合同是一种运输合同，一方应对违反合同造成的另一方的损失进行赔偿。承运人违反合同时，货方因此而遭受的损失有两种主要形式。一种是实际损失，即货物发生实际灭失或损坏；另一种是经济损失，即货物虽然没有发生灭失或损坏，但是货主应该得到的利益没有得到，最典型的就是货物的延迟交付。此时，货物虽然完好地被运到目的地，但是超过了合同约定的时间，导致货物无法继续出售或无法实现本应实现的利润。有关国际货物运输的法律法规中对承运人因延迟交付货物应承担的责任做了相关规定。

3. 承运人的免责与责任限制

承运人对于货物在其责任期间发生的灭失或者损坏应该承担责任。但是，国际公约和各国法律又都规定了一系列承运人对于货物在其责任期间发生的灭失或损坏可以免于承担责任的事项。这些事项是法定的，承运人可以通过合同减少或者放弃，但不能增加。在各种运输方式和多式联运下，国际公约和各国法律都规定了承运人的法定免责事项。

即使承运人根据合同或者法律应当对货损货差负责，在国际货物运输的有关公约和各国法律中，都赋予了承运人一项特殊的权利，即承运人可以将赔偿责任限制在一定数额以内。但有两种情况不适用责任限制：一种情况是有特别的约定，如托运人在货物装运时已经申报货物性质和价值，并办理了相应手续；另一种情况是承运人丧失了享受赔偿责任限制的权利，如货物的灭失、损坏或迟延交付是承运人故意或明知可能造成损失而轻率地作为或者不作为造成的，承运人就不得援引限制赔偿责任的规定。

10.3.2　托运人的责任

1. 正确提供货运资料

托运人托运货物，应当将货物的品名、标志、件数、重量、体积等相关资料向承运人申报。托运人必须保证其申报的资料正确无误，托运人对申报不实所造成的承运人的损失承担赔偿责任。如托运人为了少交运费，谎报货物重量，由此造成了承运人起重设备的损坏，则托运人应对此承担赔偿责任。应当注意的是，国际货运的相关公约及各国法律均对危险货物运输时托运人进行申报的问题作了特别的规定。

2. 妥善包装货物

包装货物是托运人的基本义务。良好的包装应该是正常的或者习惯的包装，在通常的照管和运输条件下，能够保护货物避免几乎大多数轻微的损害。托运人没有义务使用可能的最安全的包装而导致额外的费用。承运人应根据货物的包装对货物进行适当的装卸和照料。但是，这种适当的装卸和照料不应该超过运输此类货物一般应该应负的谨慎责任。货损发生时，其原因是由于包装不良还是承运人照料货物不适当而造成有时难以判断。因此，对双方的要求都应该根据通常的标准来确定。如果货物包装不良或者标志欠缺、不清，由此引起货物本身的灭失或损坏，承运人可免除对托运人的赔偿责任。

10.3.3 货运事故的发现与责任判定

货运事故的发生可能在货物运输过程中的任何环节上，而发现货损货差，则往往是在最终目的地收货人收货时或收货后。当然，在运输途中发生的货损事故，也可能会被及时发现。

货运事故发生后，第一发现人具有报告的责任。如在船舶运输途中发生，船长有责任发表海事申明（Note of Sea Protest)。而当收货人提货时，发现了所提取的货物数量不足，或货物外表状况，或其品质与提单上记载的情况或贸易合同的记载不符，则应根据提单条款的规定，将货损货差的事实以书面的形式通知承运人或承运人在卸货港的代理人。即使货损、货差不明显，也必须在提取货物后的规定时间内，向承运人或其代理人通报事故情况，作为以后索理赔的依据。

无论索理赔工作日后如何进行，记录和保留有关事故的原始记录十分重要。积载图、装箱单、提单、运单、收货单、卸货报告、过驳清单、货物短溢单、货物残损单等货运单证均是货损事故处理和明确责任方的依据。货运单证上的批注是区分或确定货运事故责任方的原始依据。单证上的批注既证明了承运人对货物的负责程度，也直接影响着货主的利益，如能否持提单结汇，能否提出索赔等。各方关系人为保护自己的利益和划清责任，应妥善保管这些书面文件。

对于已经发生的货运事故，如果收货人与承运人不能对事故的性质和损坏程度取得一致，则应在彼此同意的条件下，双方共同指定检验人对所有应检验的项目进行检验，检验人签发的检验报告是日后确定货损责任的重要依据。事故的处理和日后的赔偿均是以这些证据或依据为准来确定责任人及其责任程度的。不同事故当事人的责任可以通过实际情况和法律规定进行判断。

1. 托运人的责任

（1）不论是航空货物运输、海上货物运输还是铁路或公路货物运输，也不论是单一运输方式的货物运输还是货物多式联运，托运人根据运输合同将货物交付承运人或者多式联运经营人之前所发生的一切货损、货差均由托运人自己负责。例如，在海上货物运输中，尽管货物运抵了港口，当租船合同使用了 FI 或类似条款时，在货物没有交付给承运人以前，在港期间发生的货物灭失或损坏，由托运人自己承担损失；此时还可能包括装货所造成的货物损坏或灭失。在集装箱货物运输情况下，拼箱货交至货运站（CFS)前，或整箱货交至堆场（CY）前，所发生的货物损坏或灭失，也属托运人的责任。

（2）当货物交付承运人，货物处于承运人监管下时，也并不是说托运人就一定能免除对货物发生的责任。例如，由于货物的包装不坚固、标志不清楚，或由于托运人隐瞒货物种类或其特性，或潜在缺陷等原因造成货损时，则由托运人负责。在航次租船合同订立 FIOST 条款的情况下，如果由于积载不当或绑扎不牢而造成了货损，根据租船合同的规定，也可能由托运人负责。我国《海商法》第六十六条第一款规定，“托运人托运货物，应当妥善包装，并向承运人保证，货物装船时所提供的货物品名、标志、包装或者件数、重量或者体积的正确性；由于包装不良或者上述资料不正确，对承运人造成损失的，托运人应当负赔偿责任。”

2. 承运人的责任

货物在承运人监管的过程中所发生的货损、货差事故，除由于托运人的原因和不可抗力等原因外，原则上都由承运人承担责任。承运人管理货物的时间不仅仅指货物装载在运输工具上的阶段，也可能包括货物等待装运和等待提货阶段。这要由运输合同的条款约定来决定。

承运人或者代其签发提单或运单的人，知道或者有合理的根据怀疑提单或运单记载的货物品名、标志、包数或者件数、重量或体积与实际接受的货物不符，但又没有适当的方法核对提单或者运单记载的内容，在签发已装船提单时，可以在提单或者运单上批注，说明不符之处、怀疑的根据或说明无法核对。对于承运人在提单或者运单做出保留的单证，承运人可以在做出保留批注的范围内对收货人免除责任。承运人或者代其签发提单或运单的人未在单证上批注货物表面状况的，表明货物的表面状况良好。在提单或运单上未做保留的情况下，承运人须向收货人交付与单证记载相符的、表面状况良好的货物，否则，承运人应承担赔偿责任。

在国际海上货物运物中，还有一些特别的规定，如国际公约或一些国家的海商法，包括我国的海商法都规定，对船长、船员、引航员或承运人的其他受雇人在驾驶船舶或管理船舶中的航行过失所引起的，或承运人的非故意行为所引起的火灾而带来的货损，承运人可以免责；且还规定了其他因海上固有危险所造成损害的免责事项。根据有关公约、法律和提单上通常记载的免责条款，承运人对以下原因造成的货损事故承担赔偿责任。

（1）船舶不适航造成的损害。船舶适航包括两个要件。其一，船舶的技术状态符合其确定的等级航区。这些技术状态既指船体、船机、属具等设备的状态，也包括船员、航行资料、船舶备品和必要消耗品等的配备状态。其二，船舶处于适于收受、载运和保管货物的状态。要使货舱及其他载货处适合积载货物，并使其处于良好的保管状态，保证货物安全运达目的港。

保证船舶适航是承运人对货物及托运人应承担的义务。不过，《海牙规则》和一些国家的海商法中规定了“谨慎处理”的条款。条款规定，承运人对船舶的适航已尽了“谨慎处理”，对仍不能发现的潜在缺陷所引起货物的损坏或灭失可以免责。我国《海商法》第五十条对此做了相应的规定。但是，在由于没有对适航给予“谨慎处理”，从而未使船舶保持能承受航行中“通常海上危险”的适航能力，而造成货损的情况下，承运人要承担赔偿责任。在货损发生后，如果不能举证已经对船舶的适航性给予了“谨慎处理”，承运人也要承担赔偿责任。

（2）对货物的故意或过失所造成的损害。在货物处于承运人监管期间，包括货物在装船、积载、运输、保管、卸货等各个环节，承运人都应尽“谨慎处理”义务，并承担相应的责任。有关公约、法律或提单条款中的“疏忽条款”，仅指承运人对船长、船员、引航员或承运人的其他受雇人在驾驶船舶或管理船舶中的行为或疏忽等航行过失所引起的货损可以免责，而对于商业过失，即有关货物的接受、装船、积载、运送、保管、照料、卸货和交付等方面的过失不能免责。因船员或承运人的受雇人员的故意行为所造成的货损，无论什么情况，承运人都负有赔偿责任。

3. 第三者的责任

在货物的运输过程中，货物都处于承运人或托运人的监管之下。因此，对于货损事故，尽管可能确定是第三者的责任，承运人或托运人都不能免于承担责任。只不过是承运人与托运人根据运输合同解决了货损、货差的赔偿问题之后，再根据事故的责任追究第三方责任人。

例如，在国际海上货物运输中，第三方责任人一般是港口装卸企业、陆路及水路运输企业、第三方船舶、车辆及仓储企业等。在装卸作业过程中，会由于装卸工人操作不当或疏忽致使货物损害；水路运输中会由于驳船方面的原因导致货物受损；陆路运输中也会由于交通事故、管理不善的原因而发生货物的灭失。仓储过程中，不良的保管条件、储存环境会使货物变质、失窃；与其他船舶、车辆的碰撞事故也是导致货损的现象之一。理货失误等也会造成货差事故的出现。对于这些损害，承运人和托运人如何分担责任，如何向第三方索赔等事务处理，要根据货损、货差发生的时间和地点而定。

为了确定货损事故的责任方，重要的一点是要首先明确货损发生的阶段。收货单、理货计数单、积载计划、积载检验报告、过驳清单或卸货报告、货物残损单和货物溢短单、检验证书等都是划分承运人、托运人、其他第三方责任的必要证据。要根据事故的直接或间接原因确定责任。

总之，事故的责任划分，应以货物在谁的有效控制下为基准。而且，对于任何货损、货差事故，首先是托运人与承运人之间的赔偿问题的解决，然后才是承运人或托运人与第三方之间的追偿问题。

10.3.4 国际多式联运中相关当事人责任的认定

国际多式联运全过程要通过各种代理人、实际承运人等共同来完成，因而各有关方之间的法律关系十分复杂。其中，既有国际多式联运经营人与托运人之间的合同关系，又有国际多式联运经营人与其受雇人之间的雇佣关系、与其代理人之间的代理关系、与分包承运人之间的承托关系，以及托运人、收货人与多式联运经营人及其受雇人、代理人、分包人之间可能发生的侵权行为关系。对于如此错综复杂，且权利、义务又各不相同的法律关系，应掌握一点，即国际多式联运下的法律结构是调整多式联运经营人与托运人之间的合同关系的，而其他法律关系都附着在这一合同关系上，并比照这一合同关系统一权利和义务。

1. 国际多式联运经营人与货主间的法律关系

（1）国际多式联运经营人的含义与特征。1980 年《联合国国际多式联运公约》第 1（2）条规定，多式联运经营人（Multi-Modal Transport Operator, MTO）是指本人或通过其代表订立多式联运合同的人，他是事主，而不是发货人的代理人或代表或参加多式联运的承运人的代理人或代表，并且负有履行合同的责任。由此可见，国际多式联运经营人是指本人或委托他人以本人名义与托运人订立一项多式联运合同并以承运人身份承担完成此项合同责任的人。

从以上的定义中，不难发现，国际多式联运经营人具有以下基本特征。

① 国际多式联运经营人是多式联运合同的主体，是“本人”而非代理人，既对全程运输享有承运人的权利，又负有履行多式联运合同的义务，并对责任期间所发生的货物的灭失、损害或延迟交付承担责任。

② 国际多式联运经营人的职能在于负责完成多式联运合同或组织完成多式联运合同。国际多式联运经营人既可以拥有运输工具从事一个或几个区段的实际运输，也可以不拥有任何运输工具，仅负责全程运输组织工作。当国际多式联运经营人以拥有的运输工具从事某一区段运输时，他既是契约承运人，又是该区段的实际承运人。

③ 国际多式联运经营人是“中间人”。他具有双重身份，既以契约承运人的身份与货主签订

国际多式联运合同，又以货主的身份与负责实际运输的各区段运输的承运人签订分运运输合同。

（2）国际多式联运经营人为其受雇人、代理人和其他人所负的赔偿责任。根据联合国多式联运公约的有关规定，多式联运合同的一方是多式联运经营人，包括其本人或通过其代表订立多式联运合同的任何人，他是事主，而不是托运人的代理人或代表或参加多式联运的承运人的代理人或代表，并且负有履行合同的责任。多式联运合同的另一方是托运人，这也是指本人或通过其代理与多式联运经营人订立多式联运合同的任何人。多式联运经营人和他的受雇人、代理人和分包人的关系都适用代理关系，货物交由他们掌管应视为与交给多式联运经营人掌管具有相同效力。所以，多式联运公约规定：多式联运经营人应对受雇人或代理人在其受雇范围内行事时的行为或不行为负赔偿责任，或为履行多式联运合同而使用其服务的任何其他人在履行合同的范围内行事时的行为或不行为负赔偿责任，如同他本人的行为或不行为。

同样，虽然托运人和收货人与多式联运经营人的代理人、受雇人没有合同关系，但可依据侵权行为提起诉讼。不过，在这种诉讼中，经营人的代理人、受雇人可享受与经营人同样的辩护理由和责任限制。这样，既有利于货主与承运人之间行使追偿的权利，又使承运人一方得到应有的保护，而且也保障了以各种形式起诉都能得到同一法律效果，达到法律的统一性和公正性。

2. 国际多式联运经营人与区段承运人之间的法律关系

（1）多式联运经营人对区段承运人的行为负连带责任。我国《合同法》第三百一十八条规定，“多式联运经营人可以与参加多式联运的各区段承运人就多式联运合同的各区段运输约定相互之间的责任，但该约定不影响多式联运经营人对全程运输承担责任的义务”。多式联运经营人与区段承运人的约定，不能对抗承运人。这一原则表明，多式联运经营人应当对合同约定的全部运输负责。多式联运经营人除了对自己及自己的受雇人或代理人的行为负责外，还必须对区段承运人及其受雇人或代理人的行为负责。

（2）区段承运人对其履行的运输承担与多式联运经营人同等的法律责任。这一原则表明：区段承运人对自身及其受雇人或代理人的行为责任仅限于自己履行的运输期间。而且，由于他与托运人无合同关系，因而，对于多式联运经营人与托运人间约定的诸如扩大承运人责任范围、放弃承运人所享有的责任限制或放弃免除责任等超出法定责任的条款，只有在区段承运人以书面方式表示接受时才对区段承运人发生效力。因此，多式联运经营人在接受此类义务之前，应考虑区段承运人是否接受，否则将由自己承担此类义务。

（3）多式联运经营人、区段承运人及他们的受雇人或代理人的赔偿总额不能超出法定限额。这一原则表明：托运人或收货人无权以分别追索赔偿的方式取得双倍赔偿。这也说明，区段承运人对其履行运输承担责任的同时，也享有法律所规定的有关承运人的权利及责任限制与法定免责事项。

（4）多式联运经营人与区段承运人可按他们之间的合同约定相互追偿。当多式联运经营人或区段承运人赔偿了托运人或收货人后，可按他们之间的合同约定相互追偿。

3. 现有国际公约、惯例对多式联运经营人责任的规定

（1）现有的国际多式联运公约和规则。从 20 世纪 50 年代到 20 世纪 70 年代末，一些国际公约已考虑了国际货物多式联运的问题，目前比较有影响的国际公约和规则主要包括以下 3 个。

①《联合运输单证统一规则》（Uniform Rules for A Combined Transport Document）。该规则由国际商会（ICC）于 1973 年制定，1975 年修订的最早的国际多式联运规则。作为民间规则，其适用性不具有强制性，需由当事人在多式联运合同中自愿采纳。

②《联合国国际货物多式联运公约》(United Nations Convention on International Multi-Modal Transport of Goods)（简称“公约”）。该公约于1980年5月24日获得通过，但因迄今未满足公约规定的“公约在30个国家批准或加入后12个月开始生效”的条件而尚未生效。不过，尽管该公约至今仍未生效，它对各国有关多式联运的法律及其后的国际惯例都产生了重大的影响。

③ 1991年联合国贸易与发展会议/国际商会（UNCTADIICC）多式联运单证规则。20世纪90年代，鉴于《联合国国际货物多式联运公约》迟迟未能生效，既担心因多式联运经营人的抵触心理而使公约永远不能生效，也想证实所谓多式联运公约在理论上不会带来严重后果的论点是否属实，国际商会建议把《联合运输单证统一规则》和《联合国国际货物多式联运公约》合并，制定新的规则，使之在《联合国国际货物多式联运公约》生效前，供当事人在多式联运合同中自愿选用，以暂时弥补适用公约的空缺。为此，联合国贸易与发展会议会同国际商会在对《联合运输单证统一规则》作出修订的基础上，共同制定了《1991年联合国贸易与发展会议/国际商会多式联运单证规则》(UNCTAD/ICC Rules for Multi-Modal Transport Documents, 1991)。该规则作为民间规则，其适用性不具有强制性，需由当事人在多式联运合同中自愿采纳。

（2）现有公约和惯例对多式联运经营人责任制度的规定主要有分割责任制（dispersion of lia-bility)、网状责任制（the network system of liability)、统一责任制（uniform system of liability）和经修正的统一责任制（the modified uniform liability system）四种情况。

联合国多式联运公约对货物的灭失、损坏和迟延交付规定了统一的归责原则，并对多式联运是否包含海运规定了两种统一的责任限制，同时该公约进一步规定，如果能清楚地知道货损发生的运输区段，而该运输区段所适用的国际公约或国内法又规定了比上述限额高的限额，则优先适用该公约或该国法律。

4. 我国对多式联运的有关法律规定

我国关于多式联运的法律规定主要体现在《海商法》第四章第八节“多式联运合同的特别规定”和《合同法》第十七章第四节“多式联运合同”中。如果某一多式联运合同同时属于《海商法》和《合同法》的适用范围，而两者又有不同规定，应首先适用《海商法》的规定，然后是《合同法》。

10.4 国际货运事故的处理

10.4.1 海运事故的处理

海运事故索赔的基本程序是：由索赔方发出索赔通知、提交索赔函，进而解决争议。如果无法解决争议，则可能进入诉讼或仲裁程序。

1. 发出索赔通知

我国《海商法》和有关的国际公约（如《海牙规则》、《维斯比规则》、《汉堡规则》）及各种承运人的提单条款，一般都规定，事故发生后，根据运输合同或提单有权提货的人，应在承运人或承运人的代理人、雇佣人交付货物当时或规定的时间内，向承运人或其代理人提出书面通知，声明保留索赔的权利，否则承运人可以免除责任。

关于发出索赔通知的时限，我国《海商法》第八十一条第一款规定，“承运人向收货人交付货物时，收货人未将货物灭失或损坏的情况书面通知承运人的，此项交付视为承运人已经按照运输单证的记载交付以及货物状态良好的初步证据”。该条的第二款有规定，“货物灭失或损坏的情况非显而易见的，在货物交付的次日起连续 7 日内，集装箱货物交付的次日起 15 日内，收货人未提交书面通知的，适用前款规定”。

《海牙规则》则规定，“根据运输契约有权收货的人，除非在卸货港将货物灭失和损害的一般情况，于货物被移交他监督之前或者当时（如果灭失或损害不明显，则在 3 天之内），已用书面通知承运人或其代理人，这种移交应作为承运人已经按照提单规定交付货物的证据”。

不过，根据法律、国际公约、提单条款及航运习惯，一般都把交付货物当时是否提出货损书面通知视为按提单记载事项将货物交付给收货人的推定证据，或者是初步证据。

2. 提交索赔申请书或索赔清单

索赔申请书、索赔函或索赔清单是索赔人向承运人正式要求赔偿的书面文件。索赔函的提出意味着索赔人正式向承运人提出了索赔要求。由此，如果索赔方仅仅提出货损通知而没有递交索赔申请书或索赔清单，或出具有关的货运单证，则可解释为没有提出正式的索赔要求，承运人不会受理货损、货差的索赔，即承运人不会进行理赔。索赔申请书或索赔清单没有统一的格式和内容要求，主要内容应包括：

① 文件名称及日期；

② 承运人名称和地址；

③ 运输工具名称（船名、航次），装／卸货地点（港口），抵达日期；

④ 货物名称，提单、运单号等有关情况；

⑤ 短卸或残损情况、数量；

⑥ 索赔日期、索赔金额、索赔理由；

⑦ 索赔人的名称和地址。

对于正式索赔，有一个时效问题。如果提出索赔超过了法律或合同规定的时效，就会丧失索赔的权利。确定时效时，应当考虑：

① 检查提单、运单背面的条款，确定适用的法律或公约；

② 根据适用的法律，确定时效的区间；

③ 索赔接近时效时，是否要求事故责任人以书面形式延长时效，

④ 注意协商延长的时效，是否为适用法律所承认。

3. 提起诉讼或仲裁

因发生货运事故而产生的索赔可以通过当事人双方之间的协调、协商，或通过法律机关等第三人的调停予以解决。但是，这种协商、调停工作并不能保证出现可预见的解决问题的结果。这样，双方最终可能只有通过法律手段解决争议，也就是要进入司法程序，提出诉讼。另外，双方还可以仲裁解决争议。

法律对涉及索赔的诉讼案件规定了诉讼时效。因此，无论向货损事故的责任人提出了索赔与否，在解决问题没有希望的前提下，索赔人应在规定的诉讼时效届满之前提起诉讼。否则，就失去了起诉的权利，往往也失去了索赔的权利和经济利益。

在国际海上货物运输中，《海牙规则》和《海牙—维斯比规则》关于诉讼时效，规定期限为一年。英国的判例表明，在一年内向有适当管辖权的法院提起诉讼，即可保护时效。但最好向有最终管辖权的法院提出。我国《海商法》第二百五十七条规定：“就海上货物运输向承运人要求

赔偿的请求权，时效期为一年，自承运人交付或者应当交付货物之日起算。”

4. 索赔权利的保全措施

为了保证索赔得以实现，需要通过一定的法律程序采取措施，使得货损事故责任人对仲裁机构的裁决或法院判决的执行履行责任，这种措施就称为索赔权利的保全措施。

实践中，货方作为索赔人采取的保全措施主要是留置承运人的运输工具，如扣船，以及要求承运人提供担保等方式。

（1）提供担保。提供担保是指货损事故责任人对执行仲裁机构的裁决或法院的判决提供的担保。主要有现金担保和保函担保两种形式。

① 现金担保。由货损事故责任人提供一定数额的现金，并以这笔现金作为保证支付赔偿金的担保。现金担保在一定期间内影响着责任人的资金使用，因此较少采用。在实际业务中，通常都采用保函担保的形式。

② 保函担保。它是使用书面文件的担保形式。保函可由银行出具，也可由事故责任人的保赔协会等出具。其中，银行担保的保函比较安全可靠。保函中一般应包括：受益人、担保金额、造成损失事故的运输工具（如船名及国籍）、有效期、付款条件（应写明根据什么条款付款，如规定根据商检证书、仲裁机关裁定或法院判决书等）、付款时间和地点。

（2）留置运输工具。在货损事故的责任能比较明确地判定属于承运人，又不能得到可靠的担保时，索赔人或对货物保险的保险公司，可以按照法律程序，向法院提出留置运输工具的请求，如扣船请求，并由法院核准执行。

扣留运输工具，如船舶，其目的是通过船舶的临时扣押，保证获得承运人对承运人责任造成的货损赔偿的担保。这样可以避免货损赔偿得不到执行的风险。在承运人按照要求提供保证承担赔偿责任的担保后，应立即释放被扣船舶。

同样，扣船也会带来风险。如果法院判决货损责任不在承运人，则因不正确的扣船而给承运人带来的经济损失要由提出扣船要求的索赔人承担，同时也会产生其他不必要的纠纷和负面影响。因此，一些国家，如欧洲大陆国家及日本，规定索赔人提出扣船要求时，必须提供一定的担保作为批准扣船的条件。在我国《海事诉讼特别程序法》中对此也做了相应规定。

5. 索赔单证

索赔人具有证明其收到的货物并不是在提单或者运单所记载的货物状态下接受货物的举证责任，作为举证的手段，索赔人要出具货运单证、检验证书、商业票据和有关记录等，以便证明货损的原因、种类、损失规模及程度以及货损的责任。

主要的索赔单证有如下几种。

（1）提单正本。提单既是承运人接受货物的收据，也是将货物交付收货人时的交货凭证，还是确定承运人与收货人之间责任的证明，是收货人提出索赔依据的主要单证。提单的货物收据作用，表明了承运人所收货物的外表状况和数量，交付货物时，承运人如不能按提单记载提交货物则说明运输过程中发生了货损货差；提单作为运输合同，规定了承运人的权利、义务、赔偿责任和免责项目，是处理承运人和货主之间争议的主要依据。

（2）卸货港理货单或货物溢短单、残损单等卸货单证。这些单证是证明货损或货差发生在船舶运输过程中的重要单证。如果这些卸货单证上批注了货损或货差情况，并经船舶船长或大副签字确认，而在收货单上又未做出同样的批注，就证明了这些货损或货差是发生在运输途中的。

（3）重理单。船方对所卸货物件数或数量有疑问时，一般要求复查或重新理货，并在证明货物短溢的单证上做出“复查”或“重理”的批注。这种情况下，索赔时，必须同时提供复查结果的证明文件或理货人签发的重理单，并以此为依据证明货物是否有短缺。

（4）货物残损检验报告。在货物受损的原因不明显或不易区别，或无法判定货物的受损程度时，可以申请具有公证资格的检验人对货物进行检验。在这种情况下，索赔时必须提供检验人检验后出具的“货物残损检验证书”。

（5）商业发票。商业发票（(Commercial Invoice）是指贸易中由卖方开出的表明销售货物的名称、数量、单价、金额的清单。它是计算索赔金额的主要依据。

（6）装箱单。装箱单（Packing List）是一种列明了每一箱内所装货物的名称、件数、规格等的清单，用以确定损失程度。

（7）修理单。修理单用来表明被损坏的仪器设备、机械等成套货物的修理所花费的费用。

（8）权益转让证书。所谓权益转让，就是收货人根据货物保险合同从保险公司得到赔偿后，将自己的索赔权利转让给保险公司，由保险公司出面向事故责任人或其代理人提出索赔的行为。

权益转让的证明文件就是“权益转让证书”（Letter of Subrogation），它表明收货人已将索赔权益转让给保险公司。保险公司根据“权益转让证书”取得向事故责任人提出索赔的索赔权和以收货人名义向法院提出索赔诉讼的权利。在权益转让的情况下，通常由收货人将权益转让证书正本交给保险公司，同时，必须将其副本交给事故责任人或其代理人备查。

权益转让证书的内容包括：收货人将其对该项货物的权利和利益转让给保险人；授权保险人可以以收货人的名义向有关政府、企业、公司或个人提出认为合理的赔偿要求或法律诉讼；保证随时提供进行索赔和诉讼所需要的单证和文件。这里包含了被保险人保证向保险人提供索赔中所需各种单证、文件的义务。

除了以上所述单证外，凡是能够证明货运事故的原因、损失程度、索赔金额、责任所在及索赔人具有索赔权利的单证都应提供。同时，还应该有索赔函。如有其他能够进一步说明责任人责任的证明，如船长或大副出具的货损报告，或其他书面资料，也应提交。索赔案件的性质、内容不同，所需要的索赔单证和资料也就不同。至于提供何种索赔单证，没有统一规定。总之，索赔单证必须齐全、准确、内容保持一致、不能自相矛盾。

10.4.2　空运事故的处理

1. 空运事故索赔的有关法律依据

在航空货物运输过程中，主要是两种运输范围的问题：国际运输和国内运输。在航空国际运输中，主要的法律依据是华沙体制中的《华沙公约》和《海牙议定书》；在国内货物运输中，主要是《中华人民共和国民用航空法》和《中国民用航空货物国内运输规则》。

除了上述法律条文外，以下还有同航空货运有关的国家法律和规定：《中华人民共和国民事诉讼法》、《中华人民共和国民法通则》、《中华人民共和国商品检验法》、《中华人民共和国动植物检验法》、《中华人民共和国濒危动物保护法》、《中华人民共和国消费者权益法》、《中国民航局政府令》、《中国民航航空货运管理规则》。

2. 空运事故索赔人

（1）货运单上的托运人或收货人。向航空公司提出索赔的应是主运单上填写的托运人或收货人。分运单的托运人、收货人或其代理人应向主运单填写的托运人或收货人提出索赔。

（2）持有货运单上托运人或收货人签署的权益转让书的人员。

① 承保货物的保险公司；

② 受索赔人委托的律师；

③ 有关的其他单位；

④ 集运货物的主托运人和主收货人。

（3）如果收货人在到达站已将货物提取，则托运人将无权索赔。如托运人要求索赔，应该有收货人出具的权益转让书。

3. 空运事故索赔的地点和时限

（1）索赔的地点。托运人、收货人或其代理人在货物的始发站、目的站或损失事故发生的中间站，可以书面的形式向承运人或其代理人提出索赔要求。

（2）提出索赔要求的时限。提出索赔要求的时限有以下几个。

① 货损、货差属于明显可见的赔偿要求，应从发现时起立即提出并最迟延至收到货物之日起14天内提出。

② 货物运输延误的赔偿要求，在货物由收货人支配之日起21天内提出。

③ 货物毁灭或遗失的赔偿要求，应自填开货运单之日起120天内提出。任何异议，均按上述规定期限，向承运人以书面形式提出。除承运人有欺诈行为外，有权提取货物的人如果在规定时限内没有提出异议，将丧失对承运人诉讼的权利。对于提出索赔的货物，货运单的法律有效期为2年。

4. 索赔所需的文件

空运索赔时所需的单据及文件包括以下几个方面。

① 正式索赔函2份（收货人／发货人向货代公司，货代公司向航空公司）；

② 货运单正本或副本；

③ 货物商业发票、装箱清单和其他必要资料；

④ 货物舱单（航空公司复印）；

⑤ 货物运输事故签证（货物损失的客观详细情况）；

⑥ 商检证明（货物损坏后由商检等中介机构所做的鉴定）；

⑦ 运输事故记录；

⑧ 来往电函。

5. 赔偿规定

货物没有办理声明价值，承运人按照实际损失的价值进行赔偿，赔偿的最高限额为毛重每千克20美元。已向承运人办理货物声明价值，并付声明价值附加费的，按声明价值赔偿。

内损货物的责任。货场的内损指货物的外包装完好，但货物本身破损了。对于此类货物的破损，如无确实的证据证明是由于承运人的过错造成的，则承运人不应当赔偿。但对于外包装破损或有盗窃痕迹的，承运人应负责赔偿。如果货物的一部分或货物中任何物件发生遗失、损坏或延误，用以决定承运人责任限额的重量，仅为该件或件数的总重量。如果货物的一部分或者货物中任何物件发生遗失、损坏或延误，以致影响同一份货运单所列的另一包装件或其他包装件的价值，在确定责任限额时，另一包装件的总重量也应当考虑在内。

6. 理赔程序

（1）货物运输事故签证。航空地面代理在卸货时发现货物破损的，即由航空公司或航空公司地面代理人填写《货物运输事故签证》，这份签证主要是在目的站货物出现问题的一个证明。在填写这份签证之前，收货人需要进一步确认内装物的受损程度，可以同航空公司的货运人员共同开箱检查，确认货物的具体受损程度。在开箱检查时，会出现两种情况：一是外包装破损，内装物完好；二是外包装破损，内装物破损。当出现第二种情况时，有可能是由于货主没有按照航空货物包装的要求来进行包装而导致的货物受损，这种情况就需要货主和承运人共同承担责任。这份证明要客观地描述货物出现问题的状况，尽量不要出现模糊性词语。这份签证由航空公司的货运部门签完后，再由收货人签字，其中一份航空公司留存，另一份由收货人留存。

（2）索赔申请书。自发现货物发生问题后，一定要按照公约所规定的赔偿时限提出赔偿要求，需要向航空公司提出书面的索赔申请书。索赔申请书格式如下。

××航空公司货运部

本公司在提取来自纽约的一票货，运单号为×××—54235786，1 件共 80 千克，由××123/78 dts 承运。该货在目的地交付时发生严重的外包装破损（详见贵公司开具的事故鉴定书）。

现本着实事求是、维护双方共同利益的原则，我公司向贵公司提出以下处理意见和索赔申请。

该货物价值 1600 美元，请给予原价赔偿。参见托运人出具的受损货物价值证明。

请贵公司予以尽快办理为盼，谢谢合作。

随附：运单、装箱单、发票、事故记录等

××代理公司

××年××月××日

7. 航空公司审核所有的资料和文件

航空公司在接到索赔申请书后，应对索赔申请人所提交的资料和文件进行审核。主要审核货运单、装箱单及发票内容的一致性，事故记录的真实性，业务过程中的来往电函等。

8. 航空公司进一步调查

（1）如货物已办理了保险，保险公司全额赔偿后，再向承运人提出，承运人视限额赔偿。

（2）货物遗失，查看往来电函。货物破损、潮湿，查看记录是全部损坏还是部分损坏。

（3）了解始发站是否收到索赔函，避免双重索赔。

（4）填写国际货物索赔报告。

9. 填写航空货物索赔单

由航空公司填写航空货物索赔单，索赔人签字盖章，表明航空公司正式认可索赔的有关事项。

10. 货物索赔审批单

航空货物的索赔根据索赔货物的金额需要审批。

11. 责任解除协议书

索赔人收到索赔款时会签署责任解除协议书，即放弃诉讼权及进一步索赔权。

10.4.3 陆运及多式联运事故的处理

1. 公路货运事故的处理

（1）货运事故记录的编制。货运事故记录的编制过程，一般根据下列要求进行。

① 事故发生后，由发现事故的运送站或就近站前往现场编制商务记录。如系重大事故，在有条件时还应通知货主一起前往现场调查，分析责任原因。

② 如发现货物被盗，应尽可能保持现场，并由负责记录的业务人员或驾驶人员根据发现的情况会同有关人员做好现场记录。

③ 对于在运输途中发生的货运事故，驾驶人员或押运人员应将事故发生的实际情况如实报告车站，并会同当地有关人员提供足够的证明，由车站编制一式三份的商务事故记录。

④ 如货损事故发生于货物到达站，则应根据当时情况，会同驾驶人员、业务人员、装卸人员编制商务记录。

（2）货损事故的赔偿。受损方在提出赔偿要求时，首先应做好赔偿处理手续，具体做法如下。

① 向货物的始发站或到达站提出赔偿申请书。

② 提出赔偿申请的人必须持有有关单证，如行李票、运单、货票、提货联等。

③ 在得到责任方给予赔偿的签章后，赔偿申请人还应该填写“赔偿要求书”，连同有关货物的价格票证，如发票、保单、货物清单等，送交责任方。

在计算货损货差的金额时，主要有以下3种情况。

① 发货前的损失，应按发货地当天同一品类货物的出厂价计算，已收取的运费也应予以退还。

② 到达后的损失，应按货物运到当天同一品类货物的市场均价计算赔偿。

③ 对价值较高的货物，应按一般商品市场均价计算赔偿。

2. 铁路货运事故的处理

在铁路货物运输中，凡涉及铁路与发货人、收货人之间，或参加运送铁路间、铁路内部各单位间发生货损货差时，应在事故发生当日编制记录，作为分析事故原因、确定责任的原始证明和处理赔偿的依据。

（1）货损事故记录编制。货运事故记录分为商务记录、普通记录、技术记录3种。

① 商务记录。商务记录是在货物运送过程中对发生的货损、货差或其他不正常情况的如实记载，是具体分析事故原因、责任和请求赔偿的基本文件。在商务记录中，应确切记载货物的实际情况和运送当时发现的不良状况，以及发生货物损坏的原因。记录中应列举事实，而不应包括关于责任问题和发生损失原因的任何判断。同时，对商务记录各栏内容应逐项填写。遇到下列情况之一，应编制商务记录：发现货物的名称、重量、件数等同运单和运行报告单中记载的事项不符，货物发生全部或部分灭失或损害，造成包装破损；有货无票或有票无货；由国境站开启装有危险货物的车辆时。

商务记录必须在发现事故的当日编制，并按每票货物分别编制。如果运送同一发货人和同一收货人的同一种类的货物时，允许在到达站对数批货物编制一份商务记录。

接受商务记录的铁路部门，如对记录有异议，则应从收到记录之日起45天内，对异议通知编制商务记录的人。超过这一期限则被认为接受记录内容。

② 普通记录。货物运送过程中，如发现上述属商务记录以外的情况时，车站应编制普通记录，普通记录不作为赔偿的依据。

③ 技术记录。当查明货损原因是由于车辆状况不良所致，除编制商务记录外，还应按该货损情况编制有关车辆状态的技术记录，并附于商务记录内。

（2）货损事故的赔偿。赔偿请求的提出或受理。发货人、收货人均有权根据运输合同提出赔偿要求。自赔偿请求提出之日，凭发信邮局戳记或铁路在收到提出的赔偿请求书时出具的收据为凭起，铁路必须在 180 天内审查此项请求，并对赔偿请求人给予答复。

索赔的依据及有关文件。索赔人在向铁路部门提出索赔要求时，必须同时出具下列文件。

① 一旦货物发生全部灭失，由发货人提出赔偿，发货人应出具运单副本。如由收货人提出赔偿时，则应同时出具运单副本和运单。

② 货物发生部分灭失或变质、毁损时，收货人、发货人均可提出索赔，同时应出具运单及铁路到达站给收货人的商务记录。

③ 货物发生运输延误时，应由收货人提出赔偿，并提交运单。

④ 对于承运人多收运输费用的情况，发货人可按其已付的款项向承运人追回多收部分的费用，但同时应出具运单副本或铁路规定的其他有关文件。如由收货人提出追回所收费用的要求，则应根据其支付的运费为基础，同时还需出具运单。

在提出索赔的赔偿请求书上，除应附有运单或运单副本外，在适当情况下还需附商务记录，以及能证明货物灭失、损坏和货物价值的文件。

索赔的请求时效。凡根据运输合同向铁路部门提出的索赔，以及铁路对收货人、收货人关于支付运费、罚款的赔偿要求应在 9 个月内提出，有关货物运输延误的赔偿，则应在 2 个月内提出。上述时效的计算方法如下。

① 关于货物损坏或部分灭失及运输延误的赔偿，自货物交付之日或交付之日起计算。

② 关于货物全部灭失的赔偿，自货物按期运到后 60 天内。

③ 关于补充支付运费、杂费、罚款的要求，或关于退还此项款额的赔偿要求，则应自付款之日起计算。如未付款，则从货物交付之日起计算。

④ 关于支付变卖货物的货款要求，则自变卖货物之日起计算。

3. 国际多式联运事故处理

（1）国际多式联运经营人的索赔。国际多式联运经营人索赔是指国际多式联运经营人在赔偿货主（托运人或收货人）的损失后，依约或依法向实际造成损失的责任人（货运代理人、区段承运人、港站经营人等）进行追偿的过程。其程序如下。

① 发出书面的货损通知。目前，规范各种运输方式的国际公约与法规中均要求货主在索赔通知时限内向承运人发出货损、货差的通知，索赔人必须遵循其规定。

所谓索赔通知时限，是指有关运输的国际公约或国内法律中所规定的收货人或其代理人，在从承运人或其代理处收受货物后，应用书面形式向承运人或其代理提出的表明货物的损坏、灭失、延迟交付情况，并提出保留索赔权利的书面声明的期限。

对于货物灭失或损坏的书面通知，应注意如下几点。

a. 书面通知应同时满足以下条件才有效：通知必须是书面的，口头通知不发生效力；通知必须在规定的时间内递交；通知必须递交承运人或其代理；必须表明有关货损或灭失情况。

b. 无须递交书面通知的情况。如果货物交付时收货人已经会同承运人进行联合检查或者检验，或者已记载于双方交接的文件上，则收货人无须再提交上述书面通知。

c. 书面通知期限的起算。从收到货物次日起算，如果期限终止日为星期天或法定节假日，应顺延至下一个工作日。

d. 在法定时间内未提交书面通知，可能会产生 3 种后果。货物状况良好的初步证据，在海运公约或法律、公路货运合同公约中规定：如果收货人未在规定的时间内提出书面通知，则货物的交付可视为承运人已经按照运输单证的记载交付及货物状况良好的初步证据；丧失索赔权，《华沙公约》、《民用航空法》、《国际铁路货约》等规定：除非承运人有欺诈行为，否则收货人未在收货时间内递交书面的索赔通知将丧失索赔权；后果视不同情况而区别对待，在《国际货物多式联运公约》中，除了对货物灭失、损坏规定了一般索赔通知时限，并规定未能及时通知则视为多式联运经营人按货物状况良好交付的初步证据外，还进一步规定，如果在货物交付之日或应当交付之日后6个月内，没有提出书面索赔通知，并说明索赔的性质和主要事项，则在期满后失去诉讼时效。

e. 对于延迟交货损失的书面通知，应注意以下两点：收货人应在规定的时间内向有关承运人或其代理提交书面的延迟损失通知；如果收货人未在规定的期限内提交书面通知，各种运输方式下的国际公约或法律均规定收货人将失去索赔权。

② 提交索赔申请书或索赔清单及随附单证。索赔申请书、索赔函或索赔清单是索赔人向货运责任方正式要求赔偿的书面文件。也就是说，如果索赔方仅仅提出货损通知，而没有递交索赔申请书或索赔清单或出具有关的货运单证，则可解释为没有提出正式索赔要求，被索赔方不会受理货损、货差的索赔。因此，在提出书面的货损通知后，应尽快备妥各种有关证明文件，在规定的时效内向责任人正式提交索赔要求。

索赔人除了提交索赔函外，还应该提供能够证明货运事故的原因、损失程度、索赔金额、责任所在，以及索赔人具有索赔权利的单证。这些单证主要有：提单或运单正本，商业发票，装箱单，货损，货差理货报告及货物残损检验报告，修理单，权益转让书，往来电函等。

③ 解决争议。双方通常采取和解或调解途径解决争议，如果无法解决争议，则可能进入诉讼或仲裁程序。值得注意的是，法律对涉及索赔的诉讼案件规定了诉讼时效，因此，无论向货运事故的责任人提出索赔与否，在无法自行解决问题的前提下，索赔人应在规定的诉讼时效届满之前提起仲裁或诉讼，否则，就失去了起诉的权利，往往也失去了索赔的权利和经济利益。

（2）国际多式联运经营人的理赔。国际多式联运经营人的理赔是指国际多式联运经营人对货主或其代理所提出的货运事故赔偿要求予以受理并进行处理的过程。多式联运经营人作为多式联运合同的当事人，既享有权利，也要承担义务与责任。在理赔的过程中，程序如下：①审查索赔人是否有索赔权；②审查索赔是否超过索赔时效；③审查货运事故是否发生在国际多式联运经营人的责任期间内；④审查国际多式联运经营人是否可以免责；⑤审查国际多式联运经营人是否可以享受责任限制；⑥综合上述步骤确定赔偿结果。

模拟实训

实训主题：国际货运代的事故处理。

实训地点：教室。

实训目的：运用所学知识，分析有关国际货运代理中遇到的事故并加以解决。

【背景材料】

货主A公司向B公司订舱出运20个出口集装箱，B公司接受委托承运后向货主A签发了清洁提单。之后B公司又以自己的名义将其中10个集装箱交由C货运公司运输，将另外10个集装箱交由D航运公司运输。D航运公司的船舶在运输途中遇强风，部分装在甲板上的装箱因绑扎不牢而落入海中灭失，收货人持B公司签发的B/L提货时发现少了3个集装箱。

【过程设计】

（1）指导教师布置学生课前预习阅读案例。

（2）将全班同学平均分成小组，按每组 5～6 人进行讨论。

（3）根据“背景材料”讨论：收货人应向谁提出索赔要求？收货人在索赔时应提供哪些单据及文件？请为收货人设计具体的索赔程序。

（4）指导教师对小组讨论过程和发言内容进行评价总结，并讲解本案例的分析结论。

综合练习

一、单项选择题

1. 空运货物不正常运输的代号中，OVCD 指的是（　　）。

A. 漏装　　B. 漏卸　　C. 破损　　D. 少收货物

2. 空运货物不正常运输的代号中，FDCA 指的是（　　）。

A. 漏装　　B. 标签脱离　　C. 多收货运单　　D. 多收货物

3. 空运货物到达目的地（　　）天后，由于某些原因无人提取，称为无人提取货物。

A. 14　　B. 15　　C. 30　　D. 60

二、名词解释

1. 海上货运事故；2. 无人提取货物；3. 国际多式联运经营人；4. 索赔函；5. 索赔清单；6. 保函担保。

三、问答题

1. 导致海上货运事故发生的原因有哪些？

2. 哪些情况下，陆路运输承运人不承担赔偿责任？

3. 索赔必须具备哪些条件？

4. 索赔权利的保全措施有哪些？

5. 一票航空运输的电子产品，从法兰克福经北京中转，目的站为青岛，总计费重量为 102 千克，未声明价值。在从北京到青岛的国内段操作中发生货物灭失。试分析并解决下列问题：

（1）本案是否适用华沙体制？为什么？

（2）收货人应向谁索赔？理论上能获得多少赔偿？

（3）请为收货人设计具体的索赔程序。

6. 我国 A 公司与美国 B 公司签订了进口 5 套设备的贸易合同，FOB 美国西海岸，目的地为山东济南。A 公司委托 C 航运公司负责全程运输。C 航运公司从美国西雅图港以海运方式运输了装载于 3 个集装箱的设备到青岛港，C 航运公司委托 D 汽车运输服务公司运输，双方订立陆路运输合同；货到目的地后，收货人发现 2 个集装箱破损，货物严重损坏。经查实，发现涉案的 2 个集装箱货物的损坏发生在青岛至济南的陆路运输区段。（本案适用中国法律）试分析并解决下列问题：

（1）本案是否能按照中国《海商法》关于承运人赔偿责任和责任限额的规定来确定当事人的赔偿责任？为什么？

（2）收货人应向谁提出索赔要求？

（3）收货人在索赔时应提供哪些单据及文件？

（4）请为收货人设计具体的索赔程序。

参 考 文 献

[1] 王明严，陈广. 国际货物运输实务. 北京：中国经济出版社，2012.

[2] 顾丽亚. 国际货运代理与报关实务（第3版）. 北京：电子工业出版社，2013.

[3] 顾永才、王斌义. 国际货运代理实务（第2版）. 北京：首都经济贸易大学出版社，2012.

[4] 刘小卉. 国际货运代理. 大连：大连理工大学出版社，2012.

[5] 姚大伟. 国际货运代理实务. 上海：上海交通大学出版社，2012.

[6] 孙家庆. 国际货运代理（第3版）. 大连：东北财经大学出版社，2012.

[7] 朱占峰. 报关实务. 北京：人民邮电出版社，2012.

[8] 倪淑如. 进出口报关实务. 北京：电子工业出版社，2011.

[9] 张庆江. 国际贸易实务. 北京：电子工业出版社，2009.

[10] 陈明蔚. 国际物流实务. 北京：北京理工大学出版社，2009.

[11] 陈文汉. 电子商务物流（第2版）. 北京：机械工业出版社，2012.